SONG HONGBING

LA GUERRE DES MONNAIES I
La conquête financière

Song Hongbing

Song Hongbing est un jeune chercheur en économie qui a émigré aux États-Unis. Il y travaille comme consultant pour les fonds de pension américains Freddie Mac et Fanny Mae qui vont disparaître lors de la crise financière de 2008.

貨幣戰爭 - *Huòbì zhànzhēng*

LA GUERRE DES MONNAIES I
La conquête financière

Traduit du chinois et publié par
Omnia Veritas Limited

www.omnia-veritas.com

© Omnia Veritas Ltd — 2021

Tous droits réservés. Aucune partie de cette publication ne peut être reproduite par quelque moyen que ce soit sans l'autorisation préalable de l'éditeur. Le code de la propriété intellectuelle interdit les copies ou reproductions à usage collectif. Toute représentation ou reproduction intégrale ou partielle par quelque procédé que ce soit, faite sans le consentement de l'éditeur, est illicite et constitue une contrefaçon sanctionnée par la législation sur le droit d'auteur.

PRÉFACE 13

La navigation du porte-avions économique de la Chine se fera-t-elle en douceur ? 18

CHAPITRE I 22

LES ROTHSCHILD : LA PLUS GRANDE FORTUNE INVISIBLE DU MONDE........................ 22

Le Waterloo de Napoléon et l'Arc de Triomphe de Rothschild 23
Les débuts de Rothschild à l'époque 27
Le premier seau d'or du vieux Rothschild 31
Nathan domine la city de Londres 35
James a conquis la France 38
La quête de Salomon pour l'Autriche.. 40
L'Allemagne et l'Italie sous les armoiries de Rothschild 43
L'empire financier Rothschild.. 44
Résumé 47

CHAPITRE II 48

LA GUERRE DE CENT ANS ENTRE LES BANQUIERS INTERNATIONAUX ET LE PRÉSIDENT AMÉRICAIN 48

Assassinat du président Lincoln 49
Le droit d'émettre de la monnaie et la guerre d'indépendance américaine. 52
La première bataille des banquiers internationaux : La première banque des États-Unis (1791-1811)... 56
Les banquiers internationaux font leur retour : La deuxième banque des États-Unis (1816-1832) 60
"La banque veut me tuer, mais je vais tuer la banque. 61
Nouveau front : un système financier indépendant..................................... 63
Les banquiers internationaux frappent à nouveau : "La panique de 1857" . 66
Les causes de la guerre civile américaine : La puissance financière internationale de l'Europe 68
Le New Deal monétaire de Lincoln... 71
Les alliés russes de Lincoln 74
Qui a vraiment tué Lincoln ? 76
Le compromis mortel : la loi sur la Banque nationale de 1863.................... 77
Résumé 82

CHAPITRE III 84

LA RÉSERVE FÉDÉRALE : UNE BANQUE CENTRALE PRIVÉE 84

La mystérieuse île de Jekyll : la source de la Réserve Fédérale 85
Wall Street 7 : Le promoteur des coulisses de la Réserve fédérale 88
L'ascension de la famille Morgan 89
Rockefeller : Le roi du pétrole 91

Jacob Schiff : Le stratège financier de Rothschild 93
James Hill : Le roi du rail 93
Les frères Warburg 95
L'avant-poste de la Fed : La crise bancaire de 1907 95
De l'étalon-or à la monnaie légale : le grand changement dans la vision du monde des banquiers 99
Balise électorale de 1912 101
Plan B 104
La loi sur la Réserve fédérale est adoptée, les rêves des banquiers deviennent réalité. 105
Qui est propriétaire de la Réserve fédérale ? 108
Premier conseil d'administration de la Réserve fédérale 111
Le Conseil consultatif fédéral méconnu 112
Où est la vérité ? 114
Résumé 116

CHAPITRE IV **117**

La Première Guerre mondiale et la Grande Récession : le "temps des récoltes" pour les banquiers internationaux 117

Sans la Réserve Fédérale, il n'y aurait pas eu de première guerre mondiale 119
La manipulation par Strang de la Réserve Fédérale en temps de guerre. ...124
"Au nom de la démocratie et des principes moraux", Wilson est entré en guerre. 126
Encore les frères Warburg ! 128
Bernard Baruch : le tsar de l'industrie américaine pendant la guerre 129
La Société de financement en temps de guerre d'Eugene Meyer 130
Edward Stettinius : le père fondateur du complexe militaro-industriel américain 131
Davidson : L'ami intime de Morgan 132
La paix de Versailles : Une trêve de 20 ans 132
La "tonte" et le déclin agricole de 1921 aux États-Unis 133
Le complot des banquiers internationaux de 1927 136
La bulle éclate en 1929 : une autre opération de "cisaillement". 139
Le vrai motif de la grande récession 142
Résumé 147

CHAPITRE V **149**

Le "New Deal" de l'argent bon marché 149

L'"argent bon marché" keynésien 151
L'élection présidentielle de 1932 155
Qui était Franklin Delano Roosevelt ? 158

Abolir l'étalon-or : la mission historique confiée à Roosevelt par les banquiers 161
Le capital-risque a choisi Hitler 167
L'Allemagne nazie financée par Wall Street 170
Une guerre coûteuse et de l'argent bon marché 174
Résumé 177

CHAPITRE VI 178

LE CLUB D'ÉLITE QUI DIRIGE LE MONDE 178

Colonel House, le "parrain spirituel" 180
Banque des règlements internationaux : une banque pour les banquiers centraux 186
Fonds monétaire international et Banque mondiale 193
L'élite qui dirige le monde 200
Le Club Bilderberg 202
Commission trilatérale 205
Résumé 207

CHAPITRE VII 209

LE DERNIER COMBAT POUR L'ARGENT HONNÊTE 209

Décret présidentiel 11110 : Certificat de décès de JFK 210
Le statut historique du dollar en argent 214
La fin de l'étalon-argent 217
Fonds commun de placement en or 221
Droits de tirage spéciaux 228
L'attaque générale contre l'abolition de la monnaie-or 230
Les "tueurs économiques" et le retour des pétrodollars 232
L'assassinat de Reagan : Écraser le dernier espoir de l'étalon-or 235
Résumé 237

CHAPITRE VIII 239

LA GUERRE MONÉTAIRE NON DÉCLARÉE 239

Guerre du Moyen-Orient de 1973 : la riposte du dollar 240
Paul Volcker : La "désintégration contrôlée" de l'économie mondiale 244
La Banque mondiale de conservation : Encercler 30% des terres de la planète 248
Bombe atomique financière : visant Tokyo 255
Soros : le pirate financier du banquier international 260
L'"arc de crise" de la monnaie européenne : un coup d'épée dans l'eau 264
L'emprise des devises asiatiques 269
La fable de l'avenir de la Chine 277
Résumé 278

CHAPITRE IX **280**

LE POINT MORT DU DOLLAR ET L'INDICE ONE YANG DE L'OR 280

Le système de réserves fractionnaires : une source d'inflation *282*
Comment est fabriqué le dollar de la dette *286*
Le "fleuve de la dette" des États-Unis et les "glissements blancs" des peuples asiatiques *290*
L'"entreprise hégémonique" du marché des produits financiers dérivés *294*
Entreprise sponsorisée par le gouvernement : "Deuxième Réserve Fédérale" *297*
Le roi de l'argent en résidence surveillée *303*
Alerte de niveau 1 : Rothschild se retire de la fixation du prix de l'or en 2004]. *313*
Le glas de l'économie de la bulle du dollar *315*
Résumé *319*

CHAPITRE X **321**

LES CHERCHEURS DU MONDE 321

La monnaie : une mesure du monde économique *322*
Or et argent : la variation des prix est l'épine dorsale de la valeur de la monnaie *326*
Dette Argent Graisse et PIB Perte de poids *330*
Industrie financière : La "force aérienne stratégique" de la Chine pour le développement économique *333*
La stratégie financière future de la Chine : "Construire un mur, accumuler de la nourriture et devenir roi". *338*
La route vers une monnaie de réserve mondiale *342*
Résumé *347*

POSTFACE **348**

QUELQUES RÉFLEXIONS SUR L'OUVERTURE FINANCIÈRE DE LA CHINE 348

Le plus grand risque pour l'ouverture financière de la Chine est le manque de sensibilisation à la "guerre". *348*
Souveraineté monétaire ou stabilité monétaire ? *351*
Appréciation de la monnaie et "perturbation endocrinienne" du système financier *352*
Le combat en plein air *354*
Il est préférable de cacher l'argent au peuple que l'or au peuple. *356*
L'implosion de la dette des États-Unis et la crise mondiale des liquidités ... *357*
Reprise de la crise *358*
Titrisation d'actifs et excès de liquidités *360*
Les prêts hypothécaires subprime et ALT-A : des déchets toxiques pour les actifs *365*

Subprime CDO : Concentration d'actifs toxiques de pacotille 369
CDO synthétique" : déchets toxiques concentrés de haute pureté 374
Société de notation d'actifs : complice de la fraude 378
Implosion de la dette et crise de liquidité 382
L'avenir des marchés financiers mondiaux se présentera ainsi 385

CHRONIQUE DES ÉVÉNEMENTS MAJEURS 387
AUTRES TITRES 395

PRÉFACE

Au cours de l'été 2006, alors que la bulle immobilière américaine atteignait son apogée, j'étais déjà très préoccupé par l'imminence d'un tsunami financier, et c'est de ce malaise et de cette anxiété qu'est né le livre *La guerre des monnaies*. Selon moi, la cause profonde de la crise financière mondiale de 2008 est le défaut fatal du système du dollar depuis 1971, à savoir que l'édifice monétaire mondial est en fait construit sur la plage d'endettement des États-Unis, que la position d'endettement du dollar n'est ni stable ni durable, et qu'à mesure que le tonnage brut de l'économie mondiale augmente, les fondations du dollar s'enfoncent, et avec elles, la crise de basculement de l'édifice.

L'argent, par sa nature même, est un droit à la richesse, et les gens détiennent de l'argent, l'équivalent d'un reçu pour la détention de richesse. Qu'est-ce que la richesse ? La forme de richesse utilisée pour émettre de la monnaie en tant que garantie détermine la nature de la monnaie. La forme de richesse la plus largement acceptée est la monnaie. La richesse, mais aussi la monnaie, est le fruit du travail humain. La propriété des biens communs est, par essence, la propriété du travail. Au cours des 5 000 ans de civilisation humaine, plus de 2 000 marchandises ont joué le rôle de monnaie, et le marché a évolué pour éliminer progressivement les autres monnaies, pour finalement choisir l'or et l'argent comme représentants ultimes de la richesse. Quelle que soit la région, quelle que soit la civilisation, quelle que soit la religion, l'or et l'argent ont formé la monnaie comme la forme de richesse la plus largement acceptée. À l'heure actuelle, l'or et l'argent sont à la fois la revendication de la richesse et la richesse elle-même.

Le papier-monnaie, utilisé à l'origine comme un reçu pour l'or et l'argent, a été créé principalement pour faciliter les transactions. Le but ultime des personnes détenant le papier-monnaie n'était pas d'avoir le reçu, mais de posséder l'or et l'argent que le reçu pouvait réclamer, et finalement les autres richesses que l'or et l'argent pouvaient échanger librement et de manière équivalente. Un tel système monétaire a fonctionné jusqu'en 1971, et le dollar américain en était le représentant. Auparavant, la véritable raison pour laquelle les gens se sentaient à l'aise avec des dollars en main était que les billets de dollars pouvaient éventuellement être échangés contre de l'or. Avec le temps, les gens ont même oublié que le dollar n'était qu'un simple reçu de richesse, et jamais la richesse elle-même, et le dollar a été progressivement dépeint comme la richesse ultime, aussi bonne que l'or.

Même si les gens ont progressivement oublié l'or qui se cache derrière les reçus de papier-monnaie au cours du long processus de lavage de cerveau, l'or, après tout, limite la sur-émission de reçus, car lorsqu'il y a trop de reçus, tôt ou tard les gens s'intéressent à l'or que ces reçus peuvent revendiquer. Les banquiers, en tant que responsables des règles du jeu monétaire, n'aimaient pas l'or comme garantie de la monnaie papier, soit parce qu'il n'était pas suffisant pour satisfaire les désirs d'inflation de la monnaie papier, soit parce qu'il ne générait pas de revenus d'intérêts. L'idée que les banquiers préféreraient remplacer l'or par un actif qui ne s'épuiserait jamais et qui serait viable est tentante, et après 1971, la démonétisation de l'or était en fait un traité inégal imposé unilatéralement aux autres par les faiseurs de règles du jeu monétaire. Ainsi, nous avons été introduits à une toute nouvelle forme de monnaie — la monnaie de crédit souverain.

Il s'agit d'une tentative d'émission de monnaie avec la dette d'un souverain comme actif collatéral, et la richesse ultime à laquelle peut prétendre le papier-monnaie, un reçu, n'est plus l'or, mais la dette nationale ! La dette nationale est-elle une richesse avec des attributs du travail ? Peut-être. Car la dette nationale est un engagement futur du contribuable à payer des impôts, mais ce futur introduit un élément d'incertitude, et c'est le temps. L'or est le fruit d'un travail achevé, et tout est là, que vous le regardiez ou non. La dette nationale, en revanche, est le fruit d'un travail inachevé, la richesse du futur, qui risque toujours de faire défaut. Lorsqu'une dette nationale devient la créance ultime d'une recette monétaire, elle équivaut à un découvert de la richesse future. En même temps, un autre effet secondaire grave de la circulation de la monnaie d'emprunt est le double coût des intérêts, où les gens doivent non seulement payer des intérêts sur l'argent emprunté, mais aussi payer à nouveau des intérêts sur la garantie de l'argent. Dans le système de la monnaie d'emprunt, l'argent devient un fardeau pour le développement économique.

Payer des frais d'intérêt à quelques-uns pour l'utilisation de l'argent public, verrouiller la dette nationale à la monnaie, est une conception qui ne peut être logiquement convaincante, et un système monétaire qui a un message "cancéreux" dans son ADN. Plus l'émission monétaire est importante, plus la dette est importante, plus les coûts d'intérêt sont élevés et plus la pression sur la population pour qu'elle soit "endettée" est forte. Comme les intérêts ne sont liés qu'au temps, l'expansion monétaire présente une demande rigide endogène, avec une tendance naturelle à dévaluer la monnaie, et l'inflation en devient le corollaire ultime. La "main invisible" de l'inflation, qui conduit à la redistribution des richesses dans la société, est responsable de la polarisation mondiale des riches et des pauvres.

Si l'expansion de la monnaie et du crédit et ses coûts d'intérêt continuent d'augmenter plus rapidement que la croissance économique, cela conduira inévitablement à un effet "lagon" d'accumulation de la dette dans l'ensemble de l'économie, qui est le rapport croissant de la taille de la dette totale au PIB (produit intérieur brut). Lorsque ce ratio atteint un certain niveau de gravité, les économies seront surchargées de dettes et feront défaut à grande échelle. C'est là que se trouvent les racines de la crise financière qui a balayé le monde en 2008.

Le statut de monnaie mondiale du dollar a élargi la portée et intensifié l'intensité de la crise. L'émission de devises de commerce et de réserve mondiales garanties par des obligations du Trésor américain entraînera inévitablement une grave inadéquation entre la taille de la dette du Trésor américain et ses recettes fiscales, ainsi qu'une tendance à la détérioration du ratio dette totale/PIB de l'économie américaine, dont le résultat inévitable est une crise du crédit souverain du dollar.

C'est sur la base de ce jugement qu'en 2006, dans "Currency War", j'ai avancé les déductions suivantes : 1, l'éclatement d'une crise financière sera inévitable, elle partira des États-Unis, mais touchera le monde entier ; 2, la crise des prêts hypothécaires à risque aux États-Unis n'est en aucun cas un petit problème isolé, contrôlable et non diffus, mais le premier domino à tomber ; 3, Fannie Mae et Freddie Mac, les plaques tournantes financières de l'industrie immobilière, la pire bulle d'actifs aux États-Unis, deviendront le déclencheur de la crise financière ; 4, afin de sauver les institutions financières, les États-Unis devront émettre une grande quantité de monnaie supplémentaire, ce qui déclenchera la crise du crédit souverain du dollar ; 5, alors que la crise du dollar s'aggravera, l'or augmentera fortement, il est donc suggéré que la Chine augmente ses réserves d'or à grande échelle.

Les changements soudains de la situation économique mondiale au cours des cinq dernières années ont validé et valident encore ces déductions.

La crise des prêts hypothécaires à risque de 2007 s'est intensifiée et a conduit au tsunami financier de 2008.

> *(a)* Les faillites successives de Two Houses et de Lehman Brothers en septembre 2008.
>
> *(b)* En 2009 et 2010, les États-Unis ont commencé à deux reprises à imprimer de l'argent et à s'engager dans ce qu'on appelle l'assouplissement quantitatif de la monnaie.
>
> *(c)* La crise de la dette européenne et la crise de l'euro, qui ont débuté en 2010 dans les cinq pays d'Europe du Sud, continuent de s'aggraver.
>
> *(d)* En juillet 2011, le prix de l'or a bondi à 1 600 dollars l'once, soit trois fois plus qu'au début de 2006.

Le 19 juillet 2011, le Congrès américain débattait âprement de la nécessité de relever le plafond des bons du Trésor américain. Si aucun compromis n'est trouvé d'ici le 2 août, les États-Unis connaîtront une crise sans précédent de défaut de paiement des bons du Trésor. Bien que le plafond de la dette nationale finisse par être relevé à nouveau, la crise cachée de la dette nationale causée par le danger des graves déficits budgétaires et de la balance des paiements des États-Unis a été révélée au monde.

Pourquoi diable les États-Unis, et même le monde, ont-ils adopté un tel système de monnaie-dette qui ne pouvait que conduire à une crise ? Pourquoi la monnaie n'a-t-elle pas opté pour des arrangements institutionnels sans frais d'intérêt et au service de la population dans son ensemble ? Quels types de groupes d'intérêts spéciaux influencent réellement la mise en place et l'évolution du système monétaire ? Et comment ont-ils arraché au gouvernement le pouvoir d'émettre de la monnaie ?

C'est au cours de ces explorations intensément discutables que commence lentement la quête de La Guerre des monnaies. Des États-Unis à l'Europe en passant par la Chine, la série a progressivement développé un style de recherche de "La guerre des monnaies", qui consiste à interpréter et à restituer les grands événements historiques et à envisager l'avenir avec une vision monétaire, une perspective globale et une perspective historique.

En 2006, lorsque j'écrivais mon livre "La guerre des monnaies", je ne m'attendais pas à ce que, quelques années plus tard, la "guerre des monnaies", un terme qui avait été ridiculisé comme une "absurdité", devienne un sujet international brûlant qui préoccupe largement les dignitaires et les universitaires du monde entier.

L'histoire a prouvé l'immense pouvoir de l'argent. Le sort de la monnaie finira par devenir le sort de la nation également. Le développement futur de la Chine est également étroitement lié à la monnaie.

Auteur :
19 juillet 2011

La navigation du porte-avions économique de la Chine se fera-t-elle en douceur ?

> *Rédigé à l'occasion du cinquième anniversaire de l'adhésion de la Chine à l'OMC (Organisation mondiale du commerce), de l'ouverture totale de la finance aux investissements étrangers.*
> Cho Yuk-kun

En 2006, le secrétaire américain au Trésor, M. Paulson, a fait remarquer, dans une interview accordée à CNBC (Consumer News & Business Channel) à la veille de sa visite en Chine, qu'en tant que puissance économique, "ils sont déjà un leader de l'économie mondiale et le reste du monde ne leur donnera pas beaucoup plus de temps". "Il ne fait aucun doute que ce "ils" est la Chine.

Il est clair que la Chine d'aujourd'hui se transforme en une partie importante de l'économie mondiale à un rythme alarmant. Une série de données et d'indications économiques suggèrent que l'énorme porteuse économique chinoise, a décollé.

Si le Politburo a invité quelques universitaires à Pékin il y a trois ans pour donner une conférence sur l'histoire de la montée des grandes puissances, ce n'était que pour se préparer au développement prévisible de la Chine, alors le passage de "montée" à "développement" suffit à voir l'ajustement de la confiance en soi de la Chine et la vitesse du développement économique de la Chine, plus rapide encore que le tournage du documentaire de CCTV intitulé "La montée des grandes puissances".

Le monde a jeté son dévolu sur la Chine : "Le 21e siècle sera le siècle des Chinois", "Vers 2040, la puissance économique de la Chine rattrapera celle des États-Unis", et la liste est longue, comme si la Chine était appelée à devenir la première puissance économique mondiale.

Toutefois, le porte-avions économique chinois qui a pris la mer naviguera-t-il en douceur ? L'économie chinoise sera-t-elle en mesure de maintenir sa "vitesse" actuelle et d'aller de l'avant au cours des 50 prochaines années, période cruciale ? Quels sont les facteurs imprévisibles qui peuvent affecter le cap, la trajectoire et le voyage ?

Selon l'analyse conventionnelle, le voyage le plus difficile pour le porte-avions géant de la Chine dans les décennies à venir sera son passage en toute sécurité dans le "détroit de Taïwan" et son acquisition de la maîtrise de la mer dans les eaux pertinentes de l'Asie de l'Est.

Cependant, à mon avis, si la Chine peut devenir une véritable puissance dans l'économie mondiale au milieu du 21ème siècle, le danger caché le plus important est plus susceptible de provenir d'un champ de bataille invisible, à savoir la menace potentielle de la "guerre financière". Le danger de cette menace augmente avec l'expiration des cinq années d'adhésion de la Chine à l'OMC et l'ouverture totale du secteur financier aux investissements étrangers.

L'industrie financière chinoise, qui sera bientôt totalement ouverte aux investissements étrangers, dispose d'une résilience suffisante, notamment d'une expérience pratique, pour empêcher des "frappes de précision à longue portée" sur toute une série d'instruments financiers tels que les produits financiers dérivés ?

Prenons l'exemple de la bataille navale : il y a 10 ans, les sous-marins chinois ont repoussé le porte-avions USS Nimitz, et fin octobre 2006, les sous-marins chinois de classe Song se sont à nouveau approchés du groupe de combat USS Kitty Hawk à cinq miles de distance. La Chine a développé une stratégie correspondante pour contenir le groupe de porte-avions américains en vertu de ses caractéristiques tactiques sous-marines, étant donné la réalité que sa puissance militaire est temporairement incapable de rivaliser avec l'armée américaine. De même, aujourd'hui, avec le développement rapide de la Chine, rien ne garantit que certains pays qui croient que la Chine est forte au détriment de leurs propres intérêts n'utiliseront pas le "sous-marin nucléaire" de la guerre financière pour attaquer la Chine, un porte-avions économique qui a déjà pris le large, afin de changer le cours et la trajectoire de son développement économique. L'émergence de la Chine en tant que puissance mondiale au milieu du 21e siècle est actuellement une prévision de routine qui ne comprend pas d'évaluation des perturbations et obstructions potentielles causées par des événements majeurs inattendus, tels que les guerres financières.

Pour faire une analogie inappropriée, les risques de l'ouverture de la finance aux investissements étrangers pourraient même être plus grands que les risques de voir toutes les formations de porte-avions américains pénétrer dans les eaux adjacentes de la Chine. Étant donné que les attaques militaires détruisent au maximum les installations de construction et anéantissent les corps humains, il est presque impossible, dans le cadre d'une guerre conventionnelle, de causer des dommages complets à l'élément vital de l'économie chinoise, étant donné les vastes frontières du pays. De plus, la nature furtive de la guerre financière et la brutalité de l'absence de cas de guerre sur lesquels s'appuyer et d'exercices réels constituent un énorme défi pour la défense nationale de la Chine. Une fois que l'ordre économique du pays dans son ensemble est frappé par la guerre financière, cela peut rapidement conduire à une instabilité interne, les "troubles internes" étant déclenchés par des "problèmes externes".

L'histoire et la réalité sont tout aussi sombres : la désintégration de l'Union soviétique, la dévaluation du rouble ; la tourmente financière asiatique, les "quatre petits dragons" ont cessé d'exister ; l'économie japonaise a été comme droguée à l'ecstasy. Avons-nous bien réfléchi : tout cela n'est-il que hasard ou coïncidence ? Si ce n'est pas le cas, qui sont les véritables instigateurs dans les coulisses ? Qui pourrait être la prochaine cible d'un assassinat ? Les assassinats successifs d'anciens agents soviétiques, de magnats de l'énergie et de banquiers européens au cours des derniers mois ont-ils quelque chose à voir avec l'effondrement de l'ancienne Union soviétique ? Le facteur le plus important pour déterminer l'éclatement de l'Union soviétique était-il une réforme politique ou un coup financier ?

On ne peut s'empêcher de s'inquiéter de la capacité défensive du système financier chinois et, par extension, de l'avenir de son développement économique. Même si nous mettons de côté le taux de change du RMB et les 1 000 milliards de réserves de change pour le moment, la situation de la Chine face au jeu de l'argent chaud politique au niveau national et entre les pays, qui échappe à l'ordre financier normal, doit être la préoccupation la plus importante. La bonté et la patience de la civilisation chinoise, ainsi que le concept de "développement pacifique" exprimé à maintes reprises par la Chine, peuvent-ils résister à l'invasion financière du "nouvel Empire romain", qui est toujours subversif et agressif ? Sur le plan pratique, la Chine dispose-t-elle actuellement d'un tel réservoir de professionnels qu'elle peut se prémunir efficacement contre les attaques financières potentielles, tant en théorie qu'en pratique ? Si nous rencontrons un "chantage nucléaire" financier invisible ou même une "attaque nucléaire", y aura-t-il des piliers nationaux tels que Qian Xuesen et Deng Xiaoxian parmi les "tortues" chinoises réparties dans le domaine financier mondial ?

Paulson sera en Chine pour un "dialogue économique stratégique" et Bernanke l'accompagnera. Que signifie ce déplacement hors du commun du secrétaire américain au Trésor et du président de la Fed qui arrivent en même temps à Pékin ? Mis à part le taux de change du RMB, comment expliquer les "compétitions" entre pays qui ne sont pas connues du monde extérieur ? Dans une interview accordée à CNBC, M. Paulson a souligné que le dialogue de deux jours sera axé sur les défis à long terme posés par l'essor économique rapide de la Chine.

Alors, ce soi-disant "défi à long terme" inclut-il une éventuelle "guerre financière" ?

L'objectif de ce livre est d'exposer les cerveaux à l'origine des principaux événements financiers mondiaux depuis le 18e siècle, de rejouer, d'observer, d'expérimenter, de comparer et de résumer les objectifs stratégiques et les tactiques de ces personnes, de prédire leurs futures attaques majeures contre la Chine et d'explorer les contre-mesures de la Chine.

La guerre a commencé, même si la fumée est invisible !

CHAPITRE I

Les Rothschild : la plus grande fortune invisible du monde

> *"Donnez-moi le contrôle de la masse monétaire d'une nation, et je ne me soucie pas de savoir qui fait ses lois."*[1]
>
> Mayer Rothschild.

Lorsque les médias internationaux spéculent sur le fait que Bill Gates, qui vaut 50 milliards de dollars, a été couronné l'homme le plus riche du monde, si vous croyez la vérité, vous êtes tombé dans le panneau. Vous ne trouverez pas les super-riches "invisibles" sur la liste familière des soi-disant milliardaires, car ils ont déjà contrôlé étroitement les grands médias occidentaux.

Comme le dit le proverbe, les Rothschild dirigent toujours le secteur bancaire aujourd'hui, mais si nous demandons à 100 Chinois pris au hasard dans les rues de Pékin ou de Shanghai, 99 d'entre eux connaissent peut-être la Citibank et pas un seul la Rothschild Bank.

Qui est Rothschild exactement ? Une personne dans la finance qui n'a jamais entendu le nom "Rothschild" est tout aussi incroyable qu'un soldat qui ne connaît pas Napoléon et qu'une personne qui étudie la physique qui ne connaît pas Einstein. Étrangement, mais sans surprise, ce nom est très étranger à la grande majorité des Chinois, et pourtant son impact sur le passé, le présent et l'avenir du peuple chinois et du monde en général est si grand, et pourtant sa popularité est si faible que sa capacité à rester invisible est époustouflante.

Quelle est la richesse réelle de la famille Rothschild ? C'est un monde fascinant. L'estimation prudente est de 30 000 milliards de

---

[1] G. Edward Griffin, *The Creature from Jekyll Island* (American Media, Westlake Village, CA 2002), p218.

dollars !² Comment diable les Rothschild ont-ils réussi à faire une telle fortune ? C'est l'histoire que ce chapitre va vous raconter.

Un contrôle familial étroit, des opérations en boîte noire totalement opaques, une coordination d'une précision d'horlogerie, un accès aux informations toujours en avance sur le marché, un raisonnement carrément impitoyable, un désir sans fin de pouvoir de l'or, et une profonde compréhension de l'argent et de la richesse basée sur tout cela, ainsi qu'une prévoyance de génie, ont permis aux Rothschild de construire l'un des plus grands empires financiers de l'histoire de l'humanité à ce jour, dans le tourbillon brutal de la finance, de la politique et de la guerre qui a balayé le monde pendant plus de deux cents ans.

Le Waterloo de Napoléon et l'Arc de Triomphe de Rothschild

Nathan est le troisième fils des vieux Rothschild et le plus audacieux des cinq frères. En 1798, il est envoyé par son père de Francfort en Angleterre pour ouvrir l'entreprise bancaire des Rothschild. Nathan est un banquier résolu qui n'a jamais vraiment compris son monde intérieur. Avec des prouesses financières étonnantes et des moyens divins, il est devenu en 1815 le premier oligarque bancaire de Londres.

Amschel, le frère aîné de Nathan, dirigeait la banque de la famille Rothschild à Francfort (M. A. Rothschild and Sons), son deuxième frère, Solomon, a établi une autre branche de la famille à Vienne, en Autriche (S. M. Rothschild and Sons), son quatrième frère, Karl, en a établi une autre à Naples, en Italie, et son cinquième frère, James, avait également une banque à Paris, en France (Messieurs de Rothschild Frères). Le système bancaire créé par la famille Rothschild était le

---

² Note : Morton (1962) a noté que la richesse des Rothschild était estimée à plus de 6 milliards de dollars US en 1850. Ce n'est pas un montant considérable en dollars d'aujourd'hui ; cependant, considérez la valeur potentielle future composée sur 156 (2006) ans ! En prenant 6 milliards de dollars (et en supposant qu'il n'y a pas d'érosion de la base de la richesse) et en composant ce chiffre à différents retours sur investissement (une fourchette prudente de 4 à 8%), on obtient la valeur nette suivante de l'entreprise familiale Rothschild.

premier groupe bancaire international du monde. À cette époque, les 5 frères observaient de près la bataille européenne de 1815.

Il s'agit d'une guerre importante qui concerne le sort et l'avenir du continent européen. Si Napoléon avait remporté la victoire finale, la France serait devenue sans conteste le maître du continent européen. Si Lord Wellington vainc les Français, la Grande-Bretagne dominera la parité des grandes puissances en Europe.

Bien avant la guerre, les Rothschild ont fait preuve d'une grande clairvoyance en établissant leur propre système de collecte de renseignements stratégiques et de messagerie. Ils ont mis en place un vaste réseau d'agents secrets, appelés "enfants", qui ressemblent à des espions du renseignement stratégique. Ces hommes étaient postés dans toutes les capitales d'Europe, dans les grandes villes, dans les importants centres d'échanges et de commerce, et toutes sortes de renseignements commerciaux, politiques et autres circulaient entre Londres, Paris, Francfort, Vienne et Naples. L'efficacité, la rapidité et la précision de ce système de renseignement sont à couper le souffle, dépassant de loin la vitesse de tout réseau d'information officiel et hors de portée des autres concurrents commerciaux. Tout cela met la Banque Rothschild dans un avantage distinct dans presque toute la concurrence internationale.[3]

> "Les carrosses de la Banque Rothschild roulaient sur les autoroutes (européennes), les navires de la Banque Rothschild traversaient la Manche, les espions de la Banque Rothschild se répandaient dans les rues des villes (européennes), transportant de grandes quantités d'argent liquide, d'obligations, de lettres et de nouvelles, et leur dernier scoop circulait rapidement sur les marchés boursiers et des matières premières, mais tout cela sans les précieux résultats de la bataille de Waterloo." [4]

La bataille de Waterloo, qui s'est déroulée le 18 juin 1815 près de Bruxelles, en Belgique, n'était pas seulement une bataille de vie ou de mort entre les deux armées de Napoléon et de Wellington, mais aussi un énorme pari lancé par des milliers d'investisseurs, le gagnant gagnant une richesse sans précédent et le perdant perdant lourdement. L'air de la bourse de Londres est tendu au plus haut point, et tous

---

[3] Des Griffin, *Descent into Slavery* (Emissary Publications 1980), chapitre 5.

[4] Des Griffin, *Descent into Slavery* (Emissary Publications 1980), p. 94.

attendent avec anxiété l'issue finale de la bataille de Waterloo. Si le Royaume-Uni perd, le prix de la dette publique britannique (Consols) tombera dans l'abîme ; si le Royaume-Uni gagne, la dette publique britannique s'écrasera dans les nuages.

Au moment où les deux armées se battaient jusqu'à la mort, les espions de Rothschild recueillaient nerveusement des informations au sein des deux armées sur l'évolution des différentes situations de combat, aussi précisément que possible. D'autres espions étaient chargés de relayer les derniers renseignements du champ de bataille à la zone de transit des renseignements de Rothschild la plus proche. Le soir, la défaite de Napoléon était définitive, et un messager express Rothschild nommé Rothworth, qui avait été témoin de la bataille, a immédiatement galopé sur un cheval rapide vers Bruxelles, puis a tourné vers Port Ostende. Il était tard dans la nuit lorsque Rose Woods a sauté à bord d'un bateau Rothschild Express avec un laissez-passer spécial. À ce moment-là, le vent soufflait fort dans la Manche, et après avoir payé une taxe de 2 000 francs, il a finalement trouvé un marin pour l'aider à traverser la Manche [5]pendant la nuit. Lorsqu'il arrive sur la rive à Folkestone, en Angleterre, tôt le matin du 19 juin, Nathan Rothschild lui-même l'attend. Nathan ouvre rapidement l'enveloppe, parcourt les gros titres du rapport de la bataille, puis galope directement à la Bourse de Londres.

Lorsque Nathan entra rapidement dans la bourse, la foule anxieuse et excitée qui attendait le rapport de la bataille se tut immédiatement, et tous les regards se portèrent sur le visage inexpressif et inexplicable de Nathan. À ce moment-là, Nathan ralentit le pas et se dirigea vers son propre trône connu sous le nom de " Pilier de Rothschild ". À ce moment-là, les muscles de son visage étaient comme des sculptures de pierre, sans le moindre flottement émotionnel. À ce moment-là, la salle des marchés était complètement libérée de son ancienne agitation, et tout le monde épinglait sa richesse et sa gloire dans les yeux de Nathan. Au bout d'un moment, Nathan fit un profond clin d'œil aux négociants de la famille Rothschild qui se trouvaient autour du ring, et tous se précipitèrent immédiatement à la table de négociation sans un mot et commencèrent à vendre des obligations britanniques. Il y a eu une agitation immédiate dans le hall, certaines personnes ont commencé à

---

[5] Eustace Mullins, *The Secrets of the Federal Reserve* – Omnia Veritas Ltd, www.omnia-veritas.com Chapitre 5.

parler entre elles, et beaucoup d'autres sont restées bouche bée. À ce moment-là, l'équivalent de centaines de milliers de dollars de dette publique britannique a été violemment jeté sur le marché, et le prix de la dette publique a commencé à chuter, puis le jet de l'ordre encore plus important a été plus violent que la marée.

À ce moment-là, Nathan restait immobile, appuyé sur son trône. Quelqu'un dans la salle des marchés a finalement poussé un cri d'alarme,

"Rothschild sait ! "Rothschild le sait ! "Wellington est vaincu !"

Tous les gens se sont immédiatement retournés comme s'ils avaient été électrocutés, et la vente à découvert s'est finalement transformée en panique. Quand on perd violemment la tête, suivre les actions des autres devient un acte auto-imposé. Chacun voulait se débarrasser d'un seul coup de la dette publique britannique déjà sans valeur qu'il avait entre les mains, et garder le plus possible de ce qui restait. Après quelques heures de jet frénétique, la dette publique britannique est devenue un tas de ferraille, dont il ne reste que 5% de la valeur nominale. [6]

À ce stade, Nathan restait aussi indifférent à la situation qu'il l'avait été au début. Ses yeux clignotaient légèrement d'une manière que personne, sans une longue formation, ne pouvait lire, mais cette fois le signal était complètement différent. Les nombreux traders qui l'entouraient se précipitèrent immédiatement sur leurs pupitres respectifs et commencèrent à acheter toutes les obligations britanniques qu'ils voyaient sur le marché.

À onze heures du soir du 21 juin, Henry Percy, le messager de Lord Wellington, arrive enfin à Londres avec la nouvelle que l'armée de Napoléon a été totalement vaincue après huit heures de combats acharnés, avec une perte d'un tiers de ses hommes, et que la France est finie !

Cette information était un jour entier plus tard que celle de Nathan ! Et Nathan a sauvagement gagné 20 fois plus d'argent en un

---

[6] Des Griffin, *Descent into Slavery* (Emissary Publications 1980), chapitre 5.

seul jour, plus que Napoléon et Wellington n'en avaient jamais gagné en plusieurs décennies de guerre réunies ! [7]

La bataille de Waterloo a fait de Nathan le plus grand créancier du gouvernement britannique d'un seul coup, dominant ainsi l'émission ultérieure de la dette publique britannique, avec la Banque d'Angleterre sous le contrôle de Nathan. La dette publique britannique est la preuve de l'imposition future du gouvernement, et l'obligation du peuple britannique de payer toutes sortes de taxes au gouvernement devient un impôt déguisé sur l'ensemble de la population par la banque Rothschild. Les dépenses financières du gouvernement britannique étaient financées par l'émission de la dette publique, en d'autres termes, le gouvernement britannique devait emprunter de l'argent à des banques privées pour dépenser parce qu'il n'avait pas le droit d'émettre de l'argent, et payait environ 8 pour cent d'intérêts, le tout réglé en pièces d'or. Alors que Nathan tenait entre ses mains le montant écrasant de la dette publique britannique, il manipulait efficacement le prix de la dette publique, influençant ainsi l'ensemble de la masse monétaire britannique, et le poumon économique de la Grande-Bretagne était étroitement pincé entre les mains des Rothschild.

Le suffisant Nathan ne cachait pas sa fierté de conquérir l'Empire britannique.

> *Je me moque du genre de marionnette anglaise que l'on met sur le trône pour diriger ce vaste empire du coucher du soleil. Celui qui contrôle la masse monétaire de l'Empire britannique contrôle l'Empire britannique, et cette personne, c'est moi !* [8]

Les débuts de Rothschild à l'époque

> *"Les quelques personnes qui peuvent comprendre le système (monnaie de chèque et monnaie de crédit) sont soit tellement*

---

[7] Ignatius Balla, *The Romance of the Rothschilds*, (Everleigh Nash, Londres, 1913). Note : le *New York Times* du 1er avril 1915 rapporte qu'en 1914, le baron Nathan Mayer de Rothschild a intenté un procès pour supprimer le livre d'Ignatius Balla au motif que l'histoire de Waterloo concernant son grand-père était fausse et diffamatoire. Le tribunal a jugé que l'histoire était vraie, a rejeté le procès de Rothschild et l'a condamné à payer tous les frais.

[8] Eustace Mullins, *The Secrets of the Federal Reserve* – Omnia Veritas Ltd, www.omnia-veritas.com, chapitre 5.

intéressées par les profits qu'il génère, soit tellement dépendantes des aumônes du système (politiciens), que cette classe de personnes ne s'opposera pas à nous. D'un autre côté, la grande majorité du peuple est intellectuellement inadéquate pour comprendre les énormes avantages du capital dérivés sur la base de ce système, et ils seront opprimés sans se plaindre ou sans même le moindre soupçon que le système a porté atteinte à leurs intérêts. " [9]

— Les frères Rothschild, 1863.

Le vieux Rothschild a grandi à une époque où la révolution industrielle se développait rapidement en Europe et où l'industrie financière était en plein essor comme jamais auparavant, avec des pratiques et des idées financières entièrement nouvelles qui rayonnaient des Pays-Bas et de l'Angleterre vers toute l'Europe. Avec la création de la Banque d'Angleterre en 1694, un concept et une pratique de la monnaie bien plus complexes que par le passé ont été créés par un grand groupe de banquiers aventureux.

Le concept et la forme de la monnaie ont profondément changé au cours des 100 ans du 17ème siècle, de 1694 à 1776, date de la parution de la Richesse des nations d'Adam Smith, et pour la première fois dans l'histoire de l'humanité, la quantité de papier-monnaie émis par les banques a dépassé la quantité totale de monnaie métallique en circulation.[10] La demande sans précédent de financement dans les industries émergentes telles que les chemins de fer, les mines, la construction navale, les machines, les textiles, l'industrie militaire et l'énergie, générée par la révolution industrielle, a créé une contradiction de plus en plus forte avec les anciennes inefficacités et les capacités de financement extrêmement limitées des banques d'orfèvre traditionnelles. Les banquiers émergents, représentés par les Rothschild, ont saisi cette occasion historiquement importante pour dominer pleinement le cours historique de la finance moderne de la manière la plus avantageuse pour eux, tandis que le sort de tous les autres devait être déterminé, ou était déterminé involontairement, par ce système.

---

[9] Les frères Rothschild de Londres dans une lettre envoyée en 1863 aux banquiers de New York pour soutenir la loi bancaire nationale alors proposée.

[10] Glyn Davis, *History of Money from Ancient Times to the Present Day* (University of Wales Press, 2002), p257, p258.

Deux guerres civiles et des troubles politiques depuis 1625 avaient laissé le trésor anglais vide, et lorsque Guillaume Ier entra en Angleterre en 1689 (un trône qu'il avait conquis en épousant Marie, fille du roi Jacques II), il dut faire face à un gâchis qui, combiné à la guerre en cours avec Sa Sainteté Louis XIV, l'avait laissé mendier de l'argent et presque mourir de faim. C'est alors que des banquiers dirigés par William Paterson proposent au roi un nouveau concept appris des Pays-Bas : la création d'une banque centrale privée, la Banque d'Angleterre, pour financer les énormes dépenses du roi.

Cette banque privée fournit au gouvernement 1,2 million de livres en espèces en tant que "prêt perpétuel" du gouvernement avec un taux d'intérêt de 8% par an et des frais de gestion annuels de 4 000 livres, de sorte que pour 100 000 livres par an, le gouvernement peut immédiatement lever 1,2 million de livres en espèces et ne jamais avoir à rembourser le principal ! Bien entendu, le gouvernement avait l'"avantage" supplémentaire de permettre à la Banque d'Angleterre d'émettre exclusivement des billets de banque reconnus au niveau national. [11]

On sait depuis longtemps que l'activité la plus rentable du banquier-orfèvre était l'émission de billets de banque, qui étaient en fait des reçus de pièces d'or déposées par les déposants chez l'orfèvre. Comme il était très peu pratique de transporter de grandes quantités de pièces d'or, tout le monde a commencé à faire du commerce avec des reçus de pièces d'or, puis à racheter les pièces d'or correspondantes chez l'orfèvre. Au fil du temps, les gens n'ont plus ressenti le besoin de toujours se rendre chez l'orfèvre pour avoir accès aux pièces d'or, et plus tard, ces reçus sont progressivement devenus de la monnaie. Les banquiers orfèvres avisés se sont progressivement rendu compte que seules quelques personnes venaient chercher des pièces d'or chaque jour, et ils ont commencé à augmenter tranquillement le nombre de reçus pour prêter de l'argent à ceux qui en avaient besoin et à facturer des intérêts, et lorsque les emprunteurs remboursaient les dettes avec des intérêts, les banquiers orfèvres récupéraient les dettes et les détruisaient tranquillement, comme si rien ne s'était passé, mais les intérêts allaient régulièrement dans leurs propres sacs d'argent. Plus la circulation et l'acceptation des recettes d'une banque d'orfèvrerie sont

---

[11] Eustace Mullins, *The Secrets of the Federal Reserve* – Omnia Veritas Ltd, www.omnia-veritas.com, chapitre 5.

larges, plus le profit est important. Et l'étendue de la circulation et de l'acceptation des billets de banque émis par la Banque d'Angleterre est bien au-delà de la portée des autres banques, et ces billets de banque reconnus nationalement sont la monnaie nationale.

Le capital social en espèces de la Banque d'Angleterre est recruté par la communauté et ceux qui souscrivent à plus de 2 000 £ peuvent devenir directeurs de la Banque d'Angleterre (gouverneurs). Au total, 1330 personnes sont devenues actionnaires de la Banque d'Angleterre et 14 sont devenues administrateurs de la banque, dont William Paterson. [12]

En 1694, le roi Guillaume Ier a émis la charte royale de la Banque d'Angleterre, et la première banque moderne est née.

La philosophie de base de la Banque d'Angleterre consiste à convertir les dettes privées des rois et de la royauté en une dette nationale permanente, garantie par une imposition universelle, la Banque d'Angleterre émettant la monnaie nationale sur la base de cette dette. De cette façon, le roi a de l'argent pour se battre ou se divertir, le gouvernement a de l'argent pour faire ce qu'il aime, les banquiers accordent les énormes prêts dont ils rêvent et obtiennent des revenus d'intérêts substantiels, et cela semble être une situation heureuse pour tous, avec seulement les impôts du peuple comme garantie. Grâce à ces nouveaux instruments financiers si puissants, le déficit du gouvernement britannique monte en flèche, et de 1670 à 1685, les coffres du gouvernement britannique s'élèvent à 24,8 millions de livres sterling. Les recettes du gouvernement ont plus que doublé entre 1685 et 1700 pour atteindre 55,7 millions de livres, mais les emprunts du gouvernement britannique auprès de la Banque d'Angleterre ont été multipliés par 17 entre 1685 et 1700, passant de 800 000 livres à 13,8 millions de livres. [13]

Mieux encore, la conception bloque l'émission de la monnaie nationale et la dette nationale permanente. Pour ajouter de la nouvelle monnaie, il faudrait augmenter la dette nationale, et pour rembourser la dette nationale, il faudrait détruire la monnaie nationale, et il n'y aurait

---

[12] *Ibid.*

[13] Glyn Davis, *History of Money from Ancient Times to the Present Day* (University of Wales Press, 2002), p. 239.

pas d'argent en circulation sur le marché, de sorte que le gouvernement ne serait jamais en mesure de rembourser la dette. Comme la nécessité de rembourser les intérêts et le développement économique entraînent inévitablement une plus grande demande d'argent, qui doit être emprunté aux banques, la dette nationale ne fera que croître éternellement, et les revenus des intérêts de ces dettes iront tous dans les poches des banquiers, tandis que les paiements d'intérêts seront couverts par les impôts du peuple !

Depuis lors, le gouvernement britannique n'a jamais remboursé la dette. Fin 2005, la dette du gouvernement britannique, qui était de 1,2 million de livres en 1694, est passée à 525,9 milliards de livres, ce qui représente le PIB britannique. [14]

Il semblerait que pour une telle somme d'argent, il vaille la peine de prendre le risque de décapiter un roi ou d'assassiner plusieurs présidents si quelqu'un osait s'opposer à une banque nationale privatisée.

Le premier seau d'or du vieux Rothschild

Le 23 février 1744, Meyer A. Bauer est né dans le ghetto juif de Francfort, où son père, Moses, était un orfèvre et un prêteur itinérant qui passait ses années à gagner sa vie sur le continent européen de l'Est. Lorsque Meyer est né, Moses a décidé de s'installer à Francfort. Dès son plus jeune âge, Meyer fait preuve d'une intelligence étonnante, et son père lui consacre une grande partie de sa vie, l'encadrant soigneusement et lui apprenant systématiquement le métier d'argent et de prêteur. Quelques années plus tard, Moses meurt et, à l'âge de treize ans, Meyer, encouragé par des proches, vient à Hanovre comme apprenti dans la banque de la famille Oppenheimer. [15]

Grâce à sa grande perception et à sa diligence, Meyer a rapidement maîtrisé les compétences spécialisées des opérations bancaires, et pendant sept années complètes, il a absorbé et digéré comme une éponge les caprices de l'industrie financière du Royaume-Uni. Pour son travail remarquable, Meyer a été promu associé junior. Pendant son

---

[14] Statistiques nationales du Royaume-Uni.

[15] Des Griffin, *Descent into Slavery* (Emissary Publications 1980), chapitre 5.

séjour à la banque, il rencontre des clients très bien placés, dont le général von Istvor, qui jouera un rôle déterminant dans son développement ultérieur. C'est là que Meyer s'est rendu compte que prêter de l'argent au gouvernement et au roi était beaucoup plus rentable et assuré que de le prêter à des particuliers, non seulement avec des prêts beaucoup plus importants, mais aussi avec les impôts du gouvernement comme garantie. Ce nouveau concept financier venu du Royaume-Uni a donné un nouveau souffle à l'esprit de Meyer.

Quelques années plus tard, le jeune Meyer retourne à Francfort pour poursuivre l'activité de prêt de son père. Il change également son nom de famille en Rothschild (Rothschild, Rot est le mot allemand pour rouge et Schild est le mot allemand pour bouclier). Lorsque Meyer apprend que le général von Istvor est lui aussi revenu à Francfort et qu'il travaille à la cour du prince William, il lui vient immédiatement à l'esprit de faire bon usage de cette relation. Le général von Istvor était également très heureux lorsqu'il a revu Meyer. Le général lui-même est un collectionneur de numismatique, et les recherches de Meyer sur la numismatique ont été transmises par des générations d'ancêtres, et la conversation sur les anciennes pièces numismatiques est si familière que les sourcils du général ont dansé. Encore plus à la grande joie du général, Meyer est prêt à lui vendre quelques pièces d'or rares à un prix très bas, et bientôt le général von Istvor prend Meyer comme confident. L'intrigant Meyer fait rapidement la connaissance de personnes importantes à la cour. Enfin, un jour, après avoir été introduit par le général von Istvor, le prince Guillaume convoqua Meyer, qui s'avéra être lui-même un collectionneur de pièces d'or, et par le même moyen, Meyer eut bientôt le prince en sa faveur.

Le 21 septembre 1769, Meyer inscrit sur son enseigne les armoiries royales, à côté desquelles il écrit en lettres d'or : "M. A. Rothschild, agent attitré de Son Altesse Royale le Prince William". "[16]Au fil du temps, la crédibilité de Meyer monte en flèche et les affaires deviennent de plus en plus brûlantes.

Le prince William lui-même était historiquement un homme de fortune, célèbre dans l'Europe du XVIIIe siècle pour avoir "loué des armées" à d'autres pays afin de "maintenir la paix". Il était proche de plusieurs membres de la famille royale européenne et aimait

---

[16] Ibid.

particulièrement faire des affaires avec la couronne britannique. La Grande-Bretagne, qui avait de nombreux intérêts à l'étranger, avait souvent besoin d'utiliser ses propres troupes, et avec sa propre armée en nombre insuffisant, et avec la Grande-Bretagne qui mettait plus d'argent à disposition et se trouvait rarement en défaut de paiement, le prince William était à la hauteur. Plus tard, lors de la guerre d'indépendance américaine, Washington eut affaire à plus de soldats allemands que de soldats britanniques. Le prince William a ainsi amassé le plus grand domaine royal de l'histoire européenne, équivalant à environ 200 millions de dollars. Pas étonnant que les gens l'appellent "l'usurier le plus froid d'Europe". [17]

Après s'être engagé sur le compte du prince William, Meyer s'est appliqué à faire chaque course au mieux de ses capacités, et a ainsi gagné la confiance du prince. Bientôt, la révolution bourgeoise française (1789-1799) éclate et la vague de révolution se propage progressivement de la France aux monarchies environnantes. Le prince Guillaume devient inquiet et craint de plus en plus que la révolution ne trouve un écho en Allemagne et que la populace ne pille ses richesses. Contrairement à ce que le prince pensait, Meyer était très heureux de la Révolution française, car la panique a fait exploser son commerce d'or. Lorsque la révolution vise le Saint Empire romain germanique, le commerce entre l'Allemagne et l'Angleterre est interrompu, le prix des importations s'envole et le trafic de marchandises de l'Angleterre vers l'Allemagne fait la fortune de Meyer.

Meyer a été un leader très actif dans la communauté juive.

> " Chaque samedi soir, à la fin de l'office de la synagogue, Meyer invitait toujours chez lui quelques-uns des plus sages savants juifs, et ils se réunissaient en sirotant lentement du vin et en discutant en détail de l'ordre à suivre pour faire quelque chose jusque tard dans la nuit. " [18]

Meyer a dit : "Une famille qui prie ensemble s'unit". "Plus tard, les gens n'ont jamais compris quel genre de pouvoir rendait les Rothschild si insistants sur la conquête et le pouvoir.

---

[17] Frederic Morton, *The Rothschilds* (Fawcett Books, 1961), p40.

[18] *Ibid.* p. 31.

En 1800, les Rothschild étaient devenus l'une des familles juives les plus riches de Francfort. Cette année-là, Meyer reçoit également le titre d'"agent impérial du Saint-Empire romain germanique" de la part de l'empereur romain germanique. Ce titre lui permet de passer dans les différentes régions de l'Empire, l'exemptant des diverses taxes imposées aux autres Juifs, et permettant au personnel de sa société d'être armé.

En 1803, la relation grandissante entre Meyer et le Prince Guillaume fait faire un grand bond en avant à la puissance de Meyer. Voici la chose : un des cousins du prince William était le roi du Danemark, et il a approché le prince William pour lui emprunter une somme d'argent, ce que le prince William a hésité à accepter de peur de montrer sa richesse. Lorsque Meyer a appris cela, et a pensé que c'était une bonne opportunité, il a proposé une solution au prince, dans laquelle le prince paierait l'argent, et Meyer négocierait un prêt au roi du Danemark au nom de Rothschild, avec les intérêts que Meyer pourrait prendre. Le prince y réfléchit attentivement et pense que c'est un bon moyen de prêter et de collecter de l'argent sans montrer sa richesse. Pour Meyer, prêter de l'argent au roi était quelque chose dont il rêvait, non seulement un retour régulier, mais une grande opportunité d'améliorer sa réputation. En conséquence, le prêt a été un grand succès. Immédiatement après, six autres prêts de la famille royale danoise ont été conclus par l'intermédiaire de Meyer. Rothschild est devenu célèbre, d'autant plus que ses liens étroits avec la famille royale ont commencé à être connus en Europe.

Après l'arrivée au pouvoir de Napoléon, il a essayé de rallier le prince Guillaume à son camp. Le prince Guillaume ne voulait pas choisir un camp avant que la situation ne devienne claire, et finalement Napoléon a annoncé "retirer l'empereur Hess (la famille du prince Guillaume) de la liste des souverains européens", puis l'armée française a appuyé sur la frontière, le prince Guillaume s'est exilé au Danemark à la hâte, avant de s'enfuir, a remis un argent liquide d'une valeur de 3 millions de dollars à Meyer pour le garder. [19]Ce sont ces 3 millions de dollars en liquide qui ont apporté à Meyer un pouvoir et une richesse sans précédent, devenant le premier seau d'argent que Meyer a forgé pour son empire financier.

---

[19] Des Griffin, *Descent into Slavery* (Emissary Publications, 1980), chapitre 5.

Meyer a de bien plus grandes ambitions que de créer une Banque d'Angleterre ! Quand il a reçu cette énorme somme d'argent du Prince William, il a commencé à mobiliser ses troupes. Ses cinq fils tirent comme cinq flèches acérées sur les cinq cœurs de l'Europe. L'aîné, Amschel, garde le siège de Francfort, le second, Solomon, se rend à Vienne pour ouvrir un nouveau champ de bataille, le troisième, Nathan, est envoyé en Angleterre pour présider aux destinées de la banque, le quatrième, Karl, se rend à Naples, en Italie, pour y établir une base et sert de messager entre les frères, et le cinquième, James, prend en charge les affaires de Paris.

Un empire financier, sans précédent dans l'histoire de l'humanité, a été dévoilé.

Nathan domine la city de Londres

> *"Ils (les Rothschild) sont les maîtres du marché monétaire mondial, et bien sûr de presque tout le reste. Ils avaient en fait des actifs gagés sur les coffres de toute la région du sud de l'Italie, et les rois et ministres de tous les pays (européens) écoutaient leurs enseignements. "* [20]
> – Benjamin Disraeli, Premier ministre britannique, 1844.

La Financial City de Londres, un petit kilomètre carré au cœur du Grand Londres, est le centre financier de la Grande-Bretagne et du monde depuis le 18e siècle, avec un système judiciaire indépendant, semblable à celui du Vatican, et plutôt comme un pays dans un pays. C'est l'endroit où les principales institutions financières du monde, y compris le siège de la Banque d'Angleterre, créent aujourd'hui 1/6 du PIB du Royaume-Uni, et celui qui domine la ville financière de Londres domine le Royaume-Uni.

L'arrivée initiale de Nathan en Angleterre coïncide avec l'affrontement franco-britannique et le blocus mutuel. Les marchandises britanniques se vendaient à des prix élevés en Europe, et Nathan commença à faire équipe avec son frère James, qui se trouvait en France, pour faire passer clandestinement les marchandises d'Angleterre en France et changer de mains, gagnant ainsi beaucoup

---

[20] Benjamin Disraeli, *Coningsby* (New York : Alfred A. Knopf, initialement publié en Angleterre en 1844), p225.

d'argent. Plus tard, Nathan se lia d'amitié avec John Harris, un officier du Trésor britannique, et s'enquit du sort des troupes britanniques en Espagne. L'armée britannique, commandée par le duc de Wellington, était prête à attaquer l'armée française, et la seule difficulté était le manque de solde. Le duc de Wellington, bien qu'il soit garanti par le gouvernement britannique, a du mal à persuader les banquiers espagnols et portugais d'accepter les billets de banque qu'il produit, et l'armée du duc de Wellington a un besoin urgent d'or. [21]

Nathan a eu une idée brillante et était déterminé à faire un coup d'éclat sur cette affaire. Il se renseigna sur l'approvisionnement en or, et il se trouva que la Compagnie des Indes orientales avait un lot d'or tout juste expédié d'Inde, prêt à être vendu, et que le gouvernement britannique voulait également acheter, mais estimait que le prix était trop élevé, et voulait attendre que le prix de l'or baisse avant d'acheter. Nathan a jaugé la situation et a immédiatement misé sur les trois millions de dollars en liquide du prince William, qu'il avait amenés en Grande-Bretagne pour se battre, et sur les importantes sommes qu'il avait gagnées en faisant de la contrebande de marchandises britanniques, a saisi l'occasion de traiter avec la Compagnie des Indes orientales, a acheté 800 000 £ d'or, [22]puis a immédiatement augmenté le prix de l'or. Le gouvernement britannique a vu que le prix de l'or ne pouvait pas être abaissé, et la situation militaire devant les 100 000 urgents, seulement pour acheter à Nathan à un prix élevé. Ce marché a permis à Nathan de faire fortune.

Mais Nathan poursuit son stratagème en série et propose d'escorter l'or jusqu'à l'armée du duc de Wellington. À l'époque, la France avait un blocus terrestre serré contre la Grande-Bretagne, ce qui était si risqué que le gouvernement britannique était prêt à payer un prix élevé pour transporter l'or. Après avoir fait cette course, Nathan a demandé à son frère James, âgé de 19 ans, d'informer le gouvernement français que Nathan voulait expédier de l'or en France, ce qui aurait probablement rendu le gouvernement britannique furieux, car le flux d'or vers la France affaiblirait considérablement la capacité financière de la Grande-Bretagne. Lorsque le côté français a entendu qu'il y avait une

---

[21] G. Edward Griffin, *The Creature from Jekyll Island* (American Media, Westlake Village, CA 2002), p. 224.

[22] Frederic Morton, *The Rothschilds* (Fawcett Books, 1961), p. 45.

si bonne chose, pourquoi ne pas soutenir fortement la raison, a immédiatement ordonné à la police française de protéger le long du chemin, tout au long du chemin. Les fonctionnaires français individuels, qui ont été fortement soudoyés, ont également été assourdis et réduits au silence.

Donc Nathan et d'autres ont escorté l'or, avec le soutien des gouvernements britannique et français, sont entrés dans la banque à Paris en grande pompe, Nathan a assisté au banquet de bienvenue du gouvernement français, tout en envoyant discrètement quelqu'un pour échanger l'or en pièces d'or acceptables pour le duc de Wellington, et ensuite transporté involontairement par le réseau de transport Rothschild à l'armée britannique en Espagne, la méthode de la subtilité de l'intrigue du film moderne d'Hollywood.

Un diplomate prussien en Grande-Bretagne l'a exprimé ainsi :

> "L'influence de Rothschild sur les affaires financières ici (à Londres) est stupéfiante. Ils dictent complètement le prix des opérations de change dans la cité financière de Londres. En tant que banquiers, leur pouvoir est époustouflant. La Banque d'Angleterre a tremblé quand Nathan s'est mis en colère."

Une fois, Nathan a apporté un chèque tiré par son frère Amschel de la banque Rothschild de Francfort à la Banque d'Angleterre et a demandé de l'argent liquide, ce que la banque a refusé au motif qu'elle n'échangeait que les chèques de cette banque. Nathan était furieux et, tôt le lendemain matin, il a amené ses propres neuf commis de banque avec un grand nombre de chèques de la Banque d'Angleterre réclamant de l'or, ce qui, en un seul jour, a fait baisser considérablement les réserves d'or de la Banque d'Angleterre. Le lendemain, Nathan apporta d'autres chèques et un cadre supérieur de la banque lui demanda d'une voix tremblante combien de jours il avait encore pour les encaisser, ce à quoi Nathan répondit froidement : "La Banque d'Angleterre a refusé d'accepter mon chèque, pourquoi le voulais-je ?". "La Banque d'Angleterre a immédiatement convoqué une réunion d'urgence, puis le directeur principal de la banque a très poliment informé Nathan que la Banque d'Angleterre serait honorée d'encaisser tous les chèques de la Rothschild Bank à l'avenir.

Ils ont pris le contrôle de la ville financière de Londres d'un seul coup lors de la bataille de Waterloo, détenant ainsi le poumon économique de la Grande-Bretagne. Depuis lors, les décisions cruciales, notamment l'émission de la monnaie et le prix de l'or, sont restées entre les mains des Rothschild.

James a conquis la France

> *"Quand un gouvernement dépend de l'argent des banquiers, ce sont les banquiers, et non les dirigeants du gouvernement, qui contrôlent la situation, car la main qui donne l'argent est toujours plus haute que la main qui le prend. L'argent n'a pas de patrie, les financiers ne savent pas ce qui est patriotique et noble, et leur seul but est de faire du profit. "* [23]
>
> – Napoléon, 1815.

James, le cinquième fils du vieux Rothschild, voyageait principalement entre Londres et Paris pendant le règne de Napoléon, établissant un réseau de transport familial pour faire passer des marchandises britanniques en contrebande. James s'est fait un nom en France après avoir aidé Wellington à expédier de l'or et la bataille du rachat de la dette nationale britannique. Il a fondé la banque Rothschild de Paris et a financé secrètement la révolution espagnole.

Après la défaite de Waterloo en 1817, la France a perdu une grande partie de son territoire dans les guerres napoléoniennes, elle est politiquement assiégée et son économie nationale est de plus en plus déprimée. Le gouvernement de Louis XVIII emprunte de l'argent dans l'espoir de reprendre progressivement pied sur le plan financier. Jacques s'indigne qu'une banque française et la banque britannique de Bahreïn aient reçu un grand nombre de projets financés par le gouvernement, tandis que la prestigieuse banque Rothschild est tombée en disgrâce.

En 1818, alors que les obligations d'État émises l'année précédente augmentaient à Paris et dans d'autres villes européennes, le gouvernement français a eu un avant-goût de la situation et a voulu à nouveau lever des fonds auprès de ces deux banques. Les frères Rothschild se sont donné beaucoup de mal pour obtenir un semblant de profit. Il s'avère que les aristocrates français, fiers de leurs illustres origines et de leurs nobles lignées, estimaient que les Rothschild n'étaient rien de plus qu'une bande de paysans truands et ne voulaient

---

[23] R. McNair Wilson, *Monarchy or Money Power* (Omnia Veritas Ltd – www.omnia-veritas.com), p68.

pas faire affaire avec eux. Malgré sa richesse et son luxe à Paris, James n'est pas de haut rang social, et l'arrogance de l'aristocratie française le rend furieux.

James et quelques autres frères ont immédiatement commencé à comploter pour soumettre la noblesse française. L'arrogance de l'aristocratie française, cependant, n'était pas intelligente et sous-estimait l'excellence stratégique et tactique de la famille Rothschild en matière de finance et sa capacité à planifier une victoire, pas moins que la maîtrise militaire de Napoléon.

Le 5 novembre 1818, les obligations françaises, qui n'avaient cessé de s'apprécier, ont soudainement entamé une baisse de valeur plutôt inhabituelle. Rapidement, d'autres obligations d'État commencent à en faire les frais, avec des baisses de prix plus ou moins importantes. Les investisseurs sur le marché commencent à en parler. Au lieu de s'améliorer, la situation a empiré au fil du temps. Les discussions à la bourse se transforment peu à peu en ragots, certains disant que Napoléon pourrait revenir au pouvoir, d'autres que les caisses de l'État ne recueillent pas assez d'argent pour rembourser les intérêts, d'autres encore craignant une nouvelle guerre.[24]

L'atmosphère au sein de la cour de Louis XVIII est également assez tendue, et si les obligations continuent de s'effondrer, il n'y aura aucun moyen de lever des fonds pour les futures dépenses du gouvernement. Les visages des nobles sont également emplis de tristesse, et chacun s'inquiète de l'avenir de ce pays. Il n'y avait que deux personnes qui regardaient froidement depuis les coulisses, et c'était James et son frère Carl.

Grâce aux antécédents britanniques, certains ont lentement commencé à soupçonner les Rothschild de manipuler le marché de la dette publique. C'est exactement ce qui s'est passé. À partir du mois d'octobre 1818, les Rothschild ont commencé à faire valoir leur richesse considérable, en investissant discrètement dans les obligations françaises des grandes villes d'Europe, dont la valeur s'est progressivement appréciée. Puis, à partir du 5 novembre, ils ont soudainement déclenché des ventes simultanées d'obligations

---

[24] Des Griffin, *Descent into Slavery* (Emissary Publications, 1980), chapitre 5.

françaises dans toute l'Europe, provoquant une grande panique sur les marchés.

En regardant le prix de ses obligations glisser comme une chute libre dans l'abîme, Louis XVIII a senti sa couronne partir avec lui. C'est alors que l'agent de la famille Rothschild à la cour s'approche du roi et lui dit : "Pourquoi ne pas laisser la riche banque Rothschild essayer de sauver la situation ? "Louis XVIII, désemparé, n'est plus en position royale et convoque immédiatement les frères Jacques. L'atmosphère au palais de l'Élysée a changé, les frères Jacques, depuis longtemps disparus, sont entourés de visages souriants et de respect.

Bien sûr, les frères James ont arrêté l'effondrement des obligations dès qu'ils ont frappé, et ils sont devenus le centre d'attention en France, qu'ils ont sauvée de la crise économique après sa défaite militaire ! Les louanges et les fleurs ont enchanté les frères James, et même le style de leurs vêtements est devenu un style de mode populaire. Leurs banques sont devenues des lieux où les gens rivalisaient pour obtenir des prêts.

En conséquence, les Rothschild ont pris le contrôle total de la finance française.

> "La fortune de James Rothschild atteint 600 millions de francs. Il n'y a qu'un seul homme en France qui ait plus de fortune que lui, c'est le roi de France, dont la fortune est de 800 millions de francs. La fortune de tous les autres banquiers français réunis est encore inférieure de 150 millions de francs à celle de James. Une telle richesse lui confère naturellement un pouvoir immérité, au point de pouvoir faire tomber à tout moment un cabinet gouvernemental. On sait, par exemple, que le gouvernement de Tyr fut renversé par lui. " [25]

La quête de Salomon pour l'Autriche

> "À leurs yeux (les Rothschild), il n'y a ni guerre ni paix, ni slogans ni déclarations, ni sacrifice ni honneur, et ils ignorent ces choses qui embrouillent les yeux du monde. Il n'y a que des tremplins à leurs yeux. Le Prince William en était un, Metternich était le suivant. " [26]

---

[25] David Druck, *Baron Edmond de Rothschild* (Impression privée).

[26] Frederic Morton, *The Rothschilds* (Fawcett Books, 1961).

Frederick Morton.

Salomon était le deuxième de la lignée des Rothschild et a passé de nombreuses années à faire la navette entre les grandes villes européennes, faisant office de coordinateur entre les différentes banques de la famille. Parmi ses frères, il faisait preuve d'une grande diplomatie, d'une bonne élocution et d'un grand sens du compliment. Un banquier qui a eu affaire à Salomon a fait le commentaire suivant : "Personne ne le quitte sans être rafraîchi". "C'est pour cette raison que les frères le proclament publiquement à Vienne pour ouvrir la banque au cœur de l'Europe.

Vienne était le centre politique de l'Europe à l'époque, et presque toutes les familles royales européennes étaient inextricablement liées à la dynastie des Habsbourg d'Autriche. La dynastie des Habsbourg a régné pendant plus de 400 ans en tant que famille royale du Saint Empire romain germanique (dissous en 1806), comprenant ce qui est aujourd'hui l'Autriche, l'Allemagne, le nord de l'Italie, la Suisse, la Belgique, les Pays-Bas, le Luxembourg, la République tchèque, la Slovénie et l'est de la France, ce qui en fait la lignée royale la plus ancienne et la plus authentique d'Europe.

Bien que les guerres napoléoniennes aient écrasé le Saint Empire romain germanique, son successeur, l'Autriche, se présente toujours comme le leader de l'Europe centrale, avec une certaine arrogance vis-à-vis du reste de la famille royale. En outre, sa doctrine catholique orthodoxe est beaucoup plus rigide que celle des pays protestants comme l'Angleterre et la France, et il est beaucoup plus noble de traiter avec ces familles nobles qu'avec le prince William. Bien que les Rothschild aient essayé à plusieurs reprises par le passé d'établir des relations d'affaires avec les Habsbourg, le résultat a toujours été de tenir la famille royale à l'écart et de l'éloigner de la porte.

Lorsque Salomon frappe à nouveau aux portes de Vienne après les guerres napoléoniennes, la situation est toute autre. La famille Rothschild est devenue une famille prestigieuse en Europe, avec le courage de conquérir la Grande-Bretagne et la France, et beaucoup de courage. Malgré cela, Salomon n'a pas osé faire des affaires directement avec les Habsbourg, mais a trouvé un "tremplin" sous la forme du ministre autrichien des affaires étrangères, Klemens von Metternich, qui a eu une grande influence sur la politique européenne du XIXe siècle.

En Europe, après la défaite de Napoléon, le système de Vienne, dirigé par Metternich, a maintenu la plus longue période de paix de l'Europe du XIXe siècle. Metternich a mis à profit l'essence des freins et contrepoids face à la fortune déclinante de l'Autriche et à ses puissants ennemis. Il a utilisé ce qui restait de l'orthodoxie royale de l'attrait des Habsbourg en Europe pour entraîner la Prusse et la Russie voisines dans une alliance sacrée, à la fois pour contenir la résurgence de la France et l'agitation de l'expansion russe, et pour former un mécanisme commun de répression de la vague de nationalisme et de libéralisme dans le pays, en veillant à ce que les divisions multiethniques en Autriche ne deviennent pas incontrôlables.

La conférence d'Aix-la-Chapelle de 1818 a été une réunion importante pour discuter de l'avenir de l'Europe après la défaite de Napoléon. Les représentants de la Grande-Bretagne, de la Russie, de l'Autriche, de la Prusse et de la France ont décidé de questions telles que les réparations de guerre françaises et le retrait des troupes alliées. Salomon et son frère Carl assistent tous deux à cette réunion. C'est lors de cette réunion, introduite par le bras droit de Metternich, Gentz, que Salomon a fait la connaissance de Metternich et est rapidement devenu un ami intime. D'une part, les louanges intelligentes et appropriées de Salomon ont rendu Metternich extrêmement utile, d'autre part, Metternich souhaitait aussi beaucoup utiliser la forte puissance financière de la famille Rothschild, les deux hommes se sont immédiatement entendus, Salomon et les Rois sont encore plus inséparables l'un de l'autre.

Sur la forte recommandation de Metternich et du Roi, et grâce aux relations d'affaires étroites de Rothschild avec le Prince William et la couronne danoise, les hautes murailles des Habsbourg sont finalement franchies par Salomon. En 1822, la famille royale des Habsbourg confère le titre de baron aux quatre frères Rothschild (sauf Nathan).

L'Europe de 1814 à 1848 est connue sous le nom d'"ère Metternich", mais c'est la banque Rothschild qui contrôlait réellement Metternich.

En 1822, trois frères, Metternich, le roi et Salomon, James et Carl, assistent à l'important congrès de Vérone. Après la réunion, la Banque Rothschild reçoit une offre lucrative pour financer le premier projet de chemin de fer d'Europe centrale. En 1843, Salomon acquiert la Vítkovice Consolidated Mining Company et la Austro-Hungarian

Smelting Company, qui figurent toutes deux parmi les dix plus grandes entreprises d'industrie lourde du monde de l'époque.

En 1848, Salomon est devenu le maître de la finance et de l'économie autrichienne.

L'Allemagne et l'Italie sous les armoiries de Rothschild

Depuis le retrait de Napoléon d'Allemagne, l'Allemagne, qui comptait quelque 300 petits États vaguement féodaux, a fusionné en une trentaine de grandes nations et a formé la Confédération allemande. Amschel, le patron des Rothschild qui est resté à Francfort, a été nommé premier ministre des finances de l'Allemagne et a été fait baronnet par l'empereur autrichien en 1822. La banque Rothschild de Francfort devient le centre de la finance allemande. Comme Amschel n'avait pas d'enfants à ses genoux, et qu'il regrettait toute sa vie, il se consacrait à l'étoile montante. L'un des jeunes hommes qui était aimé par Amschel était Bismarck, le chancelier allemand au sang de fer qui est devenu plus tard célèbre dans l'histoire du monde moderne.

Amschel était un père et un fils pour Bismarck, et après la mort d'Amschel, Bismarck est resté en contact étroit avec la famille Rothschild. Samuel Bleichröder, le banquier derrière Bismarck, était également un agent de la famille Rothschild.[27]

Le vieux Fourkar était le plus médiocre des cinq frères Rothschild. Il servait de principal messager de la famille, allant et venant en Europe pour transmettre des informations et aider les autres frères. Après avoir contribué à la glorieuse victoire de son cinquième frère dans la bataille de la dette nationale française de 1818, Karl a été envoyé à Naples, en Italie, pour établir une banque par Nathan, le troisième frère en charge de la famille. En Italie, cependant, il a démontré une capacité qui a dépassé les attentes de ses frères. Karl a non seulement financé l'armée que Metternich a envoyée en Italie pour réprimer la révolution, mais il a également, grâce à un remarquable tour de passe-passe politique, obligé le gouvernement italien local à supporter le coût des forces d'occupation. Il aide également son ami Maddich à planifier et à reconquérir le poste clé de chancelier du Trésor de Naples. Carl devient progressivement l'épine dorsale financière de la cour italienne et son

---

[27] Des Griffin, *Descent into Slavery* (Emissary Publications, 1980), chapitre 5.

influence s'étend à toute la péninsule italienne. Il établit également des relations d'affaires avec le Vatican, et lorsque le pape Grégoire XVI le vit, il fit une exception et tendit la main pour que Carl l'embrasse, au lieu de tendre le pied comme le veut la coutume.

L'empire financier Rothschild

> "Aucune banque au monde ne peut vous concurrencer, vous faire du mal ou profiter de vous tant que vous êtes frères ensemble. Ensemble, vous aurez plus de pouvoir que n'importe quelle autre banque dans le monde. " [28]
> Lettre de Davidson à Nathan, 24 juin 1814.

Avant sa mort en 1812, Rothschild Sr. a fait un testament solennel.

(1) Tous les postes importants dans les banques familiales doivent être occupés par des membres de la famille et jamais par des personnes extérieures. Seuls les membres masculins de la famille peuvent participer aux activités de l'entreprise familiale.

(2) Les mariages familiaux ne peuvent être célébrés qu'entre cousins afin d'éviter la dilution et la fuite des richesses. (Cette disposition a été strictement appliquée dans les premiers temps, puis assouplie dans la mesure où les mariages mixtes avec d'autres familles bancaires juives étaient autorisés).

(3) Il n'y a absolument aucune divulgation publique des biens.

(4) Absolument aucun avocat n'est autorisé à intervenir dans l'héritage des biens.

(5) Le fils aîné de chaque famille, qui en est le chef, ne peut choisir un second fils pour lui succéder qu'avec le consentement unanime de la famille.

Toute personne qui viole le testament perd tous ses droits d'héritage. [29]

---

[28] Lord Rothschild, *L'ombre d'un grand homme*. Londres : 1982.

[29] Des Griffin, *Descent into Slavery* (Emissary Publications, 1980), chapitre 5.

Un proverbe chinois dit que si un frère est d'accord, il peut couper l'or. Les Rothschild ont strictement empêché la dilution et l'exode des richesses par des mariages mixtes au sein de la famille. En plus de 100 ans, il y a eu 18 mariages mixtes au sein de la famille, dont 16 entre cousins germains (cousines).

On estime qu'aux alentours de 1850, les Rothschild ont amassé l'équivalent de 6 milliards de dollars de richesse totale, ce qui, si l'on calcule avec un taux de rendement de 6%, porterait les actifs de la famille à au moins 50 000 milliards de dollars plus de 150 ans plus tard.

Un contrôle familial étroit, une opacité totale, une précision d'horloge, un accès à l'information toujours en avance sur le marché, un raisonnement carrément impitoyable, un désir d'or sans fin et, sur la base de tout cela, une profonde compréhension de l'argent et de la richesse et un génie de la prospective, ont permis aux Rothschild de construire l'un des plus grands empires financiers de l'histoire de l'humanité à ce jour, dans un tourbillon brutal de finance, de politique et de guerre qui dure depuis plus de deux cents ans.

Au début du XXe siècle, la richesse contrôlée par les Rothschild était estimée à la moitié de la richesse mondiale totale de l'époque. [30]

Les banques de la famille Rothschild étaient réparties dans les principales villes d'Europe, et elles disposaient de leurs propres systèmes de collecte de renseignements et de transmission rapide, même aux rois et aux nobles des pays européens lorsqu'ils avaient besoin de transmettre diverses informations rapidement et secrètement. Ils ont également été les pionniers du système international de compensation financière, en utilisant leur contrôle sur le marché mondial de l'or, et ils ont été les premiers dans le système bancaire familial à établir un système de compensation des comptes sans transport physique d'or.

Il n'y a qu'une seule autre personne dans ce monde qui comprend mieux que les Rothschild la véritable signification de l'or. Lorsque les Rothschild ont annoncé leur retrait du système de fixation du prix de l'or à Londres en 2004, ils se sont tranquillement éloignés du centre de la future tourmente financière sans précédent du monde, en écrémant leur relation avec le prix de l'or. L'économie du dollar criblée de dettes

---

[30] Ted Flynn, *Hope of the Wicked* (MaxKol Communication, Inc., 2000), p. 38.

et le système mondial de cours légal en crise, ainsi que le système mondial de réserves de change, vont probablement faire l'objet d'une liquidation, et la richesse accumulée au fil des ans par les pays asiatiques ne disposant que d'insignifiantes réserves d'or sera "redistribuée" aux futurs gagnants. Les fonds spéculatifs frapperont à nouveau, mais cette fois, la cible ne sera plus la livre et les devises asiatiques, mais le dollar, colonne vertébrale de l'économie mondiale.

Pour les banquiers, la guerre était une bonne nouvelle céleste. Parce que les installations et les articles coûteux qui se déprécient lentement en temps de paix seront anéantis en quelques minutes pendant la guerre, les parties belligérantes ne reculeront devant rien pour gagner, et à la fin de la guerre, le gouvernement, qu'il gagne ou qu'il perde, sera profondément enfoncé dans le piège de la dette des banques. Au cours des 121 années qui se sont écoulées entre la création de la Banque d'Angleterre et la fin des guerres napoléoniennes (1694-1815), l'Angleterre a été en guerre pendant 56 ans et a passé la moitié restante à se préparer à la prochaine guerre.

Il est dans l'intérêt fondamental des banquiers de diriger et de financer les guerres, et les Rothschild ne font pas exception, projetant leur ombre derrière presque toutes les guerres récentes, de la Révolution française à la Seconde Guerre mondiale. Les Rothschild sont aujourd'hui les plus grands créanciers des principaux pays occidentaux développés. Mme (Gutle Schnaper) de Rothschild, Sr. a dit avant sa mort,

> "Si mes fils ne voulaient pas la guerre, il n'y aurait pas de guerre."

Au milieu du XIXe siècle, le pouvoir d'émettre de la monnaie dans les principaux pays industriels d'Europe, comme l'Angleterre, la France, l'Allemagne, l'Autriche et l'Italie, est tombé sous le contrôle de la famille Rothschild,

> "la monarchie de droit divin a été remplacée par le pouvoir de l'or".

À cette époque, le beau continent américain, prospère et riche, situé de l'autre côté de l'Atlantique, était depuis longtemps tombé dans leur viseur.

Résumé

★Nathan Rothschild a été informé à l'avance de la bataille de Waterloo et a utilisé la dette publique britannique pour gagner 20 fois plus d'argent qu'il ne le souhaitait, devenant le plus grand créancier du gouvernement britannique et dominant l'émission future de la dette publique britannique.

★Meyer Rothschild entretient des liens étroits avec la famille royale, construisant un empire financier sans précédent grâce aux 3 millions de dollars en liquide du prince William et envoyant cinq fils à la tête d'opérations dans cinq régions centrales d'Europe.

★Nathan a pris le contrôle de la Cité financière de Londres à la bataille de Waterloo et a tenu le sang économique de la Grande-Bretagne. Dès lors, les Rothschild détiennent le pouvoir de décision sur l'émission de la monnaie et le prix de l'or.

★James manipule subrepticement le prix des obligations françaises, obligeant Louis XVIII à se tourner vers lui pour obtenir de l'aide et finalement à prendre le contrôle total des finances françaises.

★En 1848, Solomon était devenu le maître de la finance et de l'économie autrichienne.

★Karl Rothschild devient progressivement l'épine dorsale financière de la cour italienne, avec une influence sur toute la péninsule italienne et des relations d'affaires avec le siège du Vatican.

★Au milieu du 19e siècle, les principaux pays industriels européens, tels que l'Angleterre, la France, l'Allemagne, l'Autriche et l'Italie, étaient sous le contrôle de la famille Rothschild.

CHAPITRE II

La guerre de cent ans entre les banquiers internationaux et le président américain

> "J'ai deux ennemis principaux : l'armée du Sud devant moi, et les institutions financières derrière moi. Des deux, c'est ce dernier qui représente la plus grande menace. Je vois dans l'avenir une crise qui s'approche de nous, me faisant trembler de peur pour la sécurité de notre pays. Le pouvoir de l'argent continuera à régner et à nuire au peuple jusqu'à ce que la richesse s'accumule finalement dans les mains de quelques-uns et que notre République soit détruite. Je suis maintenant plus anxieux pour la sécurité de ce pays que jamais auparavant, encore plus que pendant la guerre. " [31]
> — Lincoln, 16e président des États-Unis

Si l'histoire de la Chine tourne autour de la lutte pour le pouvoir politique, et qu'il est impossible de voir l'essence de l'histoire chinoise sans comprendre l'esprit de l'empereur, alors l'histoire récente de l'Occident a évolué selon les lignes de la lutte pour l'argent, et sans comprendre les machinations de l'argent, on ne peut saisir le pouls de l'histoire occidentale.

L'éducation de l'Amérique a été remplie d'interventions et de conspirations de la part de forces internationales, la pénétration et la subversion des États-Unis par les forces financières internationales étant en particulier les plus effrayantes et les moins connues.

La démocratie a été conçue et construite avec une préoccupation presque totale et un succès considérable contre la menace des forces autoritaires féodales, mais elle n'a aucune immunité crédible contre le virus naissant et mortel du pouvoir de l'argent.

---

[31] Abraham Lincoln, *lettre à William Elkins*, 21 novembre 1864 (juste après l'adoption de la loi sur la Banque nationale, qui est à l'origine de la dette, le 3 juin 1864, juste avant l'assassinat).

Les démocraties émergentes présentent des lacunes majeures dans le jugement et la défense de l'orientation stratégique des "banquiers internationaux visant à contrôler l'ensemble du pays en contrôlant le pouvoir d'émettre de la monnaie". Pendant plus de 100 ans avant et après la guerre de Sécession, les "intérêts super-spéciaux de l'argent" et le gouvernement démocratiquement élu des États-Unis ont lutté à plusieurs reprises jusqu'à la mort contre le point culminant financier de l'établissement du système bancaire central privé aux États-Unis, à la suite duquel sept présidents des États-Unis ont été assassinés et de nombreux membres du Congrès ont été tués. Les historiens américains soulignent que le taux de pertes du président américain était plus élevé que le taux moyen de pertes des troupes de première ligne lors du débarquement en Normandie pendant la "Seconde Guerre mondiale" américaine !

Avec la libéralisation financière totale de la Chine, les banquiers internationaux sont prêts à s'aventurer dans l'arrière-pays financier de la Chine. L'histoire qui s'est déroulée hier aux États-Unis se répétera-t-elle aujourd'hui en Chine ?

Assassinat du président Lincoln

Dans la nuit du vendredi 14 avril 1865, le président Abraham Lincoln, qui a passé quatre années de guerre civile brutale dans les difficultés et les crises, accueille enfin la nouvelle de la victoire de la capitulation du général confédéré Robert E. Lee devant le général Grant du Nord, cinq jours plus tôt. Les nerfs très nerveux du président se relâchent immédiatement et il se rend au Ford Theater de Washington pour assister au spectacle. à 10 h 15, le meurtrier s'infiltre dans la loge présidentielle non gardée, à moins de deux pieds derrière Lincoln, et lui tire une balle dans la tête avec un pistolet de gros calibre, Lincoln étant touché et tombant en avant. Aux premières heures du jour suivant, le président Lincoln meurt.

Le tueur est un acteur assez célèbre nommé Booth (John Wilkes Booth). Il s'est enfui précipitamment après avoir assassiné Lincoln, et le tueur aurait été tué le 26 avril alors qu'il était en fuite. Dans la voiture du meurtrier, on a trouvé de nombreuses lettres écrites en code et quelques effets personnels de Judah Benjamin, alors secrétaire à la guerre puis secrétaire d'État du gouvernement sudiste et personnage puissant de la finance sudiste, car il avait été en contact étroit avec les grands banquiers européens. Il s'est ensuite enfui en Angleterre.

L'assassinat de Lincoln est largement considéré comme une conspiration de grande envergure. Les personnes impliquées dans cette conspiration peuvent être des membres du cabinet de Lincoln, des banquiers de New York et de Philadelphie, des hauts fonctionnaires du Sud, des éditeurs de journaux de New York et des radicaux du Nord.

Une histoire largement répandue à l'époque veut que Booth n'ait pas été tué, mais relâché, et que le corps qui a été enterré plus tard soit celui de son complice. Le secrétaire à la Guerre Edwin Stanton, qui avait la main lourde à l'époque, a dissimulé la vérité. À première vue, il s'agit d'une autre affirmation ridicule de la théorie du complot. Mais lorsque le vaste éventail de documents secrets du secrétaire à la Guerre a été déclassifié au milieu des années 1930, les historiens ont été surpris de constater que la vérité était très conforme au folklore.

Le premier à se plonger dans cette histoire étonnante fut l'historien Otto Eisenschiml, qui publia "*Pourquoi Lincoln a-t-il été assassiné ?* "qui a ébranlé l'historiographie de l'époque. Plus tard, Theodore Roscoe, qui a publié des conclusions ayant des implications plus larges, a noté :

> *"La représentation tragique du théâtre Ford, qui fait l'objet de nombreuses recherches historiques sur l'assassinat de Lincoln au XIXe siècle, ressemble davantage à la présentation d'un grand opéra... seuls quelques-uns y voient un meurtre : Lincoln est mort des mains d'un criminel imprudent... le criminel a reçu la punition légale qui lui était due ; les théories de la conspiration ont été étouffées ; la vertu a finalement triomphé et Lincoln a " appartenu " au passé. "*

Cependant, l'explication de l'assassinat n'est ni satisfaisante ni convaincante. Les faits montrent que les criminels impliqués dans la mort de Lincoln sont en liberté. [32]

La petite-fille du tueur, Izola Forrester, mentionne dans ses mémoires, This One Mad Act, qu'elle a découvert que les dossiers secrets des Chevaliers du Cercle d'or étaient soigneusement conservés par le gouvernement dans un dépôt de documents et classés par le secrétaire à la Guerre Edwin Stanton. Après l'assassinat de Lincoln, personne n'a été autorisé à accéder à ces documents. En raison des liens

---

[32] G. Edward Griffin, *The Creature from Jekyll Island* (American Media, Westlake Village, CA 2002) p. 393.

de sang entre Izola et Booth et de son statut d'écrivain professionnel, elle est finalement devenue la première universitaire à se voir accorder l'accès à ces documents. Elle dit dans le livre.

Les mystérieux paquets de vieux documents étaient cachés dans un coffre-fort dans le coin de la pièce où étaient conservés les restes du "procès de la conspiration" et l'exposition. Si je n'étais pas tombé sur le côté du coffre-fort alors que j'étais à genoux sur le sol (de cette pièce) en train de feuilleter des documents il y a 5 ans, je ne les aurais peut-être jamais trouvés (documents secrets).

Ici (le document) concerne mon grand-père. Je sais qu'il était membre d'une organisation secrète, les Chevaliers du Cercle d'Or, fondée par Bickley. J'ai une photo de lui (grand-père) prise avec eux, tous en uniforme, et cette photo a été trouvée dans la Bible de ma grand-mère... Je me souviens que ma grand-mère disait que son mari (Booth) était "l'outil de quelqu'un".[33]

Quelle est la relation exacte entre les "Chevaliers du Cercle d'or" et la puissance financière de New York ? Combien de personnes au sein de l'administration de Lincoln ont été impliquées dans le complot d'assassinat de Lincoln ? Comment l'étude de l'assassinat de Lincoln a-t-elle systématiquement dévié dans la bonne direction pendant si longtemps ? L'assassinat de Lincoln et l'assassinat de Kennedy 100 ans plus tard sont assez similaires en ce sens qu'il s'agit également d'une coordination organisationnelle massive, d'une suppression totale des preuves, d'un détournement systématique de l'enquête, et que la vérité reste cachée dans un épais brouillard historique.

Pour comprendre les véritables motifs et intentions de l'assassinat de Lincoln, nous devons examiner dans un contexte historique plus large les batailles répétées et mortelles entre les gouvernements élus et le pouvoir de l'argent pour contrôler le droit d'émettre de la monnaie, le point culminant stratégique de la nation, depuis la fondation des États-Unis.

---

[33] Izola Forrester, *This One Mad Act* (Boston : Hale, Cushman & Flint, 1937), p. 359.

Le droit d'émettre de la monnaie et la guerre d'indépendance américaine

Les manuels d'histoire consacrés à l'analyse des origines de la guerre d'indépendance américaine ont plus souvent pris la forme d'une discussion exhaustive et abstraite des grands principes et des implications. Nous allons ici nous pencher à nouveau sur le contexte financier de la révolution et le rôle central qu'il a joué.

Les premières personnes à gagner leur vie sur le continent américain étaient pour la plupart des gens très pauvres et démunis qui ne possédaient que peu de biens ou d'argent en dehors des simples bagages qu'ils transportaient avec eux. À cette époque, on n'avait pas encore découvert de grandes mines d'or et d'argent en Amérique du Nord, de sorte qu'il y avait une extrême pénurie de monnaie en circulation. Cette situation, associée à un grave déficit commercial avec le pays d'origine, le Royaume-Uni, a entraîné un important flux de devises d'or et d'argent vers le Royaume-Uni, exacerbant la rareté de la monnaie en circulation. [34]

Le grand nombre de biens et de services créés par le dur labeur des nouveaux immigrants en Amérique du Nord, qui ne peuvent être échangés de manière adéquate et efficace en raison de la pénurie de monnaie en circulation, a fortement limité la poursuite du développement économique. Pour faire face à ce dilemme, les gens ont dû utiliser diverses monnaies alternatives pour échanger des marchandises. Des articles acceptables tels que les peaux d'animaux, les coquillages, le tabac, le riz, le blé, le maïs, etc. sont utilisés partout comme courriers en espèces. Rien qu'en Caroline du Nord, pas moins de 17 articles différents avaient cours légal en 1715, et étaient utilisés par le gouvernement et les particuliers pour le paiement des impôts, le remboursement des dettes publiques et privées, et le commerce des biens et services. À cette époque, toutes ces monnaies alternatives étaient réglées en livres sterling et en shillings comme normes comptables. Dans la pratique, ces articles varient considérablement en termes de couleur, de spécification, d'acceptabilité et de conservation, ce qui les rend difficiles à mesurer par des normes, de sorte que si

---

[34] Glyn Davis, *History of Money from Ancient Times to the Present Day* (University of Wales Press, 2002), p. 458.

l'absence de monnaie a quelque peu atténué le besoin immédiat de celle-ci, elle constitue toujours un goulot d'étranglement important dans le développement de l'économie des produits de base. [35]

La rareté chronique de la monnaie métallique et les inconvénients de son utilisation comme alternative à la monnaie physique ont incité les gouvernements locaux à sortir des sentiers battus et à lancer une nouvelle expérience : l'impression et l'émission de papier-monnaie (Colonial Script) par le gouvernement comme monnaie française uniforme et standardisée. La plus grande différence entre cette monnaie papier et les billets de banque populaires en Europe est qu'elle n'est pas garantie par de l'or ou de l'argent physique et qu'elle est une monnaie de crédit gouvernemental. Tout le monde dans la société est tenu de payer des impôts au gouvernement, et tant que le gouvernement accepte ce papier-monnaie comme preuve d'imposition, il possède les éléments essentiels pour circuler sur le marché.

La nouvelle monnaie a en effet largement contribué au développement socio-économique rapide et à la prospérité croissante du commerce des matières premières.

Au même moment, l'Anglais Adam Smith a également pris note de cette nouvelle tentative de monnaie fiduciaire par les gouvernements coloniaux nord-américains, et il était tout à fait conscient de la grande stimulation du commerce que cette monnaie de papier apporterait, en particulier en Amérique du Nord, qui manquait de monnaie métallique,

> *"l'achat et la vente à crédit, permettant aux commerçants de régler les soldes créditeurs des uns et des autres sur une base mensuelle ou annuelle régulière, ce qui réduirait les inconvénients (des transactions). Un système de monnaie papier bien géré non seulement ne cause aucun inconvénient, mais peut même présenter plus d'avantages dans certains cas. "* [36]

Mais une monnaie non garantie était l'ennemi naturel du banquier, car sans dette publique comme garantie, le gouvernement n'avait pas besoin d'emprunter aux banques la monnaie métallique la plus rare à l'époque, et le plus grand poids dans les mains du banquier était perdu d'un coup.

---

[35] *Ibid.* p. 459.

[36] Adam Smith, *Richesse des nations*, 1776, livre IV chapitre un.

Lorsque Benjamin Franklin s'est rendu en Angleterre en 1763, le directeur de la Banque d'Angleterre lui a demandé pourquoi les colonies du Nouveau Monde étaient si prospères, et Franklin a répondu,

> "C'est simple. Dans les colonies, nous avons émis notre propre monnaie appelée 'bons coloniaux'. Nous émettons des proportions égales de monnaie en fonction des besoins du commerce et de l'industrie, afin que le produit puisse passer facilement du producteur au consommateur. En créant ainsi notre propre papier-monnaie et en garantissant son pouvoir d'achat, nous (le gouvernement) n'avons pas à payer d'intérêts à qui que ce soit. " [37]

Cette nouvelle monnaie de papier conduirait inévitablement les colonies américaines à s'affranchir du contrôle de la Banque d'Angleterre.

Les banquiers britanniques en colère ont agi immédiatement et le Parlement britannique, sous leur contrôle, a adopté le Currency Act en 1764, qui interdisait sévèrement aux États coloniaux américains d'émettre leur propre papier-monnaie et obligeait les gouvernements locaux à utiliser de l'or et de l'argent pour payer tous les impôts versés au gouvernement britannique.

Franklin décrit douloureusement les conséquences économiques désastreuses de ce projet de loi pour les États coloniaux : "En un an seulement, la situation (dans les colonies) s'est complètement inversée, les années de prospérité étaient terminées et l'économie était si déprimée que les rues et les ruelles étaient pleines de chômeurs. [38]

> " Si l'Angleterre ne privait pas les colonies du droit d'émettre de la monnaie, la population coloniale était heureuse de payer le thé et d'autres marchandises comme une petite taxe supplémentaire. Ce projet de loi a provoqué le chômage et le mécontentement. L'incapacité des colonies à émettre leur propre monnaie et à se libérer ainsi définitivement du contrôle du roi George III et des banquiers internationaux a été la

---

[37] Membre du Congrès Charles G. Binderup, How Benjamin Franklin Made New England Prosperous, 1941. Note : Discours radiodiffusé prononcé par le membre du Congrès Charles G. Binderup du Nebraska, et réimprimé dans Unrobing the Ghosts of Wall Street.

[38] *Ibid.*

> *principale raison du déclenchement de la guerre d'indépendance américaine.* " [39]

Les pères fondateurs des États-Unis avaient une compréhension assez sobre du contrôle de la politique britannique par la Banque d'Angleterre et de l'injustice qu'elle faisait subir au peuple. Thomas Jefferson, auteur de la Déclaration d'indépendance américaine à l'âge de 33 ans et troisième président des États-Unis, avait un avertissement.

Si le peuple américain donne finalement aux banques privées le contrôle de l'émission de la monnaie nationale, ces banques déposséderont les gens, d'abord par l'inflation, puis par la déflation, jusqu'à ce qu'un matin, leurs enfants se réveillent en constatant qu'ils ont perdu leurs maisons et les terres que leurs pères ont jadis cultivées. [40]

Lorsque nous réécoutons ce passage de Jefferson en 1791, plus de deux cents ans plus tard, nous ne pouvons que nous émerveiller de l'étonnante précision de sa clairvoyance. Aujourd'hui, il est vrai que les banques privées des États-Unis ont émis 97% de la monnaie nationale en circulation, et il est vrai que le peuple américain est astronomiquement endetté envers les banques à hauteur de 44 000 milliards de dollars, et qu'il pourrait bien se réveiller un jour et perdre sa maison et ses biens, comme cela s'est produit en 1929.

En regardant l'histoire et l'avenir avec leur sagesse et leur regard profond, les grands pionniers de l'Amérique ont écrit au début du chapitre 1, section 8 de la Constitution des États-Unis :

> " *Le Congrès aura le droit de créer et de fixer la valeur de la monnaie.* " [41]

---

[39] *Ibid.*

[40] En 1787, lorsque le Congrès continental se réunit pour adopter le remplacement des Articles de la Confédération, qui deviendra la Constitution, le discours de Jefferson concernant un système bancaire central.

[41] Constitution américaine Article I Section 8.

La première bataille des banquiers internationaux : La première banque des États-Unis (1791-1811)

> *[Je crois fermement que les institutions bancaires sont une plus grande menace pour notre liberté que les armées ennemies. Elles ont créé une classe d'aristocrates fortunés et défient le gouvernement. Le droit d'émettre (de l'argent) devrait être retiré aux banques et devrait appartenir à son propriétaire légitime, le peuple.* [42]
>
> Thomas Jefferson, 1802

Alexander Hamilton était un poids lourd ayant des liens étroits avec la famille Rothschild. Né dans les Antilles britanniques, il est venu aux États-Unis et a épousé la fille des Hopes de New York après avoir dissimulé son âge, son vrai nom et son lieu de naissance. Des reçus de paiement dans la collection du British Museum montrent que Hamilton a reçu des fonds de la famille Rothschild. [43]

En 1789, Hamilton a été nommé par le président Washington premier secrétaire américain au Trésor, et il est resté un grand promoteur du système bancaire central américain. En 1790, confronté à de graves difficultés économiques et à une crise de la dette à la suite de la guerre d'indépendance, il a fortement recommandé au Congrès de créer une banque centrale privée, semblable à la Banque d'Angleterre, pour assumer pleinement les fonctions d'émission de monnaie. Son idée principale était que la banque centrale serait privée, qu'elle aurait son siège à Philadelphie et que des succursales seraient créées partout. La monnaie et les impôts du gouvernement doivent être placés dans ce système bancaire, qui serait chargé d'émettre la monnaie nationale pour répondre aux besoins du développement économique, de prêter de l'argent au gouvernement des États-Unis et de percevoir les intérêts. Le capital social total de la banque est de 10 millions de dollars, détenu à 80% par des particuliers, les 20% restants étant détenus par le gouvernement des États-Unis. 20 des 25 membres du conseil d'administration sont élus par les actionnaires et cinq sont nommés par le gouvernement.

---

[42] Lettre au secrétaire au Trésor Albert Gallatin (1802).

[43] Allan Hamilton, *The Intimate Life of Alexander Hamilton* (Charles Scribner's Sons 1910).

Hamilton représentait les intérêts de la classe d'élite lorsqu'il a noté une fois,

> "Toutes les sociétés sont divisées en une très petite minorité et une majorité. Les premiers sont bien nés et riches, tandis que les seconds sont des roturiers. Les masses sont volatiles et changeantes, et elles portent rarement des jugements et des décisions judicieux."

Jefferson, quant à lui, représentait les intérêts du peuple dans son ensemble, répondant à l'opinion de Hamilton en disant,

> " Nous tenons pour évidente la vérité que tous les hommes sont créés égaux et que le Créateur les a dotés d'un certain nombre de droits inaliénables, parmi lesquels le droit à la vie, à la liberté et à la recherche du bonheur."

Les deux parties sont également sur un pied d'égalité en ce qui concerne le système privé de banque centrale.

Hamilton a fait valoir,

> " Cette société ne peut réussir sans la mise en commun des intérêts et des crédits des individus riches de la société. [44]" "La dette nationale, si elle n'est pas excessive, doit être pour le bien de notre pays." [45]

rétorque Jefferson,

> "Une banque centrale privée émettant la monnaie publique du peuple est une plus grande menace pour sa liberté qu'une armée ennemie. "Nous ne pouvons pas tolérer que les dirigeants imposent des dettes permanentes au peuple.[46]" [47]

En décembre 1791, lorsque le projet de Hamilton est présenté au Congrès pour discussion, il suscite immédiatement une controverse sans précédent. Finalement, le Sénat l'adopte à une faible majorité, et à

---

[44] Cité par Arthur Schlesinger, Jr, *The Age of Jackson* (New York : Mentor Books, 1945), p. 6–7.

[45] Écrit le 30 avril 1781 à son mentor, Robert Morris, cité par John H. Makin, *The Global Debt Crisis : America's Growing Involvement* (New York : Basic Books, 1984), p. 246.

[46] *The Writings of Thomas Jefferson* (New York : G. P. Putnam & Sons, 1899), Vol. X, p. 31.

[47] *The Basic Writings of Thomas Jefferson* (Willey Book Company, 1944), p. 749.

la Chambre des représentants, il est également adopté par 39 voix contre 20. À ce moment-là, le président Washington, accablé par la grave crise de la dette, hésite profondément et consulte les secrétaires d'État de l'époque, Jefferson et Madison, qui lui font comprendre que la proposition est clairement en contradiction avec la Constitution. La Constitution autorise le Congrès à émettre de la monnaie, mais n'autorise en aucun cas le Congrès à transférer le droit d'émettre de la monnaie à une quelconque banque privée. Washington est manifestement si profondément touché qu'il a même résolu d'opposer son veto au projet de loi.

En apprenant cette nouvelle, Hamilton courut immédiatement faire du lobbying auprès de Washington, et les livres du secrétaire au Trésor Hamilton semblaient plus convaincants : le gouvernement s'effondrerait bientôt si une banque centrale n'était pas mise en place pour faire entrer l'argent étranger dans ses actions. En fin de compte, la crise imminente l'emporta sur les préoccupations concernant l'avenir à long terme, et le président Washington signa l'autorisation de la première banque centrale des États-Unis le 25 février 1791, effective pour 20 ans. [48]

Les banquiers internationaux ont finalement remporté leur première grande victoire. En 1811, les capitaux étrangers représentent 7 millions des 10 millions du capital social, et la Banque d'Angleterre et Nathan Rothschild deviennent les principaux actionnaires de la First Bank of the United States, la banque centrale des États-Unis. [49]

Hamilton est finalement devenu méga-riche. La First Bank est ensuite devenue la première banque de Wall Street avec la New York Manhattan Company fondée par Aaron Bo, qui a fusionné avec la Chase Bank de Rockefeller pour devenir la Chase Manhattan Bank en 1955.

Le gouvernement, qui avait désespérément besoin d'argent, était un partenaire parfait pour la banque centrale privée, avide de dette publique, qui a augmenté la dette du gouvernement américain de 8,2 millions de dollars en seulement cinq ans, de 1791 à 1796, date de création de la banque centrale.

---

[48] Glyn Davies, *History of Money From Ancient Times to The Present Day* (University of Wales Press, 2002), p. 474.

[49] *Ibid.* p. 475.

Jefferson s'en offusque en 1798,

> *" J'aimerais que nous puissions ajouter ne serait-ce qu'un seul amendement à la Constitution qui supprimerait le pouvoir du gouvernement fédéral d'emprunter de l'argent. "* [50]

Lorsque Jefferson fut élu troisième président des États-Unis (1801-1809), il ne perdit pas de temps pour tenter d'abolir la First Bank of the United States, et au moment de l'expiration du mandat de la banque en 1811, le bras de fer avait atteint un point culminant, la Chambre des représentants ne rejetant la prolongation du mandat de la banque que par une seule voix, 65 contre 64, et le Sénat étant à égalité par 17 contre 17. Cette fois, le vice-président George Clinton a opposé un veto crucial pour sortir de l'impasse, et la First Bank of the United States a fermé définitivement ses portes le 3 mars 1811. [51]

C'est alors que Nathan Rothschild, assis à Londres, en a eu vent et l'a menacé,

> *Soit la banque (America First) obtient une prolongation de mandat, soit l'Amérique devra faire face à une guerre des plus désastreuses ". En conséquence, le gouvernement américain est indifférent et Nathan répond immédiatement : "Donnez une leçon à ces Américains téméraires et renvoyez-les à l'époque coloniale". "*

En conséquence, quelques mois plus tard, la guerre de 1812 entre la Grande-Bretagne et l'Amérique a éclaté. La guerre a duré trois ans et l'objectif de Rothschild était clair, se battre jusqu'à ce que le gouvernement américain soit si lourdement endetté qu'il a finalement dû se plier en quatre et laisser la banque centrale entre leurs mains continuer à fonctionner. En conséquence, la dette du gouvernement américain est passée de 45 millions de dollars à 127 millions de dollars, et le gouvernement américain a finalement cédé en 1815, lorsque le président Madison a proposé une deuxième banque centrale le 5 décembre 1815, ce qui a donné naissance à la deuxième banque des États-Unis en 1816.

---

[50] Thomas Jefferson, *Lettre à John Taylor de Caroline*, 26 novembre 1798 ; reproduit dans *The Writings of Thomas Jefferson* v. 10, édité par Lipscomb et Bergh.

[51] Glyn Davies, *History of Money from Ancient Times to the Present Day* (University of Wales Press, 2002), p. 475–476.

Les banquiers internationaux font leur retour : La deuxième banque des États-Unis (1816-1832)

> *[La domination de la conscience des gens que possèdent les institutions bancaires doit être brisée, ou elle nous brisera (la nation).* [52]
>
> – Jefferson a écrit à Monroe en 1815.

La Second Bank of the United States a reçu une autorisation d'exploitation de 20 ans, portant cette fois le capital total à 35 millions de dollars, toujours à 80% dans des mains privées et les 20% restants appartenant au gouvernement. [53]Comme la First Bank, Rothschild avait une emprise ferme sur le pouvoir de la Second Bank.

En 1828, Andrew Jackson s'est lancé dans la course à la présidence, et dans un discours à un banquier, il a faussement déclaré.

> *"Vous êtes une bande de vipères. J'ai l'intention de vous déraciner, et au nom de Dieu, je vous déracinerai. Si le peuple savait à quel point notre système monétaire et bancaire est injuste, il y aurait une révolution avant l'aube demain. "*

Lorsque Andrew Jackson a été élu président en 1828, il était déterminé à abolir la seconde banque. Il a noté,

> *" Si la Constitution autorise le Congrès à émettre de la monnaie, c'est au Congrès d'exercer lui-même ce pouvoir, et non au Congrès de le déléguer à un individu ou une société. "*

Il a licencié plus de 2 000 personnes liées à la banque, sur un effectif fédéral de 11 000 personnes.

1832 est l'année où le président Jackson se présente à la réélection, et s'il est réélu, la Second Bank aurait expiré en 1836 (son prochain mandat). Nous connaissons tous la perception du président à l'égard de la Second Bank, et pour éviter une longue nuit de sommeil, la banque veut profiter de l'agitation pour prolonger sa franchise d'exploitation de 20 ans supplémentaires au cours d'une année électorale. Pendant ce temps, les banquiers n'ont pas ménagé leur peine pour financer le rival de Jackson, Henry Clay, avec 3 millions de dollars d'argent lourd, et le

---

[52] Thomas Jefferson, *Lettre à James Monroe*, 1er janvier 1815.

[53] Glyn Davies, *History of Money from Ancient Times to the Present Day* (University of Wales Press, 2002), p. 476.

slogan de la campagne de Jackson était "Jackson, pas la banque". "Finalement, Jackson a gagné haut la main.

La proposition d'extension de l'autorité bancaire est passée au Sénat par un vote de 28 contre 20, et a également réussi à passer à la Chambre des représentants par un vote de 167 contre 85[54]. Le président de la Deuxième banque, Biddle, qui était fier d'avoir le puissant empire financier Rothschild d'Europe comme soutien, n'avait pas le président en tête. Lorsqu'il a été question que Jackson puisse opposer son veto à la proposition, Biddle n'a pas hésité :

> "Si Jackson oppose son veto à la proposition, je lui opposerai mon veto."

Le président Jackson, bien entendu, opposa son veto à l'extension de la Second Bank sans poser de question, et il ordonna également au secrétaire au Trésor de retirer immédiatement toutes les économies du gouvernement du compte de la Second Bank et de les transférer dans des banques d'État. Le 8 janvier 1835, le président Jackson remboursa la dernière dette nationale, la seule fois dans l'histoire où le gouvernement américain avait réduit la dette nationale à zéro et dégagé un excédent de 35 millions de dollars. Les historiens ont commenté cette grande réalisation comme "le plus grand honneur du président et la plus importante contribution qu'il a apportée à ce pays". Le Boston Post a comparé cet accomplissement à l'expulsion par Jésus des prêteurs d'argent (Money Changers) du temple.

"La banque veut me tuer, mais je vais tuer la banque.

Le 30 janvier 1835, Andrew Jackson, le 7e président des États-Unis, se rend au Capitole pour assister aux funérailles d'un membre du Congrès. Un peintre anglais au chômage, Richard Lawrence, a suivi discrètement le président Jackson avec deux pistolets chargés dans sa poche.

Lorsque le président est entré dans la salle où devait avoir lieu le service funèbre, Lawrence était plus loin, attendant patiemment un meilleur moment. Après la cérémonie, Lawrence monte la garde entre les deux poteaux, là où le président devait passer. Au moment où le

---

[54] *Ibid.* p. 479.

président est passé, Lawrence s'est précipité et a tiré à moins de deux mètres du président, mais le pistolet a explosé et la balle a manqué. À ce moment-là, tout le monde autour était stupéfait. À ce moment-là, le président Jackson, âgé de 67 ans, qui avait passé sa vie dans l'armée, n'a pas paniqué et a instinctivement levé sa canne pour se défendre face à un tueur vicieux. À ce moment-là, le tueur avait sorti un deuxième pistolet et tiré, et le résultat était encore une bombe puante. Le chanceux Jackson a failli devenir le premier président de l'histoire des États-Unis à être assassiné. On dit que la probabilité que les deux pistolets tirent des boules puantes n'est que de 1/125 000.

L'assassin, âgé de 32 ans, prétendait être l'héritier légitime du roi d'Angleterre, dont le père avait été tué par le président américain, et refusait de lui laisser une importante somme d'argent. Par la suite, le tribunal, après seulement cinq minutes d'audience, a conclu que l'intéressé était un malade mental et qu'il n'était pas tenu légalement responsable.

Depuis lors, la maladie mentale est l'excuse la plus appropriée pour les meurtriers de toutes sortes.

Le 8 janvier 1835, le président Jackson a remboursé sa dernière dette nationale, et l'assassinat a eu lieu le 30 janvier. À propos du meurtrier Richard Lawrence, Griffin écrit dans son livre,

> *"L'assassin était soit vraiment fou, soit il a feint la folie pour éviter une punition sévère. Plus tard, il s'est vanté à d'autres qu'il avait des relations avec des personnes puissantes en Europe et qu'on lui avait promis une protection s'il était pris."*
> [55]

Le 8 juin 1845, le président Jackson meurt. Son épitaphe ne contient qu'une seule ligne :

> *"J'ai tué la banque."*

La banque centrale américaine a été supprimée une nouvelle fois, ce qui a suscité de sévères représailles du côté britannique, qui a immédiatement mis fin à toutes sortes de prêts aux États-Unis, en particulier à la puissante astuce consistant à resserrer la masse monétaire en or des États-Unis. Le système financier britannique de

---

[55] G. Edward Griffin, *The Creature from Jekyll Island* (American Media, Westlake Village, CA 2002).

l'époque, dirigé par Rothschild, disposait de la plus grande circulation de monnaie-or et contrôlait totalement la masse monétaire des États-Unis par le biais de prêts et du fonctionnement de la banque centrale américaine.

Le "veto" du président par Biddle, président de la Second Bank of the United States, a été déclenché lorsque sa demande de prolongation a été rejetée par le président. La Second Bank a annoncé le rappel immédiat de tous les prêts et l'arrêt de tout nouveau prêt. La famille Rothschild contrôlait les grandes banques européennes ont également resserré l'argent des États-Unis, les États-Unis sont tombés dans une grave "artificielle" de la circulation monétaire d'une forte baisse de la situation, a finalement déclenché la "Panique de 1837", l'économie est tombée dans une grave récession pour aussi longtemps que cinq ans, son pouvoir destructeur était sans précédent, rattrapant la Grande Dépression en 1929.

La "panique de 1837", puis la "panique de 1857" et la "panique de 1907" ont une nouvelle fois confirmé la célèbre citation de Rothschild :

> " Je me fiche de savoir qui fait les lois tant que je peux contrôler la question monétaire d'un pays. "

Nouveau front : un système financier indépendant

En 1837, lorsque Martin Van Buren, le successeur du président Jackson, qui bénéficiait d'un fort soutien, prit la tête de la Maison Blanche, son plus grand défi fut de surmonter la grave crise provoquée par le resserrement de la masse monétaire par les banquiers internationaux. La stratégie de Van Buren a consisté à créer le système indépendant du Trésor (ITS), dans lequel tout l'argent contrôlé par le Trésor a été extrait du système bancaire privé et déposé dans le propre système du Trésor, ce que les historiens appellent "le divorce du Trésor et des banques".

Le système fiscal indépendant est né lorsque le président Jackson, tout en opposant son veto à l'extension de l'autorité opérationnelle de la deuxième banque des États-Unis, a ordonné que tout l'argent du gouvernement soit retiré de cette banque et transféré aux banques d'État. Qui aurait cru que les banques d'État devant venaient d'échapper aux griffes de Rothschild, et que les banques d'État derrière elles n'étaient pas une lumière pour économiser du carburant. Elles utilisaient l'argent du gouvernement comme réserve et accordaient ensuite de grandes quantités de crédit pour la spéculation, une autre raison de la "Panique de 1837". La proposition de Martin Van Buren de découpler l'argent du trésor public du système financier est certes une tentative de protéger l'argent du gouvernement, mais elle tient également compte de l'injustice économique causée par les prêts spéculatifs massifs accordés par les banques avec l'argent des contribuables.

Une autre caractéristique d'un système fiscal indépendant est que tout l'argent entrant dans le système fiscal doit être de l'or et de l'argent, de sorte que le gouvernement dispose d'un point d'appui réglementaire pour l'approvisionnement de la nation en or et en argent afin de se protéger contre le contrôle des banquiers européens sur l'émission de la monnaie américaine. Cette idée aurait dû être bonne à long terme, mais à court terme, elle a déclenché une crise du crédit dans de nombreuses banques, qui est devenue ingérable avec l'apparition de la deuxième banque américaine.

Henry Clay est une figure centrale dans ce processus. Il est un héritier important de l'idée d'une banque centrale privée de Hamilton et un favori des banquiers. C'est un homme superbement articulé, dur à penser et provocateur. Un groupe de députés favorables aux banques et aux banquiers s'est rassemblé autour de lui, et sous son organisation, le parti Pfizer a été formé. Les Whigs étaient fermement opposés aux politiques bancaires de Jackson et se sont toujours engagés à rétablir un système bancaire central privé.

Les Whigs présentent le héros de guerre William Henry Harrison lors de l'élection présidentielle de 1840. Harrison est élu sans cérémonie comme 9èmeprésident des États-Unis en raison de la crise économique qui a entraîné un changement de l'opinion publique.

Henry Clay, en tant que chef du parti Pfizer, a à plusieurs reprises " enseigné " à Harrison comment faire de la politique. À la suite de l'élection de Harrison à la présidence, les conflits entre les deux hommes sont de plus en plus aigus. Henry Clay a "convoqué" le futur président chez lui, à Lexington, et Harrison est venu chez Henry Clay dans l'intérêt du bien commun, si bien que les deux hommes se sont brouillés au sujet de la Banque nationale, du système financier indépendant et d'autres questions. Henry Clay, qui pensait pouvoir mener la barque en tant que "roi aussi", avait demandé à rédiger le discours d'investiture du président sans l'accord de Harrison et fut rejeté par ce dernier, qui rédigea également lui-même ce discours de

8 000 mots. Dans cet exposé systématique des idées de gouvernance, il contredit vivement les idées politiques des banques centrales privées et de l'abolition de la finance indépendante prônées par Henry Clay, heurtant ainsi les intérêts des banquiers. [56]

Le 4 mars 1841 est une journée froide, et le président Harrison prononce son discours d'investiture dans un vent glacial qui entraîne un refroidissement. Ce n'était pas grave pour le président Harrison, qui était étrangement malade et mourut le 4 avril. Le président Harrison, qui venait d'entrer en fonction, était sur le point de faire un tabac lorsqu'il a soudainement "pris froid" et a démissionné un mois plus tôt, ce qui est en tout cas très suspect. Certains spécialistes de l'histoire pensent que le président a été empoisonné à l'arsenic, et que le moment possible de l'empoisonnement est le 30 mars, soit six jours après la mort du président Harrison.

La lutte autour des banques centrales privées et d'un système financier indépendant s'est intensifiée avec la mort du président Harrison. Les Whigs, dominés par Henry Clay, ont proposé à deux reprises en 1841 de rétablir la banque centrale et d'abolir le système financier indépendant, mais ils ont été rejetés à deux reprises par le successeur du président Harrison, l'ancien vice-président John Taylor. Un Henry Clay exaspéré ordonna l'exclusion du président John Taylor du parti whig, avec pour résultat que le président Taylor eut la "chance" d'être le seul président "orphelin" de l'histoire américaine à être exclu du parti.

En 1849, avec l'élection d'un autre président pheughiste, Zachary Taylor, l'espoir de restaurer la banque centrale semblait proche. L'établissement d'une banque centrale privée, exactement comme la Banque d'Angleterre, est le rêve suprême de tous les banquiers, et cela signifie que les banquiers décident en fin de compte du sort du pays et du peuple. Avec le président Harrison devant lui, Taylor maintient une grande ambiguïté sur les grandes questions relatives à la banque centrale, mais il n'est pas non plus disposé à être une marionnette de Henry Clay. L'historien Michael Holt note que le président Taylor a été clair en privé :

---

[56] Discours d'investiture du président William Henry Harrison, le 4 mars 1841.

> " L'idée d'une banque centrale est morte à l'arrivée et elle ne sera pas envisagée pendant mon mandat. " [57]

Ce n'est pas l'idée de la Banque centrale qui s'est avérée "morte", mais le président Taylor lui-même.

Le 4 juillet 1850, le président Taylor participa à une célébration nationale devant le Washington Monument. Le temps était si chaud que Taylor a bu du lait froid et mangé quelques cerises, ce qui lui a causé des problèmes de ventre. Le 9 juillet, le président en bonne santé était mystérieusement décédé.

La mort inexpliquée de deux présidents d'origine militaire des suites d'une maladie aussi banale est certainement une source d'inquiétude. En 1991, avec le consentement des descendants du président Taylor, son corps a été exhumé et ses ongles et cheveux ont été soumis à des tests d'arsenic, mais les autorités ont rapidement conclu qu'une petite quantité d'arsenic n'était pas suffisante pour le tuer et ont hâtivement classé l'affaire. Personne ne sait pourquoi le président a toute cette quantité d'arsenic dans son organisme.

Les banquiers internationaux frappent à nouveau : "La panique de 1857"

La fermeture de la deuxième banque des États-Unis en 1836 a incité les banquiers internationaux à intervenir et à pomper la monnaie métallique en circulation aux États-Unis, provoquant une grave crise économique qui a duré cinq ans. Bien que deux tentatives aient été faites en 1841 par des agents des banquiers internationaux pour rétablir un système bancaire central privé, elles ont toutes deux échoué, les deux parties se sont retrouvées dans une impasse et l'austérité monétaire aux États-Unis n'a pas commencé à s'atténuer avant 1848.

La raison pour laquelle les choses ont commencé à s'améliorer n'est certainement pas due à la clémence des banquiers internationaux, mais à la découverte d'une énorme mine d'or, San Francisco, en Californie, aux États-Unis, en 1848.

---

[57] Michael F. Holt ; *The Rise and Fall of the American Whig Party : Jacksonian Politics and the Onset of the Civil War* (1999). P. 272.

À partir de 1848, et pendant neuf ans, les États-Unis ont connu une augmentation sans précédent des réserves d'or, la Californie produisant à elle seule des pièces d'or d'une valeur de 500 millions de dollars, et la découverte d'une grande mine d'or en Australie en 1851, qui a vu les réserves d'or mondiales passer de milliards de shillings en 1851 à des milliards de shillings en 1861. Et le flux national de monnaie métallique aux États-Unis est monté en flèche, passant de 83 millions de dollars en 1840 à des milliards de dollars en 1860. [58]

Les grandes découvertes d'or aux États-Unis et en Australie ont brisé le contrôle absolu des financiers européens sur l'offre d'or. Un long soupir de soulagement a été poussé par le gouvernement américain, qui était en train de resserrer la masse monétaire. La disponibilité de grandes quantités d'argent de qualité a considérablement renforcé la confiance du marché, les banques ont repris leur expansion massive du crédit, et bon nombre des fondements les plus importants de la richesse de la nation, tels que l'industrie, les mines, les transports et les machines, ont été établis pendant les années d'or des États-Unis.

Voyant que l'endiguement financier ne fonctionne pas, les banquiers internationaux ont depuis longtemps une nouvelle réponse. C'est à dire, contrôlée financièrement et divisée politiquement.

Bien avant la fin de la crise, ils avaient déjà commencé à absorber à bas prix les actifs de qualité des États-Unis et, en 1853, alors que l'économie américaine était en plein essor, les capitaux étrangers, en particulier les capitaux britanniques, possédaient déjà 46% des obligations du Trésor fédéral des États-Unis, 58% des obligations d'État et 26% des obligations des chemins de fer américains, [59]mettant ainsi à nouveau l'économie américaine en cage. Une fois le système de banque centrale en place, l'économie américaine, comme le reste de l'Europe, était contrôlée par les banquiers.

Les banquiers internationaux ont une fois de plus réalisé leur coup de maître, d'abord en faisant exploser le crédit, en faisant gonfler la bulle et en poussant les gens et les autres industries à créer

---

[58] Glyn Davies, *History of Money from Ancient Times to the Present Day* (University of Wales Press 2002), p. 484.

[59] *Ibid.* p. 486.

désespérément de la richesse, puis en freinant soudainement le crédit, en mettant en faillite un grand nombre d'entreprises et de personnes, et les banquiers ont à nouveau une bonne récolte. Bien sûr, lorsque la saison des récoltes est arrivée, les banquiers internationaux et leurs agents aux États-Unis ont uni leurs forces pour resserrer à nouveau le crédit, créant ainsi la "Panique de 1857", à laquelle ils ne s'attendaient pas, alors que les États-Unis n'étaient pas aussi forts qu'ils l'avaient été 20 ans plus tôt. La "Panique de 1857" n'a pas durement touché l'économie américaine, qui s'est rétablie en un an seulement.

Lorsque les États-Unis sont perçus comme étant de plus en plus puissants et leurs finances de plus en plus difficiles à manipuler, provoquer une guerre civile et diviser les États-Unis devient une priorité absolue pour les banquiers internationaux.

Les causes de la guerre civile américaine :
La puissance financière internationale de l'Europe

> [Il ne fait aucun doute que la division des États-Unis en deux confédérations plus faibles, le Nord et le Sud, a été décidée par les puissances financières d'Europe bien avant le début de la guerre civile.
>
> Bismarck.

L'enfance de l'Amérique a été marquée par les interventions et les intrigues des forces internationales, dont la pénétration et la subversion des États-Unis par les forces financières internationales en particulier ont été les plus effrayantes et pourtant les moins connues.

La plus grande guerre de l'histoire américaine qui s'est déroulée sur son sol est la guerre de Sécession. Cette guerre sanglante, qui a duré quatre ans et impliqué pas moins de 3 millions de personnes, soit 10% de la population totale du Nord et du Sud, au cours de laquelle 600 000 personnes sont mortes, d'innombrables autres ont été blessées et de nombreux biens ont été détruits, n'a pas encore totalement cicatrisé les blessures infligées à la population plus de 140 ans plus tard.

Aujourd'hui, une grande partie du débat sur les origines de la guerre de Sécession tourne autour de la question morale de la guerre, à savoir la justification de l'abolition de l'esclavage, comme le dit Hitchens :

"S'il n'y avait pas d'esclavage, il n'y aurait pas de guerre. Sans la condamnation morale de l'esclavage, il n'y aurait pas de guerre. " [60]

En fait, dans l'Amérique du milieu du XIXe siècle, le débat sur l'esclavage était d'abord un débat d'intérêt économique et ensuite un débat moral. L'épine dorsale de l'économie du Sud de l'époque était l'industrie de la culture du coton et l'esclavage, et si l'esclavage était aboli et que les agriculteurs devaient payer leurs anciens esclaves au prix du marché de la main-d'œuvre blanche, toute l'industrie serait à perte et la structure socio-économique s'effondrerait inévitablement.

Si la guerre est une continuation de la lutte politique, c'est le concours d'intérêts économiques qui se cache derrière le conflit d'intérêts politiques. Ce conflit d'intérêts économiques est apparemment la différence entre les intérêts économiques du Nord et du Sud, mais il s'agit en fait d'une tactique de "diviser pour mieux régner" mise en œuvre par les forces financières internationales pour diviser les jeunes États-Unis d'Amérique.

Le chancelier allemand Bismarck, qui avait de profondes racines chez les Rothschild, l'a dit clairement :

> *" Il ne fait aucun doute que la division des États-Unis en deux confédérations plus faibles, le Nord et le Sud, a été réglée bien avant le début de la guerre civile par les puissances financières d'Europe. "*

En fait, les banquiers de l'"Axe Londres, Paris et Francfort" sont à l'origine de la guerre civile américaine.

Afin de provoquer la guerre civile américaine, les banquiers internationaux se sont engagés dans une longue période de planification méticuleuse et délibérée. Après la guerre d'indépendance américaine, l'industrie textile britannique et la classe esclavagiste du Sud-américain ont progressivement établi des liens commerciaux étroits, et les financiers européens ont profité de cette occasion pour développer secrètement un réseau de contacts susceptibles de provoquer un conflit entre le Nord et le Sud à l'avenir. Dans le Sud de l'époque, il y avait toutes sortes d'agents des financiers britanniques qui, avec les forces

---

[60] Sydney E. Ahlstrom, *A Religious History of the American People* (Yale University Press, 1972), p. 649.

politiques locales, conspiraient à faire sécession de l'Union et à produire des nouvelles et des opinions publiques de toutes sortes. Ils ont habilement exploité les intérêts économiques divergents du Nord et du Sud sur la question de l'esclavage pour constamment renforcer, mettre en évidence et faire exploser ce qui n'était pas à l'origine un sujet brûlant, et ont finalement réussi à catalyser la question de l'esclavage en un conflit amer entre les deux camps.

Les banquiers internationaux étaient prêts à attendre que la guerre commence pour en tirer une fortune. En faisant la guerre, leur façon habituelle de jouer est de parier sur les deux camps, et peu importe qui gagne ou perd, les énormes dettes publiques résultant des énormes dépenses de guerre constituent le repas le plus somptueux des banquiers.

À l'automne 1859, le célèbre banquier français Solomon Rothschild (fils de James Rothschild) est venu de Paris aux États-Unis en tant que touriste, et il était le coordinateur général de tous les plans. Il a voyagé du nord au sud des États-Unis, établissant de nombreux contacts avec les dignitaires politiques et financiers locaux et transmettant constamment les informations qu'il a recueillies à son cousin Nathaniel Rothschild à Londres, en Angleterre. Lors de ses entretiens avec les locaux, Solomon a publiquement déclaré son fort soutien financier au Sud et a affirmé qu'il ferait tout ce qui est en son pouvoir pour aider le Sud indépendant à être reconnu comme une puissance européenne. [61]

L'agent du banquier international dans le Nord était le banquier juif August Belmont, connu sous le nom de "Roi de la Cinquième Avenue" à New York. En 1829, à l'âge de 15 ans, August commence sa carrière de banquier, travaillant d'abord pour la banque Rothschild de Francfort, où il développe rapidement un remarquable talent financier. En 1832, il est promu dans une banque de Naples afin d'acquérir une expérience de la finance internationale. Il parle couramment l'allemand, l'anglais, le français et l'italien. Envoyé à New York en 1837, il devient rapidement une figure de proue de la communauté financière new-yorkaise grâce à sa consommation d'obligations d'État à grande échelle, et est nommé conseiller financier

---

[61] *Jewish History in Civil War*, Jewish-American History Documentation Foundation, Inc. 2006.

par le président. August, au nom de la Grande-Bretagne et de la banque Rothschild de Francfort, prend position et est prêt à soutenir financièrement Lincoln dans le Nord.

En 1862, les alliés britanniques, français et espagnols débarquent dans un port mexicain afin de compléter leur dispositif à la frontière sud des États-Unis et, si nécessaire, d'entrer dans la partie sud du pays pour combattre directement avec le nord.

Dans les premiers jours de la guerre, alors que l'offensive militaire dans le Sud est victorieuse et que les puissances européennes comme la Grande-Bretagne et la France sont entourées d'ennemis puissants, Lincoln est en grande difficulté. Les banquiers avaient calculé que le trésor de l'administration Lincoln était vide à ce stade, et qu'il ne serait pas viable sans une énorme guerre de financement. Depuis la fin de la guerre avec la Grande-Bretagne en 1812, le trésor américain a été en déficit année après année, et jusqu'à la présidence de Lincoln, le déficit du budget du gouvernement américain était vendu sous forme d'obligations aux banques, qui étaient ensuite revendues à la banque Rothschild et à la banque de Bahreïn en Grande-Bretagne, et le gouvernement américain devait payer des taux d'intérêt élevés, et la dette accumulée au fil des ans avait rendu la tâche difficile.

Les banquiers proposent au président Lincoln un montage financier et des conditions, et lorsqu'il apprend que les banquiers demandent jusqu'à 24 à 36% d'intérêts, le président Lincoln, stupéfait, montre immédiatement la porte et demande aux banquiers de partir. Il s'agissait d'une manœuvre impitoyable visant à mettre en faillite le gouvernement des États-Unis, sachant pertinemment que le peuple américain ne serait jamais en mesure de payer cette dette astronomique.

Le New Deal monétaire de Lincoln

Il ne peut y avoir de guerre sans argent, et emprunter de l'argent aux banquiers internationaux, c'est sans aucun doute se mettre la corde au cou. Lincoln réfléchit amèrement à la solution. C'est alors que son vieil ami de Chicago, Dick Taylor, lui donne une idée : le gouvernement émet sa propre monnaie !

> *"Laissez le Congrès voter un projet de loi autorisant le département du Trésor à émettre de la monnaie avec toute la force de la loi, à payer les soldats, puis allez gagner votre guerre".* "Lincoln demande si le peuple américain acceptera

> *cette nouvelle monnaie, et Dick répond : "Tous les hommes n'auront pas le choix en la matière, tant que vous donnerez à cette nouvelle monnaie toute la force de la loi, et que le gouvernement la soutiendra pleinement, elle sera aussi universelle que la vraie monnaie, car la Constitution donne au Congrès le pouvoir d'émettre et de fixer la valeur de la monnaie."*

Lincoln, en entendant cette suggestion, est ravi et demande immédiatement à Dick de planifier l'affaire. Cette façon de faire rompt avec la pratique selon laquelle le gouvernement devait emprunter de l'argent à des banques privées et payer des intérêts élevés. Cette nouvelle monnaie utilise un motif vert pour la distinguer des autres billets de banque, historiquement connue sous le nom de "Greenback". Cette nouvelle monnaie est unique en ce sens qu'elle est totalement exempte de métaux monétaires tels que l'or et l'argent comme garantie, et qu'elle offre un intérêt de 5% pendant 20 ans.

Pendant la guerre de Sécession, grâce à l'émission de cette monnaie, le gouvernement a surmonté la grave pénurie d'argent du début de la guerre et a mobilisé de manière importante et efficace les ressources du Nord-américain, posant ainsi une base économique solide pour la victoire finale sur le Sud. Dans le même temps, cette monnaie bon marché étant légalement devenue la monnaie de réserve des banques du Nord, le crédit bancaire dans le Nord s'est considérablement développé, et l'industrie militaire, la construction de chemins de fer, la production agricole et les échanges commerciaux ont reçu un soutien financier sans précédent.

La grande découverte d'or depuis 1848 a progressivement libéré la finance américaine de l'extrême désavantage d'être complètement dominée par les banquiers européens, et c'est également grâce à la grande quantité d'argent de qualité servant de base à la confiance que la nouvelle monnaie de Lincoln a été largement acceptée par le peuple et a posé une base financière fiable pour gagner la guerre civile. De manière encore plus surprenante, la nouvelle monnaie émise par Lincoln n'a pas provoqué une inflation sévère, semblable à celle que l'on a connue pendant la guerre d'indépendance, et entre le début de la guerre civile en 1861 et la fin de la guerre en 1865, l'indice des prix pour l'ensemble du Nord n'a augmenté que modestement, passant de 100 à 216, ce qui ne peut qu'être considéré comme un miracle financier compte tenu de l'ampleur de la guerre et de l'importance des destructions, et en comparaison avec d'autres guerres de même ampleur dans le monde. À l'inverse, le Sud a lui aussi adopté la circulation de la monnaie papier, mais l'effet a été vraiment très différent, puisque l'indice des prix du Sud est passé de 100 à 2 776 au cours de la même période. [62]

Tout au long de la guerre de Sécession, l'administration Lincoln a émis un total de centaines de millions de dollars en nouvelle monnaie. Ce nouveau mécanisme monétaire a si bien fonctionné que le président Lincoln a très sérieusement voulu rendre l'émission de cette monnaie sans dette (DFM) permanente et légaliste. Et cela touche profondément les intérêts fondamentaux de l'oligarchie financière internationale. Si tous les gouvernements émettaient "ouvertement" leur propre monnaie sans emprunter aux banques, le monopole des banquiers sur l'émission de monnaie cesserait d'exister, et les banques ne boiraient-elles pas le vent du nord-ouest ?

Il n'est pas étonnant qu'en apprenant la nouvelle, le *Times* de Londres, qui représente les banquiers britanniques, ait immédiatement publié une déclaration.

> "Si cette nouvelle politique fiscale dégoûtante (le Lincoln Greenback), qui a vu le jour aux États-Unis, est rendue permanente, alors le gouvernement pourra émettre sa propre monnaie sans frais. Il pourra payer toutes ses dettes et ne les devra plus, il acquerra toutes les devises nécessaires au développement du commerce, il deviendra une nation prospère comme jamais auparavant dans le monde, et tous les grands talents du monde et toutes ses richesses se déverseront en Amérique du Nord. Ce pays doit être détruit, ou il détruira toutes les monarchies du monde."

Le gouvernement britannique et les associations de banques de New York ont exprimé avec colère leur désir de riposter, et le 28 décembre 1861, ils ont annoncé qu'ils cesseraient de verser de l'argent métallique au gouvernement de Lincoln. Certaines banques de New York ont également empêché les épargnants de retirer leur or et ont annoncé qu'elles retireraient leur engagement d'acheter des obligations d'État avec de l'or. Les banques de tous les États-Unis ont réagi en courant à Washington pour proposer une variante au président Lincoln, suggérant la même vieille pratique consistant à vendre des

---

[62] Glyn Davies, *History of Money from Ancient Times to the Present Day* (University of Wales Press 2002), p489.

obligations à taux d'intérêt élevé aux banquiers européens ; à déposer l'or du gouvernement américain dans des banques privées comme réserve pour l'émission de crédits, afin que les banquiers puissent s'enrichir ; et à taxer le secteur industriel et le peuple pour soutenir la guerre.

Le président Lincoln a rejeté à juste titre et fermement cette demande totalement non orthodoxe des banquiers. Sa politique est si populaire que le peuple américain achète en masse toutes les obligations et les utilise comme de l'argent liquide selon la loi.

Les banquiers, voyant qu'un plan échoue, en ont un autre. Ils constatent que la loi du Congrès émettant le Lincoln N. A. ne mentionne pas si le paiement des intérêts de la dette nationale doit se faire en or, et un compromis est trouvé avec les membres du Congrès selon lequel la dette nationale pourra être achetée en Lincoln N. A., mais la partie intérêts sera payée en pièces d'or. Il s'agissait de la première étape d'un plan complet visant à fixer la valeur du Lincoln Nifty national à l'or aux États-Unis. Les banquiers européens, qui possédaient à l'époque la monnaie de réserve mondiale, le système sterling, disposaient de beaucoup plus d'argent en or que les États-Unis. Le compromis des banquiers américains et du Congrès a permis aux forces financières internationales d'utiliser leur contrôle sur le volume total des importations et des exportations d'or des États-Unis pour obtenir indirectement l'effet de manipuler la valeur de la monnaie américaine.

Les alliés russes de Lincoln

Au moment le plus dangereux, lorsque les rois d'Europe envoient de nombreuses troupes en Amérique avant et après le déclenchement de la guerre civile américaine en 1861 en vue de la sécession des États-Unis, Lincoln pense immédiatement à l'ennemi de longue date des monarques européens, la Russie. Lincoln envoie des émissaires au tsar Alexandre II pour lui demander de l'aide. Lorsque le tsar reçoit la lettre de Lincoln, il ne l'ouvre pas immédiatement, mais se contente de lui donner une poignée de mains et de dire,

> " Avant d'ouvrir cette lettre ou de connaître son contenu, j'accepte par avance toutes les demandes qu'elle contient. " [63]

Il y a plusieurs raisons pour lesquelles le tsar se prépare à s'engager militairement dans la guerre civile américaine. L'une d'elles est la crainte que les forces financières internationales qui ont balayé l'Europe à l'époque d'Alexandre II ne frappent déjà à la porte du Kremlin. Les banquiers réclamaient avec insistance la création d'une banque centrale privée, sur le modèle de l'expérience des pays financiers "avancés" d'Europe, ce que le tsar avait depuis longtemps percé les secrets et fermement rejeté. Voyant le président Lincoln, une autre puissance financière anti-internationale en péril, Alexandre II serait le prochain s'il n'intervenait pas pour l'aider. Une autre raison était que le 3 mars 1861, avant le déclenchement de la guerre civile américaine, Alexandre II avait proclamé la loi d'émancipation des serfs, et les deux parties étaient quelque peu sympathiques et favorables à l'abolition de l'esclavage. Une autre raison est que la Russie venait de perdre la guerre de Crimée, qui s'est terminée en 1856, aux mains des Britanniques et des Français, et qu'Alexandre II avait encore honte de lui-même.

Sans déclarer la guerre, la flotte russe, dirigée par l'amiral Liviski, entre dans le port de New York le 24 septembre 1863. La flotte russe du Pacifique, commandée par le général Popov, arrive à San Francisco le 12 octobre. À propos des actions de la Russie, Keating Wales commente,

> " Ils sont arrivés à un moment où le Sud était au plus haut et le Nord au plus bas, et leur présence a provoqué l'indécision en Angleterre et en France, donnant finalement à Lincoln le temps de renverser la situation. "

Après la fin de la guerre civile, le gouvernement américain s'est donné beaucoup de mal pour payer la flotte russe à hauteur de 7,2 millions de dollars. Comme la Constitution n'autorisait pas le président à payer les frais de guerre de gouvernements étrangers, le président Johnson de l'époque a conclu un accord avec la Russie pour payer la guerre en achetant des terres en Alaska russe. Cette histoire est historiquement connue sous le nom de "folie de Seward". Seward était le secrétaire d'État américain de l'époque, qui a été fortement critiqué

---

[63] Des Griffin, *Descent into Slavery* (Emissary Publications, 1980).

pour ne pas avoir payé 7,2 millions de dollars pour un terrain vague qui semblait sans valeur à l'époque.

Pour la même raison, Alexandre II est assassiné sans succès en 1867, et le 1er mars 1881, Alexandre II meurt finalement des mains de son assassin.

Qui a vraiment tué Lincoln ?

Bismarck, le chancelier allemand au sang de fer, a mis le doigt sur le problème lorsqu'il a dit :

> *"Il (Lincoln) a reçu du Congrès l'autorisation d'emprunter en vendant la dette nationale au peuple, de sorte que le gouvernement et la nation ont sauté hors du piège des financiers étrangers. Quand il leur est apparu (aux financiers internationaux) que l'Amérique allait échapper à leur emprise, la mort de Lincoln n'était pas loin. "*

Immédiatement après avoir émancipé les Noirs et unifié le Sud, Lincoln déclare que la totalité de la dette que le Sud avait contractée pendant la guerre est effacée. Les banquiers internationaux, qui avaient apporté un énorme soutien financier au Sud pendant la guerre, perdent beaucoup. En représailles à Lincoln, et plus encore à la subversion du New Deal monétaire de Lincoln, ils rassemblent diverses forces mécontentes du président Lincoln et planifient l'assassinat de manière élaborée. En fin de compte, il s'est avéré que confier l'assassinat à quelques fanatiques n'était pas vraiment une tâche difficile.

Après l'assassinat de Lincoln, le Congrès, à la merci des forces financières internationales, annonce l'abrogation de la politique de la nouvelle monnaie de Lincoln, gelant l'émission de la nouvelle monnaie de Lincoln jusqu'à un maximum de 400 millions de dollars.

En 1972, on a demandé au Trésor américain combien d'intérêts Lincoln avait économisé sur les nouveaux milliards de dollars qu'il avait émis. Après un calcul minutieux, le département du Trésor répond quelques semaines plus tard : parce que Lincoln a émis la propre monnaie du gouvernement américain, il a fait économiser à ce dernier un total de 4 milliards de dollars en intérêts. [64]

---

[64] *Abraham Lincoln et John F. Kennedy* par Melvin Sickler.

La guerre de Sécession aux États-Unis était, à la base, une lutte entre les forces financières internationales et leurs agents et les intérêts du gouvernement des États-Unis qui se disputaient farouchement l'émission de la monnaie nationale et la politique monétaire. Pendant plus de 100 ans, avant et après la guerre de Sécession, les deux camps se sont affrontés à plusieurs reprises sur le point culminant financier de l'établissement du système bancaire central américain, à la suite duquel sept présidents américains ont été assassinés et de nombreux membres du Congrès ont été tués. Ce n'est qu'en 1913 que l'établissement du système bancaire de la Réserve fédérale aux États-Unis a finalement marqué une victoire décisive pour les banquiers internationaux.

Selon les mots de Bismarck :

> *La mort de Lincoln est une grande perte pour le monde chrétien. Personne en Amérique ne sera peut-être capable de suivre ses traces et les banquiers reprendront le contrôle de ceux qui sont riches. Je crains que les banquiers étrangers, avec leurs méthodes autoritaires et leur cruauté, ne finissent par obtenir l'enrichissement américain et ne l'utilisent ensuite pour corrompre systématiquement la civilisation moderne.*

Le compromis mortel : la loi sur la Banque nationale de 1863

> *Mon rôle dans la naissance de la Loi sur la Banque nationale a été la plus grave erreur financière de ma vie. Le monopole (de la masse monétaire) qu'elle (la Loi sur la Banque nationale) crée va affecter tous les aspects de ce pays. Elle devrait être abolie, mais d'ici là, le pays sera divisé en deux camps, avec le peuple d'un côté et les banquiers de l'autre, une situation qui ne s'est jamais produite dans l'histoire de ce pays.*
> Solomon Chase, secrétaire américain au Trésor (1861-1864).

Après le déclenchement de la guerre civile, Lincoln a rejeté l'étau financier de Rothschild et de ses agents américains avec des taux d'intérêt allant de 24 à 36 pour cent et a plutôt autorisé le département du Trésor à émettre ses propres "United States Notes", également connus sous le nom de greenbacks. Le Legal Tender Act, adopté en février 1862, a autorisé le département du Trésor à émettre des centaines de millions de greenbacks, puis à nouveau en juillet 1862 et en mars 1863. Pendant la guerre civile, un total de centaines de millions de greenbacks ont été émis.

L'émission du Lincoln Greenback était comme un coup de poignard dans le nid de frelons de l'industrie bancaire internationale, que les banquiers abhorraient, tandis que les gens ordinaires et d'autres secteurs industriels accueillaient favorablement le Greenback, qui est resté en circulation dans le système monétaire américain jusqu'en 1994.

En 1863, lorsque la guerre atteint son paroxysme et que Lincoln a besoin de plus de billets verts pour gagner la guerre, il doit s'incliner devant les forces des banquiers au Congrès afin d'obtenir l'autorisation d'une troisième émission de billets verts, faisant un compromis important en signant le National Bank Act de 1863. Cette loi autorise le gouvernement à approuver l'émission de billets de banque uniformément standardisés (sauf que les banques émettrices auront des noms différents) par la Banque nationale, qui émettra effectivement la monnaie nationale des États-Unis. Fait crucial, ces banques utilisent les obligations d'État américaines comme réserve pour l'émission de billets de banque, ce qui bloque effectivement l'émission de monnaie américaine et la dette publique, que le gouvernement ne sera jamais en mesure de rembourser.

John Kenneth Galbraith, un éminent économiste américain, a mis le doigt sur le problème lorsqu'il a dit,

> *"Pendant de nombreuses années après la fin de la guerre civile, les caisses fédérales ont bénéficié d'importants excédents annuels. Cependant, elle était incapable de rembourser ses dettes et de payer les obligations d'État émises, car pour ce faire, il n'y avait pas d'obligations pour gager la monnaie nationale. Or, rembourser la dette, c'est détruire la monnaie en circulation."*

Le complot des banquiers internationaux visant à copier le modèle de la Banque d'Angleterre aux États-Unis a finalement réussi. Les intérêts ainsi payés sur la dette permanente et sans cesse croissante du gouvernement des États-Unis sont comme un nœud coulant fermement autour du cou du peuple américain, se resserrant au fur et à mesure qu'il se débat. En 2006, la dette du gouvernement fédéral américain atteignait le chiffre astronomique de mille milliards de dollars. Une famille moyenne de quatre personnes doit s'acquitter de dizaines de milliers de dollars de dette nationale, et la dette nationale totale augmente à un rythme de 20 000 dollars par seconde ! Les dépenses fédérales américaines en matière d'intérêts sur la dette nationale sont les deuxièmes plus importantes après les soins de santé et la défense, et atteindront la somme énorme de 400 milliards de dollars en 2006.

À partir de 1864, les banquiers ont pu profiter du bon repas des intérêts de la dette nationale pendant des générations. La simple différence apparemment insignifiante entre l'émission directe de monnaie par le gouvernement ou l'émission d'obligations par le gouvernement et l'émission de monnaie par les banques crée la plus grande injustice de l'histoire humaine. Le peuple est contraint de payer des impôts indirects aux banquiers pour la richesse et la monnaie qui ont été créées à l'origine par son travail acharné !

À ce jour, la Chine est l'un des rares pays au monde où le gouvernement émet directement la monnaie. Les énormes frais d'intérêt économisés par le gouvernement et le peuple sont un facteur indispensable au développement rapide et à long terme de la Chine. S'il est proposé que la Banque populaire de Chine utilise des obligations d'État comme garantie pour émettre du renminbi afin de s'inspirer des "meilleures pratiques" des pays étrangers, le peuple chinois doit se méfier.

Lincoln n'est pas inconscient de cette menace permanente, mais il est contraint par la crise immédiate de prendre une décision rapide.

Lincoln avait l'intention d'abroger cette loi après sa réélection en 1865, ce qui lui valut d'être assassiné 41 jours seulement après avoir remporté les élections générales. Le 12 avril 1866, le Congrès adopte l'Austerity Act, qui vise à rappeler tous les billets verts en circulation, à les convertir en pièces d'or, puis à les retirer de la circulation, rétablissant ainsi l'étalon-or auquel les banquiers internationaux tenaient tant.

Dans un pays qui sort d'une guerre sans précédent, il n'y a pas de politique plus absurde que la mise en place d'une austérité monétaire. La circulation monétaire est passée de 1,8 milliard de dollars (dollars par personne) en 1866 à 1,3 milliard de dollars (dollars par personne) en 1867, à 600 millions de dollars (dollars par personne) en 1876, et enfin à 400 millions de dollars (dollars par personne) en 1886, créant artificiellement une grave pénurie de la masse monétaire à une époque où les blessures de guerre de l'Amérique avaient désespérément besoin d'être pansées et où l'économie avait un besoin urgent de reprise et de développement, tandis que la population augmentait de façon spectaculaire. La plupart des gens ont toujours l'impression que les booms et les bustes sont à l'ordre du jour, mais en fait, la manipulation de la masse monétaire dans les mains des banquiers internationaux, quand elle est serrée et quand elle est relâchée, est la racine du problème.

Au cours de l'hiver 1872, les banquiers internationaux ont envoyé Ernest Seyd d'Angleterre aux États-Unis avec d'importantes sommes d'argent et, par le biais de la corruption, ont facilité l'adoption du Coinage Act de 1873, connu sous le nom de "Crime of 1873", qu'Ernest a lui-même rédigé dans son intégralité, qui a éliminé l'argent de la circulation et fait de l'or la seule monnaie dominante. Cette loi a sans aucun doute eu un effet exacerbant sur la circulation de l'argent, qui est déjà gravement déficitaire. Par la suite, Ernest lui-même s'est épanché,

> " J'ai fait un voyage en Amérique pendant l'hiver 1872 pour obtenir l'adoption du projet de loi sur la frappe de la monnaie, qui vise à abolir la pièce d'argent. Je représente les intérêts des directeurs de la Banque d'Angleterre. En 1873, la pièce d'or devient la seule monnaie métallique. "

En fait, l'abolition du rôle de la pièce d'argent dans la circulation monétaire internationale avait pour but d'assurer le contrôle absolu des banquiers internationaux sur la masse monétaire mondiale. L'exploration et la production d'or sont beaucoup plus rares que le nombre croissant d'excavations d'argent, et ayant totalement maîtrisé l'exploitation de l'or dans le monde, les banquiers internationaux ne veulent certainement pas que le volume incontrôlable d'argent en circulation affecte leur position hégémonique dans la domination de la finance mondiale. C'est pourquoi, à partir de 1871, l'argent est généralement supprimé en Allemagne, en Angleterre, aux Pays-Bas, en Autriche et dans les pays scandinaves, ce qui entraîne un resserrement important de la monnaie en circulation dans chaque pays et provoque une grave dépression économique en Europe pendant 20 ans (Longue Dépression, 1873-1896).

Aux États-Unis, l'Austerity Act et le Coinage Act ont directement déclenché la Grande Dépression de 1873-1879. En l'espace de trois ans, le taux de chômage aux États-Unis a atteint 30%, et le peuple américain a demandé avec insistance de revenir à l'époque où les Lincoln Greenbacks et les pièces d'argent constituaient ensemble la monnaie. Le public américain a spontanément formé des organisations telles que la US Silver Commission et le Greenback Party pour faire pression en faveur d'un retour national à un double système de pièces d'argent et d'or et de la réédition de la populaire Lincoln Greenback.

Le rapport de la Commission américaine sur l'argent déclare,

> *"L'ère médiévale sombre a été causée précisément par la pénurie de monnaie et la chute des prix. Sans argent, la civilisation ne peut se produire, et avec une masse monétaire réduite, la civilisation est vouée à périr. Pendant l'ère chrétienne à Rome, l'empire avait l'équivalent de 1,8 milliard de dollars en monnaie métallique en circulation, et à la fin du 15ème siècle, il n'y avait plus que 200 millions de dollars en monnaie métallique (européenne) en circulation. L'histoire montre qu'aucun changement catastrophique ne peut être comparé à la chute de l'Empire romain dans les ténèbres du Moyen Âge."*

Comparez cela à l'attitude de l'American Bankers Association (ABA). Dans une lettre adressée à tous ses membres, l'Association a déclaré.

> *Nous vous recommandons de faire tout votre possible pour soutenir les principaux quotidiens et hebdomadaires, en particulier les médias agricoles et religieux, dans leur ferme opposition à l'émission de billets verts par le gouvernement, et de cesser de financer les candidats qui ne veulent pas exprimer leur opposition à l'émission de billets verts par le gouvernement. L'abolition de l'émission de la monnaie nationale par les banques ou la reprise de l'émission de billets verts par le gouvernement permettra (à l'État) de fournir de l'argent au peuple, ce qui nuira sérieusement à nos profits en tant que banquiers et prêteurs. Prenez immédiatement rendez-vous avec le membre du Congrès de votre district et demandez-lui de protéger nos intérêts afin que nous puissions contrôler la législation.* [65]

En 1881, le 20e président des États-Unis, James Garfield, arrivé au pouvoir en pleine dépression économique, avait clairement saisi le nœud du problème lorsqu'il a déclaré.

> *Celui qui contrôle la masse monétaire dans un pays est le maître absolu de toute l'industrie et du commerce. Lorsque vous comprendrez que l'ensemble du système (monétaire) est très facilement contrôlé par un très petit nombre de personnes d'une*

---

[65] Extrait d'une circulaire émise par l'autorité de l'Associated Bankers of New York, Philadelphie et Boston, signée par un certain James Buel, secrétaire, envoyée du 247 Broadway, New York, en 1877, aux banquiers de tous les États.

> *manière ou d'une autre, vous n'aurez pas besoin qu'on vous explique la cause profonde de l'inflation et de la déflation.*

Quelques semaines seulement après que ces mots ont été prononcés, le président Garfield a été assassiné le 2 juillet 1881 par un autre "psychopathe", Charles Giteau. Le président est abattu de deux balles et meurt finalement le 19 septembre.

Tout au long du XIXe siècle, les banquiers internationaux ont réussi à "remplacer la royauté sacrée par le pouvoir d'or sacré" en Europe et "le pouvoir d'or sacré a progressivement démantelé le pouvoir civil sacré" aux États-Unis. Les banquiers internationaux ont eu le plein avantage après un siècle de bataille acharnée contre le gouvernement élu des États-Unis. Les historiens américains soulignent que le taux de pertes des présidents américains était plus élevé que le taux moyen de pertes des troupes de première ligne lors du débarquement des États-Unis en Normandie.

Alors que les banquiers tenaient avec hésitation le National Banking Act de 1863 dans leurs mains, ils n'étaient qu'à un pas de leur objectif ultime — le projet de reproduire exactement une Banque d'Angleterre aux États-Unis. Une banque centrale privée ayant un contrôle total sur l'émission de la monnaie américaine, une banque de banquiers est apparue à l'horizon américain.

Résumé

★Le Parlement britannique, sous le contrôle des banquiers britanniques, a refusé aux colonies le droit d'émettre de la monnaie, provoquant le chômage et le mécontentement qui sont devenus la cause principale de la guerre d'indépendance américaine.

★Hamilton, le premier secrétaire au Trésor américain, a fait pression sur Washington pour qu'une banque centrale soit créée afin que l'argent étranger puisse acheter et recevoir des fonds de la famille Rothschild.

★La fermeture de la première banque des États-Unis a rendu Nathan furieux de donner une leçon aux Américains, et quelques mois plus tard, la guerre de 1812 entre la Grande-Bretagne et les États-Unis a éclaté, endettant si lourdement le gouvernement américain qu'il a finalement dû céder en 1815 et établir une deuxième banque centrale, dont Rothschild avait la mainmise sur le pouvoir.

★La deuxième banque des États-Unis a fait l'objet d'un veto de la part du président Jackson, la famille Rothschild contrôlait la principale industrie bancaire européenne en même temps que le resserrement de la banque des États-Unis, les États-Unis sont tombés dans une grave "artificielle" circulation de l'argent a diminué fortement, ce qui a finalement déclenché la panique de 1837, l'économie est tombée en récession pendant cinq ans.

★Deux présidents, Harrison et Taylor, qui se sont battus avec Henry Clay, figure clé du FPLP, autour d'une banque centrale privée et d'un système financier indépendant, sont tous deux morts mystérieusement.

★La découverte de la ruée vers l'or aux États-Unis et en Australie a brisé le contrôle absolu des financiers européens sur l'approvisionnement en or. Les tactiques de contrôle financier et de division politique des banquiers internationaux ont provoqué la panique de 1857.

★Les banquiers de "l'axe Londres, Paris et Francfort" étaient derrière la guerre civile américaine. La guerre Nord-Sud était fondamentalement une lutte entre les forces financières internationales et leurs agents, d'une part, et les intérêts du gouvernement des États-Unis d'autre part, qui se disputaient farouchement le droit d'émettre la monnaie nationale et la politique monétaire.

★Les intérêts fondamentaux des oligarques financiers internationaux ont été profondément touchés par le fait que Lincoln ait laissé le gouvernement émettre sa propre nouvelle monnaie. Après la guerre de Sécession, les banquiers internationaux qui avaient apporté un énorme soutien financier au Sud pendant la guerre ont subi de lourdes pertes. En guise de représailles et pour faire échouer le New Deal monétaire de Lincoln, l'assassinat de ce dernier est méticuleusement planifié.

★Les banquiers internationaux ont totalement le dessus après cent ans de batailles intenses avec le gouvernement américain.

CHAPITRE III

La Réserve Fédérale : Une banque centrale privée

> "Un grand pays industriel est fermement contrôlé par un système de crédit très concentré. Le développement de ce pays et toutes nos activités (économiques) sont entièrement entre les mains de quelques-uns. Nous sommes tombés sous la pire des dominations, un contrôle qui est le plus complet et le plus total du monde. Le gouvernement n'a plus de libre opinion, il n'a plus le pouvoir de conviction judiciaire, il n'est plus le gouvernement choisi par la majorité de l'électorat, mais il est le gouvernement qui (fonctionne) sous l'opinion et la contrainte d'une infime minorité de ceux qui ont le pouvoir de domination.
> De nombreux hommes d'affaires de ce pays sont en admiration devant quelque chose. Ils savent que ce pouvoir invisible est si organisé, si discrètement invisible, si omniprésent, si imbriqué, si minutieux et complet, qu'ils n'osent pas le condamner publiquement. " [66]
>
> Woodrow Wilson, 28e président des États-Unis.

Sans exagérer, à ce jour, il n'y a probablement pas beaucoup d'économistes en Chine qui savent que la Fed est en fait une banque centrale privée. La soi-disant "Federal Reserve Bank" n'est en fait ni "fédérale", ni "réserve", ni une "banque".

La plupart des Chinois peuvent supposer que le gouvernement américain émet des dollars, mais en réalité, le gouvernement américain n'a pas du tout le droit d'émettre de la monnaie ! Pour que le gouvernement américain obtienne des dollars, il doit garantir les futurs impôts du peuple américain (obligations du Trésor) à la Réserve

---

[66] Cité dans *National Economy and the Banking System*, Senate Documents Co. 3, No. 23, Soixante-seizième Congrès, Première session, 1939.

fédérale privée, qui émet des "billets de la Réserve fédérale", qui sont des "dollars".

La nature et l'origine de la Réserve fédérale sont une "zone interdite" dans la communauté universitaire américaine et les médias d'information. Les médias peuvent débattre longuement et quotidiennement de questions aussi étrangères que le "mariage gay" sans dire un mot de qui contrôle réellement la question de la monnaie, qui est une "question d'intérêt" pour tout le monde, chaque jour, chaque penny de revenu, chaque paiement d'intérêt sur un prêt.

Si vous êtes surpris en lisant ceci, cela signifie que cette question est importante et que vous ne le saviez pas. Ce chapitre racontera le secret de la création de la Réserve fédérale, délibérément "filtré" par les grands médias américains, alors que nous prendrons une loupe et rejouerons au ralenti les derniers moments de cet événement majeur qui a influencé le cours de l'histoire mondiale, avec des développements qui seront précis en quelques heures.

Le 23 décembre 1913, le gouvernement élu des États-Unis a finalement été renversé par le pouvoir de l'argent.

La mystérieuse île de Jekyll :
la source de la Réserve Fédérale

Dans la nuit du 22 novembre 1910, dans un wagon complètement hermétique à l'extérieur de New York, toutes les fenêtres sont hermétiquement recouvertes de rideaux alors que le train se dirige lentement vers le sud. Le wagon est rempli des banquiers les plus importants d'Amérique, et personne ne sait où ils vont. Le train s'arrête à des centaines de kilomètres de là, à Jekyll Island, en Géorgie.

L'île Jekyll en Géorgie est une station d'hiver appartenant à un groupe d'Américains super riches. Ces gros bonnets, dirigés par J. P. Morgan, ont fondé un club de chasse à l'île Jekyll, où 1/6 de la richesse de la planète est rassemblée entre les mains des membres de ce club, et où l'adhésion est uniquement héritable et non transférable. À ce moment-là, le club a été informé que quelqu'un utiliserait les locaux du club pendant environ deux semaines et que tous les membres ne pourraient pas utiliser le clubhouse pendant cette période. Tout le personnel du clubhouse est transféré du continent, et tous les invités arrivant au clubhouse sont adressés uniquement par leur prénom, et jamais par leur nom de famille. Un rayon de 50 miles autour du clubhouse garantit qu'il n'y aura pas de journalistes.

Quand tout est prêt, les invités apparaissent dans le clubhouse. Cette réunion top secrète a été suivie par :

- ➢ Nelson Aldrich, sénateur, président du Conseil monétaire national et grand-père de Nelson Rockefeller.
- ➢ A. Piatt Andrew, secrétaire adjoint du Trésor américain.
- ➢ Frank Vanderlip, Président, National City Bank of New York.
- ➢ Henry P. Davison, associé principal, J. P. Morgan & Co.
- ➢ Charles D. Norton, président, First National Bank of New York.
- ➢ Benjamin Strong, bras gauche de J.P. Morgan.
- ➢ Paul Warburg, immigrant juif allemand aux États-Unis en 1901, associé principal de Kuhn Loeb and Company, agent des Rothschild en Angleterre et en France, architecte en chef de la Réserve fédérale, premier directeur de la Fed.

Ces personnes importantes sont venues sur cette île isolée sans avoir l'intention de venir y chasser, et leur tâche principale consistait à rédiger un document important : le Federal Reserve Act (FRA).

Paul Warburg est passé maître dans presque tous les détails des opérations bancaires. Alors que d'autres posaient diverses questions, Paul a non seulement répondu patiemment, mais a aussi longuement parlé des origines historiques de chaque concept détaillé. Tous sont impressionnés par sa profonde connaissance de la banque. Paul est naturellement devenu le principal rédacteur et interprète du document.

Nelson Aldrich était le seul amateur d'entre tous chargé de rendre le contenu du document suffisamment politiquement correct pour être acceptable au Congrès. D'autres personnes, représentant les intérêts de différents groupes bancaires, se sont disputées passionnément pendant neuf jours autour des détails du paquet proposé par Paul avant de parvenir finalement à un consensus.

Depuis la crise bancaire de 1907, les banquiers ont été si mal représentés dans l'esprit du peuple américain que personne au Congrès n'a osé soutenir publiquement un projet de loi avec la participation des banquiers. Ces personnes ont donc voyagé loin de New York pour se cacher sur cette île isolée afin de rédiger ce document. De plus, le nom de banque centrale était un trop grand stratagème, et depuis le président Jefferson, le nom de banque centrale a été si fortement associé à la conspiration des banquiers internationaux britanniques que Paul a suggéré d'utiliser le nom de Système de Réserve Fédérale pour l'obscurcir. Mais elle a toutes les fonctions d'une banque centrale, et comme la Banque d'Angleterre, la Fed est conçue pour être détenue par des particuliers qui en tireront d'énormes bénéfices. Contrairement à Bank One et Bank Two, la composition des actions de la Réserve fédérale, dans laquelle les 20% d'actions gouvernementales d'origine ont été supprimés, deviendra une banque centrale "purement" privée.

Pour rendre le système de la Réserve fédérale encore plus trompeur, sur la question de savoir qui contrôle la Fed, Paul pose intelligemment,

> " Le Congrès contrôle la Fed, le gouvernement a une représentation au conseil, mais la majorité du conseil est contrôlée directement ou indirectement par l'association bancaire. "

Plus tard, Paul a modifié la version finale pour qu'elle se lise comme suit : "Les membres du Conseil sont nommés par le Président des Etats-Unis", mais la véritable fonction du Conseil est contrôlée par le Conseil consultatif fédéral, qui se réunit régulièrement avec le Conseil pour "discuter" de son travail. Le fait que les membres du Comité consultatif fédéral seraient déterminés par les directeurs des 12 banques de la Réserve fédérale a été délibérément caché au public.

Un autre dilemme auquel Paul a dû faire face était de cacher le fait que les banquiers de New York allaient dominer la Réserve fédérale, une région dont les législateurs ne pouvaient pas soutenir une banque centrale dominée par les banquiers de New York alors que le grand nombre de petits et moyens hommes d'affaires et d'agriculteurs du Midwest, dévasté par les crises bancaires depuis le 19e siècle, en voulait aux banquiers de l'Est. Paul a conçu une solution de génie à ce problème, avec 12 banques fédérales régionales constituant l'ensemble du système. Peu de personnes en dehors des cercles bancaires comprennent que la proposition de création de banques fédérales régionales, en partant du principe qu'il existe une forte concentration de la distribution de l'argent et du crédit aux États-Unis dans la région de New York, ne fait que créer l'illusion que les opérations de la banque centrale ne sont pas concentrées à New York.

Une autre preuve de la clairvoyance de Paul est l'idée de situer le siège de la Fed dans la capitale politique Washington, D.C., et de s'éloigner délibérément de New York, la capitale financière où elle prend réellement ses ordres, afin de détourner encore plus l'attention du public des préoccupations des banquiers new-yorkais.

La quatrième obsession de Paul était de savoir comment produire les dirigeants des 12 banques régionales de la Réserve fédérale, et l'expérience de Nelson Aldrich au Congrès lui fut finalement utile. Il fait remarquer que les législateurs du Midwest sont généralement hostiles aux banquiers new-yorkais, et que pour éviter un phénomène d'emballement, les directeurs de toutes les banques régionales devraient être nommés par le Président, et ne pas être interférés par le Congrès. Mais cela crée une faille juridique, car le titre I, section 8 de la Constitution stipule explicitement que le Congrès est responsable de l'émission et de l'administration de la monnaie, ce qui laisse le Congrès en dehors du tableau, ce qui signifie que la Fed a violé la Constitution depuis le début. Et puis, c'est devenu une cible pour de nombreux législateurs pour attaquer la Fed.

En raison de cet arrangement ingénieux, le projet de loi apparaît comme une moquerie de la séparation des pouvoirs et des freins et contrepoids de la Constitution des États-Unis. Les nominations présidentielles, le contrôle du Congrès, les indépendants comme directeurs, les banquiers comme conseillers, quelle conception du ruissellement !

Wall Street 7 : Le promoteur des coulisses de la Réserve fédérale

> *"Les sept hommes de Wall Street contrôlent aujourd'hui la plupart des industries et des ressources de base de l'Amérique. Parmi eux, J. P. Morgan, James Hill et George Baker (président de la First National Bank of New York), appartiennent au groupe dit Morgan ; les quatre autres, John Rockefeller, William Rockefeller, James Stillman (président de la National City Bank) et Jacob Schiff (Kuhn-Repo Company), appartiennent au groupe de la Standard Oil City Bank. Le noyau central du capital qu'ils constituent contrôle les États-Unis.* " [67]

---

[67] John Moody, *The Seven Men*, McClure's Magazine, août 1911, p. 418.

John Moody's, fondateur du système d'évaluation des investissements de Moody's.
Investment Appraisal System, 1911

Les sept grands acteurs de Wall Street ont été les véritables acteurs en coulisse de la création de la Fed. Entre eux et leur coordination secrète avec les Rothschild d'Europe, ils ont fini par établir la Banque d'Angleterre aux États-Unis comme une volte-face.

L'ascension de la famille Morgan

La banque JP Morgan était autrefois connue sous le nom moins connu de George Peabody and Company en Angleterre. George Peabody était à l'origine un marchand de marchandises sèches à Baltimore, aux États-Unis, et après avoir fait une petite fortune, il est venu à Londres, en Angleterre, en 1835 pour percer dans le monde. Voyant que la finance est une activité riche, il se lance à Londres avec quelques hommes d'affaires dans la Merchant Bank, une entreprise de "haute finance" très à la mode à l'époque, dont les clients sont principalement des gouvernements, de grandes entreprises et des personnes riches et puissantes. Elles font des prêts pour le commerce international, émettent des actions et des obligations et opèrent dans les matières premières, ce qu'étaient les banques d'investissement modernes.

George Peabody s'introduit rapidement sur la scène financière britannique en présentant les frères Brown à Baltimore au British Cent. Peu après, George Peabody a la surprise de recevoir une invitation du Baron Nathan Rothschild à être son invité. Le terrifiant George Peabody se sent aussi honoré d'être invité par Nathan, qui était célèbre dans les cercles de la Banque mondiale, qu'un catholique le serait d'être reçu par le Pape.

Nathan va droit au but et propose à George Peabody de lui faire une faveur et d'être l'agent secret des relations publiques de la famille Rothschild. Les Rothschild sont haïs et méprisés par de nombreuses personnes en raison de leur richesse et de leur fortune en Europe. L'aristocratie londonienne dédaigne alors de s'associer à Nathan, rejetant à plusieurs reprises ses invitations, et bien que les Rothschild soient puissants en Angleterre, ils ont toujours le sentiment d'être quelque peu isolés par l'aristocratie. Une autre raison pour laquelle Nathan voyait George Peabody était qu'il était humble, bien aimé et un Américain qui pourrait lui être utile plus tard.

George Peabody, bien sûr, était plus qu'heureux de l'offre de Nathan, et avec tous les frais de relations publiques payés par Nathan, la société de George Peabody devint rapidement un centre social célèbre à Londres. En particulier, le banquet annuel de la fête de l'Indépendance américaine, qui se tenait chez George Peabody le 4 juillet, était un événement majeur dans le cercle aristocratique de Londres. Il n'est peut-être pas venu à l'esprit des invités que les frais d'hospitalité sont plus élevés que ce qu'un homme d'affaires ordinaire aurait pu se permettre il y a quelques années, lorsque son nom était inconnu.

Jusqu'en 1854, George Peabody était un banquier d'un million de livres, mais en six ans seulement, il a fait une fortune de près de 20 millions de livres et est devenu un poids lourd de la banque américaine. Il s'avère que lors de la crise économique de 1857 aux États-Unis, provoquée par les Rothschild, George Peabody était fortement investi dans des obligations de chemins de fer américains et des obligations d'État, et lorsque les banquiers britanniques ont soudainement jeté à la poubelle toutes les obligations ayant un enjeu aux États-Unis, George Peabody a également été profondément piégé. La crise de 1857 était complètement différente de la dépression de 10 ans de 1837, et en un an seulement, l'économie américaine était complètement sortie de la récession, et par conséquent, George Peabody est rapidement devenu un homme super-riche aux mains des obligations américaines, ce qui ressemblait de façon frappante à la bataille du Trésor britannique de Nathan en 1815. Sans informations précises de la part des initiés, George Peabody, fraîchement réveillé d'un cauchemar de faillite, avait catégoriquement peur d'investir dans les obligations américaines en grandes quantités.

George Peabody, qui n'avait pas d'enfants dans sa vie et qui devait hériter d'un immense patrimoine, s'est donné beaucoup de mal pour faire venir le jeune Junius Morgan. Après la retraite de George Peabody, Junius Morgan a repris l'ensemble de l'entreprise et l'a rebaptisée Junius S. Morgan and Company, toujours basée à Londres. Plus tard, le fils de Junius, J. P. Morgan, reprend la société et rebaptise la branche américaine J. P. Morgan Company. En 1869, J. P. Morgan et Drexel rencontrent les Rothschild à Londres, et la famille Morgan hérite pleinement des relations de George Peabody avec les Rothschild et développe cette coopération à un niveau supérieur. En 1880, J. P. Morgan commence à financer massivement les activités commerciales de la compagnie de chemin de fer réorganisée.

Le 5 février 1891, les Rothschild et un certain nombre d'autres banquiers britanniques ont formé l'organisation secrète "Round Table Group", et une organisation correspondante a été créée aux États-Unis, dirigée par la famille Morgan. Après la Première Guerre mondiale, le "Round Table Group" aux États-Unis a été rebaptisé "Council on Foreign Relations" et, au Royaume-Uni, "Royal Institute of International Affairs". C'est dans ces deux associations qu'ont été sélectionnés de nombreux fonctionnaires importants des gouvernements américain et britannique.

En 1899, J. P. Morgan et Drexel se rendent à Londres, en Angleterre, pour assister au Congrès international des banquiers. À leur retour, J. P. Morgan a été nommé agent principal des intérêts des Rothschild aux États-Unis. Le résultat de la réunion de Londres est que la J. P. Morgan Company de New York, la Drexel Company de Philadelphie, la Grenfell Company de Londres, la Morgan Harjes Cie Company de Paris, et la M. M. Warburg Company d'Allemagne et des États-Unis, sont pleinement associées à la famille Rothschild. [68]

En 1901, J. P. Morgan achète l'entreprise sidérurgique de Carnegie pour la somme faramineuse de 500 millions de dollars et forme le premier géant mondial avec une valeur marchande de plus d'un milliard de dollars, la United States Steel Corporation. Il est considéré à l'époque comme l'homme le plus riche du monde, mais selon la commission économique nationale temporaire, il ne possède que 9% de son entreprise. Il semble que le tristement célèbre Morgan ne soit encore qu'un homme de paille.

Rockefeller : Le roi du pétrole

John Rockefeller Sr. est une figure controversée de l'histoire américaine et a été surnommé "l'homme le plus froid et le plus impitoyable". Son nom est naturellement lié de manière inextricable au grand nom de la Standard Oil.

La carrière pétrolière de Rockefeller débute pendant la guerre de Sécession (1861-1865), et les affaires restent moyennes jusqu'en 1870, date à laquelle il fonde l'American Standard Oil Company. Depuis qu'il a obtenu un tas de prêts d'amorçage de la National City Bank de

---

[68] William Guy Carr, *Pawns In The Game* (Legion for the Survival of Freedom, 1978).

Cleveland, il semble avoir retrouvé ses esprits d'un seul coup, surtout lorsqu'il s'agit de faire preuve d'une imagination débordante dans une concurrence féroce. Dans l'industrie du raffinage du pétrole, sur laquelle il était très optimiste, il a compris très tôt que le raffinage du pétrole, bien qu'extrêmement rentable à court terme, finirait par sombrer dans une concurrence vicieuse suicidaire en raison de l'absence de contrôle. Il n'y avait qu'une seule solution : éliminer la concurrence sans pitié, et pour cela, tous les moyens étaient bons.

Pour ce faire, il commence par proposer à une société intermédiaire sous son contrôle, mais inconnue du public, de racheter un concurrent à bas prix en espèces. En cas de refus, le concurrent est confronté à une guerre des prix féroce jusqu'à ce qu'il succombe ou fasse faillite. Si cela ne fonctionne pas, Rockefeller aura finalement recours à l'astuce : la destruction violente. Il y avait peu de survivants après plusieurs séries de passages à tabac d'ouvriers rivaux, d'incendies d'usines rivales, etc. Un tel monopole hégémonique, s'il suscite l'ire publique de ses pairs, attire aussi le vif intérêt des banquiers new-yorkais. Les banquiers qui aiment les monopoles admirent le haut degré d'exécution de Rockefeller pour les réaliser.

Les Rothschild ont désespérément essayé de contrôler les États-Unis, de plus en plus puissants, mais ils ont échoué à plusieurs reprises. Il est beaucoup plus facile de contrôler un roi européen que de contrôler un gouvernement élu. Après la guerre civile américaine, les Rothschild ont commencé à déployer des plans pour le contrôle des États-Unis. Dans le secteur financier, il y avait JP Morgan et Kuhn Loeb & Co. et dans le secteur industriel, ils n'avaient pas réussi à trouver le bon agent à choisir, et ce que les Rockefeller avaient fait avait attiré l'attention des Rothschild. Les Rockefeller seraient bien plus puissants que la minuscule région de Cleveland si on leur donnait une infusion massive dans la finance.

Les Rothschild ont envoyé leur principal stratège financier aux États-Unis, Jacob Schiff, de la société Kuhn Loeb & Co. Company, à Cleveland en 1875 pour diriger les prochains plans d'expansion des Rockefeller. Schiff a apporté avec lui un soutien sans précédent que Rockefeller n'aurait jamais pu imaginer, et puisque Rothschild avait à cette époque contrôlé 95% de la capacité ferroviaire aux États-Unis par le biais de JP Morgan et Kuhn Loeb & Co. Schiff a élaboré un plan pour que la Shadow Company (South Improvement Company) intervienne et offre à la Standard Oil Company de Rockefeller un taux de fret très bas sous lequel peu de sociétés de raffinage pourraient survivre.

[69]Rockefeller eut bientôt un monopole complet sur l'industrie pétrolière américaine et devint un véritable "roi du pétrole".

Jacob Schiff : Le stratège financier de Rothschild

La relation étroite entre les Rothschild et la famille Schiff remonte à 1785, lorsque la vieille famille Rothschild s'est installée dans un immeuble de cinq étages à Francfort et a vécu avec la famille Schiff pendant de nombreuses années. Également banquiers juifs allemands, ces derniers ont entretenu une amitié séculaire.

En 1865, à l'âge de 18 ans, Jacob Schiff arrive aux États-Unis après un bref apprentissage à la banque Rothschild en Angleterre. Après l'assassinat du président Lincoln, Jacob coordonne les intérêts des agents des banquiers européens aux États-Unis afin de promouvoir l'établissement d'un système bancaire central privé aux États-Unis. Son autre objectif était de découvrir, de former et de canaliser les agents des banques européennes vers divers postes importants au sein du gouvernement, des tribunaux, des banques, de l'industrie, de la presse, etc.

Le 1er janvier 1875, Jacob a rejoint la société Kuhn Loeb & Co. Company et constitue depuis lors le cœur de l'entreprise. Soutenue par la puissante famille Rothschild, Kuhn Loeb & Co. est finalement devenue l'une des banques d'investissement les plus importantes des États-Unis à la fin du XIXe siècle et au début du XXe siècle.

James Hill : Le roi du rail

La construction de chemins de fer était une infrastructure importante qui dépendait fortement d'un soutien financier, et le développement de la vaste industrie ferroviaire aux États-Unis a été rendu possible dans une large mesure par l'argent provenant des marchés financiers de Grande-Bretagne et d'autres pays européens. Le contrôle de l'émission d'obligations de chemins de fer américains en

---

[69] Robert Gates Sr, *The Conspiracy That Will not Die : How the Rothschild Cabal is Driving America Into One World Government*, (Red Anvil Press, Oakland, 2011), p. 41.

Europe est devenu un moyen direct de détenir l'élément vital de l'industrie ferroviaire américaine.

Les obligations des chemins de fer américains n'ont pas été épargnées en 1873, lorsque les banquiers internationaux ont imposé une crise financière soudaine aux États-Unis en vendant massivement des obligations américaines. Lorsque la crise s'est terminée en 1879, les Rothschild étaient devenus les plus grands créanciers des chemins de fer américains et pouvaient pincer le sang financier de n'importe quel chemin de fer américain à tout moment et aussi longtemps qu'ils le voulaient. À cette époque, James Hill, qui avait débuté dans le transport par bateau à vapeur et l'extraction du charbon, a dû se ranger sous la bannière des financiers pour survivre et prospérer dans la concurrence féroce de l'industrie ferroviaire, et Morgan était son soutien financier. Avec l'appui solide de Morgan, et en profitant des faillites massives des chemins de fer après la crise de 1873, James Hill a réalisé ses plans de fusions et d'expansion rapides.

En 1893, le rêve de James Hill d'avoir un chemin de fer transcontinental à travers les États-Unis est enfin réalisé. Dans la bataille pour le contrôle du Midwest Railroad (Chicago, Burlington and Quincy Railroad), James Hill rencontre un adversaire redoutable. L'Union Pacific Railroad, soutenue par le consortium Rockefeller, l'attaque par surprise. Harriman, président de l'Union Pacific Railroad, a commencé à acquérir secrètement des actions de la Northern Pacific, que James Hill contrôlait, et il lui manquait 40 000 actions pour faire un coup d'éclat lorsque James Hill s'est alarmé qu'il était sur le point de perdre le contrôle. James Hill a immédiatement envoyé un appel à l'aide urgent à Morgan, le patron des coulisses qui était en vacances en Europe, et Morgan a immédiatement ordonné à ses hommes de contrer le défi de Rockefeller. D'un seul coup, la ruée vers les actions de la Northern Pacific Railroad prend des proportions fulgurantes, le prix de l'action atteignant le chiffre record de 1 000 dollars.

Finalement, les banquiers internationaux ont dû jouer les médiateurs, et le résultat final a été la création d'une nouvelle société holding, la Northern Securities Company, dans laquelle les deux puissances contrôlaient conjointement le transport ferroviaire dans le nord des États-Unis. Le jour de la création de la société, le président McKinley est assassiné et le vice-président Roosevelt Sr. lui succède. Malgré la forte opposition de Roosevelt, Sr., la Northern Securities Company est contrainte de se dissoudre en raison du Sherman Antitrust Act, adopté par les États-Unis en 1890. Après ce revers, la direction de

James Hill se tourne vers le sud, en acquérant le chemin de fer qui va directement du Colorado au Texas. À sa mort en 1916, James Hill avait accumulé un patrimoine de 53 millions de dollars.

Les frères Warburg

En 1902, les frères Paul et Felix ont émigré aux États-Unis depuis Francfort, en Allemagne. Les deux frères, issus d'une famille de banquiers, connaissent bien le monde de la banque, et Paul, en particulier, est l'un des meilleurs esprits financiers de son temps. Rothschild apprécie tellement le talent de Paul qu'il attire délibérément les deux frères de la M. M. Warburg and Co. de l'Alliance stratégique européenne vers le front américain, où le talent est désespérément recherché.

À ce stade, le plan de la famille Rothschild pour une banque centrale privée aux États-Unis est vieux de près d'un siècle, avec ses hauts et ses bas et sans succès final. Cette fois, Paul va prendre la tête de l'offensive. Peu après son arrivée aux États-Unis, Paul rejoint la société Kuhn Loeb & Co. de l'avant-garde Jacob Schiff et épouse la fille de la sœur de Schiff, tandis que Félix épouse la fille de Schiff.

Le colonel Ely Garrison, conseiller financier des présidents Roosevelt Sr. et Wilson, a noté,

> *"C'est M. Paul Warburg qui a remis sur pied le Federal Reserve Act au milieu du ressentiment national et de l'opposition au plan Aldrich. L'intelligence géniale derrière ces deux plans venait d'Alfred Rothschild à Londres. "* [70]

L'avant-poste de la Fed : La crise bancaire de 1907

En 1903, Paul a présenté à Jacob Schiff un programme d'action sur la manière d'introduire aux États-Unis les "meilleures pratiques" de la Banque centrale européenne. Ce document a ensuite été transmis à James Stillman, président de la National City Bank of New York (qui deviendra plus tard la Citibank), ainsi qu'à la communauté des

---

[70] Eustace Mullins, *Les secrets de la Réserve fédérale* (Omnia Veritas Ltd — www.omnia-veritas.com)

banquiers new-yorkais, qui ont tous trouvé les idées de Paul vraiment éclairantes et éclairées.

Le problème est que les forces politiques et civiles qui se sont historiquement opposées aux banques centrales privées aux États-Unis sont assez fortes, et que les banquiers de New York ont une réputation extrêmement mauvaise dans les cercles américains de l'industrie et des propriétaires de petites et moyennes entreprises. Les membres du Congrès ont fui comme la peste toute proposition des banquiers en faveur d'une banque centrale privée. Dans un tel climat politique, il est plus difficile de faire passer un projet de loi sur la banque centrale qui favorise les banquiers que d'aller au paradis.

Afin d'inverser cette situation défavorable, on a commencé à concevoir une énorme crise financière.

Tout d'abord, la presse commence à être fortement orientée vers des articles promouvant de nouvelles idées financières. Le 6 janvier 1907, Paul publie un article intitulé "Les lacunes et les besoins de notre système bancaire", à partir duquel il devient le principal défenseur d'un système bancaire central aux États-Unis. Peu de temps après, Jacob Schiff déclare à la Chambre de commerce de New York,

> " Si nous ne disposons pas d'une banque centrale suffisante pour contrôler les ressources de crédit, nous connaîtrons une crise financière d'une ampleur sans précédent. " [71]

Les mouches ne piquent pas sans œuf, comme en 1837, 1857, 1873, 1884 et 1893, les banquiers avaient depuis longtemps vu les graves bulles dans le développement surchauffé de l'économie qui étaient le résultat inévitable de leur relâchement constant des racines d'argent. Lorsque le banquier libère de l'eau dans l'étang, il relâche les racines d'argent et injecte de l'argent dans l'économie en grandes quantités. Après avoir reçu beaucoup d'argent, les gens de tous horizons commencent à travailler dur jour et nuit sous l'attrait de l'argent, en essayant de créer de la richesse, le processus est comme un poisson dans un étang qui essaie d'absorber toutes sortes de nutriments, devenant de plus en plus gros. Lorsque les banquiers voient que le moment est venu de récolter, ils resserrent soudainement les racines d'argent et commencent à pomper l'eau de l'étang à poissons, à ce moment-là, la

---

[71] Paul M Warburg, *Défauts et besoins de notre système bancaire*, 1907.

plupart des poissons de l'étang sont laissés à attendre désespérément que leur destin soit attrapé.

Cependant, quand commencer à tirer des poissons, seuls quelques-uns des plus grands oligarques bancaires le savent, quand un pays établit un système bancaire central privé, les oligarques bancaires sont plus à l'aise avec le contrôle de la libération de l'eau et du pompage, et plus précise est la récolte. Le développement et la récession économiques, l'accumulation et l'évaporation des richesses sont tous devenus le résultat inévitable de "l'alimentation scientifique" des banquiers.

J.P. Morgan et les banquiers internationaux qui le soutiennent calculent avec précision l'issue prévue de cet effondrement financier. La première consiste à choquer la société américaine en laissant les "faits" montrer la fragilité d'une société sans banque centrale. Vient ensuite l'éviction et la fusion des petits et moyens concurrents, notamment les sociétés d'investissement fiduciaire, qui inquiètent les banquiers. Puis il y a l'obtention des entreprises importantes qui les font convoiter.

Les FIT à la mode à l'époque jouissaient de nombreuses entreprises que les banques ne pouvaient pas exploiter, et la réglementation gouvernementale était très laxiste, ce qui a conduit les FIT à absorber excessivement le capital social et à investir dans des industries et des marchés boursiers risqués. Au moment où la crise a éclaté en octobre 1907, environ la moitié des prêts bancaires de New York étaient investis comme garantie par des sociétés d'investissement fiduciaire avec des rendements d'intérêts élevés dans des marchés boursiers et des obligations à risque, et l'ensemble du marché financier était dans un état de spéculation extrême.

JP Morgan avait passé les mois précédents en " vacances " entre Londres et Paris en Europe, et après une planification minutieuse par des financiers internationaux, JP Morgan est rentré aux États-Unis. Peu après, des rumeurs de faillite imminente de Knickerbocker Trust, la troisième plus grande société de fiducie des États-Unis, ont soudainement commencé à se répandre largement à New York, et les rumeurs se sont rapidement propagées comme un virus dans toute la ville, les citoyens déposants paniqués faisant la queue toute la nuit devant les différentes sociétés de fiducie pour retirer leurs dépôts. Les banques ont exigé que la société de fiducie rembourse le prêt immédiatement, et la société de fiducie, qui avait été sollicitée par les deux parties, a emprunté de l'argent à la bourse (prêt sur marge) à un taux d'intérêt de 150% du prix élevé. Le 24 octobre, les transactions boursières étaient presque au point mort.

Morgan est apparu à ce moment-là comme le sauveur. Lorsque le président de la Bourse de New York est venu demander de l'aide au bureau de Morgan, il a déclaré d'une voix tremblante qu'au moins 50 courtiers feraient faillite si 25 millions de dollars ne pouvaient être réunis avant 15 heures, et qu'il n'aurait d'autre choix que de fermer la Bourse. À 14 heures, Morgan a convoqué une réunion d'urgence des banquiers, et en 16 minutes, les banquiers ont réuni l'argent. JP Morgan a immédiatement envoyé quelqu'un à la bourse pour annoncer que l'intérêt sur le prêt serait disponible ouvertement à 10 pour cent, et il y a eu des acclamations immédiates à la bourse. En une seule journée, le plan de sauvetage d'urgence n'avait plus d'argent, les taux d'intérêt étaient redevenus fous et huit banques et sociétés de fiducie s'étaient effondrées. Morgan s'est précipité à la Bank of Settlement à New York pour demander que les billets soient émis comme monnaie temporaire pour faire face à une grave pénurie de liquidités.

Le samedi 2 novembre, Morgan a lancé son plan tant attendu pour "sauver" la société Moore and Schley, toujours en pleine tempête. La société est endettée de 25 millions de dollars et au bord de la faillite. Or, elle est l'un des principaux créanciers de la Tennessee Coal and Iron Company, et si Moore & Schley est contrainte à la faillite pour la rembourser, la bourse de New York s'effondrera complètement avec des conséquences incalculables. Morgan invite tous les grands noms du monde financier new-yorkais dans sa bibliothèque, les banquiers commerciaux sont placés dans la salle Est, les dirigeants des sociétés de fiducie dans la salle Ouest, et les financiers anxieux attendent avec impatience le sort que Morgan a prévu pour eux.

Morgan savait pertinemment que les ressources en minerai de fer et en charbon du Tennessee, de l'Alabama et de la Géorgie détenues par Tennessee Mining and Ironmaking renforceraient considérablement le monopole de U.S. Steel, le géant de l'acier que Morgan a lui-même fondé. Avec les lois antitrust en place, Morgan a toujours été incapable de s'attaquer à ce gros morceau de viande, et cette crise a créé une rare opportunité de fusion pour lui. Les conditions de Morgan étaient les suivantes : pour sauver Moore & Schley et l'ensemble de l'industrie fiduciaire, le trust devait lever 25 millions de dollars pour éviter de s'effondrer, et U.S. Steel devait racheter à Moore & Schley les créances de la Tennessee Mining and Steelmaking Company. Anxieux et irritables, au bord de la faillite, les patrons du trust, qui avaient veillé toute la nuit et étaient extrêmement fatigués, se rendent finalement à Morgan.

Dans la nuit du dimanche 3 novembre, Morgan envoya ses hommes à Washington, D.C., toute la nuit pour obtenir l'approbation du Président avant l'ouverture de la bourse le lundi matin suivant. La crise bancaire a fait tomber un grand nombre d'entreprises, la perte des économies de milliers de personnes en colère a formé une grande crise de régime, et Roosevelt père a dû emprunter la puissance de Morgan pour stabiliser la situation, et il a été contraint au dernier moment de signer une alliance sous la ville. À ce stade, il ne reste plus que 5 minutes avant l'ouverture de la bourse lundi !

La bourse de New York a été en forte hausse suite à la nouvelle.

JP Morgan a acheté la Tennessee Mining and Ironmaking Company pour un montant ultra-bas de 45 millions de dollars, et la valeur potentielle de la société est au moins d'environ 1 milliard de dollars selon l'évaluation de John Moody. [72]

Chaque crise financière est une explosion planifiée de longue date et précisément ciblée, avec de nouveaux bâtiments financiers brillants toujours construits sur les ruines de milliers de faillis.

De l'étalon-or à la monnaie légale : le grand changement dans la vision du monde des banquiers

Depuis la fin du XIXe siècle, les banquiers internationaux ont à nouveau fait un grand pas en avant dans leur compréhension de la monnaie.

Le modèle original de la Banque d'Angleterre, qui consistait à émettre de l'argent avec la dette nationale comme garantie, a permis, grâce à une impasse entre les deux, que le gouvernement emprunte et que la banque émette de l'argent, assurant ainsi que la dette devienne de plus en plus importante, garantissant ainsi aux banquiers des rendements énormes et toujours croissants. Dans le système de l'étalon-or, les banquiers étaient farouchement opposés à l'inflation, car toute dévaluation de la monnaie nuisait directement aux revenus réels des

---

[72] Ron Chernow, *The House of Morgan* (Groove Press, 1990), p. 128.

banquiers provenant des intérêts. Le principal inconvénient est que l'accumulation de richesses est si lente que, même avec des réserves fractionnaires, elle ne suffit pas à satisfaire l'appétit croissant des banquiers. L'or et l'argent en particulier ont été lents à augmenter, ce qui revient à plafonner le montant total des prêts que les banques peuvent consentir.

En Europe, au tournant des XIXe et XXe siècles, les banquiers avaient mis au point un système plus efficace et plus complexe de monnaie légale. La monnaie fiduciaire s'est complètement libérée des contraintes rigides de l'or et de l'argent sur le montant total des prêts et exerce un contrôle plus souple et plus furtif sur la monnaie. Lorsque les banquiers ont progressivement compris que les gains à réaliser par une augmentation illimitée de la masse monétaire étaient bien plus importants que la perte des intérêts sur les prêts due à l'inflation, ils sont alors devenus les défenseurs les plus enthousiastes du cours légal. En augmentant rapidement l'émission de monnaie, les banquiers dépouillent les épargnants de tout le pays de leur énorme richesse, alors que l'inflation est beaucoup plus "civilisée" et rencontre beaucoup moins de résistance de la part du peuple que les ventes aux enchères forcées des banques sur les biens d'autrui, qui sont beaucoup moins visibles, voire imperceptibles.

L'économie de l'exploration de l'inflation, financée par les banquiers, a été progressivement orientée vers un jeu purement mathématique, et le concept d'inflation monétaire, causée par l'émission de papier-monnaie supplémentaire, a été complètement dépassé à l'époque moderne par la théorie de l'inflation des prix, une théorie de l'augmentation des prix.

À ce stade, en plus de l'ancien système de réserves fractionnaires, de la monnaie et de l'impasse de la dette nationale, les banquiers ont ajouté un outil plus puissant à leur outil pour s'enrichir : l'inflation. À partir de là, le banquier a fait la transition dramatique de défenseur de l'or à ennemi mortel de l'or.

Keynes a mis le doigt sur le problème avec son évaluation de l'inflation :

> *" Avec cette approche, les gouvernements peuvent confisquer la richesse des gens de manière secrète et indétectable, et il est difficile, même pour une personne sur un million, de détecter un tel vol. "*

Pour être précis, c'est la Réserve fédérale privée qui l'utilise aux États-Unis, et non le gouvernement.

Balise électorale de 1912

> *Mardi, le chancelier de Princeton sera élu votre gouverneur (du New Jersey). Il ne terminera pas son mandat. En novembre 1912, il sera élu président des États-Unis, et en mars 1917, il sera réélu président. Il sera l'un des plus grands présidents de l'histoire américaine.*
> – Discours du Rabbin Wyeth dans le New Jersey, 1910

Si le Wyeth, qui deviendra plus tard le proche penseur du président Wilson, a pu prédire avec précision le résultat de l'élection présidentielle il y a deux ans, et même six ans plus tard, ce n'est pas parce qu'il avait vraiment une boule de cristal magique entre les mains, mais parce que tous les résultats ont été précisément concoctés à l'avance par les banquiers.

Sans surprise pour les banquiers internationaux, la crise bancaire de 1907 a fortement choqué la société américaine. La colère contre les sociétés d'investissement fiduciaire, la peur des faillites bancaires, mêlée à la crainte de l'oligarchie financière de Wall Street, un puissant courant d'opinion publique contre tous les monopoles financiers a balayé le pays.

Le président de l'université de Princeton, Woodrow Wilson, est un militant bien connu contre les monopoles financiers. Vanderlip, président de la National City Bank de New York, a déclaré ceci :

> *"Je vous écris pour inviter Woodrow Wilson de Princeton à un dîner et à prononcer un discours. Pour lui faire comprendre qu'il s'agit d'une occasion importante, j'ai mentionné que le sénateur Aldrich allait également être présent et prononcer un discours. Mon ami le Dr Wilson m'a surpris par sa réponse en refusant de parler sur la même scène que le sénateur Aldrich. "*
> [73]

En 1908, Aldrich a proposé qu'en cas d'urgence, les banques puissent émettre de l'argent, garanti par des obligations des gouvernements fédéraux, étatiques et locaux, ainsi que par des

---

[73] Antony C. Sutton, *The Federal Reserve Conspiracy* (Tab Books, 1995) p. 78.

obligations de chemins de fer. Le fait qu'il y ait une si bonne chose au monde, avec le risque supporté par le gouvernement et le peuple et les bénéfices pour tous les banquiers, fait que l'on ne peut qu'admirer la tactique de Wall Street. Le projet de loi était appelé Emergency Currency Act, et ce projet de loi est devenu la base législative du Federal Reserve Act cinq ans plus tard. Aldrich est considéré par la société comme le visage de Wall Street.

Diplômé de l'université de Princeton en 1879, Woodrow Wilson poursuit des études de droit à l'université de Virginie, puis obtient son doctorat à l'université Johns Hopkins en 1886 et devient président de l'université de Princeton en 1902. Le pédant Woodrow Wilson a toujours été un opposant de premier plan aux monopoles financiers, et refuse naturellement de se rapprocher du porte-parole de l'oligarchie financière. Sa sophistication académique et son idéalisme ne compensent pas son extrême méconnaissance de l'industrie financière, et il ne sait rien des techniques d'enrichissement des banquiers de Wall Street.

Les banquiers ont vu les caractéristiques simples et facilement exploitables de Wilson, qui est aussi un militant bien connu de la lutte contre les monopoles financiers, et son image fraîche est un diamant rare dans la nature. Les banquiers étaient prêts à investir beaucoup d'argent en lui et à le "tailler" pour qu'il soit d'une grande utilité.

Il se trouve que Cleveland Dodge, directeur de la National City Bank of New York, était un camarade de classe de Wilson à Princeton, et que si Wilson a réussi à devenir président de Princeton en 1902, c'est grâce à l'aide du riche et généreux Dodge. Avec cette couche de connexions pas si superficielles, Dodge, orchestré par les banquiers, commence à laisser entendre à Wall Street que Wilson est un morceau de matériel présidentiel.

Il n'est pas rare qu'un directeur qui n'est en poste que depuis quelques années soit soudainement salué comme un président. Bien sûr, être populaire a toujours un prix, et Wilson commence à s'en prendre à Wall Street dans son dos. Bien entendu, Wilson est rapidement élu gouverneur du New Jersey en 1910 avec le soutien des gros bonnets de Wall Street.

En public, Wilson continue de critiquer avec justesse le monopole financier de Wall Street, et en privé, il comprend que sa position et son avenir politique dépendent entièrement du pouvoir des banquiers. Les banquiers se sont montrés étonnamment tolérants et modérés dans leurs attaques contre Wilson, et il y avait une compréhension tacite subtile et tacite des deux côtés.

Au moment où la réputation de Wilson s'élève, les banquiers se précipitent pour collecter des fonds pour sa campagne présidentielle. Dodge ouvre un bureau au 42 Broadway Avenue à New York pour collecter des fonds pour Wilson et ouvre un compte bancaire, Dodge donnant le premier chèque de 1 000 dollars. Rapidement, Dodge enrôle d'importantes sommes d'argent dans le cercle des banquiers par le biais du publipostage, dont les 2/3 proviennent de sept banquiers de Wall Street. [74]

Dans sa lettre à Dodge, Wilson, en manque d'émotion après avoir obtenu l'investiture présidentielle, dit : "Ma joie est au-delà des mots". "Depuis lors, Wilson s'est jeté dans les bras du banquier. En tant que candidat démocrate, Wilson porte les grands espoirs du parti démocrate, qui a perdu la présidence pendant des années et qui a une soif de pouvoir aussi forte que celle de Wilson.

Wilson a défié le président Taft de l'époque, et Taft avait un grand avantage sur Wilson, qui n'était pas connu nationalement à l'époque. Juste au moment où l'hésitant préparé pour la réélection du président Taft a dit qu'il n'était pas prêt à donner le feu vert à la loi Aldrich, une chose étrange sans précédent est arrivé, le prédécesseur de Taft, le président Roosevelt Sr. soudainement tué, en fait veulent participer à la campagne présidentielle, ce pour le vieux Roosevelt propre successeur choisi et le même républicain Taft, vraiment de mauvaises nouvelles. Roosevelt Sr., qui était célèbre pour avoir forcé la désintégration des titres du Nord et avait une réputation d'intransigeance en matière d'antitrust, aurait sérieusement érodé le vote de Taft avec son apparition soudaine.

Le fait que les trois candidats soient soutenus par des banquiers n'est rien d'autre que le fait que les banquiers favorisent secrètement Wilson, le plus controlable des trois. Grâce aux arrangements de Wall Street, Roosevelt père frappe "accidentellement" Taft, et Wilson est élu. C'est une scène qui ressemble à celle où l'aîné Bush a été battu de manière inattendue par la recrue Clinton en 1992 après avoir été privé d'un grand nombre de voix par Perry.

---

[74] *Ibid.* p. 83.

Plan B

La planification des géants bancaires sur l'île Jekyll était hautement confidentielle, et c'est par pur instinct professionnel qu'ils ont préparé deux plans. Le premier était le plan présidé par le sénateur Aldrich, chargé de feinter afin d'attirer le feu de l'opposition, dont le parti républicain était partisan. L'autre plan, connu sous le nom de plan B, était le véritable axe principal, à savoir le futur Federal Reserve Act, dont les démocrates étaient le principal moteur.

En fait, il n'y a pas de différence essentielle entre les deux plans, juste des formulations différentes. L'élection présidentielle tourne également autour de cet objectif central. Les liens du sénateur Aldrich avec Wall Street sont bien connus, et son projet de réforme financière était voué à l'échec dans l'atmosphère fortement anti-Wall Street qui régnait dans le pays à l'époque. La crise de 1907 a été habilement conçue pour parvenir à un consensus bipartisan sur la nécessité de réformer le système financier. Pour "répondre" à l'opinion publique, il est devenu logique que les banquiers sacrifient le parti républicain au parti démocrate.

Pour semer encore plus la confusion dans l'esprit du public, les banquiers ont eu recours au coup de maître consistant à amener deux factions qui soutiennent en fait des versions différentes du même contenu à s'attaquer mutuellement. Le sénateur Aldrich a mené la charge, accusant la proposition démocrate d'être hostile aux banques et préjudiciable au gouvernement. Il déclara que toute politique de cours légal qui s'écartait de l'étalon-or était un défi sérieux pour les banquiers. Le 23 octobre 1913, The *Nation* notait que

> "L'opposition de M. Aldrich à une monnaie légale gouvernementale non adossée à de l'or est exactement ce que son propre projet de loi de 1908 (l'Emergency Money Act) aurait fait. Il aurait également dû savoir que le gouvernement n'avait en fait rien à voir avec l'émission de la monnaie et que c'était le Federal Reserve Board qui en avait le contrôle total."

Les accusations des démocrates à l'égard de la proposition d'Aldrich sont tout aussi révélatrices, car ils affirment que ce dernier défend les intérêts des banquiers de Wall Street et le monopole financier que la proposition de Fed des démocrates cherche à briser et à créer un système bancaire central parfait avec une séparation régionale, des nominations présidentielles, un examen par le Congrès et des banquiers fournissant des conseils d'experts qui sont mutuellement contraignants et décentralisés. Peu au fait des questions financières, M. Wilson croit honnêtement que le projet brise le monopole de la finance dont disposent les banquiers de Wall Street.

C'est à cause d'Aldrich et de Vanderlip et de l'opposition incessante de Wall Street et de son point de vue que la loi démocrate sur la réserve fédérale a gagné le cœur des gens, et que les banquiers ont joué le stratagème "réparez-le, réparez-le, réparez-le" jusqu'aux applaudissements.

La loi sur la Réserve fédérale est adoptée, les rêves des banquiers deviennent réalité.

Au moment où Wilson est élu président, le plan B est officiellement lancé.

Le 26 juin 1913, trois mois seulement après l'arrivée de Wilson à la Maison Blanche, le Plan B est officiellement lancé à la Chambre par le député Carter Glass de Virginie, un banquier qui a délibérément évité les termes trop stimulants tels que banque centrale et les a remplacés par la Réserve fédérale, qui est adoptée le 18 septembre par un vote de 287 contre 85 à l'insu de la plupart des membres du Congrès.

La proposition a été transmise au Sénat et est devenue le projet de loi Glass-Owen. Le sénateur Robert L. Owen (R-Ohio) est également un banquier. La proposition du Sénat a été adoptée le 19 décembre. À ce stade, il reste encore plus de 40 différences entre les deux propositions à résoudre, et comme il est de coutume dans les deux chambres, aucun projet de loi important ne passera dans la semaine précédant Noël, et selon la projection de l'écart entre les propositions dans les deux chambres à ce moment-là, dans des circonstances normales, il ne pourra être discuté que l'année suivante, de sorte que de nombreux opposants importants au projet de loi ont quitté Washington pour rentrer chez eux pour les vacances.

À ce moment-là, avec un bureau temporaire au Capitole, Paul Warburg, qui était en commandement direct sur le "terrain", a vu l'opportunité de mille ans et a lancé une guerre éclair. Dans son bureau, un groupe de législateurs arrivait toutes les heures pour discuter des prochaines étapes, et dans la soirée du samedi 20 décembre, la Chambre et le Sénat se sont réunis en session conjointe pour continuer à discuter des différences importantes. À ce moment-là, une atmosphère prévalait au Congrès pour adopter à tout prix la loi sur la Réserve fédérale avant Noël, et la Maison-Blanche a même annoncé le 17 décembre qu'elle avait commencé à examiner la liste des premiers membres du Conseil de la Réserve fédérale. Mais jusque tard dans la nuit du 20, pas un seul désaccord important n'a été résolu. Il semble peu probable qu'il soit possible d'adopter la loi sur la Réserve fédérale le lundi 22 décembre.

À la demande des banquiers, la réunion conjointe a décidé de rester en session toute la journée du dimanche 21 et de ne jamais lever la séance sans résoudre la question.

Tard dans la nuit du 20, la Chambre et le Sénat n'étaient toujours pas d'accord sur plusieurs questions importantes. Ces désaccords portent notamment sur le nombre de banques régionales de la Fed, la manière de sécuriser les réserves, la proportion des réserves d'or, les questions de règlement des devises dans le commerce international intérieur, les changements proposés en matière de réserves, la question de savoir si l'argent émis par la Fed peut être utilisé comme réserves pour les banques commerciales, la proportion d'obligations d'État utilisées comme garantie pour l'argent émis par la Fed, les questions d'inflation, etc. [75]

Après une journée tendue le 21, le *New York Times* du lundi 22 publie en première page un article important intitulé " La proposition sur la monnaie pourrait devenir une loi aujourd'hui ", qui loue avec enthousiasme l'efficacité du Congrès, " avec une telle rapidité presque sans précédent que la session conjointe a corrigé les différences entre les propositions des deux chambres et les a toutes complétées ce matin ". "La période mentionnée dans cet article se situe entre 1 h 30 et 4 h du matin, lundi. Un projet de loi important qui est sur le point d'affecter la vie quotidienne de chaque Américain est fait dans une telle hâte et sous une telle pression que la grande majorité des législateurs n'ont jamais eu le temps de lire attentivement les changements, et encore moins de proposer des amendements.

Le 22, à 4 h 30 du matin, le document final a été envoyé à l'impression.

19 heures précises, relecture finale.

---

[75] Eustace Mullins, *Secrets de la Réserve fédérale* (Omnia Veritas Limited, www.omnia-veritas.com) Chapitre 3.

À 14 heures, le document imprimé a été placé sur le bureau du conseiller et une réunion a été convoquée pour 16 heures.

À 16 heures, la réunion a commencé.

À 18 heures précises, le rapport de la dernière réunion conjointe a été présenté, alors que la plupart des parlementaires étaient déjà partis dîner et qu'il ne restait que quelques personnes dans la salle.

À 19 h 30, M. Glass a commencé son discours de 20 minutes, puis s'est lancé dans le débat.

Le vote a commencé à 23 heures et a finalement été approuvé par la Chambre des représentants par un vote de 298 contre 60.

Le 23, deux jours avant Noël, le Sénat votait par 43 voix contre 25 (27 absents) l'adoption du Federal Reserve Act. En échange de la gentillesse de Wall Street, le président Wilson a officiellement signé le Federal Reserve Act une heure seulement après son adoption par le Sénat.

Wall Street et la City financière de Londres étaient en émoi.

Le représentant Lindbergh s'est adressé à la Chambre ce jour-là,

> *Ce projet de loi (le Federal Reserve Act) autorise le plus grand crédit de la planète. Lorsque le président signera ce projet de loi, le gouvernement invisible du pouvoir de l'argent sera légalisé. Le peuple ne le saura pas à court terme, mais il le verra dans quelques années. À terme, le peuple aura besoin d'une autre déclaration d'indépendance pour se libérer du pouvoir de l'argent. Ce pouvoir monétaire pourra finalement contrôler le Congrès. Wall Street ne peut pas nous tromper si nos sénateurs et nos députés ne trompent pas le Congrès. Si nous avons un Congrès du peuple, le peuple aura la stabilité (de vie). Le plus grand crime du Congrès est son projet de loi sur le système monétaire (le Federal Reserve Act). Ce projet de loi bancaire est le pire crime législatif de notre époque. Le bipartisme et les réunions secrètes ont une fois de plus privé le peuple de l'opportunité de bénéficier de son propre gouvernement.* [76]

---

[76] Charles Lindberg Sr., membre du Congrès, discours prononcé devant le Congrès, le 23 décembre 1913.

Les banquiers ont fait l'éloge du projet de loi, Oliver Sands, président de l'American National Bank, ayant déclaré avec enthousiasme,

> *L'adoption de ce projet de loi sur la monnaie aura un impact bénéfique sur le pays dans son ensemble, et son fonctionnement sera bénéfique pour les activités commerciales. À mon avis, c'est le début d'une ère de prospérité générale.*

Le sénateur Aldrich, à l'origine de la Réserve fédérale, l'a révélé dans une interview parue dans le numéro de juillet 1914 de *The Independent*.

Avant cette loi (le Federal Reserve Act), les banquiers de New York ne pouvaient contrôler l'argent que dans la région de New York. Maintenant, ils peuvent dominer les réserves bancaires d'une nation entière.

Après plus de 100 ans de batailles intenses avec le gouvernement américain, les banquiers internationaux ont finalement atteint leur objectif de prendre le contrôle total du pouvoir d'émission de la monnaie nationale aux États-Unis, et le modèle de la Banque d'Angleterre a finalement été reproduit avec succès aux États-Unis.

Qui est propriétaire de la Réserve fédérale ?

Pendant de nombreuses années, l'identité exacte des propriétaires de la Fed a été un sujet tabou, la Fed elle-même restant toujours vague. Comme la Banque d'Angleterre, la Réserve fédérale garde la situation de ses actionnaires strictement secrète. Le représentant Wright Patman (R-Ky.) a été président de la commission bancaire et monétaire de la Chambre pendant 40 ans, et pendant 20 de ces années, il a parrainé à plusieurs reprises des propositions visant à abolir la Réserve fédérale, et il a également essayé de découvrir qui possède exactement la Fed.

Le secret a enfin été découvert. Après près d'un demi-siècle de recherches, Eustace Mullins, auteur de *Secrets of the Federal Reserve*, a finalement obtenu 12 des licences d'entreprise originales des banques de la Réserve fédérale (Organization Certificates), qui documentent clairement la composition des actions de chaque banque de la Réserve fédérale.

La Banque de réserve fédérale de New York, qui est le contrôleur de facto du Système de réserve fédérale, a enregistré sur son dépôt du

19 mai 1914 auprès du contrôleur de la monnaie une émission totale d'actions de 20 3053 actions, dont.

La National City Bank of New York, qui est contrôlée par Rockefeller et Kuhn Loeb et Co, a la plus grande participation avec 30 000 actions.

La First National Bank de J.P. Morgan possède 10 000 actions.

Lorsque les deux sociétés ont fusionné pour former la Citibank en 1955, celle-ci possédait près d'un quart de la Banque de New York de la Réserve fédérale, qui décidait effectivement du candidat au poste de président de la Fed, la nomination du président des États-Unis n'était guère plus qu'une approbation automatique et les audiences du Congrès étaient davantage un spectacle de passage.

La National Commercial Bank of New York de Paul Warburg possède 10 000 actions.

La banque Hanover, dont la famille Rothschild est administrateur, possède 10 000 actions.

La Chase National Bank possède 6 000 actions.

Chemical Bank possède 6 000 actions.

Ensemble, les six banques possédaient 40% de la Banque de New York de la Réserve fédérale, et en 1983, elles possédaient ensemble 53% des actions. Après ajustement, leurs avoirs sont : 15% à Citi, 14% à Chase Manhattan, 9% à JP Morgan Trust, 7% à Hanover Manufacturing et 8% à Hanover Bank. [77]

La Federal Reserve Bank of New York a un capital social de plusieurs centaines de millions de dollars, et le mystère demeure quant à savoir si ces banques ont payé cet argent ou non. Certains historiens pensent qu'elles n'ont payé que la moitié en espèces, d'autres croient qu'elles n'ont pas sorti d'espèces du tout, mais ont simplement payé par chèque, alors que leurs propres comptes auprès de la Réserve fédérale, qui fonctionnait en fait comme un "papier servant de garantie pour l'émission de papier", n'avaient que quelques chiffres à changer. Pas étonnant que certains historiens aient ridiculisé le système bancaire de la Réserve fédérale, qui n'est ni "fédéral", ni "réserve", ni banque.

---

[77] Eustace Mullins, *The Secrets of the Federal Reserve* (John McLaughlin 1993) p178.

Le 15 juin 1978, la commission des affaires gouvernementales du Sénat américain a publié un rapport sur l'imbrication des intérêts des grandes sociétés américaines, qui a révélé que les banques susmentionnées détenaient 470 postes d'administrateur dans 130 des plus grandes sociétés américaines, avec une moyenne d'un poste d'administrateur dans chaque grande société appartenant aux banquiers.

Parmi ceux-ci, Citibank contrôle 97 sièges au conseil d'administration, J. P. Morgan en contrôle 99, Hanover Bank en contrôle 96, Chase Manhattan en contrôle 89, et Hannover Manufacturing en contrôle 89.

Le 3 septembre 1914, le *New York Times* publie la composition des actions des principales banques au moment de la vente de la Réserve fédérale.

La National City Bank of New York a émis 250.000 actions, James Stillman possède 47.498 actions, J.P. Morgan & Co. 14.500 actions, William Rockefeller 10 000 actions et John Rockefeller 1750 actions.

La National Bank of Commerce of New York a émis 250 000 actions, George Baker possédait 10 000 actions, J. P. Morgan & Co. 7 800 actions, Mary Harriman 5 650 actions, Paul Warburg 3 000 actions, Jacob Schiff 1 000 actions, J. P. Morgan Jr. 1 000 actions.

Chase Bank, George Baker possède 13408 actions.

Banque Hanover, James Stillman possède 4000 actions et William Rockefeller en possède 1540.

Depuis la création de la Réserve Fédérale en 1914, des faits irréfutables ont montré que les banquiers ont manipulé le sang financier, le sang industriel et commercial, et le sang politique de l'Amérique, comme ils l'ont fait dans le passé et comme ils le font encore aujourd'hui. Et tous ces banquiers de Wall Street ont des liens étroits avec les Rothschild de la City de Londres.

Benjamin Strong, président de Bankers Trust, a été choisi comme premier président du conseil d'administration de la Federal Reserve Bank of New York.

> *"Sous le contrôle de Strong, le système de la Fed a formé une relation d'imbrication (interlocking) avec la Banque d'Angleterre et la Banque de France, Benjamin Strong est mort subitement en tant que directeur de la Réserve fédérale de New York en 1928, alors que le Congrès enquêtait sur les réunions*

secrètes entre les directeurs de la Réserve fédérale et les géants de la Banque centrale européenne qui ont conduit à la Grande Dépression de 1929." [78]

Premier conseil d'administration de la Réserve fédérale

De son propre aveu par la suite, Wilson n'a été autorisé à nommer qu'un seul directeur de la Fed ; les autres ont été sélectionnés par les banquiers de New York. Au cours de la nomination et de la désignation de Paul Warburg au conseil d'administration, le Sénat lui a demandé de venir au Congrès en juin 1914 pour répondre à des questions, principalement sur son rôle dans la préparation de la loi sur la Réserve fédérale, ce qu'il a refusé catégoriquement. Dans sa lettre au Congrès, Paul affirmait que si on lui demandait de répondre à des questions, cela affecterait son rôle au sein du conseil d'administration de la Fed, et qu'il préférait donc rejeter la nomination d'un directeur de la Fed. Le New York Times a immédiatement pris la défense de Paul, dénonçant dans son article du 10 juillet 1914 que le Sénat ne devait pas interroger Paul de but en blanc.

Paul était naturellement une figure centrale du système de la Fed, sauf qu'il craignait seulement qu'aucune autre personne à l'époque ne sache exactement comment la Fed était censée fonctionner. Face à son assurance, le Congrès a dû courber l'échine et présenter une liste de toutes les questions qui pouvaient être fournies à l'avance, et si Paul estimait que certaines questions "affecteraient son rôle", il pouvait ne pas répondre. Paul a finalement accepté à contrecœur, mais a demandé à se rencontrer de manière informelle.

Le Comité a demandé : Je sais que vous êtes un républicain, mais lorsque M. Roosevelt s'est présenté, vous êtes devenu un sympathisant de M. Wilson et l'avez soutenu (démocrate) ?

Paul W : Oui.

Le comité a demandé : mais votre frère (Felix Warburg) soutient Taft (républicain) ?

---

[78] Ferdinand Lundberg, *America's 60 families* (Halcyon House, 1939).

Paul W : Oui. [79]

Il est intéressant de noter que les trois associés de Kuhn Loeb & Co. ont soutenu trois candidats différents à la présidence, Otto Kahn soutenant Roosevelt Sr. Paul explique qu'ils n'interféraient pas tous les trois avec la philosophie politique des autres car "la finance n'a rien à voir avec la politique". Paul passe avec succès une audition au Congrès pour devenir le premier directeur de la Réserve fédérale et devient ensuite vice-président du conseil.

En plus de Paul, les quatre autres membres du Conseil nommés sont.

Adolph Miller est un économiste de l'université de Chicago, financée par Rockefeller, et de l'université de Harvard, financée par Morgan.

Charles Hamlin, qui était secrétaire adjoint du Trésor.

Frederick Delano, un parent de Roosevelt et banquier des chemins de fer.

W. P. G Harding, président, First National Bank of Atlanta.

Les journalistes ont découvert que le candidat désigné par le président Wilson, Thomas Jones, faisait l'objet d'une enquête et de poursuites de la part du ministère de la Justice des États-Unis, et plus tard, Jones lui-même a décidé de se retirer de la nomination au conseil.

Les deux autres membres de la Réserve fédérale sont le secrétaire au Trésor et l'auditeur monétaire.

Le Conseil consultatif fédéral méconnu

Le Conseil consultatif fédéral (CCF) est un dispositif secret de télécommande que Paul Warburg a conçu pour manipuler le Conseil de la Réserve fédérale. En plus de 90 ans de fonctionnement de la Réserve Fédérale, le Comité Consultatif Fédéral a fait un excellent travail en réalisant la vision de Paul. Peu d'attention a été portée à l'institution et à ses opérations, et il n'y a pas de littérature extensive à examiner.

---

[79] Eustace Mullins, *The Secrets of the Federal Reserve* (John McLaughlin 1993) Chapitre 3.

En 1913, le membre du Congrès Glass a poussé le concept du comité consultatif fédéral avec force à la Chambre des représentants, en disant,

> "Il ne peut y avoir de mal dans tout cela. Quatre fois par an, (le Conseil de la Réserve fédérale) parle à un comité consultatif de banquiers, dont chaque membre représente son district de la Réserve fédérale. Y a-t-il quelque chose de plus protecteur de l'intérêt public que cet arrangement ? "

Le membre du Congrès Glass est lui-même un banquier, et il n'a pas expliqué ni offert de preuve que les banquiers aient jamais protégé l'intérêt public dans l'histoire des États-Unis.

Le Comité consultatif fédéral, composé d'un représentant de chacune des 12 banques régionales de la Réserve fédérale, se réunit quatre fois par an avec les membres du Conseil d'administration de la Réserve fédérale à Washington, D.C. Les banquiers font diverses "recommandations" de politique monétaire aux directeurs de la Réserve fédérale, chaque banquier représente les intérêts économiques de la région, chacun a les mêmes droits de vote, en théorie est tout simplement impeccable, mais dans la réalité féroce et cruelle de l'industrie bancaire est complètement différent ensemble de règles.

Il est difficile d'imaginer un petit banquier de Cincinnati assis à une table de conférence avec des géants financiers internationaux tels que Paul Warburg et JP Morgan, faisant des "recommandations de politique monétaire" à ces géants, et que l'un ou l'autre de ces deux géants sorte un chèque de sa poche et tire deux traits dessus, ce qui suffit à faire perdre la vie au petit banquier. En fait, la survie de chacune des petites et moyennes banques dans chacune des 12 régions de la Réserve fédérale dépend entièrement des cadeaux des cinq géants bancaires de Wall Street, qui ont délibérément confié les grandes transactions avec les banques européennes à leurs propres "banques satellites" locales, qui se sont naturellement asservies à ces entreprises à haut rendement, et qui possèdent également des actions dans ces petites banques. Lorsque ces petites banques "représentant les intérêts de leurs régions respectives" s'assoient avec les cinq grands pour discuter de la politique monétaire américaine, l'issue de cette discussion est prévisible.

Bien que les "recommandations" du Comité consultatif fédéral ne soient pas obligatoirement contraignantes pour les décisions des directeurs de la Fed, les géants de Wall Street 5 se rendent à Washington quatre fois par an, et pas seulement pour prendre un café avec quelques directeurs de la Fed. Vous savez, il serait étrange pour une personne super occupée comme JP Morgan, qui est administrateur de 63 sociétés, que ses "conseils" ne soient pas pris en compte et qu'elle soit quand même heureuse de faire des allers-retours.

Où est la vérité ?

> *La grande majorité des Américains ne comprend pas vraiment comment fonctionnent les prêteurs internationaux. Les comptes de la Fed n'ont jamais été vérifiés. Elle opère entièrement en dehors du contrôle du Congrès et elle manipule le crédit (l'offre) des États-Unis.*
>
> Le sénateur Barry Goldwater

Pour créer des prix élevés, il suffit à la Fed de baisser les taux d'intérêt pour développer le crédit et créer un marché boursier florissant. Une fois que les entreprises se seront habituées à cet environnement de taux d'intérêt, la Fed suspendra à son tour ce boom en augmentant arbitrairement les taux d'intérêt.

Elle (la Fed et les banquiers qui la possèdent) peut soit faire osciller doucement le pendule des prix du marché par une légère hausse des taux, soit le faire fluctuer de façon spectaculaire par une violente hausse des taux, et dans les deux cas, elle disposera d'informations privilégiées sur la situation financière et connaîtra à l'avance le changement à venir.

Il s'agit du pouvoir prophétique le plus bizarre et le plus dangereux (informations sur le marché) qu'un gouvernement ait jamais accordé, et que quelques privilégiés possèdent.

> *Le système est privé, et le but de son fonctionnement est d'utiliser l'argent des autres pour maximiser le profit.*
> *Ils savent à l'avance quand créer la panique pour créer la situation qui leur convient le mieux. Ils savent également quand arrêter de paniquer. Lorsqu'ils contrôlaient la finance, l'inflation et la déflation étaient tout aussi efficaces pour parvenir à leurs fins.*
>
> – Rep. Charles Lindbergh

> *Chaque dollar en circulation en billets de la Réserve fédérale (dollars) représente un dollar de dette envers la Réserve fédérale.*
>
> Rapport monétaire, Chambre des représentants
> Comité des banques et de la monnaie

Les banques régionales de la Réserve fédérale ne sont pas des agences gouvernementales, mais des sociétés indépendantes, privées et contrôlées localement.
Affaire : Levis c. Gouvernement des États-Unis,
Ninth Circuit, 1982

La Réserve fédérale est l'une des institutions les plus corrompues au monde. Vous tous qui pouvez m'entendre (le discours du Congrès), pas un seul d'entre vous n'ignore que notre pays est en fait dirigé par des banquiers internationaux. Certaines personnes pensent que la Federal Reserve Bank est une agence du gouvernement américain. Elles (les banques de la Réserve fédérale) ne sont pas des agences gouvernementales. Ce sont des monopoles de crédit privés, et la Fed exploite le peuple américain pour son propre bénéfice et celui d'escrocs étrangers.
Le député McFadden.

Lorsque vous et moi faisons un chèque, nous devons avoir suffisamment d'argent sur notre compte pour couvrir le montant du chèque. Cependant, lorsque la Fed fait un chèque, il n'y a pas d'argent sur le compte pour le couvrir. Quand la Fed fait des chèques, elle crée de l'argent.
Banque de réserve fédérale de Boston

De 1913 à 1949, les actifs de la Fed sont passés de plusieurs milliards de dollars à 45 milliards de dollars, argent qui est allé directement dans les poches des actionnaires des banques de la Fed.
Eustache Mullins

Tant de présidents ont mis en garde à plusieurs reprises contre la menace du pouvoir de l'argent, tant de documents du Congrès et d'affaires juridiques illustrent clairement la nature privée de la Réserve fédérale, mais combien d'Américains, de Chinois et d'autres personnes le savent ? C'est la partie effrayante du problème ! Nous pensions que les médias d'information occidentaux "libres et impartiaux" et faisant autorité rapporteraient la vérité, mais la vérité est la masse des faits qu'ils ont délibérément "filtrés". Qu'en est-il des manuels scolaires américains ? Le fait est que diverses fondations portant le nom de banquiers internationaux choisissent les manuels scolaires de "santé du contenu" pour la prochaine génération d'Américains.

Avant de mourir, le président Wilson a admis qu'on lui avait "menti" au sujet de la Réserve fédérale, déclarant avec culpabilité,

"J'avais détruit mon pays par inadvertance."

Lorsque la Réserve fédérale a officiellement commencé ses opérations le 25 octobre 1914, la Première Guerre mondiale a éclaté. Une autre "coïncidence" parfaitement synchronisée et les actionnaires de la Réserve fédérale étaient destinés à faire fortune !

Résumé

★Les 7 gros bonnets de Wall Street étaient les véritables acteurs des coulisses de la création de la Fed, et entre eux et leur coordination secrète avec les Rothschild européens, ils ont fini par établir la version de la Banque d'Angleterre en Amérique.

★J. P. Morgan est l'agent principal des intérêts des Rothschild aux États-Unis.

★La famille Rothschild a soutenu les plans d'expansion de Rockefeller, ce qui lui a finalement permis de monopoliser complètement l'industrie pétrolière américaine.

★La famille Rothschild a soutenu Kuhn Loeb & Co. comme l'une des banques d'investissement les plus importantes des États-Unis à la fin du 19e siècle et au début du 20e siècle.

Morgan soutient fermement l'offre de James Hill pour le contrôle des chemins de fer du Midwest.

★Dans la crise bancaire de 1907, JP Morgan a "pompé" et "libéré" de l'eau sur le marché, mangeant le Tennessee Mining and Iron Works à des prix ultra-bas.

★Le simple et facile à exploiter Wilson a été élu en douceur président des États-Unis, grâce aux machinations des banquiers.

★Les banquiers "règlent les choses dans l'ombre" et font en sorte que la loi sur la réserve fédérale gagne le public.

★Les banquiers manipulent le sang financier des États-Unis, le sang de l'industrie et du commerce, et le sang de la politique à travers la Réserve fédérale.

CHAPITRE IV

La Première Guerre mondiale et la Grande Récession : le "temps des récoltes" pour les banquiers internationaux

> *"La véritable menace pour notre République est ce gouvernement invisible, qui ressemble à une pieuvre géante, enroulant ses innombrables tentacules gluants autour de nos villes, de nos États et de nos nations. La tête de cette pieuvre est le groupe Standard Oil de Rockefeller et un petit groupe d'oligarques financiers dotés d'une grande énergie, connus sous le nom de banquiers internationaux, qui manipulent en fait le gouvernement américain pour satisfaire leurs propres désirs égoïstes.*
>
> *Contrôler le gouvernement en contrôlant la masse monétaire permet d'exploiter plus facilement les citoyens et les ressources d'un pays. C'est pourquoi ces grandes familles font tout ce qu'elles peuvent depuis le tout début de ce pays pour maintenir le pouvoir (elles jouent avec nos "dirigeants") et la richesse (elles tirent la richesse sociale par l'émission de monnaie de la Réserve fédérale) hautement concentrés.*
>
> *Ces banquiers internationaux et le groupe Rockefeller Standard Oil contrôlent la plupart des journaux et magazines de ce pays. Ils utilisent les éditoriaux de ces journaux pour sévir contre les fonctionnaires du gouvernement, et pour ceux qui ne cèdent pas, ils utilisent l'opinion publique pour chasser ces fonctionnaires des institutions gouvernementales.*
>
> *En fait, ils (les banquiers) contrôlent les deux partis (républicains et démocrates), rédigent les programmes politiques (bipartisans), contrôlent les dirigeants politiques, nomment les dirigeants des entreprises privées et utilisent tous les moyens pour planter au sommet du gouvernement des candidats soumis à leurs grandes entreprises corrompues. "* [80]

---

[80] L'ancien maire de New York, John Hylan, s'exprimant à Chicago et cité dans le *New York Times* du 27 mars 1927.

– John Hylan, maire de la ville de New York, 1927

La guerre coûte de l'argent, et plus elle est importante, plus elle coûte cher, c'est un fait bien connu. La question est de savoir qui dépense l'argent de qui ? Comme les gouvernements européens et américains n'ont pas le pouvoir d'émettre de l'argent, les gouvernements doivent et ne peuvent qu'emprunter de l'argent aux banquiers. Il n'est pas étonnant que la guerre ait toujours été la favorite des banquiers, lorsqu'elle consomme des matériaux à un rythme effréné, lorsqu'elle fait persister les belligérants même s'ils doivent travailler dur pour obtenir de l'argent, et lorsqu'elle pousse les gouvernements à financer à tout prix les banquiers sans aucune condition. Ils planifient les guerres, ils les provoquent, ils les financent, et les magnifiques édifices des banquiers internationaux ne sont jamais construits sur les ruines d'un oreiller de mort.

Une autre façon pour les banquiers internationaux de gagner beaucoup d'argent est de créer une récession. La première consistait à étendre le crédit, à faire exploser la bulle, à attendre que la richesse des gens entre dans une frénésie spéculative, puis à frapper l'argent, créant ainsi une récession et un plongeon des actifs. Lorsque le prix des actifs de qualité a chuté à un dixième, voire un centième du prix normal, ils ont continué à les acheter à des prix super bon marché, ce que l'on appelle en termes de banquiers internationaux le "cisaillement". Lorsque la banque centrale privée a été créée, l'opération de "cisaillement" a atteint un niveau d'intensité et de portée sans précédent.

La dernière opération de "tonte" a eu lieu en 1997 avec les "petits dragons" et les "petits tigres" asiatiques. La question de savoir si la Chine, le gros mouton, peut finalement éviter le sort de la "tonte des moutons" dépend de sa volonté d'étudier sérieusement la tragédie choquante de la "tonte des moutons" qui s'est produite dans l'histoire.

La différence la plus fondamentale entre l'entrée totale des banques étrangères en Chine et la précédente est que les anciennes banques d'État, tout en ayant l'impulsion de provoquer une inflation des actifs pour faire des profits, n'avaient pas l'intention ou la capacité malveillante de créer une déflation pour laver au sang la richesse du peuple. La raison pour laquelle il n'y a jamais eu de crise économique majeure en Chine nouvelle depuis sa création est que personne n'a l'intention subjective et la capacité objective d'en créer une avec une intention malveillante. Lorsque les banquiers internationaux sont entrés en Chine en force, la situation a radicalement changé.

Sans la Réserve Fédérale, il n'y aurait pas eu de première guerre mondiale

Dans son célèbre ouvrage intitulé "Great Diplomacy", Kissinger fait un commentaire impressionnant sur le déclenchement de la Première Guerre mondiale,

> "Ce qui est surprenant dans le déclenchement de la Première Guerre mondiale, ce n'est pas qu'il s'agisse simplement d'un événement qui semblait insignifiant par rapport à d'autres crises antérieures, mais qu'il (la guerre) ait traîné en longueur."[81]

Le 28 juin 1914, l'archiduc Ferdinand, prince héritier de la dynastie des Habsbourg, la famille royale européenne orthodoxe, en visite en Bosnie, annexée par l'Autriche en 1908, est assassiné par un jeune assassin serbe. Il s'agissait à l'origine d'un acte de vengeance planifié par une simple organisation terroriste, et personne n'aurait pu imaginer à l'époque qu'il serait le déclencheur d'une guerre de classe mondiale impliquant plus de 30 pays, impliquant 1,5 milliard de personnes et plus de 30 millions de victimes.

Depuis la guerre franco-prussienne, la France et l'Allemagne sont devenues des ennemis mondiaux, et lorsque la Grande-Bretagne a dû sortir du "glorieux isolement" de la politique continentale, elle a été confrontée à la situation de l'Allemagne forte et de la France faible. L'Allemagne est déjà la première puissance en Europe, et si elle n'est pas maîtrisée, elle deviendra un problème majeur pour la Grande-Bretagne. Ainsi, la Grande-Bretagne, ainsi que la Russie, qui méprise également l'Allemagne, concluent la Triple Entente avec la France, et l'Allemagne s'allie à l'Autriche, et les deux blocs européens rivaux prennent forme.

---

[81] Henry Kissinger, *Diplomacy* (Simon & Schuster ; réédition du 4 avril 1995) Chapitre 8.

Les deux camps ne cessent d'accroître leur préparation militaire et de maintenir de grandes armées permanentes, ce qui a pour effet d'endetter fortement les gouvernements.

> "Un rapport détaillé sur les recettes de la dette publique européenne montre que les paiements d'intérêts et les remboursements du principal de diverses obligations se chiffrent en centaines de millions de dollars par an. Les pays européens sont si profondément enlisés financièrement que les gouvernements ne peuvent s'empêcher de se demander si la guerre, avec toutes ses terribles possibilités, ne serait pas une option plus valable qu'une paix aussi coûteuse et instable. Si les préparatifs militaires de l'Europe ne se terminent pas par une guerre, ils se termineront certainement par la faillite des gouvernements." [82]

De 1887 à 1914, cette paix instable et coûteuse est restée dans l'impasse, les gouvernements européens, fortement armés mais au bord de la faillite, regardant toujours avec colère. Comme le dit le dicton, quand le canon part, c'est dix mille taels d'or, et le système bancaire européen, développé et mis en place par les Rothschild pour fournir des crédits aux parties adverses, a pleinement contribué à cette confrontation militaire.

En fait, la guerre a été menée avec de l'argent et de la nourriture, et en 1914, il était clair que les principaux pays européens ne pouvaient plus se permettre une guerre majeure. Bien qu'ils disposent d'une grande armée permanente, d'un système universel de mobilisation militaire et d'un système d'armement moderne, leurs économies ne peuvent se permettre de supporter les coûts énormes de la guerre. Comme l'a souligné le ministre russe du Conseil privé dans son discours au tsar en février 1914,

> "le coût des combats sera sans aucun doute supérieur à ce que les ressources financières limitées de la Russie peuvent supporter. Nous devrons inévitablement emprunter à nos alliés et aux pays neutres, mais à un coût élevé. Si l'issue de la guerre est défavorable à notre pays, les conséquences économiques de la défaite seront incalculables et l'économie de la nation sera complètement paralysée. Même une victoire dans la guerre serait extrêmement préjudiciable à nos finances, et l'Allemagne

---

[82] *Quarterly Journal of Economics*, avril 1887.

ne serait pas en mesure de nous dédommager de nos dépenses militaires après une défaite. Le traité de paix sera soumis aux intérêts britanniques et ne donnera pas à l'économie allemande une chance de se rétablir suffisamment pour payer nos dettes, même longtemps après la fin de la guerre. " [83]

Une guerre massive est impensable dans ces circonstances. S'il y avait une véritable guerre, elle ne serait que partielle, de courte durée et de faible intensité, probablement plus semblable à la guerre franco-prussienne de 1870, qui a duré environ 10 mois. L'issue d'une telle guerre ne pourrait toutefois qu'apaiser, et non calmer, la situation antagoniste en Europe. Ainsi, le moment de la guerre n'a été que retardé dans une paix instable et coûteuse jusqu'à la création de la Réserve fédérale.

Les Etats-Unis, de l'autre côté de l'océan, bien qu'étant alors la première puissance industrielle du monde, avec une grande capacité de production industrielle et des ressources abondantes, étaient jusqu'en 1913 un pays dépendant de la dette extérieure, avec peu d'accès au crédit à l'étranger. La raison en est l'absence de banque centrale et la difficulté pour les banquiers de New York de mettre en commun les ressources financières de la nation (Mobilisation du crédit). Cependant, la nature des banquiers les a amenés à s'intéresser de près à la guerre de masse, qui pouvait sans aucun doute apporter des profits lucratifs aux banquiers. Lorsque le Federal Reserve Act fut adopté, les banquiers internationaux agirent immédiatement, et le 3 août 1914, la banque Rothschild en France envoya un télégramme à Morgan suggérant que 100 millions de dollars de crédit soient immédiatement organisés pour les achats français de fournitures aux États-Unis. On entendit immédiatement Wilson s'y opposer, et le secrétaire d'État William Jennings Bryan dénonça le prêt comme "la pire sorte de transaction illégale".

L'Allemagne n'avait aucune rivalité politique ou économique avec les États-Unis, qui comptaient à l'époque environ 8 millions de descendants d'Allemands, soit environ 10% de la population, et au début de l'existence de la nation, l'allemand était presque la langue officielle des États-Unis, et les germano-américains avaient une grande influence politique. En outre, les immigrants irlandais aux États-Unis

---

[83] Henry Kissinger, *Diplomacy* (Simon & Schuster ; réédition du 4 avril 1995) Chapitre 8.

n'aimaient pas la Grande-Bretagne, et le gouvernement américain avait été en guerre avec la Grande-Bretagne à plusieurs reprises, de sorte qu'au début de la guerre, le gouvernement américain a adopté une attitude attentiste vis-à-vis de la guerre entre la Grande-Bretagne et la France et l'Allemagne. Le gouvernement américain semble beaucoup plus calme et normal comparé aux banquiers qui sont pressés comme des fourmis sur une marmite chaude. Il est surprenant que les banquiers préconisent activement une déclaration de guerre contre l'Allemagne, alors que le gouvernement est fermement opposé à la guerre et strictement neutre.

C'est alors que les banquiers ont eu l'idée de faire une distinction entre les prêts destinés à offrir des obligations aux Alliés et les crédits accordés aux Alliés pour l'achat de marchandises américaines. Sous la coercition des banquiers, Wilson ne peut accepter que la seconde solution. Alors que le moment de sa réélection approche, Wilson penche peu à peu du côté des banquiers sur la question de l'entrée en guerre.

Le 23 décembre 1913, la loi sur la Réserve fédérale est adoptée et les conditions sont enfin réunies pour qu'une guerre mondiale éclate. La machine de guerre longtemps retardée dont parle le Dr Kissinger peut enfin être activée.

Le 16 novembre 1914, la Réserve fédérale a officiellement commencé ses opérations, et le 16 décembre, Davidson, le bras droit de Morgan, s'est rendu en Angleterre pour négocier avec Herbert H. Asquith, alors Premier ministre de l'Angleterre, afin d'obtenir un crédit des États-Unis, et le 15 janvier 1915, JP Morgan a conclu un accord de crédit avec l'Angleterre pour un montant de 10 millions de livres sterling, ce qui, à l'époque, était une assez grosse affaire pour les États-Unis, et personne à l'époque n'aurait pu prédire que le prêt final s'élèverait au montant stupéfiant de 3 milliards de dollars ! JP Morgan a pris une commission de 1%, 30 millions de dollars sont allés dans ses poches, et JP Morgan a mangé à sa faim. Au printemps de la même année, JP Morgan a signé un autre accord de crédit avec le gouvernement français.

En septembre 1915, le moment était venu de tester la capacité de Wall Street à devenir le centre financier du monde, et l'opération de prêt anglo-française de 500 millions de dollars a officiellement démarré. Le président Wilson, qui y était à l'origine farouchement opposé, ne pouvait supporter d'être coincé par les banquiers et les membres du cabinet des deux parties, et son nouveau secrétaire d'État, Robert Lansing, l'a prévenu,

> " Sans prêts, il en résultera une production contrainte, un déclin industriel, des capitaux et une main-d'œuvre inutilisés, des faillites massives, une crise fiscale, et l'ébullition du mécontentement public et la reproduction du mécontentement. "
> [84]

Wilson a pu entendre des sueurs froides et a dû céder à nouveau. Pour cette vente d'obligations sans précédent, les banquiers de Wall Street étaient également à leur merci, puisque 61 souscripteurs d'obligations et 1570 institutions financières se sont joints à l'offre.[85] C'est une tâche extrêmement difficile, surtout lorsqu'il s'agit de commercialiser ces obligations auprès du Midwest américain. En effet, les Américains ne considèrent généralement pas que la guerre en Europe les concerne directement et sont réticents à y consacrer de l'argent. Pour dissiper ces doutes, les banquiers affirment vigoureusement que l'argent restera aux États-Unis. Malgré toutes les méthodes utilisées, seule une banque du Midwest, à Chicago, accepte de rejoindre le camp de Wall Street, un acte qui provoque immédiatement la colère des déposants allemands locaux, qui lancent un boycott des banques. À la fin de l'année 1915, il reste des centaines de millions de dollars d'obligations invendues.

Lorsque la guerre est arrivée à un point critique, afin d'obtenir plus d'argent, le gouvernement britannique a annoncé qu'il taxerait les revenus des intérêts des obligations américaines détenues par les ressortissants britanniques, que les Britanniques ont immédiatement vendues à bas prix. La Banque d'Angleterre a rapidement accumulé des obligations américaines, le gouvernement britannique a immédiatement demandé à son agent américain JP Morgan de vendre ces obligations américaines en totalité à Wall Street, les investisseurs américains ont naturellement été réceptifs à leurs propres obligations, et bientôt 3 milliards de dollars d'obligations se sont transformés en argent liquide, et la Grande-Bretagne a obtenu une autre somme énorme pour soutenir la guerre. Mais le statut de créancier que la Grande-Bretagne avait accumulé pendant plus de 100 ans à l'égard des États-Unis est

---

[84] Ron Chernow, *The House of Morgan* (New York : Grove Press 1990) p. 198.

[85] *Ibid.* p. 200.

parti en fumée. Depuis lors, la relation de la dette anglo-américaine a subi un changement fondamental.

Le crédit des États-Unis était comme en feu, et la guerre commença à s'étendre rapidement, et l'intensité de la guerre augmenta fortement. Rien qu'à la bataille de la Marne, les puissances alliées ont consommé 200 000 cartouches d'artillerie en un jour, et l'humanité a enfin vu ce qu'une guerre terrible et prolongée pouvait être sous un système moderne de production industrielle et de logistique, si on y ajoutait des moyens financiers modernes.

Il n'est pas étonnant que la guerre ait toujours été la favorite des banquiers, quand elle consomme des matériaux à un rythme effréné, quand elle fait persister les belligérants même s'ils doivent tout vendre, et quand elle pousse les gouvernements à prêter de l'argent aux banques à tout prix et sans conditions.

La manipulation par Strang de la Réserve Fédérale en temps de guerre.

Benjamin Strong commence à attirer l'attention du public en 1904 lorsqu'il devient président du Bankers Trust. À l'époque, Davidson, un ami de JP Morgan, était de plus en plus préoccupé par la montée en puissance des sociétés fiduciaires, capables d'attirer des capitaux à des taux d'intérêt plus élevés parce qu'elles avaient une portée plus large que les banques commerciales et étaient soumises à une réglementation gouvernementale moins stricte. Afin de faire face à cette nouvelle concurrence, Davidson, avec l'approbation de Morgan, s'est également lancé dans les affaires de fiducie en 1903, et Strang est devenu l'exécuteur testamentaire spécifique de Davidson. Dans la tempête qui s'ensuivit en 1907, Bankers Trust participa également au sauvetage d'autres institutions financières, ce qui valut à Strang une certaine notoriété.

Après la création de la Réserve fédérale en 1913, Davidson et Paul Warburg ont trouvé Strang pour une conversation approfondie, voulant que Strang prenne le poste clé de président de la Banque de réserve fédérale de New York, Strang a accepté sans hésiter. À partir de ce moment, Strang est devenu le chef du système de la Fed en substance, JP Morgan, Paul, Schiff et d'autres géants de Wall Street des intentions de la Fed a été indéfectiblement suivie par.

Strang s'adapta rapidement à son nouveau rôle en créant l'organisation informelle du Forum des directeurs de la Fed, qui se réunissait régulièrement pour discuter des directives d'action de la Fed en temps de guerre. Il a manipulé la politique monétaire de la Fed d'une manière très astucieuse et a centralisé le pouvoir qui était réparti entre les 12 banques régionales de la Fed dans les mains de la Banque de New York de la Fed. Le système de la Fed permet ostensiblement à chacune des 12 banques fédérales locales de fixer leur propre taux d'escompte et leur politique de garantie des papiers commerciaux en fonction des besoins réels de la région, en d'autres termes, le conseil d'administration de la Fed locale a le pouvoir de déterminer quels papiers commerciaux peuvent être utilisés comme garantie pour quel taux d'escompte. En 1917, au moins 13 types différents de directives relatives aux hypothèques sur papier commercial avaient été établis. [86]

Cependant, en raison de la guerre, la Banque de New York de la Fed n'utilisait en fait que la dette du Trésor, qui augmentait rapidement, comme garantie des billets. Comme les bons du Trésor étaient beaucoup plus importants que les autres papiers commerciaux combinés et qu'ils augmentaient rapidement, ils ont rapidement marginalisé les politiques de garantie des billets des autres banques de la Fed. L'"opération d'open market" sous le contrôle de Strang a rapidement établi les bons du Trésor comme le principal et unique instrument de garantie, prenant ainsi le contrôle total de l'ensemble du système de la Réserve fédérale.

Le pouvoir de la banque centrale a commencé à émerger à la suite de l'émission massive d'obligations qui a financé la guerre en Europe, ce qui a réduit la circulation de la monnaie américaine de façon spectaculaire. Le gouvernement américain a commencé à augmenter la dette nationale d'un montant important, et la Réserve fédérale l'a également engloutie avec un appétit étonnant, l'énorme quantité de billets de la Réserve fédérale comme une rivière pour se jeter dans la circulation, compensant le resserrement monétaire causé par les obligations de guerre européennes. Le prix à payer a été l'effondrement de la dette nationale américaine, avec pour résultat qu'en seulement quatre ans (1916-1920), lorsque la Réserve fédérale a commencé à fonctionner à plein régime, la dette nationale américaine a été multipliée par 25, passant de 1 milliard de dollars à 25 milliards de dollars, le tout

---

[86] Glyn Davies, *History of Money from Ancient Times to the Present Day* (University of Wales Press 2002), chapitre 9.

garanti par les futurs impôts du peuple américain, avec pour résultat que pendant la guerre, les banquiers se sont enrichis pendant que le peuple payait, travaillait et saignait.

"Au nom de la démocratie et des principes moraux", Wilson est entré en guerre.

Lorsque l'ambassadeur allemand en Turquie a demandé à son homologue américain, incrédule, pourquoi les États-Unis étaient en guerre contre l'Allemagne, l'ambassadeur américain a répondu : "Nous, les Américains, sommes dans cette guerre pour des principes moraux". "Une telle réponse a laissé le monde entier perplexe. Le Dr Kissinger l'a expliqué de la façon suivante :

> " Les États-Unis, qui depuis leur fondation se sont toujours targués d'être différents, ont développé deux attitudes contradictoires dans leur diplomatie : l'une est que les États-Unis ont perfectionné la démocratie chez eux, et l'autre est que les valeurs américaines ont fait que les Américains se sentent obligés de promouvoir ces valeurs dans le monde. " [87]

Il est vrai que l'expérience américaine était unique et que les valeurs démocratiques américaines étaient bien connues, mais suggérer que les États-Unis sont entrés dans la Première Guerre mondiale uniquement pour des raisons morales et idéologiques est probablement un euphémisme de la part de M. Kissinger.

Dans une lettre confidentielle adressée au président Wilson le 5 mars 1917, Walter Hines Page, l'ambassadeur américain en Grande-Bretagne, a déclaré,

> "Je pense que la pression de la crise à venir a dépassé la capacité de JP Morgan à fournir des prêts à la Grande-Bretagne et à la France. La plus grande aide que nous puissions offrir à nos alliés est le crédit. À moins que nous n'entrions en guerre contre l'Allemagne, notre gouvernement ne sera pas en mesure de fournir un crédit direct (aux Alliés). " [88]

---

[87] *Ibid.* p. 506.

[88] Henry Kissinger, *Diplomacy* (Simon & Schuster ; réédition du 4 avril 1995) Chapitre 9.

À cette époque, le système industriel lourd américain se préparait à la guerre depuis un an, et les départements de l'armée et de la marine américaines achetaient du matériel militaire en grandes quantités depuis 1916. Afin d'accroître encore la richesse, les banquiers et les politiciens à leur botte ont commencé à envisager d'autres mesures,

> *" Le conflit actuel (la Première Guerre mondiale) nous a obligés à envisager de développer davantage le concept d'un impôt sur le revenu, une importante ressource inexploitée. Le projet de loi sur l'impôt sur le revenu a été établi pour répondre aux besoins de la guerre. "* [89]

Notez que l'impôt sur le revenu porte ici sur le revenu des sociétés, et non sur le revenu des particuliers. En 1916, les banquiers ont tenté à deux reprises de faire passer une loi exigeant l'imposition des revenus des particuliers, mais la Cour suprême l'a rejetée à chaque fois. Il n'y a jamais eu de base juridique pour l'obligation de taxer les revenus des particuliers aux États-Unis. Dans le film America : Freedom To Fascism, qui est sorti en salles aux États-Unis le 28 juillet 2006, le célèbre réalisateur américain Aaron Russo, six fois nominé aux Oscars, démontre cette vérité inébranlable par un plan saisissant. Le film a provoqué un fort choc dans le public lors de sa projection au Festival de Cannes 2006, et le premier sentiment de chacun après avoir été confronté à un gouvernement américain réel et aux forces financières qui le soutiennent, totalement différents de la propagande des médias américains, est l'incrédulité. Seuls cinq des plus de 3 000 cinémas des États-Unis ont osé montrer le film en public. Pourtant, lorsque le blockbuster a été mis sur Internet, il a eu un impact énorme aux États-Unis : 940 000 personnes ont téléchargé le film et les 8 100 personnes chargées de l'évaluer lui ont donné la note maximale à la quasi-unanimité. [90]

Le 13 octobre 1917, le président Wilson a prononcé un discours important dans lequel il a déclaré,

> *"La tâche imminente est la nécessité de mobiliser complètement les ressources bancaires des États-Unis. La pression et le pouvoir (de prêter aux alliés) doivent être portés par chaque*

---

[89] Eustace Mullins, The Secrets of the Federal Reserve – The London Connection (Omnia Veritas Ltd, www.omnia-veritas.com) Chapitre 8.

[90] Cordell Hull, *Mémoires* (Macmillan, New York, 1948) v1 p. 76.

> *institution bancaire de ce pays. Je crois qu'une telle coopération bancaire est un devoir patriotique en ce moment, et les banques membres de la Fed sont un témoignage de ce patriotisme unique et important.* " [91]

Il n'est pas surprenant que Wilson, un professeur d'université fortement teinté d'idéalisme, soit légèrement pédant mais pas stupide, et sache qui l'a mis à la Maison Blanche et comment lui rendre la pareille. Le président Wilson lui-même ne croyait pas au djihad de la soi-disant "démocratie pour sauver le monde" et a admis plus tard que "les guerres mondiales sont des compétitions économiques".

Le fait est que les États-Unis ont accordé 3 milliards de dollars de prêts aux pays associés et 6 milliards de dollars d'exportations de marchandises, une somme énorme qui n'a pas été remboursée. Si l'Allemagne gagne, les obligations alliées dans les mains des banquiers seront sans valeur, et Morgan, Rockefeller, Paul Warburg et Schiff feront tout ce qu'ils peuvent pour pousser l'Amérique dans la guerre afin de protéger leurs prêts.

Lorsque les États-Unis se sont engagés dans la guerre le 6 avril 1917, Wilson a confié le pouvoir principal du pays aux trois groupes d'hommes qui ont tiré le meilleur parti de sa campagne : Paul Warburg prend le contrôle du système bancaire américain, Bernard Baruch devient président du War Industries Board et Eugene Meyer contrôle la War Finance Corporation.

Encore les frères Warburg !

Le frère aîné de Paul, Max Warburg, était alors à la tête des services secrets allemands, tandis que Paul était le principal décideur financier américain et le vice-président de la Réserve fédérale ; son troisième frère, Felix, était un associé principal de Repo Kuhn et son quatrième frère, Fritz, était président de la Bourse des métaux de Hambourg et avait fait secrètement la paix avec la Russie au nom de l'Allemagne. Les quatre frères étaient au sommet de la famille bancaire juive.

---

[91] Ron Chernow, *The House of Morgan* (New York : Grove Press 1990) Chapitre 10.

Selon un rapport secret de la marine américaine daté du 12 décembre 1918, des informations sur les frères Paul :

> "Paul Warburg : New York, d'origine allemande, naturalisé citoyen américain en 1911, honoré par le Kaiser allemand en 1912. A servi comme vice-président de la Réserve fédérale. Un de ses frères a été à la tête des services secrets allemands. " [92]

Un autre rapport mentionne,

> "Le Kaiser allemand (Guillaume II) a un jour tapé sur la table et a grogné à Max : 'Avez-vous toujours raison ? ' Mais alors toujours écouter attentivement les points de vue de Max sur la finance. " [93]

Curieusement, Paul avait démissionné de son poste à la Réserve fédérale en mai 1918 et n'est pas mentionné dans ce rapport. En juin 1918, après avoir démissionné de la Réserve fédérale, Paul a écrit une note à Wilson :

> "J'ai deux frères qui sont banquiers en Allemagne. Ils aident naturellement leur pays autant qu'ils le peuvent maintenant, tout comme j'aide le mien. " [94]

Bernard Baruch : le tsar de l'industrie américaine pendant la guerre

Ayant débuté comme spéculateur, Baruch a fusionné six grandes compagnies de tabac américaines pour former la Consolidated Tobacco Company en 1896, et il a ensuite aidé la famille Guggenheim à fusionner l'industrie minière américaine du cuivre. Il a également pris le contrôle du système de transport de New York en collaboration avec Harriman sous Schiff.

En 1901, avec son frère, il fonde la Baruch Brothers Company.

Lorsque le président Wilson a nommé Baruch président de la Commission industrielle américaine en temps de guerre en 1917, il a

---

[92] Eustace Mullins, *The Secrets of the Federal Reserve – The London Connection* (Omnia Veritas Ltd, www.omnia-veritas.com) Chapitre 8.

[93] Max Warburg, *Mémoires de Max Warburg*, Berlin, 1936.

[94] David Farrar, *The Warburgs* (Michael Joseph, Ltd., Londres, 1974).

immédiatement eu le pouvoir de vie et de mort sur toutes les entreprises industrielles américaines. Ses achats s'élevaient à 10 milliards de dollars par an et déterminaient presque à eux seuls le prix des achats de matériel de guerre du gouvernement américain. Plus tard, lors d'une audience du Congrès en 1935, Baruch a déclaré,

> "Le président Wilson m'a remis une lettre m'autorisant à reprendre toute usine ou entreprise industrielle. J'avais quelques problèmes avec le juge Gary, le président de U.S. Steel, et quand je lui ai montré la lettre, il a dit 'il semble que nous devions régler nos différends', ce qu'il a fait. " [95]

Certains membres du Congrès ont mis en doute les qualifications de Baruch pour exercer le pouvoir de tuer de l'industrie américaine, arguant qu'il n'était ni un industriel ni n'avait passé une journée dans une usine, et qu'il avait lui-même décrit sa profession comme un "spéculateur" lors d'auditions du Congrès. Le *New Yorker* a rapporté que Baruch avait un jour gagné 750 000 dollars en un jour après avoir appris la fausse nouvelle de la paix qui circulait à Washington.

La Société de financement en temps de guerre d'Eugene Meyer

Le père d'Eugene Meyer était un associé de la prestigieuse banque internationale Lazard Frères, et Eugene avait une passion extraordinaire pour la fonction publique. Il avait cofondé avec Baruch une société d'extraction d'or en Alaska et avait conspiré ensemble sur d'autres affaires financières, et était une vieille connaissance en quelque sorte.

L'une des missions importantes de la Wartime Finance Corporation était d'émettre des obligations du Trésor américain pour fournir un soutien financier à la guerre.

Il n'y a pas d'acte plus frappant de la part de la société financière d'Eugène en temps de guerre que de faire de faux comptes. Lorsque la société a fait l'objet d'une enquête ultérieure du Congrès, elle apportait des révisions ad hoc à ses comptes presque chaque nuit et les remettait aux enquêteurs du Congrès le lendemain. Deux enquêtes contre la

---

[95] Témoignage de Baruch devant le Comité Nye, 13 septembre 1937.

société en 1925 et 1930, menées par le membre du Congrès McFadden, ont permis de découvrir un grand nombre de comptes problématiques :

> *"Les obligations dupliquées sont au nombre de 2 314 et les coupons d'escompte dupliqués sont au nombre de 4 698, avec des coupures allant de 50 à 10 000 dollars, avec des dates de remboursement se terminant en juillet 1924. Certains de ces duplicatas sont le résultat d'erreurs, d'autres sont le résultat de falsifications."*[96]

Il n'est pas étonnant qu'après la Première Guerre mondiale, Eugene ait pu acheter l'Allied Chemical and Dye Corporation et plus tard le *Washington Post*.

On estime que les faux comptes d'Eugène ont contribué à une différence d'au moins plusieurs centaines de millions de dollars dans la dette nationale.[97]

Edward Stettinius : le père fondateur du complexe militaro-industriel américain

Edward Stettinius, un homme méticuleux avec un penchant pour le détail, a fait fortune à Chicago dans ses premières années en tant que spéculateur sur les céréales. Il est vu par Morgan pendant la guerre et dirige le département des exportations, qui est principalement chargé de l'achat d'armes.

Stettinius est devenu le plus grand consommateur du monde pendant la guerre, achetant jusqu'à 10 millions de dollars par jour de fournitures militaires, qui étaient ensuite chargées sur des navires, assurées et expédiées en Europe. Il n'épargne aucun effort pour accroître la productivité et l'efficacité du transport. Au mot de son siège social au 23 Wall Street, d'innombrables agents et fabricants de pièces militaires affluent dans son immeuble de bureaux, et il installe des gardes à presque toutes les portes. Ses achats mensuels sont équivalents au produit national brut mondial d'il y a 20 ans. Les Allemands

---

[96] Eustace Mullins, *The Secrets of the Federal Reserve – The London Connection* (Omnia Veritas Ltd, www.omnia-veritas.com) Chapitre 8.

[97] *Ibid.*

n'avaient jamais imaginé que les États-Unis pourraient se lancer dans la production industrielle militaire en si peu de temps.

Davidson : L'ami intime de Morgan

Davidson, associé principal chez J.P. Morgan, qui avait fait le travail de l'empire JP Morgan, a reçu le gros morceau de viande de la Croix-Rouge américaine et contrôlait ainsi les vastes sommes d'argent données par le peuple américain, qui se chiffraient en milliards de dollars.

La paix de Versailles : Une trêve de 20 ans

Le 11 novembre 1918, la Première Guerre mondiale, sanglante et brutale, s'achève enfin. L'Allemagne, en tant que pays vaincu, perdrait 13% de son territoire, paierait 32 milliards de dollars de réparations de guerre, plus 500 millions de dollars d'intérêts par an ; les produits d'exportation seraient soumis à un prélèvement supplémentaire de 26% et toutes les colonies d'outre-mer seraient perdues ; l'armée serait limitée à 100 000 hommes, la marine à six navires de guerre principaux et aucune arme offensive comme les sous-marins, les avions, les chars ou l'artillerie lourde ne serait autorisée.

Le Premier ministre britannique David Lloyd George a déclaré que "les poches des Allemands seront fouillées pour trouver l'argent", mais en privé, il admet :

> "Le document (le traité de paix) que nous avons rédigé préparera le terrain pour la guerre dans 20 ans. Lorsque vous imposez de telles conditions au peuple allemand, cela ne peut que conduire les Allemands à ne pas se conformer au traité ou à faire la guerre ". "Le ministre britannique des Affaires étrangères, Lord Curzon, partage ce point de vue et déclare : "Cela n'apportera pas la paix, ce n'est qu'une trêve de 20 ans.
> "

En voyant l'accord, le président américain Wilson a également froncé les sourcils et a dit,

> " Si j'étais allemand, je ne pense pas que j'aurais signé cet accord. "

La question n'est pas de savoir si les hommes politiques sont conscients du problème, mais si les "maîtres" qui se cachent derrière eux sont les véritables décideurs. Parmi les banquiers qui accompagnent Wilson à Paris figurent Paul Warburg, conseiller financier en chef, J. P. Morgan et son avocat Frank, Thomas Lemon, associé principal chez J. P. Morgan, Baruch, président de la Commission industrielle en temps de guerre, et les frères Dulles (l'un était à la tête de la future CIA et l'autre était le secrétaire d'État d'Eisenhower). Le Premier ministre britannique a été suivi par Sir Philip Sassoon, un descendant direct des Rothschild. Le haut conseiller du Premier ministre français Clemenceau était Georges Mandel, dont le vrai nom était Jeroboam Rothschild. Le représentant principal de la délégation allemande était Max Warburg, le grand frère de Paul. Alors que les banquiers internationaux se réunissent à Paris, le baron Edmund Rothschild, qui deviendra plus tard le "Père d'Israël", leur réserve un accueil chaleureux en plaçant le chef de la délégation américaine dans sa propre propriété luxueuse à Paris.

La Conférence de paix de Paris était en fait un carnaval de banquiers internationaux qui, après avoir profité de la guerre, ont semé les graines de la prochaine guerre — la Seconde Guerre mondiale.

La "tonte" et le déclin agricole de 1921 aux États-Unis

> *Le 1er septembre 1894, nous arrêterons toute prolongation de prêt. Ce jour-là, nous réclamerons le remboursement de notre argent. Nous posséderons et vendrons aux enchères les biens en souffrance. Nous obtiendrons les 2/3 des terres agricoles à l'ouest du fleuve Mississippi et des milliers de dollars à l'est de celui-ci à un prix que nous fixerons nous-mêmes. Les fermiers (perdront leurs terres) deviendront des engagés, comme en Angleterre.*
> 1891 American Bankers Association (enregistré dans le Congressional Record le 29 avril 1913)

"Tondre" est un terme utilisé exclusivement dans les cercles de banquiers pour signifier profiter des opportunités créées par le processus d'expansion et de ralentissement pour posséder la propriété de quelqu'un d'autre à une fraction de son prix normal. Lorsque les banquiers ont pris le contrôle du pouvoir d'émission de l'argent aux États-Unis et que l'expansion et la récession sont devenues un processus qui pouvait être contrôlé avec précision, l'acte de "tondre" a été pour les banquiers une évolution du stade nomade de la chasse pour vivre au stade stable et productif de l'alimentation scientifique.

La Première Guerre mondiale a apporté une prospérité généralisée aux États-Unis, et les achats à grande échelle de matériel de guerre ont considérablement stimulé la production et les services américains dans toutes les industries. La Réserve fédérale a injecté beaucoup d'argent dans l'économie de 1914 à 1920, et le taux d'intérêt de la Fed de New York est passé de 6% en 1914 à 3% en 1916, et est resté à ce niveau jusqu'en 1920.

Afin d'accorder des prêts aux alliés européens, les banquiers ont procédé à quatre grandes collectes d'obligations, appelées Liberty Bonds, au cours des deux années 1917 et 1918, avec des taux d'intérêt allant de 1 à 5%. Un objectif important de ces émissions obligataires est d'absorber l'argent et le crédit que la Fed a gravement sur-émis.

Pendant la guerre, les ouvriers ont reçu des salaires élevés, la nourriture des paysans a été vendue à un prix élevé, et la situation économique de la classe ouvrière s'est considérablement améliorée. À la fin de la guerre, les agriculteurs se sont retrouvés avec de grandes quantités d'argent liquide dans leurs mains en raison de la frugalité de leur mode de vie et de leurs dépenses, et cette vaste richesse a échappé au contrôle des banquiers de Wall Street. Il s'avère que les fermiers du Midwest conservaient généralement leur argent dans des banques locales conservatrices, et ces petits et moyens banquiers étaient généralement résistants et en confrontation avec les banquiers internationaux de New York, ne participant ni au système bancaire de la Réserve fédérale ni au soutien des prêts de guerre à l'Europe. Les gros bonnets de Wall Street ont longtemps voulu trouver une occasion d'arranger ces péquenots, plus les paysans ce groupe de "gros moutons" et de gros corps, a longtemps regardé le chaud Wall Street banquiers sont prêts à faire la "tonte".

Les banquiers de Wall Street ont d'abord eu recours à un stratagème "fourre-tout" en créant une institution appelée Federal Farm Loan Board pour "encourager" les agriculteurs à investir leur argent durement gagné dans l'achat de nouvelles terres, un organisme qui accorderait des prêts à long terme, ce que les agriculteurs, bien entendu, souhaitaient. En conséquence, un grand nombre d'agriculteurs, coordonnés par l'organisation, ont demandé des prêts à long terme à des banquiers internationaux et ont versé un pourcentage élevé de leur mise de fonds.

Les agriculteurs peuvent ne jamais savoir qu'ils sont tombés dans un piège élaboré.

Au cours des quatre mois d'avril à juillet 1920, les secteurs de l'industrie et du commerce ont bénéficié d'importantes augmentations de crédit pour les aider à surmonter la pénurie de crédit à venir. Seules les demandes de crédit des agriculteurs ont été rejetées dans leur intégralité. Il s'agissait d'un coup monté financier directionnel de Wall Street ! Des banques de petite et moyenne taille qui visent à piller la richesse des agriculteurs et à détruire les zones agricoles qui refusent d'obéir à la Réserve fédérale.

Le président de la commission bancaire et monétaire du Sénat, M. Owen (qui a coparrainé la loi sur la réserve fédérale de 1913), a déclaré lors de l'audition sur l'argent du Sénat en 1939 : "Au début des années 1920, les agriculteurs étaient très riches. Ils ont accéléré leurs paiements hypothécaires et ont emprunté massivement pour acheter de nouvelles terres, et dans la seconde moitié de 1920, une soudaine crise du crédit et de la monnaie les a poussés à faire faillite en masse, et ce qui s'est passé en 1920 (la faillite des agriculteurs) était l'exact opposé de ce qui aurait dû se produire. " [98]

La sur-émission de crédit due à la guerre était censée être résolue progressivement sur un certain nombre d'années, mais le conseil d'administration de la Réserve fédérale s'est réuni pour une réunion secrète le 8 mai 1920, à l'insu du public. Ils ont conspiré ensemble pendant une journée entière, avec pas moins de 60 pages de procès-verbaux, qui ont finalement été publiés dans les documents du Sénat le 19 février 1923. (Réserve fédérale) Les directeurs de classe A, membres du comité consultatif de la Réserve fédérale, ont assisté à la réunion, mais les directeurs de classe B, représentant les entreprises, le commerce et l'agriculture, n'ont pas été invités, et les directeurs de classe C, représentant le peuple américain, n'ont pas non plus été invités.

Seuls les grands banquiers ont assisté à cette réunion secrète, et leur réunion de ce jour-là a conduit directement au resserrement du crédit et, en fin de compte, à une baisse de 15 milliards de dollars du revenu national l'année suivante, à la perte d'emploi de millions de personnes et à une chute de 20 milliards de dollars de la valeur des terres et des exploitations agricoles.

---

[98] *Ibid*, chapitre 9.

Le secrétaire d'État de Wilson, Brian, a mis le doigt sur le problème :

> "La Banque de la Réserve fédérale, qui est censée être le principal protecteur de l'agriculteur, est devenue le plus grand ennemi de ce dernier. Le resserrement du crédit sur l'agriculture est un crime calculé. " [99]

Après l'opération "cisaillement" de l'agriculture, après une bonne récolte, les petites et moyennes banques résilientes du Midwest ont également été détruites, et la Réserve fédérale a commencé à assouplir la banque.

Le complot des banquiers internationaux de 1927

Benjamin Strong, qui a pris la présidence de la Banque de New York de la Réserve fédérale avec le soutien conjoint de JP Morgan & Co. et de Repo Kuhn, a conspiré avec Norman, le président de la Banque d'Angleterre, sur de nombreux événements importants de la finance anglo-saxonne, notamment la Grande Dépression mondiale de 1929.

Le grand-père et le grand-père maternel de Norman ont tous deux été présidents de la Banque d'Angleterre, et une lignée aussi illustre est sans précédent dans l'histoire britannique.

Dans *The Politics of Money*, l'auteur Johnson écrit :

> "En tant qu'amis proches, Strong et Norman passaient souvent des vacances ensemble dans le sud de la France, et de 1925 à 1928, l'assouplissement monétaire de Strong à New York était un accord privé entre lui et Norman pour maintenir les taux d'intérêt à New York plus bas qu'à Londres. Au nom de cette coopération internationale, Strang a délibérément déprimé les taux d'intérêt de New York jusqu'à ce que des conséquences irréversibles se produisent. L'assouplissement monétaire de New York a encouragé le boom américain des années 1920 et a déclenché une frénésie spéculative. " [100]

---

[99] *Magazine Hearst*, Nov 1923.

[100] Brian Johnson, *The Politics of Money* (New York : McGraw Hill 1970) p. 63.

Concernant cet accord secret, la House Stabilization Hearing, dirigée par le membre du Congrès McFadden en 1928, a mené une enquête approfondie et a conclu que les banquiers internationaux créaient un effondrement des actions américaines en manipulant le flux d'or.

Rep. McFadden : Pourriez-vous indiquer brièvement ce qui a influencé la décision finale du Conseil des gouverneurs de la Réserve fédérale (en référence à la politique de réduction des taux d'intérêt durant l'été 1927) ?

Directeur fédéral Miller : Vous avez posé une question à laquelle je ne peux pas répondre.

McFadden : Peut-être puis-je être un peu plus clair sur l'origine des conseils qui ont conduit à la décision de changer d'intérêt l'été dernier ?

Miller : Les trois plus grandes banques centrales européennes envoient leurs représentants dans ce pays. Il s'agit des directeurs de la Banque d'Angleterre (Norman), du Dr Yalma Shachter (président de la Banque centrale allemande) et du professeur Lister de la Banque de France. Ces messieurs se sont réunis avec la Banque de la Fed de New York. Une semaine ou deux plus tard, ils se sont présentés à Washington et y sont restés une bonne partie de la journée. Une nuit, ils sont venus à Washington, D.C., et le lendemain, ils ont été reçus par les directeurs de la Réserve fédérale, qui sont retournés à New York l'après-midi même.

McFadden : Les directeurs de la Fed étaient-ils présents au déjeuner ?

Miller : Oh, oui. Le conseil d'administration de la Réserve fédérale a fait en sorte que tout le monde se réunisse.

McFadden : C'était un événement social, ou une discussion sérieuse ?

Miller : Je pense que c'est surtout un événement social. Personnellement, avant le déjeuner, j'ai eu une longue conversation avec le Dr Yalma Shachter, et aussi avec le professeur Lister pendant la moitié de la journée, et après le repas, M. Norman et moi avons aussi parlé un moment avec Strang (président de la Banque fédérale de réserve de New York).

McFadden : Était-ce une réunion formelle du conseil d'administration (de la Réserve fédérale) en quelque sorte ?

Miller : Non.

McFadden : Était-ce juste une discussion informelle sur les résultats des négociations de New York ?

Miller : Je pense que oui. C'était juste un événement social. Ce que je dis est en général, et eux aussi (les directeurs de la Banque centrale européenne).

McFadden : Que veulent-ils ?

Miller : Ils sont très sincères sur divers sujets. Je voulais parler à M. Norman, et nous sommes tous restés après le dîner, et les autres se sont joints à nous. Ces messieurs sont tellement inquiets du fonctionnement de l'étalon-or qu'ils sont impatients de voir l'assouplissement monétaire et les faibles taux d'intérêt de New York, ce qui arrêtera le flux d'or de l'Europe vers les États-Unis.

M. BIDDY : Ces banquiers étrangers ont-ils conclu un accord avec le conseil d'administration de la Federal Reserve Bank of New York ?

Miller : Oui.

M. Bidi : Ces accords ne sont pas officiellement enregistrés ?

Miller : Non. Ensuite, le Comité de politique de l'Open Market a tenu une réunion et certaines des mesures ont été réglées. Si je me souviens bien, dans le cadre de ce plan, environ 80 millions de dollars de billets ont été achetés (émission de monnaie de base) par (la Federal Reserve Bank of New York) au cours du seul mois d'août.

McFadden : Un tel changement de politique a directement contribué à la plus grave anomalie du système financier jamais vue dans ce pays (le boom de la spéculation boursière de 1927-1929). Il me semble qu'une décision aussi importante devrait avoir un dossier officiel à Washington.

Miller : Je suis d'accord avec vous.

Rep. Strang : Le fait est qu'ils sont venus ici, ils ont tenu des réunions secrètes, ils se sont gavés, ils ont parlé haut et fort, ils ont obtenu de la Fed qu'elle abaisse le taux d'escompte, puis ils ont pris (notre) or.

M. Sturger : Cette politique qui a stabilisé les monnaies européennes mais subverti notre dollar, c'est bien cela ?

Miller : Oui, cette politique est conçue pour faire exactement cela. [101]

La Federal Reserve Bank de New York contrôle de facto l'ensemble de la Fed, et le conseil d'administration de sept personnes de la Fed à Washington n'est rien de plus qu'un balancier. Les banquiers européens ont tenu une réunion secrète de fond d'une semaine avec la Federal Reserve Bank de New York, et après moins d'une journée passée à Washington et à simplement socialiser, les décisions de la réunion secrète de New York ont conduit à l'écoulement de 500 millions de dollars d'or vers l'Europe, une décision si importante qu'il n'en existe aucune trace écrite à Washington, et donc le statut réel du conseil de sept membres.

La bulle éclate en 1929 : une autre opération de "cisaillement".

> " La Réserve fédérale a resserré la monnaie en circulation d'un tiers de 1929 à 1933, destinée à la grande récession. "
> Milton Friedman.

Immédiatement après la réunion secrète, la Federal Reserve Bank de New York a agi, réduisant les taux d'intérêt de 4 pour cent pour, en 1928 seulement, fournir 60 milliards de dollars en devises à ses banques membres favorisées, qui ont mis en gage leurs traites bancaires de 15 jours. Si tout cet argent était converti en or, il représenterait six fois la quantité totale d'or en circulation dans le monde à l'époque ! La quantité de dollars ainsi émise est 33 fois supérieure à la quantité de monnaie émise par la Federal Reserve Bank de New York en achetant des billets sur le marché libre ! Pour ajouter à la consternation, en 1929, la Federal Reserve Bank of New York a émis 58 milliards de dollars supplémentaires en devises à ses banques membres ! [102]

À l'époque, la bourse de New York permettait aux courtiers d'acheter des actions pour 1% de l'argent, le reste de l'argent étant prêté par la banque du courtier. Lorsqu'une banque ayant une énorme fièvre du crédit rencontre un courtier en valeurs mobilières avide et affamé, les deux s'entendent à merveille.

---

[101] Les audiences sur la stabilisation de la Chambre en 1928.

[102] Congressional Record, 1932.

Les banques de la Federal Reserve Bank of New York peuvent prêter de l'argent à un taux d'intérêt d'environ 5%, et ensuite prêter aux négociants en valeurs mobilières à un taux d'intérêt de 12%, manger un écart complet de 7%, le monde a une si belle chose !

À ce stade, il est impossible pour la bourse de New York de penser à ne pas monter en flèche.

À cette époque, aux États-Unis, du nord au sud, de l'est à l'ouest, les gens sont encouragés à prendre toutes leurs économies et à "investir" dans des actions. Même les politiciens à Washington ont été mobilisés par les gros bonnets de Wall Street, le secrétaire au Trésor Mellon assurant le peuple dans un discours officiel que le marché boursier de New York n'est pas élevé, et le président Coolidge s'adressant à la nation avec un discours rédigé pour lui par les banquiers et disant qu'il est encore prudent d'acheter des actions.

En mars 1928, en réponse à une question du Sénat, le directeur de la Réserve fédérale répond à la question de savoir si les prêts des négociants en valeurs mobilières sont excessifs :

> " *Je ne suis pas en mesure de dire si les prêts des courtiers en valeurs mobilières sont excessifs, mais je suis sûr qu'ils (les courtiers en valeurs mobilières) ont tendance à être sûrs et conservateurs.* "

Le 6 février 1929, Norman de la Banque d'Angleterre est mystérieusement revenu aux États-Unis, immédiatement après que la Réserve fédérale eut commencé à abandonner la politique monétaire accommodante qu'elle menait depuis 1927. Les banquiers britanniques semblaient être prêts pour quelque chose de grand, et le moment était venu pour la partie américaine d'intervenir.

En mars 1929, Paul Warburg, le parrain de la finance américaine, lance un avertissement à l'occasion de l'assemblée annuelle des actionnaires de l'International Promissory Bank :

> " *Si cette avidité débridée continue de s'étendre, l'effondrement final frappera non seulement les spéculateurs eux-mêmes, mais aussi la nation entière en déclin.* " [103]

---

[103] Eustace Mullins, *The Secrets of the Federal Reserve – The London Connection* (Omnia Veritas Ltd, www.omnia-veritas.com) Chapitre 12.

Paul, qui était resté silencieux pendant trois années entières de "cupidité effrénée", est soudainement intervenu en lançant un avertissement sévère et, en raison de son influence et de sa stature, ses remarques, rapportées par le *New York Times*, ont instantanément provoqué une panique sur les marchés.

L'arrêt de mort définitif du marché boursier est intervenu le 20 avril 1929, lorsque le *New York Times* de ce jour-là a publié un message important.

Le comité consultatif fédéral a formé une résolution et l'a soumise au conseil de la Réserve fédérale, mais ses intentions restent strictement confidentielles. La prochaine action des commissaires consultatifs de la Fed et du conseil d'administration de la Fed reste entourée d'un air de mystère intense. La confidentialité de cette réunion inhabituelle était très stricte. Le journaliste n'a pu obtenir que de vagues réponses. [104]

Le 9 août 1929, la Réserve fédérale a augmenté les taux d'intérêt à 6%, immédiatement suivie par la Banque de la Réserve fédérale de New York qui a augmenté les taux d'intérêt pour les négociants en valeurs mobilières de 5% à 20%, et les spéculateurs ont été instantanément pris au piège de l'argent, sans autre issue que de fuir désespérément le marché boursier. Le marché boursier a pris un tournant brutal, les ordres de vente ont balayé le marché boursier en octobre et novembre, et les 160 milliards de dollars de richesse sont partis en fumée d'un seul coup. Un montant proche de la somme de toutes les grandes quantités de matériaux produits par les États-Unis pendant la Seconde Guerre mondiale.

Voici comment un agent de change de Wall Street l'a décrit cette année-là :

> " *La crise de 1929, causée par une réduction soudaine et précipitée, précisément planifiée, de l'offre de prêts pour investir dans des actions sur le marché monétaire de New York, était en fait une opération de " cisaillement " calculée contre le public par les barons internationaux de l'argent.* " [105]

---

[104] *New York Times*, 20 avril 1929.

[105] Col. Curtis Dall, *My Exploited Father-in-Law*, Liberty Lobby, 1970.

Face à une économie américaine dévastée, le *New York Times* du 4 juillet 1930 ne pouvait que se lamenter,

> "*les prix des matières premières sont tombés au niveau de 1913. Au total, 4 millions de personnes ont perdu leur emploi en raison d'un excédent de main-d'œuvre et d'une baisse des salaires. JP Morgan contrôle l'ensemble du système de la Réserve fédérale en contrôlant la Banque de la Réserve fédérale de New York et le médiocre et faible Conseil de la Réserve fédérale à Washington.*"

De 1930 à 1933, un total de 8 812 banques ont fait faillite, et la grande majorité des banques qui ont osé se battre contre les cinq grandes familles bancaires de New York, et qui n'ont pas adhéré au système de la Réserve fédérale, ont fait faillite.

Le vrai motif de la grande récession

Il ne fait aucun doute que le krach boursier de 1929 est le fruit d'une réunion secrète organisée en 1927, alors que les taux d'intérêt à New York étaient artificiellement déprimés, que les taux à Londres étaient délibérément relevés et que l'écart entre les deux endroits entraînait un flux d'or des États-Unis vers la Grande-Bretagne pour aider cette dernière et d'autres pays européens à rétablir l'étalon-or.

En fait, les financiers européens savent depuis longtemps que le pillage des richesses par des moyens inflationnistes est bien plus efficace que les revenus d'intérêts tirés des prêts. L'utilisation de l'or comme pierre angulaire de l'émission de la monnaie et la libre conversion de la monnaie papier en or limiteront sans aucun doute considérablement l'efficacité de la libéralisation de l'inflation par les banquiers, qui en font une arme très efficace. Ce qui laisse perplexe, c'est la raison pour laquelle la communauté financière européenne, représentée à l'époque par les banquiers britanniques, voulait rétablir l'étalon-or.

Il s'avère que les banquiers internationaux jouent un grand jeu.

La Première Guerre mondiale s'est terminée par la défaite de l'Allemagne, et les énormes réparations de guerre ne pouvaient évidemment pas être supportées par les Rothschild allemands et les banques de la famille Warburg, qui devaient non seulement payer une fortune en catastrophe nationale. La première étape a donc consisté pour les banquiers allemands à lancer la machine à broyer la richesse inflationniste pour piller rapidement les économies du peuple allemand, et l'humanité a vu pour la première fois le pouvoir de l'hyperinflation.

De 1913 à 1918, pendant la guerre, l'émission de monnaie allemande se multiplie, le mark allemand ne se dépréciant que de 50% par rapport au dollar, et à partir de 1921, l'émission de monnaie de la Banque centrale allemande est en éruption volcanique, multipliée par cinq en 1921 par rapport à 1918, par dix en 1922 par rapport à 1921, et par 72,53 millions de fois en 1923 par rapport à 1922. À partir d'août 1923, les prix atteignent des niveaux astronomiques, une miche de pain ou un timbre-poste coûtant jusqu'à 100 milliards de marks. Les travailleurs allemands doivent verser leur salaire deux fois par jour et le dépenser dans l'heure qui suit sa réception. [106]

Les banquiers allemands ont vidé de leur sang les économies de la classe moyenne et réduit du jour au lendemain une grande partie de la société à une pauvreté abjecte, jetant ainsi les bases de la masse qui permettra aux nazis de prendre le pouvoir plus tard et plantant profondément les graines de la haine des Allemands pour les banquiers juifs. La souffrance du peuple allemand était bien plus profonde que celle de la France après la défaite de la guerre franco-prussienne en 1870, et toutes les incitations à la prochaine guerre mondiale, plus tragique, étaient déjà en place en 1923.

Lorsque les richesses des Allemands ont été plus ou moins pillées, il était temps de stabiliser le mark allemand. Sous la houlette des banquiers internationaux, l'or du peuple américain est devenu une source de vie pour stabiliser la monnaie allemande.

C'est au tour du banquier britannique de frapper un grand coup lors du deuxième mouvement. En raison des fréquents raids de sous-marins allemands dans l'océan Atlantique après le déclenchement de la Première Guerre mondiale en 1914, les navires britanniques transportant de l'or n'ont pas pu quitter le port, si bien que la Banque d'Angleterre a dû déclarer un arrêt temporaire des échanges d'or et que l'étalon-or de la livre n'a plus que le nom.

En 1924, Churchill, qui deviendra plus tard célèbre en Angleterre, devient Chancelier de l'Échiquier. Churchill, qui n'avait aucun sens des

---

[106] Glyn Davies, *History of Money from Ancient Times to the Present Day* (University of Wales Press 2002) p. 575.

questions financières, était prêt à rétablir l'étalon-or sur l'ordre des banquiers de Londres, sous prétexte qu'il fallait défendre l'autorité absolue de la livre dans la finance mondiale, et le 13 mai 1925, la loi sur l'étalon-or a été adoptée en Grande-Bretagne. À cette époque, la puissance nationale de la Grande-Bretagne après la consommation violente de la guerre a été sérieusement endommagé, sa force économique a été de loin inférieure à l'émergence des États-Unis, et même en Europe n'est pas une situation dominante, la restauration forcée de l'étalon-or est lié à conduire à une livre forte, un coup sérieux à l'exportation de la Grande-Bretagne a été de plus en plus non compétitif, mais a également causé la baisse des prix intérieurs, la contraction des salaires, le taux de chômage a augmenté fortement et d'autres conséquences économiques.

À cette époque, une génération du patriarche Keynes est sortie de nulle part. Keynes, qui avait été délégué au Trésor britannique lors de la Conférence de paix de Paris en 1919, s'opposait catégoriquement aux conditions draconiennes imposées à l'Allemagne et fit tout son possible pour protester en démissionnant. Il prône l'abolition de l'étalon-or, créant ainsi une situation incompatible avec le pouvoir des banquiers à Londres. Lors de la commission Macmillan du gouvernement britannique chargée d'étudier la faisabilité d'un étalon-or, Keynes se montre passionné et fait valoir les méfaits de l'étalon-or, qui est selon lui une "relique de la barbarie" et un frein au développement économique. Le Normand de la Banque d'Angleterre n'a pas non plus faibli, insistant sur le fait que l'étalon-or est essentiel pour les banquiers honnêtes, quelle que soit la lourdeur du fardeau pour le Royaume-Uni, quels que soient les secteurs gravement touchés, ou encore la super crédibilité des banquiers de la City financière de Londres. Le peuple britannique est confus. Comme aux États-Unis, les banquiers de Londres ont une mauvaise réputation parmi le peuple, et puisque ce sont les banquiers qui les soutiennent, cela doit être mauvais, et une attaque féroce contre les opinions des banquiers devrait être dirigée vers le peuple.

Et c'est la bonne partie de la pièce.

Avec Keynes jouant le rôle d'un plaideur pour le peuple, et les banquiers apparaissant comme des gardiens dorés, le duo est si bien joué que l'opinion publique et le cœur des gens sont facilement manipulés.

Sans la "prophétie" de Keynes et le plan des banquiers, l'économie britannique s'est effondrée après le rétablissement de l'étalon-or, le chômage a grimpé en flèche, passant de 3% en 1920 à 18% en 1926, diverses grèves ont suivi, la situation politique a plongé dans le chaos et le gouvernement britannique a été confronté à une grave crise.

Et ce que les banquiers veulent, c'est une crise ! Ce n'est qu'en créant une crise que l'on peut faire avancer la "réforme financière", et au milieu de fortes demandes de changement de la loi, la loi de 1928 sur la monnaie et les billets de banque a été adoptée, ce qui a brisé la corde raide qui avait été placée sur la tête de la Banque d'Angleterre pendant 84 ans, limitant l'émission de la Banque d'Angleterre de livres sterling adossées à des bons du Trésor à 1 975 000 livres sterling, le reste des billets sterling devant être adossés à de l'or. Émettre de la monnaie "dette" adossée à des bons du Trésor et contourner la contrainte de l'or, comme la future Réserve fédérale, est une idée qui hante les banquiers de Londres. Quelques semaines seulement après l'adoption de la nouvelle loi, la Banque d'Angleterre a émis des centaines de millions de livres de "dette". Le nouveau projet de loi donne également à la Banque d'Angleterre le pouvoir d'émettre des "dettes" illimitées en livres sterling dans des situations d'urgence, à condition que le Trésor et le Parlement donnent leur approbation après coup. [107] Le pouvoir quasi illimité de la Réserve fédérale d'émettre de l'argent a finalement été repris par la Banque d'Angleterre.

Après une réunion secrète en 1927, la politique de taux d'intérêt bas de la Réserve fédérale a provoqué une énorme sortie d'or d'une valeur de 500 millions de dollars des États-Unis. Après que la Réserve fédérale a violemment augmenté les taux d'intérêt en 1929, provoquant le manque de réserves d'or des banques et les rendant incapables d'accorder efficacement des crédits, les robustes moutons des États-Unis ont subi un choc dû à une perte de sang extrême. Les banquiers internationaux ont alors déferlé sur le marché, dévorant les blue chips et autres actifs de qualité à des prix ultra-bas, à des fractions, voire des dizaines de pour cent des prix normaux. Le représentant McFadden a décrit la situation de la manière suivante :

> *"60 000 propriétés et fermes ont récemment été vendues aux enchères en une seule journée dans un seul État. Dans le comté*

---

[107] *Ibid.* p. 377.

d'Oakland, dans le Michigan, 10 000 propriétaires de maisons et de ranchs ont été balayés de leurs maisons. Quelque chose de similaire est en train de se produire dans tous les comtés des États-Unis. "

Au milieu de ce chaos économique américain sans précédent, seules quelques personnes dans les cercles les plus intimes savaient à l'avance que le plus grand fiasco spéculatif de l'histoire américaine allait prendre fin, et ces personnes ont pu se débarrasser de toutes leurs actions à temps pour détenir de grandes quantités d'obligations d'État, toutes ayant des liens étroits avec les Rothschild à Londres. Ceux qui ne font pas partie de ce cercle, certains même les super riches, n'ont pas été épargnés. Ce cercle comprend J. P. Morgan et Kuhn, Loeb & Co, ainsi que leurs "clients prioritaires" sélectionnés, tels que des banques partenaires et des industriels de premier plan, des hommes politiques importants et des dirigeants de pays amis avec lesquels ils entretiennent des relations de bonne volonté.

Lorsque le banquier Murrison a démissionné de la Réserve fédérale, voici ce que Newsweek du 30 mai 1936 a dit de lui :

"Le consensus était que la Réserve fédérale avait perdu un homme compétent. En 1929 (avant le krach boursier), il a convoqué une réunion et ordonné à plusieurs banques sous son autorité de cesser tout prêt aux négociants en valeurs mobilières avant le 1er septembre. Ils ont ainsi pu surmonter le déclin qui a suivi."[108]

La richesse de Joe Kennedy est passée de 4 millions de dollars en 1929 à 100 millions de dollars en 1935, soit une multiplication par 25. Bernard Barrows a vendu toutes ses actions avant le grand krach et s'est mis à détenir des bons du Trésor. Henry Morgenthau s'est précipité à la Bankers Trust Company quelques jours avant le "mardi noir" (29 octobre 1929) et a ordonné à sa société de vendre toutes ses actions d'une valeur totale de 60 millions de dollars dans les trois jours. Confus, ses hommes lui conseillent de liquider progressivement sa position au cours de quelques semaines, afin de pouvoir gagner au moins 5 millions de dollars supplémentaires. Henry Morgenthau entre dans une colère noire et grogne contre ses hommes,

---

[108] *Newsweek*, 30 mai 1936.

"Je ne suis pas venu ici pour en discuter avec vous ! Fais ce que je te dis ! "

En regardant cette histoire après presque 80 ans, nous devons encore nous émerveiller de l'intelligence de ces banquiers internationaux, qui sont sans aucun doute le groupe de personnes le plus intelligent de la race humaine. Une telle tactique, un tel pouvoir, une conception aussi étroite, une telle audace pour jouer avec le monde dans la paume des actions, c'est vraiment à couper le souffle. Encore aujourd'hui, la plupart des gens ne sont absolument pas convaincus que leur destin est en fait manipulé entre les mains d'un très petit nombre de personnes.

Après la récolte "laineuse" des banquiers internationaux, les "idées d'argent bon marché" keynésiennes sont devenues la dernière faucheuse de richesse pour les banquiers, et le "New Deal de Roosevelt", sous leur direction, a ouvert une nouvelle saison de récolte pour les banquiers.

Résumé

★Les banquiers ont soutenu les États-Unis dans la guerre contre l'Allemagne lors de la Première Guerre mondiale et n'ont pas ménagé leurs efforts pour prêter de l'argent au gouvernement et faire fortune dans cette guerre.

★Strang est devenu la figure de proue du système de la Fed ; en substance, les intentions de JP Morgan, Paul, Schiff et autres géants de Wall Street au sein de la Fed ont été suivies sans compromis.

★Si l'Allemagne gagne, les obligations alliées dans les mains des banquiers seront sans valeur, et Morgan, Rockefeller, Paul Warburg et Schiff feront tout ce qu'ils peuvent pour pousser les États-Unis dans la guerre afin de protéger leurs prêts.

★La Conférence de paix de Paris n'était qu'un carnaval pour les banquiers internationaux qui, après avoir fait fortune avec la guerre, ont semé les graines de la guerre suivante — la Seconde Guerre mondiale.

★Wall Street a orchestré une démolition ciblée des agriculteurs avec des opérations de "tonte" destinées à piller leurs richesses et à détruire les petites et moyennes banques des zones agricoles qui refusaient de se plier à la Réserve fédérale.

★La Banque de réserve fédérale de New York contrôle en fait l'ensemble de la Fed, et le conseil d'administration de 7 personnes de la Fed à Washington n'est qu'une façade.

★La plupart d'entre eux ont osé se battre avec les cinq grandes familles bancaires de New York, le système de la Réserve fédérale n'achète pas les banques ont fait faillite.

★Après que les banquiers internationaux aient pillé les richesses de l'Allemagne, de la Grande-Bretagne et des États-Unis en les "tondant", "l'idée de l'argent bon marché" de Keynes est devenue la dernière machine à faucher les richesses à la porte des banquiers.

CHAPITRE V

Le "New Deal" de l'argent bon marché

> "Lénine a dit un jour que la meilleure façon de subvertir le système capitaliste est de dévaluer sa monnaie. Grâce à un processus continu d'inflation, le gouvernement peut confisquer une partie de la richesse d'un citoyen en secret et à l'abri des regards. De cette façon, les gens peuvent être arbitrairement privés de leur richesse et, en appauvrissant la majorité, la minorité peut s'enrichir. Il n'existe aucun moyen de subvertir le régime actuel de manière aussi furtive et fiable qu'elle (l'inflation). Ce processus accumule potentiellement des éléments perturbateurs dans diverses lois économiques, et pas même une personne sur un million ne peut voir la racine du problème. " [109]
>
> Keynes, 1919

Keynes a qualifié l'or de "relique barbare" et ce commentaire "populaire" est bien connu en Chine. Quelle était la motivation de Keynes pour diaboliser l'or ? Comment Keynes, autrefois farouchement anti-inflation, est-il devenu un ennemi mortel de l'or ?

À 40 ans, Greenspan était toujours un fervent défenseur de l'étalon-or, et lorsqu'il est devenu président de la Réserve fédérale, il a commencé à s'attarder sur la question de l'or. Bien qu'en 2002, il reconnaissait encore que "l'or est le moyen de paiement ultime pour toutes les monnaies", il était "en marge" d'une conspiration des banques centrales occidentales visant à supprimer le prix de l'or dans les années 1990.

Pourquoi les banquiers internationaux et leurs théoriciens "royaux" détestent-ils tant l'or ? Pourquoi la théorie de l'"argent bon marché" de Keynes est-elle si populaire ?

---

[109] John Maynard Keynes, *The Economic Consequences of the Peace*, 1919.

Au cours des 5 000 ans de pratique sociale humaine, à n'importe quelle époque, dans n'importe quel pays, dans n'importe quelle religion, dans n'importe quelle race, l'or a été reconnu par le monde comme la forme ultime de richesse. Cette conscience profondément enracinée ne pourra jamais être dissoute par quelques mots de "l'or est une relique barbare" de Keynes et autres.

Le lien inévitable des gens avec l'or et la richesse est depuis longtemps une logique naturelle dans la vie. Lorsque les gens ne sont pas optimistes quant aux politiques gouvernementales et à la situation économique, ils ont la possibilité d'échanger le papier-monnaie qu'ils ont entre les mains contre des pièces d'or et d'attendre que la situation s'améliore. Le libre échange du papier-monnaie contre de l'or est en fait devenu la pierre angulaire de la liberté économique la plus fondamentale du peuple, et ce n'est que sur cette base que toute démocratie et autres formes de liberté peuvent avoir un sens pratique. Lorsque le gouvernement prive par la force le peuple de son droit inné d'échanger du papier-monnaie contre de l'or, il prive aussi fondamentalement le peuple de ses libertés les plus fondamentales.

Les banquiers internationaux savent très bien que l'or n'est en aucun cas un métal précieux ordinaire, par essence, l'or est le seul "métal politique" hautement sensible et profondément historique, s'il n'est pas manipulé correctement, il provoquera une tempête financière dans le monde. Dans des conditions sociales normales, l'abolition de l'étalon-or entraînerait inévitablement de graves troubles sociaux, voire des révolutions violentes, et ce n'est que dans des circonstances extrêmement exceptionnelles que les gens seraient contraints de renoncer temporairement à leur pouvoir inné, c'est pourquoi les banquiers ont besoin d'une crise et d'une récession graves. Sous la menace d'une crise et d'une récession, les gens sont plus facilement compromis, l'unité est plus facilement brisée, l'opinion publique est plus facilement trompée, l'attention sociale est plus facilement détournée et les plans des banquiers sont plus facilement réalisés. Les crises et les récessions ont donc été utilisées à maintes reprises au cours de l'histoire par les banquiers comme l'arme la plus efficace contre les gouvernements et les peuples.

La grave crise économique qui sévit depuis 1929 a ouvert la voie financière à la Seconde Guerre mondiale grâce aux efforts "opportunistes" des banquiers internationaux pour parvenir à "l'abolition de l'étalon-or", ce qui est extrêmement difficile à réaliser dans des conditions normales.

L'"argent bon marché" keynésien

Il est clair que Keynes avait déjà reconnu l'énorme préjudice potentiel que l'inflation pouvait causer aux personnes et à la société lorsqu'il a assisté à la Conférence de paix de Paris en 1919. Dans ce pamphlet, *The Economic Consequences of Peace*, qui a fait son succès du jour au lendemain, il a souligné l'essence de l'inflation de manière profonde et poignante, alors que la hyperinflation allemande de 1923 avait pleinement validé l'énorme pouvoir meurtrier de l'inflation.

C'est le cas de Greenspan, qui a publié *Gold and Economic Freedom* à l'âge de 40 ans, dans lequel le point de vue de Gertrude sur l'inflation est conforme à celui de Keynes, déclarant,

> *"En l'absence d'un étalon-or, il n'y aura aucun moyen de protéger l'épargne (du peuple) de l'inflation et il n'y aura pas d'habitat sûr pour la richesse. C'est le secret de l'opposition farouche à l'or de ces statisticiens du bien-être. Le financement du déficit n'est rien d'autre qu'une conspiration visant à confisquer la richesse, et l'or fait obstacle à ce processus insidieux, en agissant comme un protecteur des droits de propriété. Si l'on saisit ce point essentiel, il n'est pas difficile de comprendre le vitriol dirigé contre l'étalon-or."* [110]

Comme le note Greenspan, l'étalon-or a fermement contenu le flot de l'inflation. En ce sens, Keynes et Greenspan auraient dû tous deux être de fervents défenseurs de l'étalon-or, alors comment se fait-il que l'un ait plus tard réduit l'or à une "relique barbare" et que l'autre ait simplement gardé le silence sur son statut monétaire après qu'il ait pris de l'importance ?

Pour Greenspan, le monde ne dépend pas de lui. Lorsque Greenspan s'est jeté dans les bras de J.P. Morgan et est devenu administrateur de J.P. Morgan et d'autres banques de Wall Street, il a commencé à comprendre qu'il existe des règles dans le monde de la finance.

Alors que les projecteurs du monde entier sont braqués sur les rides imprévisibles de Greenspan, je crains qu'il soit le seul à comprendre que le véritable décideur est la Federal Reserve Bank of New York, qui

---

[110] Alan Greenspan, "Gold and Economic Freedom", 1966, cité dans *Capitalism : The Unknown Ideal* (Signet, 1967).

a été harcelée par Ron Paul, membre du Congrès du Texas, lors d'une audition au Congrès en 2002, avant que Greenspan ne déclare qu'il n'a jamais trahi les vues de 1966, et qu'il considère toujours l'or comme le "moyen de paiement final" de toutes les devises, et que la Fed "imite" l'étalon-or.

La situation de Keynes est différente de celle de Greenspan.

Un compte rendu perspicace des traits de personnalité de Keynes est donné par l'éminent universitaire américain Murray Rothbard, qui soutient que l'égocentrisme extrême de Keynes, son attitude moralisatrice envers l'élite dirigeante britannique et son mépris des mœurs sociales ont eu une influence directe sur son système de pensée.

En particulier, l'Apôtre, une société secrète de l'université de Cambridge en Angleterre, a eu une forte influence sur Keynes. Ces sociétés secrètes dans les universités européennes et américaines ne sont en aucun cas calquées sur ce que l'on entend communément par fraternités universitaires ou sociétés littéraires ; elles ressemblent davantage au noyau d'une élite ayant une mission religieuse profonde, certaines ayant une histoire centenaire et des liens à vie, constituant le groupe d'intérêt le plus indestructible de la classe dirigeante dans la société occidentale.

La "Société apostolique" de Cambridge se compose de douze des meilleurs membres du Trinity College et du King's College, des hommes non seulement de la plus haute intelligence, mais aussi de naissance distinguée, chacun étant destiné à devenir un membre de la classe dirigeante anglaise. Ils se réunissent chaque samedi dans un lieu de rencontre secret où les discussions vont de la philosophie et de l'esthétique à la politique et aux affaires. Ils ont une propreté stricte des règles et des préceptes, et en même temps un mépris pour la morale commune de la société ; ils pensent avoir les esprits les plus sages de l'humanité ; ils pensent être nés pour diriger le monde, et ils s'inculquent cette croyance de façon répétée. Dans une lettre à un ami, Keynes s'exprime ainsi :

> *"Ce sentiment de supériorité morale qui est le nôtre n'est-il pas un peu arrogant ? J'ai le sentiment que la grande majorité des*

gens dans ce monde ne voient jamais rien (pour ce qu'il est) (parce que) ils sont trop stupides, ou trop mauvais. " [111]

Dans ce cercle, outre des élites savantes comme Kearns et le célèbre philosophe Russell, on trouve des géants de la finance comme le baron Rothschild. Après avoir quitté Cambridge, les apôtres adultes qui continuaient à assister aux réunions secrètes du "Conseil apostolique" chaque samedi étaient appelés "anges" et participaient activement à la sélection de nouveaux apôtres et à d'autres activités.

Victor Rothschild, quelques années plus jeune que Keynes, était le premier petit-fils de Nathan Rothschild, qui détenait le droit d'émettre de la monnaie dans tout l'Empire britannique et était l'héritier de troisième génération du titre de baronnet. Victor et Kearns avec aux États-Unis le "Foreign Affairs Association" (Conseil des Relations Étrangères) et au Royaume-Uni Royal Institute of International Affairs (Institut Royal Des Affaires Internationales) défenseurs actifs, ces deux organisations peuvent être décrites comme le "parti central école" de la politique européenne et américaine, au cours des cent dernières années pour les groupes dirigeants européens et américains de transmettre un grand nombre de "cadres".

Victor connaissait bien Wall Street, comme il est d'usage pour les banques familiales européennes et américaines, puisqu'il a passé du temps à la banque J. P. Morgan. Il est également administrateur de la compagnie pétrolière néerlandaise Shell. Victor a été un haut fonctionnaire du service de renseignement britannique (MI5) et a ensuite été conseiller en matière de sécurité auprès du Premier ministre britannique, Margaret Thatcher. Son oncle, le baron Edmund Rothschild, était connu comme le "Père d'Israël". Grâce aux conseils et à l'orientation de Victor, l'éclairé Keynes a rapidement flairé la théorie de la monnaie d'emprunt et de l'inflation, qui était la principale idée maîtresse des banquiers internationaux de l'époque.

Keynes était rarement troublé par ses propres mensonges politiques, car il n'était pas du tout lié par le code moral de l'homme ordinaire. Il a l'habitude de falsifier les données pour les adapter à sa philosophie économique. Comme le souligne Rothbard,

---

[111] Murray N. Rothbard, *Keynes, the Man* (Ludwig von Mises Institute, 2010), p. 15.

> *"Il est convaincu que les principes ne feraient qu'entraver ses chances d'accéder au pouvoir au bon moment. Par conséquent, il est prêt à changer ses croyances antérieures à tout moment, même pour une pièce de monnaie, dans une situation donnée."*
> [112]

Keynes avait compris que pour qu'un économiste puisse "expliciter" sa doctrine, il devait avoir les grands noms de la finance et de la politique dans les coulisses et sur le devant de la scène, pour être "populaire" selon le terme actuel. Lorsque Keynes a identifié "la bonne voie à suivre dans l'histoire", il a immédiatement montré ses véritables dons : l'éloquence et une étonnante capacité à vendre.

Sous l'aura d'Adam Smith, de Li Ka Tu et de Marshall, il semblait tout naturel que Cambridge devienne le berceau de la théorie économique mondiale. En 1936, après la publication de son livre majeur *La théorie générale de la monnaie, de l'intérêt et de l'emploi*, les banquiers internationaux, bien sûr, ont adoré cette théorie économique si sensible à leur esprit, et les politiciens ont montré une volonté de repousser la politique monétaire bon marché du "emprunter, imprimer et dépenser", et la controverse et les applaudissements ont immédiatement balayé le monde universitaire.

Keynes était depuis longtemps convaincu que son idée d'argent bon marché serait fortement soutenue par les banquiers et les politiciens internationaux, que les gens ordinaires qui souffraient le plus étaient "trop stupides, ou trop méchants", et que le reste devait être pris en charge par le monde universitaire.

Keynes a d'abord déclaré la dichotomie entre les deux camps qu'il représentait, la théorie économique moderne et la vieille théorie économique traditionnelle, puis il a affirmé que sa nouvelle "bible" économique, très dure, ne pouvait être comprise que par "les jeunes économistes de moins de 30 ans". Cette affirmation a été immédiatement acclamée par les jeunes économistes, et Paul Samuelson, dans une lettre à un ami, s'est réjoui de ne pas avoir encore 30 ans, en disant : "Il est bon d'être jeune". Mais c'est ce même

---

[112] *Ibid.* p. 25.

Samuelson qui admet que le Commentaire général est un " livre mal écrit, désorganisé et confus. " [113]

Les spécialistes américains pensent que si le livre avait été écrit par un professeur d'un collège isolé du Midwest américain, il aurait été difficile de le publier, et encore moins de le rendre célèbre.

L'élection présidentielle de 1932

L'élection présidentielle de 1932 débute en pleine dépression économique, avec 13 millions de chômeurs et un taux de chômage de 25%, ce qui met le président Hoover en exercice sous pression. Face aux attaques féroces du candidat démocrate à la présidence Roosevelt sur la politique économique depuis 1928 et à ses critiques cinglantes sur les liens étroits du président Hoover avec le pouvoir des banquiers de Wall Street, le président Hoover garde un silence tolérable, mais il consigne ainsi ses véritables pensées dans son propre mémo.

> " En réponse à la déclaration de Roosevelt selon laquelle je devrais être tenu responsable de la frénésie spéculative (de 1929), je me suis demandé si je devais mettre en lumière la responsabilité de la Réserve fédérale pour sa politique inflationniste délibérée sous l'influence des forces européennes de 1925 à 1928, à laquelle j'étais alors opposé. " [114]

Il est vrai que le président Hoover a été quelque peu lésé, et bien qu'il soit le président des États-Unis, il n'a pas eu beaucoup d'influence sur la politique économique et monétaire. Étant donné que le gouvernement n'a pas le pouvoir d'émettre de l'argent, toute politique ne sera que des paroles en l'air si la Federal Reserve Bank of New York, une banque privée, ne coopère pas.

La disgrâce du président Hoover à Wall Street a commencé par un écart par rapport à la ligne de conduite établie par les banquiers sur la question des versements allemands. En mai 1931, peu de temps après la mise en œuvre du plan, celui-ci a été rattrapé par la crise financière en Allemagne et en Autriche, et le renflouement de la banque de la famille Rothschild et de la Banque d'Angleterre n'a pas réussi à

---

[113] *Ibid.* p. 38.

[114] Eustace Mullins, *L'Ordre Mondial — Une étude de l'hégémonie du parasitisme* (Omnia Veritas Ltd, www.omnia-veritas.com)

contenir la propagation de la crise. Ramon a également averti que si le système financier européen s'effondrait, la récession américaine s'intensifierait également.

Le président Hoover avait déjà promis au gouvernement français qu'il le consulterait en premier sur toute question concernant les réparations de guerre allemandes, et Hoover, en tant qu'homme politique, ne pouvait pas revenir sur sa parole.

> " Il ne faut pas rester à New York pour comprendre le sentiment sur la dette entre ces gouvernements comme une nation dans son ensemble. " [115]

Lamont a également posé le mot avec nonchalance :

> "Vous avez dû entendre beaucoup de rumeurs ces jours-ci selon lesquelles quelqu'un était prêt à écarter votre classe lors de la convention (républicaine) de 1932. Si tu suis notre plan, ces rumeurs partiront en fumée du jour au lendemain. "

Finalement, Ramon a tendu une carotte, et en cas de succès, tout le mérite revenait au président. Le président y a réfléchi pendant un mois et a finalement baissé la tête.

En juillet 1932, Ramon envoie à nouveau quelqu'un à la Maison Blanche pour dire au Président que les réparations de guerre de l'Allemagne devraient être reconsidérées, et cette fois Hoover ne le supporte pas, criant de ressentiment et de frustration :

> "Ramon s'est trompé sur toute la ligne. S'il y a une chose que le peuple américain déteste et à laquelle il s'oppose, c'est que cette collusion (annulation ou report des dettes allemandes, anglaises et françaises envers les États-Unis) heurte ses intérêts. Ramon ne comprend pas la colère (contre les banquiers) qui envahit le pays. Ils (les banquiers) veulent que nous (les politiciens) soyons aussi complices de la "foule". Peut-être qu'ils (les banquiers) avaient trouvé un accord avec les Allemands sur le paiement, mais cela a été fait de la pire des manières. " [116]

En conséquence, Hoover a rejeté les demandes de Wall Street, et la France est sortie pour payer ses arriérés.

---

[115] Ron Chernow, *op. cit.* p. 328.

[116] *Ibid.* p. 351.

Ce qui rendait les banquiers de Wall Street encore plus furieux, c'est que la série de scandales financiers résultant de l'acharnement du président Hoover à court-circuiter les marchés boursiers, associée à un chômage sans précédent, à une économie épuisée et à une population qui avait été balayée par le marché boursier, avait convergé en une rage puissante contre les banquiers de Wall Street. Le président Hoover, confiant dans l'opinion publique, s'en prend aux banquiers et s'efforce d'aggraver le problème. Hoover dénonce sans ambages la bourse de New York comme un grand casino dirigé par les banquiers, avec des spéculateurs qui vendent à découvert et qui empêchent le rétablissement de la confiance du marché. Il a averti le président de la Bourse de New York, M. Whitney, qu'il lancerait une enquête du Congrès et réglementerait le marché boursier si les ventes à découvert n'étaient pas limitées. La réponse de Wall Street à la demande du Président fut simple et sèche :

"*Ridicule !* "

Le président Hoover, prêt à mettre un poisson hors de l'eau, ordonne à la commission bancaire et monétaire du Sénat de commencer à enquêter sur les ventes à découvert en bourse. Un Wall Street exaspéré a immédiatement envoyé Ramon à la Maison Blanche pour déjeuner avec le Président et le Secrétaire d'État dans le but d'interrompre l'enquête, mais le Président n'a pas été impressionné. [117]

Lorsque l'enquête s'est étendue aux scandales boursiers de la fin des années 1920, des affaires majeures ont été mises en lumière et de nombreux scandales boursiers, tels que Goldman Sachs et JP Morgan, ont été révélés au monde.

Lorsque la relation logique entre le krach boursier et la Grande Dépression est apparue clairement au public, la colère des gens s'est finalement concentrée sur les banquiers.

Le président Hoover et sa carrière ont également été interrompus par la double fureur des banquiers et du peuple. Il a été remplacé par ce que l'on appelle le plus grand président américain du XXe siècle, Franklin Delano Roosevelt.

---

[117] *Ibid.* p. 352.

Qui était Franklin Delano Roosevelt ?

> *Comme vous et moi le savons, ce qui est vrai, c'est que les forces financières du vaste noyau (de pouvoir) contrôlent le gouvernement depuis l'époque du président Andrew Jackson, et ce pays est sur le point de répéter la lutte jacksonienne avec les banques, mais sur une base plus large et plus étendue.* [118]
> — Roosevelt, 21 novembre 1933

Cette "véritable confession" de Roosevelt ressemble plus ou moins au Wilson de cette année-là, et s'il est vrai que Wilson était un érudit et ne connaissait pas les méthodes des banquiers, alors il est un peu exagéré de dire que l'expérience de Roosevelt a été utilisée pour faire une telle déclaration. Dans son discours de campagne prononcé dans l'Ohio le 20 août 1932, Roosevelt s'est exprimé avec éloquence.

> *"Nous avons découvert que les 2/3 de l'industrie américaine sont concentrés entre les mains de quelques centaines de sociétés qui ne sont en fait contrôlées que par cinq personnes au maximum, Nous avons découvert que les courtiers en valeurs mobilières d'une trentaine de banques et de banques commerciales déterminent le flux des capitaux aux États-Unis. En d'autres termes, nous trouvons un pouvoir économique hautement centralisé et manipulé entre les mains d'une minorité concentrée, tout cela est à l'opposé de ce que M. le Président (Hoover) appelle l'individualisme.* " [119]

Alors que Roosevelt s'est efforcé de se faire passer pour le président Jackson, aligné sur les banquiers et chaleureusement aimé par le peuple américain, un président courageux qui était prêt à défier les magnats de la finance pour le petit peuple, l'expérience de Roosevelt a malheureusement montré qu'il n'avait qu'un tout petit peu plus à voir avec les banquiers internationaux que le président Hoover.

L'arrière-grand-père de Roosevelt, James Roosevelt, a fondé la Bank of New York en 1784, sans doute l'une des plus anciennes familles bancaires d'Amérique, et c'est cette banque qui a été accusée d'avoir manipulé le prix des bons du Trésor américain sur le marché des enchères des bons du Trésor en 2006. La banque a été en activité

---

[118] *F.D.R. : His Personal Letters* (Duell, Sloan and Pearce, New York, 1950), p. 373.

[119] Antony C. Sutton, *Wall Street et FDR* (Arlington House Publishers, 1975).

jusqu'à la campagne présidentielle de Roosevelt, où elle était dirigée par son cousin George. Le père de Roosevelt, également prénommé James, était un magnat de l'industrie américaine, diplômé de la Harvard Law School et propriétaire d'un certain nombre d'énormes industries telles que des mines de charbon et des chemins de fer. Il fut le fondateur de la Southern Railway Security Company, qui fut la première société de portefeuille de titres aux États-Unis à fusionner principalement avec l'industrie ferroviaire. Roosevelt lui-même était diplômé de Harvard et avocat, et parmi ses principaux clients figurait JP Morgan. Fort de son expérience bancaire, Roosevelt est devenu secrétaire adjoint du ministère de la Marine des États-Unis en 1916, à l'âge de 34 ans, et c'est l'associé principal de Morgan qui a souvent fait pression sur Lamont, le président Hoover, pour qu'il offre à Roosevelt la nouvelle maison qu'il avait aménagée à Washington.

Roosevelt avait également un oncle qui était président, Leonardo Roosevelt. Leur autre cousin, George Emmanuel Roosevelt, était également une personnalité éminente de Wall Street, ayant réorganisé au moins 14 compagnies de chemin de fer à l'époque des grandes fusions ferroviaires, et en tant que directeur de la Guaranty Trust Company sous l'égide de J.P. Morgan, de la Chemical Bank et de la New York Savings Bank, la liste des autres sociétés dont il était directeur pourrait être tapée dans un pamphlet.

La mère de Roosevelt, la famille Delano, était également une famille d'épingles à cheveux, et neuf présidents étaient apparentés à cette famille. Aucun président dans l'histoire américaine récente n'a eu de plus grandes ressources politiques et bancaires que Roosevelt.

En 1921, Roosevelt passe du gouvernement à Wall Street pour devenir directeur ou vice-président d'un certain nombre d'institutions financières, utilisant ses nombreux contacts dans la politique et la banque pour faire d'énormes profits pour ses sociétés. Dans le cadre d'une affaire d'obligations d'État pour une société financière, Roosevelt ne mâche pas ses mots dans sa lettre à son vieil ami, le député Meher :

> *"J'espère pouvoir utiliser notre longue amitié pour demander votre aide, et nous espérons obtenir quelques contrats d'obligations auprès des grands de Brooklyn. Un grand nombre d'obligations sont liées à des projets municipaux, et j'espère que mes amis se souviendront de moi. Je ne peux pas les déranger pour le moment, mais comme mon ami est aussi votre ami, cela*

> *m'aiderait beaucoup si vous pouviez avoir une disposition. Je garderai votre aide à l'esprit. "* [120]

Dans une lettre à un ami qui a obtenu un gros contrat dans le département de la marine, Roosevelt mentionne,

> *"Mon ami du département de la marine et moi avons discuté en passant d'un contrat donné à votre société pour un canon de 8 pouces, ce qui m'a rappelé l'agréable coopération que nous avons eue lorsque j'étais secrétaire adjoint de la marine. Je me demandais si vous pouviez demander à ma société de souscrire à certaines de vos obligations. J'aimerais beaucoup qu'un de mes représentants commerciaux vous appelle. "* [121]

Dans certaines affaires de grand intérêt, Roosevelt a un jour déclaré sans ambages que "l'amitié purement privée ne suffit pas". Un Roosevelt plus vivant a sauté de la page en lisant la correspondance de ces entreprises.

En 1922, Roosevelt participe à la création de la United European Investors (LTD) et en devient le président. Parmi les directeurs et conseillers de la société figurent l'ancien Premier ministre allemand Wilhelm Cuno, qui a créé à lui seul la super-inflation allemande de 1923, et Max Warburg, dont le frère Paul a été l'architecte en chef et le vice-président de la Fed. Sur les 60 000 actions privilégiées émises par la société, Roosevelt est le plus grand actionnaire individuel. La société est principalement engagée dans diverses affaires spéculatives en Allemagne, et tandis que le peuple allemand est emporté par l'hyperinflation, la United European Investment Company de Roosevelt récolte la fortune du désastre national de façon fébrile. [122]

L'hyperinflation a toujours été une "faucheuse de super-riches", un transfert massif de richesse se produisant au cours de la dévaluation spectaculaire de la monnaie du pays.

> *"Le pire effondrement moral de l'inflation s'est produit en Allemagne en 1923. Quiconque a quelques dollars ou quelques livres en main peut vivre comme un roi en Allemagne. Quelques dollars peuvent faire vivre une personne comme un millionnaire.*

---

[120] *Ibid.*

[121] *Ibid.*

[122] *Ibid.*

> *Les étrangers affluent, s'emparant des richesses familiales (allemandes), des biens immobiliers, des bijoux et des œuvres d'art à des prix incroyablement bas.* " [123]

Comme cela s'est produit lors de l'hyperinflation de l'ex-Union soviétique au début des années 1990, d'immenses richesses sociales ont été pillées avec frénésie, la classe moyenne a été vidée de sa substance, le pouvoir d'achat du dollar ou de la livre a été multiplié par des milliers, et les richesses ont tranquillement changé de mains au cours du plongeon et de l'envolée sauvages entre ces monnaies. Comme le disait Keynes,

> " *De cette façon (hyperinflation), les gens peuvent être arbitrairement privés de leur richesse, et dans le processus d'appauvrissement de la majorité, la minorité peut être enrichie... Le processus accumule potentiellement les éléments destructeurs de diverses lois économiques, et pas une personne sur un million ne peut voir la racine du problème.* "

Lorsque Roosevelt a critiqué à juste titre le passé de Hoover à Wall Street, il s'est présenté comme le sauveur des gens ordinaires, propre et honnête, alors que son expérience et son passé ne pouvaient être plus éloignés de la vérité.

Abolir l'étalon-or : la mission historique confiée à Roosevelt par les banquiers

Sous les contraintes de l'étalon-or, la Première Guerre mondiale avait déjà laissé les pays européens si lourdement endettés que l'ampleur de la guerre n'aurait pu être que localisée si la Réserve fédérale n'avait pas été créée, mettant ainsi en commun les ressources financières des États-Unis. La Première Guerre mondiale a laissé les banquiers internationaux se gaver, aspirant à leur prochain repas. Cependant, même après que les États-Unis aient mis en place la Réserve fédérale, sous les strictes contraintes de l'étalon-or, les ressources financières ont été étirées pour soutenir une autre guerre de classe mondiale, l'abolition de l'étalon-or est devenue une priorité absolue pour les banquiers européens et américains.

---

[123] Marjorie Palmer, *1918-1923 : German Hyperinflation* (Traders Press, New York, 1967).

L'or est progressivement devenu la dernière forme de monnaie universellement reconnue par tous les pays du monde au cours des 5 000 ans d'évolution de la société humaine, et le lien inévitable entre l'or et la richesse est depuis longtemps devenu la logique naturelle de la vie. Lorsque les gens ne sont pas optimistes quant aux politiques gouvernementales et à la situation économique, ils ont la possibilité d'échanger le papier-monnaie qu'ils ont en main contre des pièces d'or pour attendre que la mauvaise situation s'améliore. Le libre échange du papier-monnaie contre de l'or est en fait devenu la pierre angulaire de la liberté économique la plus fondamentale du peuple, et ce n'est que sur cette base que toute démocratie et autres formes de liberté peuvent avoir un sens pratique. Lorsque les gouvernements privent par la force les gens du pouvoir d'échanger librement l'or et le papier-monnaie, ils privent aussi fondamentalement les gens de leurs libertés les plus fondamentales.

Dans des conditions sociales normales, l'abolition de l'étalon-or entraînerait inévitablement de graves troubles sociaux, voire des révolutions violentes, et ce n'est que dans des circonstances extrêmement exceptionnelles que les gens seraient contraints de renoncer temporairement à leur pouvoir inné, c'est pourquoi les banquiers ont besoin d'une crise et d'une récession graves. Sous la menace d'une crise et d'une récession, les gens sont plus facilement compromis, l'unité est plus facilement brisée, l'opinion publique est plus facilement trompée, l'attention sociale est plus facilement détournée et les plans des banquiers sont plus facilement réalisés. Les crises et les récessions ont donc été utilisées à maintes reprises au cours de l'histoire par les banquiers comme l'arme la plus efficace contre les gouvernements et les peuples.

En 1812, l'abolition de la première banque des États-Unis a suscité les représailles de Rothschild, le déclenchement de la guerre anglo-américaine de 1812, qui s'est terminée par la soumission du gouvernement américain et la création de la deuxième banque des États-Unis.

En 1837, le président Jackson abolit la deuxième banque des États-Unis, les banquiers se déchaînent immédiatement à Londres en jetant les obligations américaines et en rappelant toutes sortes de prêts, et l'économie américaine tombe dans une grave récession jusqu'en 1848.

En 1857, 1870 et 1907, pour forcer le gouvernement américain à rétablir une banque centrale privée, les banquiers internationaux ont à nouveau entrepris de créer une récession. Finalement, une banque centrale privée, la Réserve fédérale, a été créée, prenant ainsi le contrôle total de l'émission de monnaie aux États-Unis.

L'objectif ultime de la grande récession de 1929 était d'abolir l'étalon-or et de mettre en œuvre une politique de monnaie bon marché, ouvrant ainsi la voie financière à la Seconde Guerre mondiale.

Le 4 mars 1933, Roosevelt est inauguré en tant que 32e président des États-Unis. Au début de son mandat, Roosevelt brandit l'étendard de l'incompatibilité avec Wall Street et, le jour même de son entrée en fonction, il annonce que les banques de la nation cesseront leurs activités à partir du 6 mars (jour férié) et ne rouvriront pas avant la fin d'une enquête sur le règlement des comptes, ce qui est la première fois dans l'histoire des États-Unis que les artères financières de la nation sont fermées. La plus grande économie du monde, dans un état sans précédent d'immobilisme presque total, a duré au moins 10 jours. [124]

Puis, Roosevelt resserre l'étau sur l'enquête sur Wall Street, en cours depuis l'ère Hoover, en pointant directement du doigt la famille Morgan. Au cours d'une série d'audiences, Jack Morgan et ses associés ont été montrés du doigt devant le peuple américain tout entier.

L'action musclée de Roosevelt contre les banquiers de Wall Street s'est concrétisée par la signature d'un autre Glass-Steagall Act le 16 juin 1933, qui a finalement conduit à la scission de JP Morgan en JP Morgan Bank et Morgan Stanley, la première se limitant à l'activité traditionnelle de banque commerciale et la seconde à la banque d'investissement.

Roosevelt ne s'est pas non plus laissé impressionner par la Bourse de New York, faisant passer la loi sur les valeurs mobilières de 1933 et la loi sur les échanges de valeurs mobilières de 1934, établissant la Commission des valeurs mobilières et des échanges (SEC) pour réglementer le marché boursier.

Le New Deal de Roosevelt a commencé par un coup de tonnerre qui a remporté l'approbation du grand public et a fait ressortir la colère de longue date contre les banquiers de Wall Street qui s'était accumulée dans les esprits.

---

[124] Glyn Davies, *op. cit.* p. 512.

Même la famille Morgan admet,

> "Le pays tout entier est rempli d'admiration pour le président Roosevelt. Ce qu'il a accompli en seulement une semaine de présidence est incroyable, et nous n'avons jamais connu un processus similaire. " [125]

La bourse de New York a ouvert en grand en 1933, enregistrant un rendement stupéfiant de 54%.

L'héroïque Roosevelt a proclamé avec passion,

> " Les changeurs d'argent (Money Changers) se sont échappés du trône du temple de la civilisation, et nous pouvons enfin rétablir l'ancienne vérité de ce temple sacré. " [126]

Le problème est qu'il y a souvent un écart énorme entre la vérité historique et le sentiment public délibérément façonné par les médias, et il y a inévitablement une perception erronée que les scènes sont soigneusement chorégraphiées.

Examinons la vérité qui se cache sous la surface du coup de foudre de Roosevelt.

Après le long congé bancaire, de nombreuses banques du Midwest qui avaient catégoriquement refusé de rejoindre la Fed n'ont plus jamais ouvert leurs portes, et de larges pans du marché ont cédé à la réorganisation des banquiers de Wall Street. Le choix de Roosevelt pour le poste de secrétaire au Trésor était le fils de Henry Morgenthau Sr. et initié de Wall Street, Morgenthau Jr. qui, comme mentionné précédemment, avait obtenu des informations fiables avant le krach boursier de 1929 et allait se retirer entièrement du marché boursier en trois jours, au prix de 5 millions de dollars.

Le choix de Roosevelt pour la présidence de la SEC était encore plus larmoyant, puisque le premier président de la SEC était Joseph Kennedy, le célèbre spéculateur qui vendait désespérément à découvert le marché boursier avant le krach boursier de 1929. Ses actifs sont passés de 4 millions de dollars en 1929, après un important krach boursier, à plus de 100 millions de dollars en seulement quatre ans en 1933, soit une multiplication par 25. Joseph Kennedy était également

---

[125] Ron Chernow, *op. cit.* p. 357.

[126] *Ibid.*

dans le cercle de Jack Morgan, dont le fils était le président Kennedy de grande renommée.

Les promoteurs de la loi Glass-Steagall, qui a acquis sa réputation en filialisant J.P. Morgan, étaient le sénateur Glass, qui a orchestré la loi sur la Réserve fédérale de cette année-là, et cette loi n'a pas frappé J.P. Morgan de plein fouet, mais le fait est que les affaires de J.P. Morgan ont grimpé en flèche et ont prospéré, et 25 des 425 employés de J.P. Morgan ont été mis de côté pour former Morgan Stanley, dans laquelle Jack Morgan et Lamont ont conservé une participation majoritaire de 90 pour cent. En fait, les deux sociétés dérivées sont restées entièrement sous le contrôle de Jack Morgan, qui en 1935, dès sa première année d'activité, Morgan Stanley a obtenu la somme stupéfiante d'un milliard de dollars pour la souscription d'obligations, raflant ainsi 25% de la part de marché totale.[127] En fait, les principales émissions d'obligations d'entreprises s'adressent toujours à JP Morgan, qui détient le superbe bâton de la Banque de la Réserve fédérale de New York, et toute grande entreprise américaine doit avoir peur de JP Morgan.

Et les audiences les plus dramatiques du Congrès sur JP Morgan étaient aussi les nouvelles chaudes qui attiraient l'attention du public. Au milieu de tout ce brouhaha, Roosevelt a discrètement adopté plusieurs décrets importants abolissant l'étalon-or.

Une semaine à peine après sa prise de fonction, le 11 mars, il a émis un décret mettant fin au change d'or des banques au nom de la stabilisation de l'économie. Ce décret a été suivi, le 5 avril, d'un ordre selon lequel les citoyens américains doivent rendre tout leur or, que le gouvernement a acheté au prix de 20,67 dollars l'once. Outre les pièces d'or rares et les bijoux en or, toute personne qui collectionne de l'or à titre privé sera condamnée à une lourde peine de 10 ans de prison et à une amende de 250 000 dollars. Bien que Roosevelt ait fait valoir qu'il ne s'agissait que d'une mesure temporaire dans le cadre d'un état d'urgence, la loi n'a été abrogée qu'en 1974, lorsque la loi sur la réserve d'or a été adoptée à nouveau en janvier 1934, positionnant le prix de l'or à 35 dollars l'once, mais le peuple américain n'avait pas le droit de l'échanger. Le peuple vient de céder son or, et ses économies réalisées au fil des ans ont été considérablement réduites de moitié ! Les "clients

---

[127] *Ibid*, p. 386-390.

privilégiés" des banquiers internationaux, qui avaient reçu des informations privilégiées avant le krach boursier de 1929, ont pu retirer d'importantes sommes d'argent du marché boursier et les convertir en or, qui a été expédié à Londres, où il a été vendu à 35 dollars l'once, réalisant ainsi un profit instantané de 69,33%.

Lorsque Roosevelt a demandé à Thomas Gore, le plus savant et le plus aveugle des membres du Congrès américain, ce qu'il pensait de son abolition de l'étalon-or, Gore a froidement répondu : " C'est un vol évident, n'est-ce pas ? M. le Président ? " Roosevelt a été cruellement déçu par la candeur du sénateur Gore. Le sénateur était le grand-père du futur vice-président américain Al Gore.

Un autre membre du Congrès, Howard Buffett, qui a passé sa vie à rechercher un retour à l'étalon-or, a déclaré en 1948,

> *"Je vous préviens que les politiciens des deux partis s'opposeront à un retour à l'étalon-or, et que ceux qui, ici et à l'étranger, ont fait fortune sur la dévaluation continue de la monnaie américaine s'opposeront à un retour à un système monétaire honnête. Vous devez être prêt à faire face à leurs objections de manière intelligente et avec ingéniosité. "* [128]

Buffett père, qui a toujours cru que l'or était la monnaie ultime, n'a pas vu le rétablissement de l'étalon-or, mais cette croyance est profondément ancrée dans l'esprit de son fils, le grand dieu boursier d'aujourd'hui, Warren Buffett. Lorsque Buffett a vu l'inévitabilité historique de l'effondrement du système monétaire français, il a décidé d'acheter un tiers du stock mondial d'argent physique en 1997, lorsque le prix de l'argent a atteint un niveau historiquement bas.

Ce n'est pas une tâche simple et facile de supprimer complètement l'or de la monnaie et le processus est divisé en trois étapes pour le mettre en œuvre. La première étape consistait à abolir la circulation et l'échange de pièces d'or aux États-Unis, et la deuxième étape consistait à abolir la fonction monétaire de l'or dans le monde entier. La deuxième étape a été réalisée par le Dollar Exchange Standard établi par le système Breton en 1944 à la place du Gold Exchange Standard, et la troisième étape a finalement été achevée par Nixon en 1971.

---

[128] *The Commercial and Financial Chronicle*, 6 mai 1948.

Keynes a agité le drapeau, les banquiers ont poussé pour avoir plus de carburant, Roosevelt a finalement retiré le bouchon de la bouteille du démon de l'étalon-or, les monstres jumeaux de la finance déficitaire et de l'argent de la dette bon marché ont finalement lutté pour sortir de la prison.

Keynes, qui n'accordait de valeur qu'au pouvoir en face de lui, a dit : "À long terme, nous sommes tous morts", mais les actions des gens et leurs conséquences resteront à jamais dans l'histoire.

Le capital-risque a choisi Hitler

Le *New York Times* du 24 novembre 1933 fait état d'un pamphlet intitulé Sidney Warburg. Le livre a été publié pour la première fois aux Pays-Bas en 1933 et a été mis hors-la-loi après seulement quelques jours en rayon. Plusieurs exemplaires survivants du livre ont été traduits en anglais, et la version anglaise du livre a été exposée au British Museum avant d'être interdite au public et aux chercheurs. L'auteur du livre, "Sidney Warburg", serait un membre de la famille Warburg, l'une des plus grandes familles bancaires des États-Unis, et le contenu du livre a été par la suite fermement démenti par la famille Warburg.

Ce mystérieux pamphlet expose l'histoire secrète des familles bancaires américaines et britanniques qui ont financé et soutenu la montée au pouvoir d'Hitler. Selon le livre, vers 1929, Wall Street a aidé l'Allemagne à rembourser les réparations de guerre par le biais du plan Dawes et du plan Young. De 1924 à 1931, Wall Street a accordé à l'Allemagne un total de 138 milliards de DM de prêts par le biais de ces deux plans, alors que l'Allemagne n'a payé qu'un total de 86 milliards de DM de réparations de guerre au cours de cette période, et que l'Allemagne a en fait reçu un énorme soutien financier des États-Unis pour se regrouper. Les prêts accordés à l'Allemagne ont en fait permis de lever des fonds publics grâce à la vente d'obligations allemandes à Wall Street, dans laquelle les familles Morgan et Warburg ont fait fortune.

Une question qui s'est posée dans ce processus est la politique autoritaire du gouvernement français sur la question des réparations allemandes. Cette politique a abouti au gel d'une partie importante des prêts américains en Allemagne et en Autriche, et à la réception par la France d'une grande partie des compensations allemandes, la source ultime de cet argent étant Wall Street. En regardant les banquiers de

Wall Street, de plus en plus mécontents, tenir une réunion en juin 1929, les dirigeants de JP Morgan, Rockefeller et de la Réserve fédérale se sont réunis pour discuter de la manière de "libérer" l'Allemagne de l'oppression de la France. Il est convenu que la "révolution" doit être utilisée pour libérer la France de ses griffes. Un candidat possible au poste de leader est Hitler. Armé d'un passeport diplomatique américain et porteur de lettres personnelles des présidents Hoover et Rockefeller, Sidney Warburg est chargé de prendre contact personnellement avec Hitler.

Les contacts de Sidney avec les nazis ne se sont pas bien passés, le consulat américain à Munich était inefficace, et c'est avec l'aide du maire de Munich que Hitler a été rencontré par la suite. Lors de la première rencontre, les banquiers de Wall Street ont proposé "une politique étrangère offensive et une incitation aux représailles contre la France", et l'offre d'Hitler n'était pas basse, proposant 100 millions de marks pour n'importe quoi. Sidney a renvoyé l'offre d'Hitler à New York, et les banquiers ont estimé que la gueule du lion Hitler était grande ouverte et que 24 millions de dollars était outrageusement élevé, et ils ont fait une contre-offre de 10 millions de dollars. Hitler a promis de descendre d'un seul coup, avant l'heure.

À la demande d'Hitler, l'argent est appelé dans une banque néerlandaise (la banque Mendelsohn & Co.) et envoyé en plusieurs lots de chèques dans 10 villes d'Allemagne. Lorsque Sidney retourne à New York pour faire son rapport aux banquiers, Rockefeller est profondément fasciné par les revendications nazies d'Hitler. Immédiatement après, le New York Times, qui s'était toujours montré peu concerné par Hitler, commença soudainement à présenter régulièrement la doctrine nazie et les discours d'Hitler, et en décembre 1929, l'université de Harvard commença à étudier le mouvement national-socialiste en Allemagne.

Lorsque le président Hoover a promis au gouvernement français en 1931 qu'il serait le premier à être consulté sur toute solution à la dette, il est immédiatement tombé en disgrâce à Wall Street, et de nombreux historiens pensent que la défaite électorale du président Hoover qui a suivi a eu une incidence directe sur la question.

En octobre 1931, Hitler a envoyé une lettre à Sidney. Les banquiers de Wall Street ont donc convoqué une nouvelle réunion, cette fois avec Norman, le président de la Banque d'Angleterre. Deux écoles de pensée se sont formées lors de la réunion, celles menées par Rockefeller penchant pour Hitler et les autres étant moins certaines. Norman pensait que les 10 millions de dollars dépensés pour Hitler étaient plus que suffisants, et il doutait qu'Hitler agisse un jour. Il a finalement été décidé de soutenir davantage Hitler.

Une fois encore, Sidney se rend en Allemagne et, lors d'une réunion des partisans d'Hitler, on lui signale que la charge nazie et les SS manquent cruellement de mitrailleuses, de carabines et de pistolets. À cette époque, une grande quantité d'armes et d'équipement avait été cantonnée dans les villes belges, néerlandaises et autrichiennes situées à la frontière allemande et pouvait être récupérée dès que les nazis payaient comptant. Hitler a dit à Sidney qu'il avait deux plans, une prise de pouvoir violente et un règne légal. Hitler a demandé,

> " Il faut 500 millions de marks pour prendre le pouvoir par la violence, 200 millions de marks pour arriver au pouvoir légalement, qu'est-ce que vous allez décider, vous les banquiers ? "

Cinq jours plus tard, un rappel de Wall Street déclarait : "Un tel montant est totalement inacceptable. Nous ne voulons pas et ne pouvons pas l'accepter. À cette personne, il a été expliqué que la mobilisation de fonds de cette ampleur vers l'Europe ébranlerait l'ensemble du marché financier. "

Sidney a fait un autre rapport, et trois jours plus tard, un rappel de Wall Street disait :

> "Rapport reçu. Préparez-vous à payer 10 millions de dollars, jusqu'à 15 millions de dollars. Il est nécessaire de suggérer à cet homme d'adopter une approche offensive de la politique étrangère. "

Le chemin vers un règne légitime de 15 millions de dollars a été finalisé par les banquiers de Wall Street. Les paiements devaient être effectués en dissimulant l'origine des fonds, 5 millions de dollars allant à la Mendelsohn & Co. Bank à Amsterdam aux Pays-Bas, 5 millions à Rotterdamsehe Bankvereinigung et 5 millions à Banca Italiana.

Le 27 février 1933, la nuit de l'incendie du Reichstag allemand, Sidney et Hitler se rencontrent pour la troisième fois et Hitler propose qu'au moins 100 millions de marks supplémentaires soient nécessaires pour compléter la prise de pouvoir finale, Wall Street ne promettant que 7 millions de dollars. Hitler a offert 5 millions de dollars à la banque italienne de Rome et 2 millions de dollars à la Renania Joint Stock Company de Düsseldorf.

Après avoir finalement accompli sa mission, Sidney n'a pu s'empêcher de se lamenter,

> "J'ai exécuté ma mission dans les moindres détails. Hitler était le plus grand dictateur d'Europe. Le monde l'observait depuis des mois. Ses actions finiront par prouver qu'il est bon ou mauvais, et je pense qu'il est le dernier. En ce qui concerne le peuple allemand, j'espère sincèrement me tromper. Le monde va encore succomber à Hitler, pauvre monde, pauvre humanité."

L'Allemagne nazie financée par Wall Street

Le 30 janvier 1933, Hitler a été nommé chancelier de l'Allemagne, et l'Allemagne a non seulement émergé complètement du désastre économique de la super-inflation de 1923, mais s'est également rapidement remise de la grave récession qui a balayé le monde, et sous l'énorme pression économique de supporter les énormes indemnités de guerre, a équipé les forces armées les plus puissantes d'Europe avec une rapidité étonnante et a commencé la Seconde Guerre mondiale le 1er septembre 1939, en seulement six ans !

Et les États-Unis, alors première puissance mondiale, se débattaient encore dans le bourbier de la Grande Récession de 1929, et ce n'est qu'en 1941, lorsque les États-Unis sont entrés directement en guerre, que la situation économique de l'Amérique s'est radicalement inversée.

Le redressement économique rapide de l'Allemagne et les préparatifs d'une guerre massive en l'espace de six ans seulement auraient été totalement impensables sans un solide soutien financier de l'extérieur. Une explication logique pour une telle infusion de fonds étrangers serait difficile à trouver s'il ne s'agissait pas de la préparation d'une guerre.

En fait, Wall Street était la plus grande source de financement de l'Allemagne nazie.

Dès 1924, alors que l'hyperinflation allemande venait à peine de se résorber, les banquiers de Wall Street réfléchissaient à la manière d'aider l'Allemagne à se préparer à la guerre, et le plan Dawes, qui a débuté en 1924, et le plan Young, en 1929, ont été conçus à cette fin.

" Le plan Dawes de 1924 correspond parfaitement aux plans des économistes militaires de l'état-major allemand. " [129]

Owen Young, président de la société américaine General Electric de J.P. Morgan, est également le principal bailleur de fonds de la United European Investment Corporation, fondée par Roosevelt. C'est également cet Owen Young qui a fondé la Banque des règlements internationaux (BRI), qui coordonne les partenariats entre banquiers internationaux. Comme l'a fait remarquer l'historien Carroll Quigley, bienfaiteur de Clinton à l'université de Georgetown,

" Elle (la Banque des règlements internationaux) créait un système financier pour contrôler le monde, un (mécanisme) qui était contrôlé par quelques-uns et pouvait dominer le système politique et l'économie mondiale. " [130]

De 1924 à 1931, Wall Street a fourni à l'Allemagne un total de 138 milliards de DM de prêts par le biais de ces deux systèmes, alors que l'Allemagne n'a payé qu'un total de 86 milliards de DM de réparations de guerre au cours de cette période. L'Allemagne a en fait reçu une énorme contribution financière de 52 milliards de DM des États-Unis, qui a permis à l'ensemble de l'industrie militaire allemande de se développer rapidement. Dès 1919, le Premier ministre britannique Lloyd George avait prévu que l'Allemagne ne pourrait pas se permettre de payer des sommes énormes dans le cadre du traité de paix de Versailles, ce qui conduirait inévitablement les Allemands à manquer à leurs obligations ou à entrer en guerre, ce qui s'est malheureusement produit dans les deux cas.

Face aux rangées et aux rangées d'usines militaires modernes flambant neuves de l'Allemagne nazie, et en regardant les usines de production rouillées des États-Unis pendant la Grande Dépression, il n'est pas étonnant que le membre du Congrès McFadden ait dénoncé les banquiers de Wall Street et la Réserve fédérale pour avoir pris l'argent des contribuables américains pour financer la machine de guerre allemande.

"Monsieur le Président, si la société allemande Noble Explosives vend des explosifs à l'armée japonaise pour les

---

[129] Témoignage devant le Sénat des États-Unis, Commission des affaires militaires, 1946.

[130] Carroll Quigley, *Tragedy & Hope* (MacMillan, 1966), p. 308.

> *utiliser en Mandchourie (nord-est de la Chine) ou ailleurs, elle peut régler la facture de vente en dollars américains et l'envoyer sur le marché ouvert de l'escompte à New York, où la Banque de la Réserve fédérale escompte la facture et émet de nouveaux billets en dollars américains comme garantie, la Réserve fédérale aide en fait la société allemande d'explosifs à fourrer ses stocks dans le système bancaire américain. Si tel est le cas, pourquoi envoyons-nous des représentants à Genève pour participer à la Conférence (allemande) sur le désarmement ? Le Federal Reserve Board et la Federal Reserve Bank ne font-ils pas en sorte que notre gouvernement rembourse la dette des entreprises d'armement allemandes pour l'armée japonaise ? "* [131]

En plus de fournir un financement à court terme à faible taux d'intérêt aux industries militaires allemandes et japonaises sur le marché d'escompte des papiers commerciaux de New York, la Fed a également expédié les réserves d'or américaines directement en Allemagne.

> *"Une énorme quantité d'argent qui aurait appartenu aux déposants des banques américaines a été donnée à l'Allemagne sans aucune garantie. Le Conseil de la Réserve fédérale et la Banque de la Réserve fédérale ont émis de la monnaie américaine uniquement sur du papier commercial allemand. Des milliards de dollars ont été injectés dans l'économie allemande, un processus qui se poursuit encore aujourd'hui. Le 27 avril 1932, la Réserve fédérale a expédié en Allemagne 750 000 dollars d'or qui auraient dû appartenir au peuple américain. Une semaine plus tard, 300 000 dollars d'or supplémentaires ont été expédiés en Allemagne de la même manière. Rien qu'à la mi-mai, le Conseil de la Réserve fédérale et la Banque de la Réserve fédérale ont expédié 12 millions de dollars d'or en Allemagne. Presque chaque semaine, des transporteurs d'or se rendent en Allemagne. Monsieur le Président, je crois que les épargnants de la Bank of America ont le droit de savoir ce que la Réserve fédérale fait de leur argent.* " [132]

---

[131] Discours de Louis T. McFadden devant la Chambre des représentants, 10 juin 1932, Congressional Record.

[132] *Ibid.*

Outre le financement massif de Wall Street, les réformes du système financier entreprises par Hitler ont joué un rôle considérable, la plus cruciale étant le retrait du droit d'émettre de la monnaie à la banque centrale allemande privée. Après avoir échappé au processus inefficace et coûteux d'émission de monnaie garantie par la dette nationale, l'économie allemande est montée en flèche, le chômage en Allemagne atteignant 30% en 1933 et une pénurie de main-d'œuvre en 1938.

Ce n'est depuis longtemps un secret pour personne que les entreprises américaines ont apporté un énorme soutien technique et financier à l'Allemagne, ce qui a été interprété par les historiens ultérieurs comme un "accident ou un acte à courte vue". Ce sont ces "imprévus ou actes à courte vue" qui ont considérablement augmenté la capacité de production de l'industrie militaire allemande.

En 1934, la capacité de production pétrolière de l'Allemagne était de 300 000 tonnes de pétrole naturel et de 800 000 tonnes d'essence synthétique (du charbon au pétrole), le reste dépendant entièrement des importations. Après le transfert à l'Allemagne du brevet de Standard Oil pour l'huile hydrogénée, l'Allemagne a pu produire 5,5 millions de tonnes d'essence synthétique et 1 million de tonnes de pétrole naturel en 1944.

> *"Bien que le département de planification militaire allemand ait exigé des entreprises industrielles qu'elles installent des équipements de production modernes pour la production de masse, les économistes militaires et les entreprises industrielles allemandes n'ont pas pleinement compris la signification de la production de masse jusqu'à ce que les deux principales usines de fabrication d'automobiles américaines ouvrent les yeux sur le nouveau type d'usine en Allemagne pour entrer sur le marché européen. Des experts allemands ont été envoyés à Detroit pour apprendre le savoir-faire de la production par modules et des opérations de la chaîne de montage. Les ingénieurs allemands n'ont pas seulement visité des usines de fabrication d'avions, mais ont également été autorisés à voir d'autres installations militaires importantes, d'où ils ont appris une grande quantité de technologie, qu'ils ont finalement utilisée contre les États-Unis."* [133]

---

[133] Antony C. Sutton, *Wall Street et FDR*, op. cit.

D'autres entreprises américaines qui entretiennent des relations étroites avec le système de production militaro-industriel allemand sont General Motors, Ford Motor, General Electric, DuPont, etc., qui appartiennent toutes à JP Morgan, Rockefeller Chase ou la Manhattan Bank de Warburg.

Une guerre coûteuse et de l'argent bon marché

Churchill a dit : "Il est bien plus difficile de faire la guerre que de la terminer". À première vue, cela peut sembler irréaliste, mais une dégustation attentive révélera qu'il s'agit effectivement d'un sage dicton. Pour mettre fin à une guerre, il suffit souvent que des représentants secrets des gouvernements des deux belligérants s'assoient et négocient, rien de plus que les termes d'une fin de conflit, d'une perte ou d'un gain, aucun accord n'est hors de portée.

Mais faire la guerre est beaucoup plus difficile, et forger un consensus social dans une société démocratique est une tâche extrêmement éprouvante, ce qui attriste d'ailleurs les banquiers internationaux.

Comme le note Morton,

> " À leurs yeux (de banquiers internationaux), il n'y a ni guerre ni paix, ni slogans ni déclarations, ni sacrifice ni honneur, et ils ignorent ces choses qui confondent les yeux du monde. "

Napoléon, qui a vu l'essence des banquiers internationaux, a également mis le doigt sur le problème lorsqu'il a dit :

> " L'argent n'a pas de patrie ; les financiers ne savent pas ce qui est patriotique et noble ; leur seul but est de faire du profit. "

Le peuple américain, qui avait été dépouillé par les banquiers de Wall Street, ne s'est pas laissé berner aussi facilement après la Première Guerre mondiale et la Grande Dépression de 1929, et personne ne voulait servir de chair à canon aux banquiers avant d'envoyer ses enfants en Europe pour faire la guerre.

En 1935, une commission spéciale dirigée par le sénateur Gerald Nye a publié un rapport de plus de 1 400 pages détaillant l'implication de l'Amérique dans la Première Guerre mondiale, les conspirations et les méfaits des banquiers et des entreprises d'armement dans l'effort de guerre, et les récentes auditions de JP Morgan révélant les scandales du krach boursier de Wall Street depuis 29 ans, rendant le sentiment anti-guerre extrêmement fort. À cette époque, le livre à succès de Milis, "The Road to War", a provoqué un débat animé sur la participation à la guerre. En réponse à cette opinion publique, les États-Unis ont adopté, entre 1935 et 1937, trois lois sur la neutralité qui interdisaient strictement aux États-Unis de se laisser entraîner à nouveau dans la guerre.

Sur le front de l'économie nationale, plus de cinq ans après le début du New Deal de Roosevelt, l'économie américaine n'a jamais redémarré, le chômage est resté à 17% et, en 1938, les États-Unis étaient à nouveau en grave récession.

Les banquiers et Roosevelt étaient convaincus que seul un superdéficit fiscal, inspiré par les keynésiens, et l'injection massive d'argent bon marché pouvait sauver l'économie, et que seule une guerre massive pouvait le faire.

Après l'abolition de l'étalon-or en 1933, tous les obstacles sur le chemin de la guerre avaient été supprimés, et il ne restait plus qu'une excuse pour la guerre.

Charles C. Tansill, professeur d'histoire à l'université de Georgetown, a fait valoir que la guerre contre le Japon avait été planifiée bien avant l'arrivée au pouvoir de Roosevelt en 1933, et que dès 1932, la marine américaine avait prouvé qu'une attaque à 60 miles de Pearl Harbor pouvait frapper durement la flotte du Pacifique. Les services de renseignements américains ont déchiffré le code de l'armée japonaise en août 1940 et ont pu décoder toutes les interceptions antérieures des télégrammes japonais. Des machines à décoder de fabrication américaine furent envoyées dans le monde entier, laissant de côté Pearl Harbor, la plus grande base navale américaine dans le Pacifique. De nombreux historiens pensent que Roosevelt savait à l'avance que la marine japonaise s'approcherait furtivement de Pearl Harbor.

Le 13 janvier 1943, Roosevelt et Churchill déclarent à Casablanca que l'Allemagne doit se rendre sans condition, une déclaration qui surprend les forces allemandes qui s'opposent à Hitler et prônent la paix avec les Alliés. À l'origine, l'Allemagne avait proposé les termes de la paix avec les Alliés dès août 1942, lorsque l'Allemagne est revenue aux frontières d'avant le 1er septembre 1939, pour mettre fin à une guerre que l'Allemagne était condamnée à perdre. [134]

Les forces allemandes internes prônant le renversement d'Hitler et du régime nazi travaillaient déjà à la planification d'un coup d'État militaire, et la déclaration de Roosevelt a porté un coup sérieux à l'influence des forces anti-guerre en Allemagne. Voici comment Kissinger a expliqué la motivation de la déclaration de Roosevelt à Casablanca,

> "Roosevelt a fait cette déclaration pour plusieurs raisons (l'Allemagne doit se rendre sans condition). Il craignait que la discussion des conditions de la paix avec l'Allemagne ne divise l'opinion au sein des Alliés, qu'il voulait voir se concentrer d'abord sur la victoire de la guerre, et il tenait à assurer à Staline, qui était bloqué dans une impasse à Stalingrad, qu'il ne ferait jamais la paix avec l'Allemagne seule. Mais la raison la plus fondamentale était la volonté de Roosevelt d'empêcher les révisionnistes allemands de se lever plus tard et de prétendre que l'Allemagne s'était fait avoir par des promesses vides d'armistice cette année-là. " [135]

Kissinger a certainement raison, mais la vérité est que cette guerre brutale et coûteuse s'est prolongée pendant plus de deux ans et que d'innombrables vies et richesses ont été réduites en cendres. Cela inclut les six millions de Juifs qui ont péri aux mains des nazis, dont un nombre important aurait très probablement survécu si la guerre s'était terminée en 1943. Après tout, les Alliés auraient pu avoir leur mot à dire dans l'accord sur la reddition conditionnelle de l'Allemagne.

Cependant, les banquiers internationaux qui viennent de s'échauffer ne vont pas pouvoir mettre facilement fin à l'opportunité de s'enrichir. Lorsque la guerre s'éteint définitivement en août 1945 et que la dette nationale américaine monte en flèche, passant de 16 milliards de dollars en 1930 à 269 milliards de dollars en 1946, les affirmations de Keynes concernant le financement par déficit et l'argent bon marché sont finalement "testées" dans la fumée de la Seconde Guerre mondiale.

---

[134] Walter Schellenberg, *Les mémoires de Schellenberg* (André Deutsch, Londres, 1956).

[135] Henry Kissinger, *op. cit.* p. 346.

Les banquiers internationaux ont eu un autre coup de chance lors de la Seconde Guerre mondiale.

Résumé

★Les idées keynésiennes d'argent bon marché sont fortement soutenues par les banquiers et les politiciens internationaux.

★Le président Hoover est tombé en disgrâce à Wall Street en s'écartant de la politique établie des banquiers sur les paiements allemands, et sa volonté de court-circuiter la bourse de New York lui a arraché la face auprès des banquiers et a finalement écourté sa carrière.

★Roosevelt, qui s'est ostensiblement présenté comme le sauveur des gens du peuple propres et honnêtes, avait en fait des liens étroits avec les banquiers internationaux.

★Avec le soutien de Keynes et des banquiers, Roosevelt abolit le système de l'étalon-or.

★La montée en puissance d'Hitler et le financement et le soutien des banquiers aux États-Unis et en Grande-Bretagne y sont pour beaucoup.

★ Wall Street était la plus grande source de financement de l'Allemagne nazie, aidant Hitler à achever rapidement la reprise économique et à se préparer à une guerre de masse en six ans.

CHAPITRE VI

Le club d'élite qui dirige le monde

> *Les forces du capital financier ont un plan à très long terme visant à créer un système financier pour contrôler le monde, un (mécanisme) qui est contrôlé par quelques-uns et qui peut dominer le système politique et l'économie mondiale.*
> *Le système était contrôlé par des banquiers centraux sur le mode du despotisme féodal, dont la coordination était assurée par des accords secrets conclus lors de fréquentes réunions.*
> *Au cœur du système se trouve la Banque des règlements internationaux à Bâle, en Suisse, une banque privée, et les banques centrales qui la contrôlent sont elles-mêmes également des sociétés privées.*
> *Chaque banque centrale s'engage à contrôler son gouvernement respectif en contrôlant les prêts budgétaires, en manipulant les opérations de change, en influençant le niveau d'activité économique du pays et en offrant des récompenses aux politiciens qui restent coopératifs dans le domaine des affaires.* [136]
>
> Caroll Quigley, historien de renom de l'Université de Georgetown, 1966

Dans nos vies, des termes tels que "gouvernement mondial" et "monnaie mondiale" apparaissent de plus en plus fréquemment. Sans le contexte historique pertinent, il est très probable que vous écarteriez une telle référence comme un simple battage médiatique alors qu'en réalité, un énorme projet est en train d'être lancé. Il est inquiétant de constater que la Chine en sait encore très peu sur ce sujet.

En juillet 1944, alors que tout le continent eurasien était encore couvert de balises, un peu plus d'un mois après que la Grande-Bretagne et les États-Unis eurent ouvert le deuxième champ de bataille sur le continent européen, les représentants de 44 pays du monde entier se

---

[136] Carroll Quigley, *Tragedy & Hope* (MacMillan, 1966), p. 308.

sont rendus à Bretton Woods, une célèbre station balnéaire du New Hampshire, pour discuter du projet de nouvel ordre économique mondial d'après-guerre. Les banquiers internationaux se lancent dans leur projet de longue date : contrôler l'émission de monnaie dans le monde entier !

À cette époque, les banquiers internationaux avaient établi un noyau d'organisations : Le Royal Institute of International Affairs et le Council on Foreign Relations. Par la suite, deux nouvelles branches ont été créées à partir de ces deux institutions centrales : le groupe Bilderberg dans le domaine économique et le comité Trilatéral en charge de la politique.

Le but ultime de ces organisations est d'établir un gouvernement mondial dirigé par un très petit nombre d'élites anglo-américaines et un éventuel système unifié d'émission de monnaie mondiale, suivi d'un "impôt mondial" sur tous les citoyens de la Terre, ce qui est appelé le "Nouvel Ordre Mondial" !

Dans un tel système, tous les États souverains doivent être privés de leur droit de prendre des décisions sur la politique monétaire et les affaires économiques intérieures, et les libertés économiques et politiques de tous les États souverains et de leurs peuples doivent être manipulées. Les entraves qui sont imposées aux peuples modernes ne sont plus des chaînes mais des dettes. Afin de maximiser les avantages de chaque "esclave" moderne, la gestion bâclée doit passer à une phase de "reproduction" scientifique efficace, où la société sans numéraire, la monnaie électronique, l'identification par radiofréquence (RFID) unifiée au niveau international, les cartes d'identité implantées dans le corps humain et d'autres technologies deviendront les symboles qui finiront par transformer les gens modernes en "esclaves". En s'appuyant sur la technologie RFID, les banquiers internationaux seront finalement en mesure de surveiller chaque Terrien en tout lieu et à tout moment. Lorsque l'argent liquide disparaîtra de la société, il suffira de quelques tapes sur un clavier d'ordinateur pour que chacun soit privé du pouvoir d'acquérir sa richesse à tout moment. C'est une image super effrayante pour toute personne qui valorise le pouvoir de la liberté. Mais pour les banquiers internationaux, c'est le summum du "Nouvel Ordre Mondial".

L'élite estime que son plan n'est pas une "conspiration" mais une "conspiration ouverte". Contrairement aux conspirations traditionnelles, elles ne disposent pas d'une structure de direction claire, mais plutôt d'un "cercle social lâche" de personnes partageant les mêmes idées. Cependant, ce qui dérange les gens ordinaires, c'est que ces poids lourds "partageant les mêmes idées" semblent toujours "enrichir" leurs "idéaux" au détriment des gens ordinaires.

Le colonel House, fondateur de l'American Foreign Service Association et premier partisan de la Société des Nations après la fin de la Première Guerre mondiale, a été un important manipulateur de ce schéma aux États-Unis.

Colonel House, le "parrain spirituel"

> *À Washington, les vrais dirigeants sont invisibles, et ils viennent des coulisses pour exercer le pouvoir.* [137]
> – Felix F. Frankfurter, juge de la Cour suprême des États-Unis

Le nom du colonel House était Edward House, et le titre de colonel était une reconnaissance du gouverneur du Texas pour ses contributions aux élections locales au Texas. Né dans une riche famille de banquiers du Texas, le père de House, Thomas, était un agent des Rothschild européens pendant la guerre civile américaine. House a passé ses premières années en Angleterre et, comme de nombreux banquiers américains du début du 20e siècle, il a préféré considérer l'Angleterre comme sa patrie et a entretenu des relations étroites avec la communauté bancaire britannique.

En 1912, House a publié un roman anonyme, *Philip Dru : The Administrator*, qui a par la suite suscité un vif intérêt de la part des historiens, dans lequel il concevait un dictateur bienveillant s'emparant du pouvoir dans les deux partis aux États-Unis, établissant une banque centrale, mettant en œuvre un impôt fédéral progressif sur le revenu, abolissant les tarifs protecteurs, établissant un système de sécurité sociale, formant une Société des Nations, etc. Le monde futur qu'il a "prédit" dans son livre ressemblait de façon si frappante à ce qui allait se produire plus tard en Amérique que sa "prévoyance" est passée directement après Keynes.

---

[137] Ted Flynn, *op. cit.* p. 88.

En fait, ce que le colonel House et Keynes ont écrit est plus précis qu'un livre prophétique de l'avenir, un plan pour la mise en œuvre de politiques futures.

Le livre du colonel House a attiré l'attention de l'élite américaine dès sa publication, et ses prédictions sur l'avenir des États-Unis étaient très conformes à celles attendues par les banquiers internationaux. Le colonel House est rapidement devenu le "parrain spirituel" des cercles d'élite. Pour l'investiture démocrate à l'élection présidentielle de 1912, les gros bonnets démocrates s'arrangèrent pour que le colonel House " interviewe " Wilson, l'un des candidats. Lorsque Wilson arrive à l'hôtel de House à Yonhue, les deux hommes discutent pendant une heure, profondément rancuniers l'un envers l'autre et, selon les propres mots de Wilson,

> "M. House est ma seconde nature. Il est un autre être distinct du mien. Il est difficile de séparer ses pensées des miennes. Si j'étais à sa place, je ferais tout ce qu'il me suggère. " [138]

House a joué un rôle de communication et de coordination entre les politiciens et les banquiers. Avant l'élection de Wilson, lors d'un banquet organisé par les banquiers de Wall Street, House a assuré les gros bonnets de la finance que "l'âne démocrate, monté par Wilson, ne reculera jamais sur la route..." et Schiff, Warburg, Rockefeller, Morgan et d'autres ont placé leurs espoirs en House. [139]Schiff compare House à Moïse, tandis que lui-même et les autres banquiers sont Aaron.

Après l'élection présidentielle de novembre 1912, le président élu Wilson s'est rendu aux Bermudes pour des vacances, au cours desquelles il a lu attentivement l'ouvrage de *Philip Dru : Administrateur*. De 1913 à 1914, les politiques et la législation de Wilson sont presque une reprise du roman de House.

Lorsque la loi sur la réserve fédérale a été adoptée le 23 décembre 1913, Schiff, un banquier de Wall Street, a écrit à House,

---

[138] Charles Seymour, *Intimate Papers of Colonel House* (Houghton Mifflin, 1926), Vol. I, p. 114.

[139] George Sylvester Viereck, *L'amitié la plus étrange de l'histoire*, 1932.

> " Je voudrais vous dire un mot de remerciement pour votre contribution discrète et fructueuse à l'adoption de cette loi monétaire. " [140]

Une fois le gros travail de mise en place d'une banque centrale américaine privée terminé, House commence à s'intéresser aux affaires internationales. Grâce à ses nombreux contacts en Europe et en Amérique, House devient rapidement un poids lourd sur la scène mondiale.

> "Il (Haas) a un lien très profond avec les banquiers internationaux de New York. Son influence s'étend à de nombreuses institutions financières et banquiers, dont les frères Paul et Felix Warburg, Otto Can, Louis Marburg, Henry McKinza, les frères Jacob et Mortimer Schiff, et Herbert Lieman. House dispose d'un cercle de banquiers et de politiciens tout aussi puissant en Europe. " [141]

Le 30 mai 1919, le baron Edmund Rothschild convoque dans un hôtel de Paris, en France, une réunion avec des membres de l'Inquiry et de la British Round Table, centrée sur l'intégration des élites britanniques et américaines, qui se réunit à nouveau le 5 juin et décide qu'il serait préférable de séparer l'organisation et de coordonner ses actions.

Lorsque Roosevelt était secrétaire adjoint à la marine sous Wilson, il a lu *Philip Dru* de House : *Administrator* et a été inspiré. Le "dictateur modéré" décrit dans le livre était un reflet fidèle de ce que Roosevelt devint plus tard. Lorsque Roosevelt est élu président, House devient immédiatement un haut conseiller indispensable à la Maison Blanche.

Le gendre de Roosevelt a écrit dans ses mémoires.

> "Pendant longtemps, j'ai pensé que c'était Roosevelt lui-même qui inventait toutes les revendications et les façons de profiter des États-Unis. Ce n'est pas le cas dans la pratique. La plupart de ses idées, ses "munitions" politiques, ont été soigneusement concoctées pour lui à l'avance par les associations

---

[140] Charles Seymour, *op. cit.* p. 175.

[141] Dan Smoot, *The Invisible Government* (Dan Smoot Report, 1962).

diplomatiques et les organisations prônant une monnaie unique mondiale. " [142]

Le fils de Paul Warburg, le banquier James Warburg, qui était conseiller financier de Roosevelt et membre de l'Association des affaires étrangères, a déclaré devant la commission des affaires étrangères du Sénat le 17 février 1950,

> *"Nous devrions avoir un gouvernement mondial, que les gens le veuillent ou non. La seule question est de savoir si ce gouvernement mondial se fera par consensus (pacifique) ou par conquête (forcée).* " [143]

Un éditorial du *Chicago Tribune* du 9 décembre 1950 notait,

> *"Les membres de l'association (diplomatique) ont une influence bien plus grande sur la société que les gens ordinaires. Ils ont utilisé la supériorité établie par la richesse, le statut social et le niveau d'éducation pour conduire ce pays sur la voie de la faillite économique et de l'effondrement militaire. Ils devraient regarder leurs mains, qui sont tachées du sang qui a séché de la dernière guerre et qui est encore rouge vif de la dernière.* " [144]

En 1971, le député John Rarick, de Louisiane, l'a exprimé ainsi :

> *"L'Association des Affaires étrangères, dédiée à la création d'un gouvernement mondial, soutenue financièrement par plusieurs des plus grandes fondations exonérées d'impôts, manie le bâton du pouvoir et de l'influence et exerce une grande influence dans les communautés financières, commerciales, syndicales, militaires, éducatives et les médias de masse. Tout citoyen soucieux d'un bon gouvernement qui s'engage à protéger et à défendre la Constitution des États-Unis et l'esprit du libre commerce mérite de le savoir (Foreign Affairs Association). La presse de notre pays, qui défend le droit de savoir, a toujours été très agressive pour dénoncer les scandales, mais a toujours été d'un silence suspect lorsqu'il s'agit des activités des associations diplomatiques et de leurs membres. L'association diplomatique est une organisation d'élite. Non seulement elle exerce un pouvoir et une influence aux plus hauts niveaux décisionnels du gouvernement pour*

---

[142] Col. Curtis Dall, *op. cit.*

[143] David Allen Rivera, *Final Warning : Une histoire du nouvel ordre mondial* (2004).

[144] *Chicago Tribune*, 9 décembre 1950.

> *maintenir une pression descendante, mais elle soutient également la transformation d'une république constitutionnelle souveraine en serviteur d'un gouvernement mondial dictatorial en finançant des individus et des institutions pour exercer une pression d'en bas et d'en haut.* " [145]

L'Association des affaires étrangères exerce une influence absolue sur la politique américaine. Depuis la Seconde Guerre mondiale, presque tous les candidats à la présidence, sauf trois, ont été membres de l'Association. Pendant des décennies, les deux partis se sont relayés au pouvoir, et les politiques du gouvernement sont restées cohérentes parce que les membres de l'Association des affaires étrangères ont occupé presque tous les postes importants du gouvernement. Outre l'écrasante majorité des secrétaires au Trésor depuis 1921 et le conseiller à la sécurité nationale sous Eisenhower, qui a été essentiellement nommé par l'Association, l'Association des affaires étrangères a produit 14 secrétaires d'État (tous nommés depuis 1949), 11 secrétaires à la défense et 9 directeurs du renseignement central.

De ce point de vue, l'Association diplomatique est l'"école centrale du parti" de l'élite américaine.

> *"Une fois que les principaux membres de l'Association des affaires étrangères ont décidé d'une politique particulière du gouvernement américain, la grande organisation de recherche de l'Association des affaires étrangères entre en action et lance une variété d'arguments rationnels et émotionnels pour renforcer le caractère persuasif de la nouvelle politique. Politiquement et idéologiquement, pour confondre et rabaisser toute opinion opposée.* " [146]

Chaque fois qu'il y a un poste vacant (un poste important) à Washington, la première chose que fait la Maison Blanche est un appel de l'Association des affaires étrangères de New York. Le Christian Science Gag affirme que près de la moitié des membres de l'Association des affaires étrangères ont été invités dans le gouvernement ou ont servi de conseillers au gouvernement.

Les 3 600 membres de l'Association diplomatique doivent être des citoyens américains, notamment des banquiers influents, des dirigeants

---

[145] David Allen Rivera, *op. cit.*

[146] Phyllis Ward, Chester Schlafly, *Kissinger on the Couch* (Arlington House, 1975).

de grandes entreprises, des hauts fonctionnaires, des élites médiatiques, d'éminents professeurs d'université, des membres de grands groupes de réflexion, des généraux de l'armée, etc. Ces personnes forment le "noyau dur" de l'élite politique américaine.

En ce qui concerne "l'orientation de l'opinion" des grands médias aux États-Unis, le rapport de 1987 de la Foreign Affairs Association notait que pas moins de 262 journalistes et experts des médias en étaient membres, non seulement pour "interpréter" la politique étrangère du gouvernement, mais aussi pour la "formuler". Les membres de la Foreign Affairs Association contrôlent des réseaux de télévision tels que CBS, ABC, NBC et PBS.

En termes de journaux, les membres de l'Association des affaires étrangères contrôlent : le *New York Times*, le *Washington Post*, le *Wall Street Journal*, le *Boston Globe*, le *Baltimore Sun*, le *Los Angeles Times* et d'autres grands journaux.

Dans le domaine des magazines, les membres de la Foreign Affairs Association contrôlent : *Time, Fortune, Life, Money, People, Entertainment Weekly, Newsweek, Business Week, U.S. News & World Report, Reader's Digest, Forbes, The Atlantic* et d'autres magazines grand public. Dans le domaine de l'édition, les membres de l'Association diplomatique contrôlent les plus grandes maisons d'édition, telles que McMillan, Rand, Simon & Schuster, Harper Brothers et McGraw-Hill. [147]

Le sénateur américain William Jenner a dit un jour,

> *"La route vers la dictature en Amérique aujourd'hui peut être entièrement légitimée d'une manière que le Congrès, le Président et le peuple ne peuvent ni entendre ni voir. En surface, nous avons un gouvernement sous la Constitution, mais il y a aussi un pouvoir au sein de notre gouvernement et de notre système politique qui représente le point de vue des 'élites' qui pensent que notre Constitution est dépassée et que le temps est de leur côté."*

Le pouvoir de décider des affaires intérieures et extérieures de l'Amérique n'est plus entre les mains des partis démocrate et républicain, mais dans le cercle restreint du club des super-élites.

---

[147] Ted Flynn, *op. cit.*, p. 89.

Banque des règlements internationaux : une banque pour les banquiers centraux

Le célèbre expert monétaire Franz Pick a dit un jour,

> *Le sort de l'argent finira par devenir aussi le sort de la nation.*

De même, le sort de la monnaie mondiale détermine, en fin de compte, le sort du monde.

Bien que la Banque des règlements internationaux soit en fait la première organisation bancaire internationale au monde, elle a délibérément gardé un profil bas et est pratiquement invisible pour le public, ce qui explique qu'elle ait fait l'objet de très peu de recherches universitaires.

À l'exception des mois d'août et d'octobre, dix fois par an, un groupe de mystiques bien habillés venus de Londres, Washington et Tokyo se rend à Bâle, en Suisse, et s'installe discrètement à l'hôtel Euler. Ils participent aux réunions régulières les plus secrètes, les plus discrètes mais les plus importantes du monde. La douzaine de personnes ont chacune leur propre bureau et des lignes téléphoniques secrètes dédiées à leur pays respectif, et une équipe régulière de plus de 300 personnes leur fournit toute une gamme de services : chauffeurs, cuisiniers, gardes de sécurité, messagers, traducteurs, sténographes, secrétaires et travaux de recherche, ainsi que des superordinateurs, des country clubs entièrement clos, des courts de tennis, des piscines et d'autres installations à leur intention.

Il existe des restrictions strictes quant aux personnes qui peuvent rejoindre ce superclub, et seuls les banquiers centraux qui fixent les taux d'intérêt quotidiens, le volume du crédit et la masse monétaire dans chaque pays sont éligibles. Parmi eux figurent les directeurs de la Réserve fédérale, de la Banque d'Angleterre, de la Banque du Japon, de la Banque nationale suisse et de la Banque centrale allemande. Cette institution dispose de 40 milliards de dollars en espèces, en obligations d'État et en or, soit l'équivalent de 10% du total des réserves de change du monde, et ses avoirs en or sont les deuxièmes après ceux du Trésor américain. Les bénéfices tirés des prêts d'or couvriraient à eux seuls la totalité des dépenses de la banque. L'objectif des réunions mensuelles privées est de coordonner et de contrôler les activités monétaires dans tous les pays industrialisés.

Le siège de la Banque des règlements internationaux dispose d'un bâtiment souterrain capable de résister à une attaque nucléaire, d'installations hospitalières complètes, de trois systèmes redondants de protection contre les incendies et ne nécessite pas l'intervention de pompiers externes, même en cas d'incendie majeur. Le dernier étage du bâtiment est un luxueux restaurant réservé à l'usage exclusif de la douzaine de super VIP qui participent au "week-end de Bâle". La vue depuis l'immense terrasse vitrée du restaurant est à couper le souffle, avec des vues magnifiques sur l'Allemagne, la France et la Suisse.

Dans le centre informatique du bâtiment, tous les ordinateurs sont reliés directement au réseau des banques centrales nationales par une ligne dédiée, et les données des marchés financiers internationaux sont affichées en temps réel sur les écrans du hall, où 18 négociants traitent sans interruption des opérations de prêt à court terme sur le marché monétaire européen. L'autre groupe de négociants en or est presque perpétuellement en train de négocier par téléphone des positions en or entre les banques centrales.

La Banque des règlements internationaux (BRI) ne court pratiquement aucun risque dans les différentes opérations, car tous les prêts et toutes les transactions sur l'or sont garantis par des dépôts de diverses banques centrales, et la BRI perçoit des commissions élevées dans ces opérations. La question est de savoir pourquoi ces banques centrales sont prêtes à confier ces opérations peu compliquées à la Banque des règlements internationaux et à la laisser percevoir des commissions extrêmement élevées. Il n'y a qu'une seule réponse : un accord secret.

La Banque des règlements internationaux a été fondée en 1930, alors que la Grande Dépression qui balayait le monde était à son comble, et que les banquiers internationaux avaient commencé à concevoir une version amplifiée de la Réserve fédérale, en créant une banque avec un banquier central. En vertu de l'accord de La Haye de 1930, elle fonctionne de manière totalement indépendante des gouvernements et est totalement exonérée d'impôts pour les gouvernements, que ce soit en guerre ou en paix. Elle n'accepte que les dépôts des banques centrales nationales et prélève une commission importante pour chaque transaction. Au cours des années 1930 et 1940, lorsque l'économie mondiale était en proie à une grave récession et à des troubles, les banques centrales européennes ont déposé leurs réserves d'or auprès de la Banque des règlements internationaux (BRI) et, par conséquent, divers paiements internationaux et réparations de guerre ont été réglés par l'intermédiaire de la BRI.

Le cerveau de toute l'affaire était l'Allemand Hjalmar Schacht, le même Schacht qui avait conspiré en 1927 avec Strang de la Fed de New York et Norman de la Banque d'Angleterre pour planifier le krach boursier de 1929. Il a commencé à suivre la foi nazie en 1930. Il a conçu la Banque des règlements internationaux pour fournir une plate-forme sur laquelle les banquiers centraux pouvaient fournir des fonds intraçables pour des transferts clandestins. En fait, c'est par le biais de cette plate-forme que les banquiers internationaux de Grande-Bretagne et des États-Unis ont apporté un soutien financier substantiel à l'Allemagne nazie pendant la Seconde Guerre mondiale, afin de l'aider à faire durer la guerre le plus longtemps possible.

Après que l'Allemagne a déclaré la guerre aux États-Unis, de grandes quantités de fournitures stratégiques américaines ont été expédiées sous la bannière d'un État neutre, d'abord à l'Espagne fasciste, puis à l'Allemagne. Nombre de ces opérations financières sont réglées par la Banque des règlements internationaux.

Le conseil d'administration de la Banque des règlements internationaux était étonnamment composé de banquiers des deux côtés de la guerre, l'Américain Thomas McKittrick y siégeant aux côtés de Hermann Schmitz, la figure de proue du trust industriel de l'Allemagne nazie, I. G. Farben, du banquier allemand Baron von Kurt Schroeder, et de Walther Funk et Emil Pauhl de la Reichsbank, ces deux derniers étant même nommés par Hitler lui-même.

En mars 1938, lorsque les Allemands ont occupé l'Autriche, ils ont saccagé l'or de Vienne, qui était déposé dans les coffres de la Banque des règlements internationaux, ainsi que l'or pillé plus tard en République tchèque et dans d'autres pays européens occupés par l'Allemagne. Les dirigeants de l'Allemagne nazie ont interdit toute discussion sur le sujet au sein du conseil d'administration d'une banque de règlement. Entre autres choses, l'or tchèque avait été transféré à la Banque d'Angleterre avant l'occupation allemande, et les forces d'occupation nazies ont obligé la banque tchèque à le réclamer à la Banque d'Angleterre, ce que Norman de la Banque d'Angleterre a immédiatement fait, et l'or a été utilisé par l'Allemagne pour acheter de grandes quantités de biens stratégiques.

Lorsque la nouvelle a été révélée par un journaliste britannique, elle a immédiatement fait sourciller. Le secrétaire américain au Trésor,

Henry McKinsey, a personnellement appelé le secrétaire britannique au Trésor, John Simon, pour vérifier la situation, et Simon a multiplié les excuses. Plus tard, lorsque le Premier ministre David Chamberlain a été interrogé à ce sujet, la réponse de Chamberlain a été que cela n'existait pas. Il s'avère que Chamberlain était l'actionnaire majoritaire de l'Imperial Chemical Industries, qui était un partenaire commercial proche de l'I. G. Farben de l'Allemagne nazie.

Cochran, chargé par le département du Trésor des États-Unis de vérifier la situation à la Banque des règlements internationaux (BRI), a décrit ainsi la relation entre les directeurs des pays hostiles de la BRI.

> *"L'atmosphère à Bâle est tout à fait conviviale. La plupart des banquiers centraux se connaissent depuis des années, et la réunion de tous est une affaire agréable et très profitable. Certains d'entre eux ont suggéré qu'ils devraient renoncer aux contre-interrogatoires mutuels et que peut-être tout le monde devrait aller pêcher avec le président Roosevelt et surmonter l'orgueil et les complications de chacun pour se mettre dans de bonnes dispositions, afin que les relations politiques complexes actuelles puissent être simplifiées. "*

La Banque d'Angleterre a ensuite été contrainte de reconnaître que de l'or tchèque avait été transféré en Allemagne, son explication étant qu'il ne s'agissait que d'une opération technique et que l'or physique n'avait jamais quitté le Royaume-Uni. Bien entendu, grâce à la Banque des règlements internationaux, le transport de l'or vers l'Allemagne nazie n'a nécessité que quelques changements dans les comptes de la Banque des règlements. Il faut admirer Yalma Shachter pour avoir conçu en 1930 une plateforme financière aussi astucieuse pour soutenir les futures guerres de l'Allemagne.

En 1940, l'Américain Thomas H. McKittrick est nommé président de la Banque des règlements internationaux. Diplômé de l'université de Harvard, ancien président de la Chambre de commerce américano-britannique, il parle couramment l'allemand, le français et l'italien, entretient des liens étroits avec Wall Street et a déjà accordé de nombreux prêts à l'Allemagne. Peu après son entrée en fonction, il s'est rendu à Berlin pour une réunion secrète avec la Banque centrale allemande et la Gestapo afin de discuter de la manière dont les activités bancaires devraient se poursuivre une fois que les États-Unis seraient entrés en état de guerre avec l'Allemagne.

Le 27 mai 1941, le secrétaire d'État américain Hull, à la demande du secrétaire au Trésor Morgenthau, a envoyé un télégramme à l'ambassadeur des États-Unis au Royaume-Uni pour enquêter en détail sur les relations entre le gouvernement britannique et la Banque des règlements internationaux, qui était sous le contrôle des nazis. Les résultats de l'enquête ont pris Morgenthau au dépourvu et Norman de la Banque d'Angleterre a été administrateur de la Banque des règlements internationaux. En fait, les institutions bancaires américaines, britanniques et françaises étaient effectivement amicales et cordiales avec leur ennemi mortel sur le champ de bataille, les Allemands, au sein des conseils d'administration des banques liquidatrices, et cette relation pittoresque a perduré jusqu'à la fin de la guerre.

Le 5 février 1942, deux mois après l'attaque surprise des Japonais sur Pearl Harbor, les États-Unis étaient entrés en guerre totale avec l'Allemagne et, curieusement, la Banque centrale allemande et le gouvernement italien ont accepté que McKittrick, un Américain, reste président de la Banque des règlements internationaux jusqu'à la fin de la guerre, tandis que la Réserve fédérale restait en affaires avec la Banque.

Le parti travailliste britannique s'est montré sceptique quant à la relation peu claire entre la Banque d'Angleterre et la Banque des règlements internationaux, demandant à plusieurs reprises au Trésor d'avoir son mot à dire, expliquant que

> "Ce pays a de multiples droits et intérêts dans la Banque des règlements internationaux et ces arrangements sont basés sur des accords entre gouvernements. Il n'est pas dans notre intérêt de couper les liens avec cette banque."

À une époque de guerre, même les traités de non-agression entre les pays peuvent être abandonnés à tout moment, mais le Trésor britannique respecte strictement l'accord entre les banquiers de divers pays, de sorte que les gens ne peuvent s'empêcher d'"admirer" l'"attitude sérieuse" du peuple britannique vis-à-vis de la loi. Le problème est qu'en 1944, on découvre finalement que l'Allemagne a reçu la grande majorité des dividendes des banques en liquidation, et la générosité de la Grande-Bretagne ne peut que susciter des interrogations.

Au printemps 1943, McKittrick voyage entre les belligérants "au risque de sa sécurité personnelle". Bien qu'il ne soit ni citoyen italien ni diplomate américain, le gouvernement italien lui accorde un visa diplomatique et il est escorté par la police secrète de Himmler tout au long de son voyage jusqu'à Rome, la capitale des belligérants, puis retourne aux États-Unis via Lisbonne à bord d'un navire suédois ; en avril, il se rend à New York pour des consultations avec des responsables de la Réserve fédérale, puis, muni d'un passeport américain, il se rend à Berlin, la capitale allemande, pour transmettre des informations financières confidentielles et l'attitude de la Réserve fédérale. En avril, il se rend à New York pour des consultations avec des responsables de la Réserve fédérale, puis, muni d'un passeport américain, il se rend à Berlin, la capitale allemande, pour transmettre des informations financières confidentielles et l'attitude des hauts responsables américains aux responsables de la Banque centrale allemande.

Le 26 mars 1943, le membre du Congrès Jerry Voorhis, de Californie, a présenté une proposition à la Chambre des représentants visant à enquêter sur la Banque des règlements internationaux dans le but de comprendre "pourquoi un citoyen américain devrait être président d'une banque conçue et gérée par les puissances de l'Axe", et ni le Congrès des États-Unis ni le département du Trésor n'étaient intéressés par une enquête.

En janvier 1944, un autre "bon" adjoint, John Kaufer, déclare avec colère :

> *"Le gouvernement nazi avait 85 millions de francs suisses dans la Banque des règlements internationaux. La plupart des directeurs sont des officiels nazis, et notre argent américain coule à flots là-bas. "*

On n'a jamais compris comment la Suisse pouvait rester "neutre" face à la guerre de tous les côtés, alors que la Belgique, le Luxembourg, la Norvège et le Danemark, tout aussi faibles, ne pouvaient échapper aux nazis même s'ils voulaient rester neutres. Le problème était que la Banque des règlements internationaux était située en Suisse et que sa fonction réelle était de financer la guerre pour l'Allemagne par des banquiers américains et britanniques afin de faire durer la guerre plus longtemps.

Le 20 juillet 1944, à la conférence de Bretton Woods, le sujet de l'abolition de la Banque des règlements internationaux est enfin mis sur la table. Les deux principaux architectes, Keynes et Harry Dexter White, avaient initialement soutenu l'abolition de la Banque des règlements internationaux en raison de sa conduite douteuse pendant la guerre, mais leur attitude a rapidement changé. Lorsque Keynes frappa à la porte de la chambre du secrétaire américain au Trésor, Morgenthau regarda avec étonnement le Keynes, dont l'attitude et le comportement étaient impeccables, et dont le visage était rougi, et déclara sur un ton aussi calme que possible qu'il pensait que la Banque des règlements internationaux devait rester en activité jusqu'à la création du nouveau Fonds monétaire international et de la Banque mondiale, tandis que Mme Keynes faisait pression sur Morgenthau. Sentant l'énorme pression politique exercée sur Morgenthau pour qu'il dissolve la Banque des règlements internationaux, Keynes prend du recul et reconnaît que la banque doit être fermée, mais le moment de la fermeture est également important. Pour sa part, Morgenthau insiste sur le fait que "le plus tôt sera le mieux".

Frustré, Keynes retourne dans sa chambre et convoque immédiatement une réunion d'urgence de la délégation britannique, qui se tient jusqu'à 2 heures du matin, heure à laquelle Keynes rédige personnellement une lettre à Morgenthau demandant à la Banque des règlements internationaux de poursuivre ses opérations.

Lors de la réunion du lendemain, la délégation de Morgenthau a adopté à la surprise générale une résolution visant à dissoudre la Banque des règlements internationaux. Apprenant cette décision, McKittrick écrivit immédiatement à Morgenthau et au chancelier de l'Échiquier britannique, soulignant que la Banque des règlements internationaux aurait encore un grand rôle à jouer après la guerre, mais précisant en même temps que les comptes de la Banque des règlements internationaux ne pouvaient être rendus publics. En fait, ses comptes n'ont jamais été rendus publics à aucun gouvernement au cours des 76 années allant de 1930 à aujourd'hui.

Malgré la conduite douteuse de McKittrick pendant la guerre, il était admiré par les banquiers internationaux, et il fut plus tard nommé par Rockefeller comme vice-président de la Chase Manhattan Bank. Et la Banque des règlements internationaux n'a finalement pas été dissoute.

Après la guerre, les activités de la Banque des règlements internationaux sont devenues plus secrètes. Elle est composée de six ou sept banquiers centraux dans ce que l'on appelle un "core club", les directeurs de la Réserve fédérale, de la Banque nationale suisse, de la Deutsche Bundesbank, de la Banque d'Italie, de la Banque du Japon, de la Banque d'Angleterre, de la Banque de France et d'autres banques centrales nationales étant exclus du noyau.

L'idée la plus importante du "core club" est d'exclure fermement les gouvernements du processus de décision monétaire international. La Banque nationale suisse était à l'origine une banque privée, totalement libre de tout contrôle gouvernemental. La Deutsche Bundesbank est presque aussi peu conventionnelle que les banques suisses et ne salue pas du tout le gouvernement pour des décisions aussi importantes que les changements de taux d'intérêt, et son président, Poole, ne prendrait même pas un vol organisé par le gouvernement pour se rendre à Bâle pour une réunion, préférant se rendre en Suisse dans sa limousine. Bien que la Fed soit soumise à certaines procédures gouvernementales, la Maison Blanche et le Congrès sont totalement indifférents aux décisions monétaires. La Banque d'Italie devait en théorie passer sous le contrôle du gouvernement, mais son président n'a jamais mordu la corde avec le gouvernement. En 1979, le gouvernement a même menacé d'arrêter le président de la Banque d'Italie, Paolo Baffi, sous la pression des banquiers internationaux, mais le gouvernement n'a rien fait. Le cas de la Banque du Japon est plus unique, mais après l'effondrement de la bulle immobilière japonaise dans les années 1980, l'intervention du ministère des finances dans la Banque centrale du Japon a été décrite comme le coupable, et la Banque du Japon a saisi l'occasion pour se libérer de l'emprise du gouvernement. La Banque d'Angleterre est regardée de très près par le gouvernement, mais ses présidents sont tous des gros bonnets qui ont les yeux dans les yeux, donc ils comptent comme des membres de base. Pas aussi chanceux pour la Banque de France, qui est considérée comme une marionnette du gouvernement et fermement exclue du cercle restreint.

Fonds monétaire international et Banque mondiale

> *"Ils diront que le FMI est très arrogant. Ils diront que le FMI n'a jamais vraiment écouté les pays en développement qu'il essaie d'aider. Ils diront que les décisions du FMI sont secrètes et antidémocratiques. Ils diront que la "thérapie" économique du FMI a souvent exacerbé le problème — faisant en sorte que (le développement économique) se détériore lentement en un marasme et du marasme à la récession. Ils ont raison. J'ai été économiste en chef de la Banque mondiale de 1996 à septembre (2000), lorsque j'ai vécu la pire crise économique mondiale depuis un demi-siècle (crise financière asiatique, crise*

> *financière latino-américaine et russe). J'ai été le témoin direct des mesures prises par le FMI et le département du Trésor américain en réponse à cette crise et j'ai été stupéfait. "*
> – Stiglitz, ancien économiste en chef de la Banque mondiale

Joseph Stiglitz, en tant qu'économiste en chef de la Banque mondiale, a livré cette puissante attaque contre les deux plus grandes institutions financières internationales une semaine avant l'assemblée annuelle de la Banque mondiale et du FMI en 2000, et il a immédiatement été "forcé à la retraite" par le président de la Banque mondiale, Wolfensohn. En fait, ce n'est pas Wolfensohn qui a licencié Stiglitz, mais le secrétaire américain au Trésor Lawrence Summers, qui possède 17% de la Banque mondiale, a le pouvoir de nommer et de révoquer le président de la Banque mondiale et dispose d'un droit de veto, et contrôle de fait les opérations de la Banque. Samos en avait tellement marre de Stiglitz qu'il n'a pas pu supporter de le forcer à se retirer en silence, mais il était obligé de l'humilier par la forme extrême de la "destitution" (Removal).

Stiglitz a reçu le prix Nobel d'économie en 2001. Stiglitz a également été le principal conseiller économique du président Clinton.

Le problème n'est pas que l'économie de Stiglitz est inadéquate, mais que sa "position politique" est problématique, principalement son attitude négative envers la "mondialisation", à laquelle les banquiers internationaux sont particulièrement attachés. Son évaluation et ses idées sur les deux institutions financières internationales sont bien sûr fondées sur de nombreuses informations de première main, mais ce à quoi il ne s'attendait pas du tout, c'est que "créer et exploiter ces problèmes" soit la mission des deux institutions.

Stiglitz ne croit pas du tout aux "théories du complot", et de même, la plupart des économistes et du personnel travaillant à la Banque mondiale et au FMI, y compris ceux de la partie chinoise, ne sont pas d'accord pour dire qu'il y a une quelconque "conspiration" dans leur travail. En fait, au niveau opérationnel, tout le travail est entièrement scientifique et rigoureux, chaque donnée a une source, chaque algorithme a une analyse scientifique, chaque plan a une histoire à succès, s'il y a une "conspiration" dans leur travail quotidien, il est vraiment faux de dire que n'importe qui d'autre avec le même modèle mathématique et la même méthode arrivera à la même conclusion.

C'est là que le maître concepteur entre en jeu ! Les détails et les opérations sont totalement transparents, scientifiques et presque impeccables, tandis que la véritable "conspiration" se situe au niveau politique. Le cas classique de la guerre est que la Pologne et l'ancienne Union soviétique ont subi des effets très différents de la transformation économique.

Jeffrey Sachs, professeur à Harvard, Soros, ainsi que l'ancien président de la Réserve fédérale Paul Volcker et le vice-président de la Citibank Anno Ruding, ont concocté la "thérapie par oscillation". Soros lui-même a résumé la thérapie de cette façon.

> *"J'ai pris en compte la nécessité de montrer que les changements dans le système politique conduiront à une amélioration économique. La Pologne est un endroit à essayer. J'ai préparé un certain nombre de grandes mesures de réforme économique, qui comportent trois volets : le resserrement monétaire, l'ajustement structurel et la restructuration de la dette. Je pense qu'il est préférable d'atteindre ces trois objectifs simultanément plutôt que séparément. Je préconise une sorte d'échange de parts de dette macroéconomique."*

Par conséquent, la "thérapie d'oscillation" polonaise a été mise en œuvre avec un soutien monétaire substantiel du Trésor américain et des banquiers internationaux, et grâce à la "transfusion sanguine" de grandes sommes d'argent, la "thérapie d'oscillation" polonaise a été très efficace.

En attendant l'"ours polaire" par le "médecin" économique mis sur la table d'opération, un éclat d'ouverture, l'aide des États-Unis et les banquiers internationaux initialement promis bonne financière "transfusion sanguine", mais arrêté, le sort du patient peut être imaginé. Pas étonnant que le professeur Sachs s'est exclamé "accusé à tort", évidemment le succès de la "chirurgie" a été vérifié par le cas polonais, mais l'accident, "ours polaire" patient étonnamment tué.

En fait, le succès de la "thérapie oscillatoire" en Pologne était à l'origine un jeu, une conspiration au "niveau politique" que les professeurs Sachs et Stiglitz ne pouvaient pas comprendre au "niveau opérationnel".

Au début de la conception du système Breton, ces deux institutions financières ont été créées pour établir l'hégémonie du dollar comme monnaie mondiale. L'idéal des banquiers internationaux d'abolir l'étalon-or a été réalisé en trois étapes majeures. Roosevelt a achevé la première étape de l'abolition de l'or lorsqu'il a aboli le système traditionnel de l'étalon-or en 1933 et que la relation d'échange direct entre l'or et le dollar (Gold Standard) a été remplacée par un échange indirect d'or (Gold Exchange Standard). Sur le marché à circulation internationale, les détenteurs de dollars étrangers peuvent toujours convertir des dollars en or. Et le système de Bretton est un pas de plus, avec l'échange du dollar (Dollar Exchange Standard) a remplacé l'or était l'échange indirect de l'or, c'est à dire, la monnaie nationale et la cheville du dollar, le dollar et la cheville de l'or, seules les banques centrales étrangères peuvent prendre le dollar pour l'or, l'or a été encore plus évincé du champ de la circulation monétaire, depuis lors, l'abolition de l'or a achevé la deuxième étape.

Afin d'éviter que la situation ne devienne incontrôlable, le département du Trésor des États-Unis a conçu des dispositions sur de nombreuses questions majeures qui doivent être mises en œuvre avec plus de 85% de votes favorables, ce qui donne un droit de veto au département du Trésor des États-Unis (17% des votes). Dans le cas de la Banque mondiale, où le Trésor américain choisit le président, le seuil de 85% de votes favorables n'est que rarement fixé afin d'accroître l'"efficacité", puisque c'est le Trésor américain qui choisit le président et a toute autorité sur le personnel. C'est l'écart entre le fait de jouer la "conception de la politique" et de la limiter aux "processus opérationnels".

Keynes, l'architecte en chef du système de Bretton, a également proposé un concept encore plus "brillant" : Les "droits de tirage spéciaux" (DTS) pour construire le futur cadre monétaire mondial, ce que l'on appelle "l'or papier" pour pallier la pénurie physique d'or aux États-Unis, causée par une pénurie chronique de monnaie. Il s'agit d'une "invention" sans précédent dans l'histoire de l'humanité, qui stipule artificiellement qu'une certaine "monnaie papier" ne sera jamais "dévaluée", équivalente à l'or, mais ne pourra jamais être convertie en or. Ce concept a été "introduit en grande pompe" en 1969, lors de la grave crise du paiement en or aux États-Unis, mais il n'a pas réussi à sauver l'effondrement de l'engagement international envers la relation d'échange dollar-or. Après l'effondrement du système de Bretton, les "droits de tirage spéciaux" ont été redéfinis pour être rattachés au taux de change d'un "panier" de monnaies. À ce jour, cette "monnaie mondiale", conçue par Keynes dans les années 1940, n'a pas été d'une grande utilité.

La mission historique du FMI et de la Banque mondiale était pratiquement terminée lorsque Nixon a annoncé la suspension de la relation entre l'or et le dollar en 1971, mais les banquiers internationaux leur ont rapidement trouvé un nouveau créneau : "aider" les pays en développement à se "mondialiser".

Avant d'être licencié, Stiglitz a eu accès à un grand nombre de documents confidentiels de la Banque mondiale et du FMI. Ces documents montrent que le FMI exige des pays recevant une aide d'urgence qu'ils signent 111 clauses secrètes, dont la vente des principaux actifs du pays bénéficiaire : eau, électricité, gaz, chemins de fer, télécommunications, pétrole, banques, etc. ; la nécessité pour le pays bénéficiaire de prendre des mesures économiques extrêmement destructrices ; et l'ouverture de comptes bancaires dans des banques suisses pour les politiciens du pays bénéficiaire, avec des milliards de dollars versés secrètement en contrepartie. Si les politiciens de ces pays bénéficiaires refusent ces conditions, ils ne pourront pas contracter de prêts d'urgence sur les marchés financiers internationaux.

C'est pourquoi les banquiers internationaux se sont montrés inhabituellement furieux ces derniers temps à propos des prêts sans conditions accordés par la Chine aux pays du tiers monde, où la Chine a offert de nouvelles options aux pays désespérés. Stiglitz a révélé que tous les pays ont le même type de prescription qui les attend.

Premier sous-produit : la privatisation. Plus précisément, la "corruption". Les dirigeants des pays bénéficiaires recevraient une commission de 10%, versée intégralement sur un compte secret dans une banque suisse, chaque fois qu'ils accepteraient de céder des actifs publics à des prix bradés. Selon les mots de Stiglitz, "vous verrez leurs yeux grands ouverts", et cela représentera des milliards de dollars ! Le plus gros pot-de-vin de l'histoire a eu lieu en 1995 lors de la privatisation de la Russie,

> "Le Trésor américain a trouvé ça génial parce qu'on avait besoin qu'Eltsine soit élu. On se fiche de savoir si cette élection est corrompue. Nous voulons que l'argent se précipite vers Eltsine."

Stiglitz n'est pas un théoricien de la conspiration, c'est simplement un universitaire intègre qui, en tant qu'économiste, sa conscience et son sens de la justice l'ont mis très mal à l'aise face aux manigances méprisables de la Banque mondiale et du Trésor américain lorsqu'il a vu le pays plonger dans une grave récession due à une corruption sans précédent qui a entraîné une réduction de près de moitié de la production économique russe.

Deuxième pilier : la libéralisation du marché des capitaux. En théorie, la libéralisation des capitaux signifie que les capitaux entrent et sortent librement. Mais la réalité de la tourmente financière asiatique et de la crise financière brésilienne est que la libre circulation des capitaux pour spéculer sur les marchés de l'immobilier, des actions et des changes. Les conditions posées par le FMI pour venir à la rescousse comprennent le resserrement de la base monétaire et l'augmentation des taux d'intérêt au niveau absurde de 30%, 50%, 80%, des taux d'intérêt aussi élevés ne feront que détruire impitoyablement les valeurs immobilières, détruire la capacité de production industrielle et drainer la richesse accumulée par la société au fil des ans.

Troisième sous-produit : la fixation des prix du marché. En 1998, lorsque le FMI a réduit les subventions à l'alimentation et au carburant en Indonésie, une émeute massive a éclaté. Les citoyens de Bolivie se révoltent en raison de la hausse du prix de l'eau. L'Équateur a provoqué des troubles sociaux en raison de la flambée des prix du gaz. Et cela a été compris depuis longtemps par les banquiers internationaux, dans leur terminologie, appelée "agitation sociale". Et cette "agitation sociale" a un très bon effet, à savoir que l'argent se disperse comme des oiseaux effrayés, laissant un actif extrêmement bon marché qui attend dans la bouche des banquiers internationaux qui en salivent déjà.

Lorsque la première présidente éthiopienne démocratiquement élue a reçu l'aide de la Banque mondiale et du FMI pendant la crise, elle a été obligée de la déposer sur son compte auprès du Trésor américain au maigre taux d'intérêt de 4%, tout en devant emprunter aux banquiers internationaux au taux élevé de 12% pour soulager le peuple affamé. Lorsque le nouveau président a supplié Stiglitz d'utiliser l'argent de la Banque mondiale et du FMI pour venir en aide aux sinistrés, Stiglitz n'a pu que refuser sa demande. Il s'agissait d'un test cruel de la conscience humaine, et Stiglitz ne pouvait clairement pas supporter une telle torture.

Quatrième sous-produit : les stratégies de réduction de la pauvreté : le libre-échange. Dans ce contexte, Stiglitz a comparé les dispositions de libre-échange de l'OMC à la "guerre de l'opium". Stiglitz était particulièrement indigné par la clause relative à la "propriété intellectuelle" qui, à un niveau aussi élevé de "droits de douane" sur la "propriété intellectuelle" pour payer les médicaments de marque produits par les entreprises pharmaceutiques des pays occidentaux, revenait à "maudire à mort les populations locales, dont (les entreprises pharmaceutiques occidentales) se fichent éperdument de la vie".

Selon Stiglitz, le FMI, la Banque mondiale et l'OMC sont des marques différentes en dehors de la même institution, et l'ouverture du marché du FMI est encore plus onéreuse que celle de l'OMC officielle.

Et *Confessions of an Economic HitMan*, publié en 2004, ajoute une merveilleuse note de bas de page au point de vue de Stiglitz, du point de vue du praticien.

L'auteur du livre, John Perkins, utilise son expérience personnelle pour dépeindre de manière graphique et méticuleuse les débuts d'une guerre financière secrète et non déclarée menée par les banquiers internationaux contre les pays en développement. En tant que client, l'auteur a été recruté par la NSA (National Security Agency), la plus grande agence d'espionnage des États-Unis, à la fin des années 1960. Après un certain nombre de tests, l'auteur a été considéré comme un candidat très approprié pour l'"assassin économique". Afin d'éviter que son identité ne soit révélée, l'auteur a été envoyé par une société d'ingénierie de renommée internationale en tant qu'"économiste en chef" pour travailler comme "assassin économique" dans différents pays du monde. Si le plan de l'auteur n'était pas révélé, le pays concerné ne pouvait que blâmer la cupidité des entreprises privées en raison de l'absence totale de contexte officiel. Le travail de l'auteur consiste à persuader les pays en développement d'emprunter massivement auprès de la Banque mondiale, bien plus que ce qui est réellement nécessaire, afin de déterminer que la dette est vouée à devenir impayable. Des centaines de millions de dollars de pots-de-vin monétaires sont versés à tout moment afin que les personnes au pouvoir puissent goûter à la douceur de la situation. Lorsque la dette ne peut être payée, la Banque mondiale et le FMI, au nom des banquiers internationaux, réclament "la livre de chair et de sang qui est due" en échange de la cession d'importants actifs nationaux, tels que les systèmes d'eau, le gaz, l'électricité, les transports, les communications et d'autres industries.

Si le travail des "assassins économiques" échoue, les "chacals" de la CIA sont envoyés pour assassiner les dirigeants du pays, et si les "chacals" échouent également, la machine militaire est finalement utilisée pour faire la guerre.

En 1971, l'auteur a été envoyé en Indonésie, où il a rempli avec succès sa mission d'"assassin économique", ce qui a entraîné un endettement important du pays. Plus tard, l'auteur s'est rendu en Arabie

Saoudite et a personnellement manipulé le programme de "recyclage du pétrodollar vers les États-Unis" (Cycling of Petrodollar), ce qui a contribué au succès ultérieur de Kissinger qui a fait pression sur l'Arabie Saoudite pour qu'elle se dissocie de l'organisation OPEP. Par la suite, l'auteur s'est rendu en Iran, au Panama, en Équateur, au Venezuela et dans d'autres pays, où il a accompli de nombreuses choses remarquables. Lorsque les événements du 11 septembre 2001 ont laissé à l'auteur le sentiment douloureux que les États-Unis étaient détestés par le monde entier en raison du bon travail d'"assassins économiques" comme lui, l'auteur a finalement décidé de dire la vérité. Si aucun grand éditeur new-yorkais n'a osé publier son autobiographie, c'est parce que le livre est tellement explosif. Il a écrit le livre rapidement dans le "cercle" se propager, une société internationale célèbre avec un salaire élevé pour l'embaucher à "s'asseoir sur le banc", la condition est de ne pas publier le livre, qui est un pot-de-vin "légal". Lorsque l'auteur a pris le risque et la pression de publier le livre en 2004, il est devenu le roman le plus vendu en Amérique presque du jour au lendemain. Le choix de la forme fictionnelle a également été fait par nécessité. L'éditeur craignait que la publication sous forme documentaire n'entraîne inévitablement des conséquences inattendues.

L'élite qui dirige le monde

> *"Il vaut mieux que nous construisions l'"édifice de l'ordre mondial" de bas en haut, plutôt que l'inverse. Mettre fin à la souveraineté nationale (le travail) peut être fait avec une approche d'empiètement petit à petit, qui nous y mènera plus rapidement que l'ancienne approche. "*
> – Richard Gardner , *Foreign Affairs Magazine,* avril 1974

Le 16 juillet 1992, lorsque Clinton a accepté sa candidature à l'investiture présidentielle lors de la convention démocrate, elle a fait un certain nombre de déclarations très remarquées sur l'unité, les idéaux, le peuple et le pays qui n'avaient rien de nouveau. Mais à la fin de son discours, Clinton a soudainement mentionné l'influence de son mentor du temps où il était à l'université de Georgetown, le célèbre historien américain Carroll Quigley, et a comparé cette influence à celle du président Kennedy.[148]Clinton a mentionné à plusieurs reprises le nom de Carlo Quigley tout au long de sa présidence ultérieure. Qu'y a-t-il donc exactement dans les affirmations de Carlo Quigley qui soit si ancré dans les os de Clinton ?

Il s'avère que le professeur Quigley est une autorité en matière d'élite secrète anglo-américaine, qui, selon lui, influe de manière décisive sur presque tous les événements majeurs dans le monde. En d'autres termes, le professeur Quigley est un maître de la "théorie du complot".

Diplômé de l'université de Harvard, le professeur Quigley a travaillé au sein du groupe de réflexion Brookings, du ministère de la Défense des États-Unis et du ministère de la Marine, et a collaboré étroitement avec de nombreux hauts responsables de la CIA. Une autre raison est que, comme il a été exposé à un grand nombre de documents top secrets au cours de ses 20 années de recherche, aucune autre personne dans l'histoire américaine n'a eu l'occasion de répéter ses recherches, de sorte qu'il y avait peu de challengers à son travail.

Selon le professeur Quigley, la Royal Society of International Affairs, l'American Foreign Service Association (CFR), le groupe Bilderberg et la Commission trilatérale sont clairement les organisations centrales de l'élite politique mondiale qui manipule la situation mondiale. L'adhésion à l'Association diplomatique, qui compte 3 600 membres et qui est l'équivalent d'une "école centrale du parti" aux États-Unis, est la porte d'entrée de la politique américaine et de l'avenir de la politique mondiale. Le Club Bilderberg a ajouté des élites d'Europe, tandis que la Commission trilatérale, qui compte 325 membres, a ajouté des élites du Japon et d'autres pays asiatiques. Les membres influents de l'American Foreign Service Association sont souvent membres d'autres organisations également. L'élite de ces organisations comprend des poids lourds qui ont pris le monde d'assaut : l'ancien secrétaire d'État américain Henry Kissinger, David Rockefeller du Comité international J. P. Morgan, Nelson Rockefeller, le prince Philip d'Angleterre, McNamara, qui a été secrétaire américain à la défense dans l'administration du président John F. Kennedy et plus

---

[148] Bill Clinton, discours d'acceptation à la Convention nationale démocratique par le gouverneur Bill Clinton de l'Arkansas", New York - NY, 16 juillet 1992.

tard comme président de la Banque mondiale, l'ancien premier ministre britannique Margaret Thatcher, l'ancien président français (et principal architecte de la Constitution européenne) Bernie de Stein, le secrétaire américain à la défense Rumsfeld, l'ancien conseiller américain à la sécurité nationale Brzezinski et le président de la Réserve fédérale Alan Greenspan, ainsi que le grand maître de la génération Keynes. Les banquiers internationaux sont les grands patrons de ces organisations. La famille Rothschild a présidé de nombreuses réunions Bilderberg, les réunions de 1962 et 1973 dans le sanctuaire de vacances suédois de Sarthebaden ont été organisées par la famille Warburg.

Clinton, qui est à l'université, a immédiatement compris que pour s'imposer en politique, la lutte personnelle est vouée à l'échec, et qu'elle doit entrer dans le cercle du pouvoir pour atteindre le domaine du "bon vent avec le pouvoir, laissez-moi monter au sommet".

Il s'est avéré que Clinton a rejoint la Commission trilatérale et l'Association diplomatique, ainsi que les Rhodes Scholars, une formation destinée à former des "cadres" importants des futurs "gouvernements mondiaux". Clinton a rejoint l'Association diplomatique en 1989 et, en 1991, Clinton, alors gouverneur de l'Arkansas, s'est présenté à la réunion annuelle du Club Bilderberg en Allemagne cette année-là, [149]sachant que de nombreux gouverneurs de grands États des États-Unis souhaitaient assister à ce "rassemblement de la super-élite".

Le Club Bilderberg

> *"Si nous avions ouvert nos portes au public au cours de ces années, nous n'aurions pas été en mesure d'élaborer un plan de développement pour le monde. Cependant, le monde est de plus en plus complexe et prêt à évoluer vers un gouvernement mondial. Une entité souveraine supranationale composée d'élites intellectuelles et de banquiers mondiaux est certainement préférable à l'autodétermination nationale telle qu'elle a été pratiquée au cours des siècles passés. "* [150]

---

[149] "Marc Fisher", *Washington Post*, mardi 27 janvier 1998.

[150] Pepe Escobar, "Bilderberg Strikes Again", *Asia Times*, 10 mai 2005.

David Rockefeller, 1991

Le Club Bilderberg, qui doit son nom à un hôtel néerlandais, a été fondé en 1954 par le prince Bernhard des Pays-Bas. Le Club Bilderberg est la "version internationale" de l'American Foreign Service Association et se compose de banquiers, de politiciens, de chefs d'entreprise, de magnats des médias et d'universitaires de premier plan des États-Unis et d'Europe. Tous ont été récupérés un par un par Rothschild et Rockefeller, dont beaucoup étaient également membres de l'American Foreign Service Association, de la Pilgrims Society, de la Table ronde et de la Commission trilatérale. Le Bilderberg Club est le siège de presque toutes les institutions européennes communes, y compris l'UE, dont le but ultime est d'établir un gouvernement mondial. [151]

La plus grande caractéristique de l'organisation est sa "mystique".

Le club Bilderberg est basé à Leyde, dans l'ouest des Pays-Bas, et a même un numéro de téléphone. Mais il n'y a pas de site web. Quelques détectives indépendants, comme Tony Gosling en Angleterre ou James Tucker aux États-Unis, ont dû se donner beaucoup de mal pour obtenir des informations sur le lieu et l'ordre du jour de la réunion de Bilderberg, et Tucker a suivi le Club Bilderberg pendant 30 ans. Tucker a publié un livre sur le Club Bilderberg. L'historien Pierre de Villemarest et le journaliste William Wolf ont publié conjointement Faits et Chroniques refusés au public, dont les volumes 1 et 2 racontent l'histoire secrète du développement du Club Bilderberg. Un livre du sociologue belge Geoffrey Geuens comporte également un chapitre consacré au Club Bilderberg.

Etienne Davignon, ancien vice-président de la Commission européenne et membre du Club Bilderberg, assure que "ce n'est pas un complot des capitalistes pour manipuler le monde". Thierry de Montbrial, directeur de l'Institut français des relations internationales et membre du club Bilderberg depuis près de 30 ans, a déclaré qu'il s'agissait simplement d'un "club". Par exemple, le communiqué de presse officiel de la réunion de Bilderberg de 2002 disait : "La seule activité du Club est de tenir sa réunion annuelle. Il n'y aura aucune résolution, aucun vote, aucune déclaration de politique

---

[151] Ibid.

générale. "Le Club Bilderberg est un "petit forum international flexible et informel. Dans le cadre de ce forum, les participants peuvent exprimer une variété de points de vue et améliorer leur compréhension les uns des autres ".

L'économiste britannique Will Hutton affirme que l'accord conclu lors de chaque réunion Bilderberg est "un prélude à l'élaboration de la politique mondiale", une affirmation assez proche de la vérité. Les décisions prises lors de la réunion de Bilderberg deviendront plus tard la politique établie du sommet du G8, du FMI et de la Banque mondiale.

Les médias ont toujours été doux comme des agneaux silencieux devant le club Bilderberg, et en 2005, le *Financial Times* a volé la vedette de façon typique, en minimisant les théories de conspiration tapageuses.

En fait, toute personne qui remet en question ce club le plus puissant du monde est ridiculisée comme étant un théoricien du complot. Les membres du club Bilderberg, tels que des parlementaires britanniques ou des responsables politiques américains, le décrivent comme "rien de plus qu'un lieu de discussion", un forum où chacun peut "exprimer librement ses opinions".

Dans son livre *A Century of War : Anglo Americanoil politics and the New World War*, William Engdahl détaille un mystère peu connu qui s'est déroulé lors de la conférence Bilderberg de 1973 en Suède. Dans les premières années qui ont suivi l'effondrement du système de Bretton, la position du dollar a connu une crise sans précédent dans le monde entier. Ayant été découplé de l'or, la crédibilité et la valeur du dollar ont été perdues dans la tourmente financière mondiale comme un cerf-volant dont la ficelle est cassée. À cette époque, les banquiers internationaux étaient encore loin d'être prêts pour la monnaie mondiale, et leurs idées et concepts étaient extrêmement confus, et l'introduction "grandiose" de la monnaie mondiale "droits de tirage spéciaux" en 1969 n'a tout simplement pas été appréciée sur les marchés financiers internationaux. Voyant que la situation était sur le point d'échapper à tout contrôle, les banquiers internationaux se sont consultés d'urgence lors de la conférence Bilderberg de 1973 pour tenter d'endiguer la crise financière mondiale de l'époque et de regagner la confiance dans le dollar. Le stratège financier américain Walter Levy a proposé un plan audacieux et stupéfiant pour laisser passer la flambée de 400% du prix mondial du pétrole et planifier comment en tirer profit.

La réunion a rassemblé 84 membres de grandes compagnies pétrolières et de consortiums. Engdahl a conclu que,

> "L'objectif de ces puissants réunis à Bilderberg est de réorienter l'équilibre des forces dans le sens des intérêts financiers américains et du dollar. À cette fin, ils ont décidé d'utiliser leur arme la plus précieuse — le contrôle de l'approvisionnement mondial en pétrole. La politique du club Bilderberg consiste à déclencher un embargo mondial sur le pétrole, ce qui entraîne une flambée des prix mondiaux du pétrole. À partir de 1945, le prix du pétrole mondial a été fixé en dollars américains, conformément à la pratique internationale, car les compagnies pétrolières américaines contrôlaient le marché pétrolier de l'après-guerre. Ainsi, la hausse soudaine des prix mondiaux du pétrole implique une hausse correspondante de la demande mondiale de dollars (pour acheter le pétrole nécessaire), ce qui stabilise la valeur de la monnaie dollar. " [152]

Kissinger a utilisé l'expression "un flux constant de pétrodollars" pour décrire le résultat de la flambée des prix du pétrole.

Commission trilatérale

> Notre pays peut avoir de grandes démocraties, et nous pouvons créer de grandes richesses et les accumuler dans les mains d'un très petit nombre, mais nous ne pouvons pas avoir les deux.
> — Louis Brandeis, juge de la Cour suprême des États-Unis.

Zbigniew Brzezinski est clairement une figure centrale de la Commission trilatérale et un groupe de réflexion pour David Rockefeller. Sur sa suggestion, Rockefeller était déterminé à "réunir les meilleurs cerveaux du monde" pour résoudre les problèmes de l'avenir. L'idée a été proposée pour la première fois au début de 1972 et a été largement discutée et acceptée par le "collectif" lors de la conférence annuelle de Bilderberg de 1972.

Brzezinski a publié en 1970 son célèbre ouvrage *Entre deux âges*, appelant à un nouveau système monétaire international et à un gouvernement mondial, qui est considéré comme la "Bible" de la

---

[152] William Engdahl, *A Century of War : Anglo American Oil Politics and the New World War*, Pluto Press, 2004, chapitre 9.

Commission trilatérale. La Fondation Rockefeller et la Fondation Ford sont à juste titre "généreuses" dans leur soutien financier aux opérations de la Commission Trilatérale.

Les principaux membres de la Commission sont de grands banquiers, des entrepreneurs et des hommes politiques de premier plan d'Amérique du Nord, d'Europe occidentale et du Japon. La Commission dispose de trois sièges à New York, Paris et Tokyo, chacun étant présidé par un membre de chacune de ces trois régions. Le président du siège de New York est à juste titre M. David Rockefeller. Brzezinski devient alors le directeur exécutif qui préside aux travaux quotidiens de ce siège.

Brzezinski avait fait pression sur David Rockefeller pour que Carter, alors gouverneur de Géorgie, rejoigne la Commission Trilatérale, et Carter a été absorbé sans cérémonie par la Commission Trilatérale sur nomination personnelle de David Rockefeller. Ce fut une étape cruciale pour qu'il parvienne à monter les marches de la Maison Blanche cinq ans plus tard, et ce fut le fondement et le début de ce qui allait devenir son carrefour et celui de Brzezinski.

Dans sa jeunesse, Clinton, sous la tutelle de son mentor, Quigley, s'est efforcé de se pencher activement sur des organisations telles que la Commission trilatérale et l'Association diplomatique, pour finalement réaliser son rêve présidentiel.

La Commission Trilatérale est autant un organe périphérique de l'American Foreign Service Association que le Club Bilderberg, et les décisions les plus confidentielles et les plus importantes ne sont prises que dans les cercles d'un très petit nombre de personnes à Londres et Wall Street. Le rôle de la Commission trilatérale et du Club Bilderberg est celui de "l'unité d'esprit" et de la "coordination du rythme".

La mission la plus importante de la Commission trilatérale était de ne ménager aucun effort pour prêcher les grands idéaux de "gouvernement mondial" et de "monnaie mondiale", ouvrant finalement la voie à un "nouvel ordre mondial" sous le contrôle de l'axe Londres-Wall Street. Dans un rapport intitulé "An Outline for Remaking World Trade and Finance", qui s'est tenu à Tokyo, au Japon, en 1975, la Commission trilatérale a déclaré qu'" une étroite coopération trilatérale (américaine, européenne et japonaise) pour maintenir la paix, gérer l'économie mondiale, favoriser le développement économique et réduire la pauvreté dans le monde augmentera les chances d'une transition pacifique vers un système mondial. "

La Commission trilatérale différait du Club Bilderberg en ce qu'elle élargissait la base de "l'élite mondiale" en incorporant un certain nombre d'entrepreneurs et de banquiers éminents du Japon, qui était alors une puissance économique montante. Les banquiers internationaux sont bien conscients de l'importance d'un "sang neuf" constant pour la future "grande cause" du "gouvernement mondial", de la "monnaie mondiale" et de la "fiscalité mondiale". Plus tard, à mesure que d'autres pays et régions d'Asie se sont développés, les "élites" de ces régions ont également eu les faveurs des banquiers internationaux.

La question n'est pas de savoir si un "gouvernement mondial" est bon ou non, mais de savoir qui en a la charge et s'il peut réellement réaliser la richesse universelle et le progrès social dans le monde entier. À la lumière de plus de 200 ans de pratique sociale, le grand public ne semble pas attendre les promesses de l'"élite".

Après de nombreuses guerres et récessions, les gens du peuple ont finalement compris que sans liberté économique, la liberté politique n'est qu'un leurre ; sans égalité économique, la démocratie perd ses racines et devient un accessoire avec lequel l'argent peut jouer.

Si l'essence de la liberté est que les gens ont le droit de choisir, il n'y a qu'une seule voie vers le futur "gouvernement mondial", et l'"élite mondiale" l'a déjà choisie pour les peuples du monde. Selon les mots du fils de Paul Warburg, le banquier James Warburg :

> *"Nous devrions avoir un gouvernement mondial, que les gens le veuillent ou non. La seule question est de savoir si ce gouvernement mondial se fera par consensus (pacifique) ou par conquête (forcée). "*

Résumé

★Après la publication du roman *Philip Dru Administrator*, le colonel House devient le "parrain spirituel" des cercles d'élite et joue un rôle de communication et de coordination entre les politiciens et les banquiers.

★Les membres de l'Association des affaires étrangères forment le "noyau dur" de l'élite politique américaine et ont une influence absolue sur la politique américaine, où la décision sur les affaires intérieures et extérieures n'est plus entre les mains des démocrates et des républicains, mais dans le cercle restreint du club de la super élite.

★La Banque des règlements internationaux, qui garde délibérément un profil bas, est une banque centrale qui n'accepte que les dépôts des banques centrales nationales et prélève des frais substantiels pour chaque transaction.

★Le Fonds monétaire international et la Banque mondiale sont tous deux effectivement contrôlés par les États-Unis.

★Clinton a suivi les enseignements de son bienfaiteur et a rejoint la Commission trilatérale et l'Association diplomatique du Caucus du pouvoir, pour finalement battre le célèbre George W. Bush Sr. aux élections générales et être élue présidente.

★Afin de stabiliser la valeur de la monnaie dollar, le club Bilderberg manipule le prix international du pétrole et en tire profit.

CHAPITRE VII

Le dernier combat pour l'argent honnête

> " L'histoire montre que les prêteurs utilisent tous les moyens, y compris l'abus de pouvoir, le subterfuge, la tromperie et la violence, pour assurer leur contrôle sur l'émission de la monnaie et des devises afin d'obtenir le contrôle du gouvernement. "
>
> James Madison, quatrième président des États-Unis.

Dans toute l'histoire moderne du monde, aucun événement n'a piétiné la politique démocratique de façon si flagrante, si peu discrète, si imprudente, que l'assassinat du président Kennedy. Au cours des trois courtes années qui ont suivi l'assassinat de Kennedy, 18 témoins clés sont morts, dont six par balle, trois dans des accidents de voiture, deux par suicide, un par égorgement, un par rupture du cou et cinq par mort "naturelle". Un mathématicien britannique a affirmé dans le *Sunday Times de Londres* en février 1967 que la probabilité de cette coïncidence était de 1 sur 10 trillions. De 1963 à 1993, 115 des témoins impliqués se sont suicidés ou ont été assassinés dans divers incidents bizarres. [153]

La coordination et l'organisation à une telle échelle, le blocage des preuves et des témoins à une échelle aussi évidente, suggèrent que l'assassinat de Kennedy n'était en fait plus un meurtre secret, mais plutôt une exécution publique, destinée à avertir les futurs présidents des États-Unis pour qu'ils découvrent qui est vraiment en charge de ce pays !

D'une manière générale, si un président des États-Unis meurt pendant son mandat, "l'opinion publique" est forcément unanime pour dire qu'il s'agit d'une "mort de causes naturelles". Si le Président avait été abattu à la vue de tous, "l'opinion publique" aurait déclaré que "le

---

[153] Craig Roberts, *JFK : The Dead Witnesses* (Consolidated Press International, 1994), p. 3.

tueur était un cinglé isolé". Si plusieurs tueurs étaient impliqués, "l'opinion publique" conclurait que "les tueurs étaient des fous isolés qui ne se connaissaient pas". Quiconque en doute sera ridiculisé comme étant un "théoricien du complot". C'est juste que le complot de l'assassinat de Kennedy était si évident que personne ayant le moindre esprit normal ne croirait les conclusions officielles. Dans de telles circonstances, le détournement délibéré des théories du complot est devenu un remède et, pendant plus de 40 ans, les récits de conspiration ont proliféré et la véritable conspiration a été "cachée".

La criminalistique est une affaire de preuves, sans lesquelles aucune conclusion ne peut être tirée. Les diverses preuves et témoins de l'assassinat de Kennedy sont partis en fumée depuis plus de 40 ans, et les gens ne pourront jamais obtenir de preuves concluantes pour déterminer qui est le véritable tueur. Mais la psychologie criminelle peut ouvrir la porte à la vérité en examinant les motifs d'un meurtre sous un angle différent.

Ce chapitre commencera par une analyse des motifs de l'affaire de l'assassinat de Kennedy et démêlera une série d'événements historiques dramatiques déclenchés par les banquiers internationaux dans les années 1960 et 1970 pour abolir l'or et l'argent, les "monnaies honnêtes" du monde.

Décret présidentiel 11110 : Certificat de décès de JFK

Pour les Américains, le 22 novembre 1963 fut un jour inhabituel lorsque le président John F. Kennedy fut assassiné et tué à Dallas, au Texas. L'Amérique entière était sous le choc et en deuil lorsque la mauvaise nouvelle est tombée. Des décennies plus tard, lorsque les gens parlent de ce moment, beaucoup peuvent se souvenir clairement de ce qu'ils faisaient à ce moment-là. Il existe encore de nombreux désaccords sur l'identité et la raison de l'assassinat de Kennedy. La commission officielle américaine Warren a finalement conclu qu'un meurtrier du nom d'Oswald avait travaillé seul, mais le doute était tel que diverses théories de la conspiration ont circulé dans la société pendant des décennies.

Le soupçon le plus évident est que le meurtrier a été abattu à bout portant par un autre assassin juif moins de 48 heures après avoir été attrapé par la police, sous les yeux des millions de personnes qui ont regardé le meurtre à la télévision, et que son motif était *"pour montrer au monde le courage du peuple juif".*

Un autre grand mystère est le nombre exact de personnes impliquées dans le meurtre de Kennedy. La Commission Warren a conclu qu'Oswald a tiré trois coups de feu d'affilée en l'espace de 5,6 secondes, dont l'un est parti, touchant Kennedy au cou et l'autre mortellement à la tête. Presque personne ne croyait qu'Oswald pouvait tirer avec précision trois fois en si peu de temps, et il était encore plus étrange que la balle qui a touché Kennedy au cou soit celle qui a touché le gouverneur du Texas assis devant Kennedy avant de le toucher, et les chances que ce soit le cas étaient presque nulles, si bien que les gens l'ont appelée "balle magique". De plus en plus d'experts pensent que plus d'une personne a tiré sur Kennedy depuis une direction différente, et plus de trois balles.

Un patrouilleur qui a escorté la voiture de Kennedy s'est souvenu,

> *"Pendant que Kennedy était occupé à serrer la main de la foule accueillante à l'aéroport, les services secrets de Johnson (le vice-président) sont venus nous voir pour nous donner des instructions sur le travail de sécurité. Ce qui m'a le plus surpris, c'est quand ils ont dit que l'itinéraire du Président dans Dealey Plaza (le lieu de l'assassinat) avait été temporairement modifié. Si l'itinéraire original est maintenu, le tueur pourrait ne pas avoir la moindre chance de descendre. Ils nous ont également donné un ordre inédit : normalement, les quatre gardes à moto que nous sommes devaient rester près du périmètre de la voiture du Président, mais cette fois-ci, ils nous ont dit de reculer tous et de ne dépasser en aucun cas les roues arrière de la voiture du Président. Ils ont dit que c'était pour donner à tout le monde une "vue dégagée"... Un autre de mes amis l'a vu (Johnson, vice-président chargé de la protection) commencer à se pencher dans sa voiture 30 ou 40 secondes avant d'entendre le premier coup de feu, avant même que le convoi ne tourne sur Houston Street. Peut-être cherchait-il quelque chose sur le tapis de la voiture, mais il avait l'air d'avoir la prémonition qu'une balle allait voler."* [154]

Lorsque la Première Dame Jacqueline est arrivée à l'aéroport de Washington avec le corps de son mari sur Air Force One, portant toujours un manteau éclaboussé du sang de Kennedy, elle a insisté pour

---

[154] Jean Hill, *JFK : The Last Dissenting Witness* (Pelican Publishing Company, 1992), p. 113–116.

le faire afin qu'"ils voient le crime commis", alors que le tueur, Oswald, était toujours en garde à vue, et qui était ce "ils" dont Jacqueline parlait ? Jacqueline a dit dans son propre testament qu'au 50ème anniversaire de sa mort (19 mai 2044), si son plus jeune enfant était mort, elle autorisait la Kennedy Library à publier un document de 500 pages sur Kennedy. Ce qui ne lui est pas venu à l'esprit, c'est que son plus jeune fils a été tué dans un accident d'avion en 1999.

Le frère de Kennedy, Robert, promoteur éminent du mouvement des droits civiques, finirait presque certainement par devenir président après son élection en tant que candidat démocrate à la présidence en 1968, mais au moment où il célébrait sa victoire, il fut à nouveau assailli par la foule dans un grand lieu public.

Au cours des trois courtes années qui ont suivi l'assassinat de Kennedy, 18 témoins clés sont morts, dont six par balle, trois dans des accidents de voiture, deux par suicide, un par égorgement, un par rupture du cou et cinq par mort "naturelle". Un mathématicien britannique a affirmé dans le *Sunday Times de Londres* en février 1967 que la probabilité de cette coïncidence était de 1 sur 10 trillions. De 1963 à 1993, 115 des témoins impliqués se sont suicidés ou ont été assassinés dans divers incidents bizarres. [155]

La Commission Warren a également soulevé des questions sur le scellement de tous les documents, dossiers et preuves pendant 75 ans, jusqu'en 2039, impliquant la CIA, le FBI, les services secrets du président, la NSA (National Security Agency), le département d'État, le corps des Marines et d'autres agences. En outre, le FBI et d'autres agences gouvernementales sont soupçonnés de détruire des preuves.

À l'occasion du 40e anniversaire de l'assassinat de JFK en 2003, la radio ABC a réalisé un sondage dans lequel 70% des Américains pensaient que l'assassinat de JFK était le fruit d'une vaste conspiration.

La coordination et l'organisation à une si grande échelle, les preuves évidentes et la suppression des témoins suggèrent que l'assassinat de Kennedy n'était plus vraiment un meurtre secret mais plutôt une exécution publique, destinée à avertir les futurs présidents américains pour qu'ils sachent qui est vraiment en charge de ce pays.

---

[155] Craig Roberts, *JFK : The Dead Witnesses* (Consolidated Press International, 1994)

Le problème est que les Kennedy étaient également "dans la boucle" du groupe des banquiers internationaux. Leur père, Joseph, a fait fortune pendant le krach boursier de 1929, et a ensuite été nommé par le président Roosevelt comme premier président de la Commission américaine des valeurs mobilières (SEC), et faisait partie des milliardaires dès les années 1940. Alors, comment Kennedy a-t-il pu offenser l'ensemble de l'élite dirigeante au point de commettre un meurtre ?

Il ne fait aucun doute que Kennedy était un personnage ambitieux et talentueux qui, lorsqu'il a accédé à la présidence à un jeune âge, a relevé un défi aussi important que la crise des missiles de Cuba, avec une performance inébranlable et remarquable, sans compromis face au grand danger d'une possible guerre nucléaire avec l'Union soviétique, ce qui a fini par faire reculer Khrouchtchev. JFK a également promu héroïquement le programme spatial américain qui a finalement amené les pas de l'humanité sur la lune pour la première fois, et bien qu'il n'ait pas vu ce grand moment en personne, son inspiration magique a accompagné tout le programme. Les Kennedy ont été encore plus crédités de faire avancer le mouvement des droits civiques, et lorsque le premier étudiant noir a tenté de s'inscrire à l'université du Mississippi en 1962, suscitant une opposition féroce de la part des Blancs locaux, les yeux de tous les États-Unis se sont tournés vers ce point central du mouvement des droits civiques. L'ordre résolu de Kennedy d'envoyer 400 agents des forces de l'ordre fédérales et 3 000 gardes nationaux pour escorter l'étudiant noir à l'école a choqué la société américaine et Kennedy a été instantanément aimé par le peuple. À son appel, les jeunes Américains ont rejoint le Corps de la Paix en masse, se portant volontaires dans les pays du tiers-monde pour y développer l'éducation, la santé et l'agriculture.

Durant les trois courtes années de la présidence de Kennedy, c'est en effet un exploit générationnel que d'avoir un bilan aussi éblouissant. Avec une telle ambition et une telle détermination, associées à l'amour du peuple américain et à l'admiration de tous les pays du monde, JFK était-il un personnage prêt à être une "marionnette" ?

Alors que Kennedy devenait de plus en plus déterminé à diriger ce pays selon ses propres bonnes intentions, il devait entrer en conflit aigu avec le groupe puissant et invisible de l'élite dirigeante derrière lui. Lorsque le centre du conflit a impliqué la question la plus centrale et la plus sensible de l'élite dominante dominée par les banquiers internationaux — le droit d'émettre de l'argent — Kennedy n'a peut-être pas su que son heure était venue.

Le 4 juin 1963, Kennedy a signé un décret peu connu, le 11110, qui ordonnait au département du Trésor américain d'"'émettre des 'certificats d'argent' garantis par toute forme d'argent appartenant au Trésor, y compris les lingots d'argent, les pièces d'argent et les dollars d'argent standard", et de les mettre immédiatement en circulation. L'intention de Kennedy était claire : reprendre le pouvoir d'émettre de l'argent à la banque centrale privée, la Réserve fédérale ! Si ce plan est finalement mis en œuvre, le gouvernement américain s'éloignera progressivement de l'absurdité de devoir "emprunter" de l'argent à la Réserve fédérale et de payer des taux d'intérêt élevés, et la monnaie adossée à l'argent n'est pas une monnaie de dette pour "surcharger l'avenir", mais une "monnaie honnête" basée sur les fruits du travail des gens déjà. "La circulation des "billets d'argent" réduira progressivement la liquidité des billets de la Réserve fédérale émis par la Réserve fédérale, ce qui finira probablement par contraindre les banques de la Réserve fédérale à la faillite.

La perte du contrôle de l'émission de l'argent priverait les banquiers internationaux de la majeure partie de leur influence sur les États-Unis, la plus grande nation créatrice de richesses, une question fondamentale de vie ou de mort. Pour comprendre les origines et la signification du décret présidentiel 11110, nous devons commencer par les quelques hauts et bas de l'argent aux États-Unis.

Le statut historique du dollar en argent

L'argent a commencé à avoir cours légal aux États-Unis avec le Coinage Act de 1792, qui a établi le statut légal du dollar. Un dollar contient 24,1 grammes d'argent pur et un rapport or/argent de 1 h 15. La métrique du dollar en tant que monnaie américaine la plus référencée est basée sur l'argent. Depuis lors, les États-Unis ont longtemps maintenu un système à double voie de monnaies en or et en argent.

En février 1873, le Minting Act de 1873, sous la pression des Rothschild d'Europe, abolissait le statut monétaire de l'argent et introduisait un étalon-or unique. Comme les Rothschild détenaient la plupart des minerais d'or et des réserves d'or du monde, ils contrôlaient effectivement toute la masse monétaire européenne. L'origine de l'argent est plus fragmentée que celle de l'or, et la production et l'offre sont beaucoup plus importantes et plus difficiles à contrôler. Ainsi, vers 1873, la famille Rothschild a contraint la plupart des pays européens à abolir le statut monétaire de l'argent et à mettre en place un étalon-or complet. Les États-Unis s'inscrivent également dans cette démarche globale. Le projet de loi a suscité une forte opposition dans les États de l'ouest des États-Unis producteurs d'argent, et a été surnommé le "crime de 1873", ce qui a conduit à un mouvement populaire enthousiaste en faveur de l'argent.

Le Congrès américain, dans un effort pour équilibrer l'influence des banquiers d'origine européenne dans la région de New York, a adopté la loi Bland-Allison de 1878, qui obligeait le Trésor américain à acheter entre 2 et 4 millions de dollars d'argent par mois, le ratio or-argent étant rétabli à 1 pour 16. Les pièces d'argent avaient le même effet juridique que les pièces d'or et pouvaient être utilisées pour payer toutes les dettes publiques et privées. Comme le "certificat d'or", le Trésor émet également des "certificats d'argent", dont un dollar correspond directement à un dollar d'argent pour faciliter la circulation. (Un "bon d'argent" d'un dollar, directement convertible en un dollar d'argent)

Plus tard, la loi Brand-Ellerson de 1878 a été remplacée par la loi Sherman sur l'achat d'argent de 1890, et la nouvelle loi a augmenté la quantité d'argent que le Trésor devait acheter, ajoutant 4,5 millions d'onces par mois à la base précédente.

Depuis la création de la Réserve fédérale en 1913, le billet de la Réserve fédérale a été émis, et au moment de la grande récession de 1929, le billet de la Réserve fédérale avait progressivement pris une part importante de l'argent en circulation. En 1933, les "Federal Reserve Notes" pouvaient encore être échangés contre des équivalents en or. (1914 dollar "Federal Reserve Note", indirectement convertible en équivalent or)

En 1933, il y avait également des "certificats d'or" et des "certificats du gouvernement américain" sur le marché monétaire. (billet d'or de 50 $ de 1913, directement convertible en équivalent or de 50 $, illégal à détenir après 1933) "Le billet des États-Unis est la première monnaie émise par Abraham Lincoln pendant la guerre civile, les "Lincoln Greenbacks". Sa circulation totale était limitée à 6 681 016. En 1960, il ne représentait que 1% de la monnaie totale en circulation aux États-Unis. ("Bons du gouvernement américain", ou "Lincoln Greenbacks")

Outre les quatre grandes monnaies mentionnées ci-dessus, un petit nombre d'autres formes de monnaie coexistent.

Après que Roosevelt ait aboli l'étalon-or en 1933 et rendu illégale la possession d'or, les certificats d'or ont été retirés de la circulation. Le seul argent encore en circulation aux États-Unis est constitué de "billets de la Réserve fédérale", de "billets d'argent" et de "billets du gouvernement des États-Unis", qui ne sont pas considérés comme une menace majeure par les banquiers internationaux en raison de leurs déficiences congénitales et de leurs limites d'émission. Les "bons d'argent" sont beaucoup plus problématiques.

Puisque le Trésor américain était tenu par la loi d'acheter de l'argent tout au long de l'année, dans les années 1930, il disposait déjà de plus de 6 milliards d'onces d'argent (Troy Once), d'une énorme réserve d'environ 200 000 tonnes, plus des minerais d'argent dans le monde entier et une quantité considérable de production, si tout cela devait être monétisé et émis sous forme d'"obligations en argent", cela deviendrait le plus grand cauchemar des banquiers internationaux.

Après que Roosevelt ait aidé les banquiers internationaux à abolir l'étalon-or en 1933, la circulation monétaire américaine était effectivement soumise à un "étalon-argent".

Sans l'abolition du statut monétaire de l'argent, la "grande affaire" de "l'argent bon marché" et de la "finance déficitaire" sera sévèrement entravée et les plans des banquiers internationaux de piller involontairement la richesse des citoyens par le biais d'un instrument financier plus efficace, l'inflation, seront entravés.

La demande d'argent des industries de l'électronique et de l'aérospatiale, qui ont commencé à prospérer dans les années 1950, a fortement augmenté et, lorsque Kennedy a pris la tête de la Maison Blanche au début des années 1960, les réserves d'argent du Trésor avaient diminué pour atteindre 1,9 milliard d'onces. Dans le même temps, le prix du marché de l'argent a grimpé en flèche et s'est progressivement rapproché de la valeur monétaire des pièces d'argent à 1,29 dollar. Lorsque les "coupons d'argent" ont été échangés contre de l'argent réel, les "coupons d'argent" se sont naturellement retirés de la circulation, et l'effet de la "loi de Gresham" de "la mauvaise pièce pour chasser la bonne pièce" est apparu. Tout ceci est le grand arrière-plan de la signature par Kennedy de l'ordre présidentiel 11110. La défense de l'argent et l'abolition de son statut monétaire sont devenues le point central de la lutte de Kennedy et des banquiers internationaux.

La fin de l'étalon-argent

Pour les banquiers internationaux, l'abolition complète du statut monétaire de l'or est dans l'ordre des choses, mais la résolution du problème de l'argent est plus prioritaire. Les ressources minérales potentielles d'argent étant très vastes, lorsque les pays du monde commenceront à les explorer et à les exploiter à plus grande échelle, guidés par les prix du marché, non seulement l'objectif d'abolition de l'étalon-or sera difficile à atteindre, mais ils seront également pris dans une double bataille entre l'or et l'argent. Une fois que l'offre d'argent augmentera fortement, les "obligations en argent" seront probablement ressuscitées pour concurrencer les "obligations de la Réserve fédérale", car le gouvernement américain détient le pouvoir d'émettre des "obligations en argent", d'ici là, on ne sait pas encore qui va mourir. La survie de la Réserve fédérale est en grand danger si les "silver bullion" l'emportent.

La tâche la plus urgente pour les banquiers internationaux est donc de déprimer le prix de l'argent au maximum, d'une part en laissant l'industrie minière mondiale de l'argent à perte ou marginalement rentable, ralentissant ainsi l'exploration et le développement de l'argent et réduisant l'offre, et d'autre part en augmentant le volume de l'argent industriel, rendant inutiles la recherche et l'application de matériaux alternatifs à l'argent et épuisant ainsi le plus rapidement possible les seules réserves d'argent restantes du Trésor américain. Lorsque le Trésor n'a pas pu obtenir l'argent, le "billet d'argent" est naturellement tombé sans combattre, et l'abolition du statut monétaire de l'argent a été une conséquence naturelle. La clé est de gagner du temps.

Kennedy, bien sûr, le savait bien et, tout en indiquant aux banquiers internationaux que le moment opportun viendrait d'envisager l'abolition du statut monétaire de l'argent, il prit d'autres dispositions. Malheureusement, son secrétaire au Trésor, Douglas Dillon, n'était pas de tout cœur avec lui ; Dillon venait d'une grande famille de banquiers de Wall Street et, en tant que républicain, il a été forcé d'entrer dans le cabinet démocrate de Kennedy par les banquiers internationaux, à qui Dillon était principalement responsable du pouvoir fiscal. Après la prise de fonction de Tyrone, sa première priorité a été d'épuiser les réserves d'argent du Trésor aussi vite qu'il le pouvait. La Silver Users Association, fondée en 1947, s'est fait l'écho de l'appel de Dillon à "vendre les dépôts restants [du Trésor] pour satisfaire les besoins des utilisateurs d'argent".

Le *New York Times* du 19 mars 1961 rapporte ce qui suit,

> "Un sénateur se plaint de la vente à bas prix de l'argent par le Trésor américain Le sénateur Alan Bible (R-Ky.) a demandé aujourd'hui au département du Trésor de revoir sa politique de vente de grandes quantités d'argent à des prix inférieurs à ceux du marché international. Le démocrate du Nevada a déclaré dans une lettre adressée au secrétaire au Trésor, Douglas Dillon, que le développement de l'argent aux États-Unis n'a pas suivi la demande des consommateurs et que le dumping du Trésor contrôle un plafond de prix irréaliste. La pénurie mondiale d'argent ne peut être résolue que par le développement massif de nouvelles capacités en Amérique du Nord et du Sud. Il a déclaré : " Cela ne sera possible que lorsque le Trésor atténuera les dures pressions sur les prix exercées sur le marché intérieur et les pays voisins."

Le *New York Times* du 19 août 1961 a également publié le message suivant,

> Treize sénateurs démocrates occidentaux, provenant principalement d'États producteurs d'argent, ont soumis aujourd'hui une lettre commune au président Kennedy, exigeant que le département du Trésor cesse immédiatement de vendre de l'argent. Le dumping du Trésor a fait baisser les prix de l'argent sur les marchés internationaux et nationaux.

Le 16 octobre 1961, le *New York Times*,

> La liquidation des réserves d'argent par le Trésor a fortement limité les prix du marché de l'argent. Les utilisateurs industriels savent qu'ils peuvent obtenir 91 à 92 cents par once d'argent auprès du Trésor, et ils refusent donc de payer davantage aux nouveaux producteurs d'argent.

Le 29 novembre 1961, le *New York Times*,

> Les producteurs d'argent ont été ravis d'apprendre hier que le président Kennedy avait ordonné au département du Trésor de cesser de vendre la monnaie, l'argent, à l'industrie. Les utilisateurs industriels d'argent ont été choqués.

Le 30 novembre 1961, le *New York Times*,

> Le prix de l'argent a atteint son plus haut niveau sur le marché de New York depuis 41 ans, avec l'annonce faite mardi par le président John F. Kennedy d'un changement complet de la politique du gouvernement américain en matière d'argent et la décision de laisser le marché déterminer le prix de l'argent. La

première mesure a été d'empêcher immédiatement le Trésor de vendre de l'argent qui n'avait pas à soutenir de la monnaie papier ("silver bills").

Le président Kennedy a finalement frappé, bien que ce soit un peu tard, car le Trésor disposait alors de moins de 1,7 milliard d'onces d'argent. Mais ses mesures décisives ont envoyé un signal clair aux prix de l'argent sur le marché et aux producteurs d'argent du monde entier : il faut s'attendre à une hausse de la production d'argent et à une stabilisation des stocks du Trésor. L'action de l'argent est montée en flèche.

Cet acte de Kennedy a subversivement sapé le programme des banquiers internationaux. En avril 1963, le président de la Réserve fédérale William Martin a déclaré lors d'une audience du Congrès,

> *"Le Conseil de la Réserve fédérale est convaincu que l'argent n'est pas nécessaire dans le système monétaire américain. Si certains pensent que retirer l'argent du système monétaire qui sous-tend une partie d'entre nous pourrait provoquer une dévaluation, je ne peux pas souscrire à ce point de vue."* [156]

En règle générale, lorsque le marché de l'argent reçoit un signal clair de hausse des prix, il faudra environ cinq ans pour que l'exploration de nouvelles ressources reprenne, que de nouveaux équipements élargissent l'échelle de production et que l'offre totale augmente enfin. Le moment clé sera donc 1966 si le statut monétaire de l'argent peut enfin être préservé, préservant ainsi l'espoir que le gouvernement américain émette directement de la monnaie.

Le point culminant de la bataille de Kennedy avec les banquiers internationaux était le statut monétaire de l'argent, et toute la bataille consistait à savoir si le gouvernement élu des Etats-Unis conserverait finalement le droit d'émettre de la monnaie. Une fois que l'offre d'argent reprendra en grandes quantités, Kennedy pourra s'associer aux États occidentaux producteurs d'argent pour promouvoir davantage la législation visant à réévaluer la teneur en argent de la monnaie dollar et augmenter l'émission de "bons d'argent", qui ne manqueront pas d'augmenter à nouveau.

---

[156] Federal Reserve Bulletin, avril 1963, p. 469.

À ce moment-là, le décret présidentiel 1 110, signé par Kennedy le 4 juin 1963, deviendrait immédiatement une impasse contre les "billets de la Réserve fédérale".

Malheureusement, les banquiers internationaux ont vu le déploiement de Kennedy tout aussi bien. Le président, aimé des électeurs, sera presque certainement réélu lors de l'élection de la fin de l'année 1964, et si Kennedy est président pendant quatre autres années, la situation deviendra intenable. Se débarrasser de JFK devient la seule option.

Lorsque le vice-président que les banquiers internationaux ont favorisé a succédé au 36 président des États-Unis d'Amérique dans l'avion le jour de l'assassinat de Kennedy, il savait exactement ce que les banquiers internationaux attendaient de lui, et il n'a pas pu et n'a pas osé être à la hauteur de cette "attente".

En mars 1964, peu après son entrée en fonction, Johnson a ordonné au département du Trésor de cesser l'échange de "certificats d'argent" contre de l'argent physique, abolissant ainsi de fait l'émission de "certificats d'argent". Le Trésor a de nouveau commencé à vendre de grandes quantités de réserves d'argent à l'industrie avec 1,29 $ comme support pour continuer à comprimer les prix de l'argent, en déprimant l'élan de production des producteurs d'argent et en empêchant une augmentation de l'offre d'argent.

Immédiatement après, Johnson a ordonné la dilution de la pureté des pièces d'argent en juin 1965, réduisant encore le statut de l'argent dans la circulation des pièces, en déclarant,

> *"Je tiens à affirmer de manière absolument catégorique que ces changements (la dilution de la pureté des pièces d'argent) n'affecteront pas le pouvoir d'achat de nos pièces. À l'intérieur des États-Unis, les nouvelles pièces d'argent seront interchangeables avec des billets de même valeur."* [157]

Un article paru dans le *Wall Street Journal* du 7 juin 1966 répondait de manière sarcastique,

> *" En effet ! Mais le pouvoir d'achat de cette fameuse monnaie papier a été progressivement érodé par les politiques*

---

[157] Remarques du président Lyndon B. Johnson lors de la signature du Coinage Act le 23 juillet 1965.

inflationnistes de ce même gouvernement depuis plus de 30 ans. De ce fait, il n'est pas étonnant que notre monnaie se soit complètement séparée de l'or et de l'argent. "

De son propre aveu, la Fed a systématiquement et "scientifiquement" réduit le pouvoir d'achat du dollar de 3 à 4% chaque année afin que la classe ouvrière puisse "voir" que les salaires augmentent. À l'été 1967, le Trésor n'avait pratiquement plus d'argent "inactif" à vendre. La grande affaire de la fin de l'argent-métal était enfin entre les mains de Johnson.

Fonds commun de placement en or

Dans le processus d'abolition du statut monétaire de l'or et de l'argent, les banquiers internationaux ont adopté une approche stratégique consistant à "faire passer l'argent avant l'or". La principale raison de prendre l'argent en premier était qu'au début des années 1960, seuls quelques pays dans le monde utilisaient encore l'argent comme monnaie, et que "retirer l'argent" du système monétaire américain n'était qu'une opération partielle avec une résistance et une portée limitées.

Le problème de l'or est beaucoup plus complexe et difficile. Au cours des 5 000 ans de pratique sociale de l'humanité, à n'importe quelle époque, dans n'importe quel pays, dans n'importe quelle religion, dans n'importe quelle race, l'or a été reconnu par le monde comme la forme ultime de richesse. Cette conscience profondément enracinée ne pourra jamais être dissoute par quelques mots de "l'or est une relique barbare" de Keynes et autres. Les banquiers internationaux savent très bien que l'or n'est en aucun cas un métal précieux ordinaire. En fait, l'or est le seul "métal politique", hautement sensible et profondément historique, qui, s'il n'est pas manipulé correctement, provoquera une tempête financière dans le monde. Avant que la bataille pour l'argent ne soit terminée, le côté or de la bataille doit être stabilisé.

En raison des politiques inflationnistes massives de la Fed depuis les années 1930, l'émission monétaire de la Fed a été sévèrement surestimée, et l'excès de papier-monnaie a inévitablement fait grimper le prix de l'or et de l'argent dans la poursuite d'une monnaie d'or et d'argent limitée. Aux États-Unis, le département du Trésor est chargé d'intervenir pour supprimer le prix de l'argent, et à l'échelle internationale, il doit y avoir une organisation correspondante qui joue le rôle du département du Trésor, chargée de vendre de l'or sur le marché et de supprimer l'offensive rageuse de l'or dans les positions de tête de pont.

L'avènement de l'ère de l'avion à réaction a permis aux banquiers internationaux de se rencontrer fréquemment et de discuter des contre-mesures en secret. La Banque des règlements internationaux à Bâle, en Suisse, est alors devenue le lieu de leur célèbre conférence "Week-end de Bâle".

En novembre 1961, après des consultations intensives, les banquiers internationaux se sont mis d'accord sur un plan "brillant" visant à établir un "fonds mutuel de l'or" par les États-Unis et sept grands pays européens, dont l'objectif principal était de supprimer le prix de l'or sur le marché de Londres. Le fonds est alimenté par la banque centrale des pays participants, le montant total de 270 millions de dollars américains d'équivalent or, dont les États-Unis est la plus grande atmosphère financière, la moitié exclusive, l'économie d'après-guerre de l'Allemagne a décollé, le porte-monnaie est également de plus en plus gonflé, plus les pays vaincus se sentent nains, de sorte que le montant des engagements deuxième après les États-Unis, atteignant 30 millions de dollars américains. 25 millions pour l'Angleterre, la France et l'Italie, et 10 millions pour la Suisse, la Belgique et les Pays-Bas. La Banque d'Angleterre était en fait chargée de l'opération, avançant d'abord l'or de son propre coffre-fort, puis réglant à la fin du mois au prorata avec les autres banques centrales entrantes.

L'objectif premier du "Fonds mutuel de l'or" est de répondre au prix de l'or s'il dépasse 35,20 dollars, ce qui inclut le coût du transport de l'or depuis New York. Toutes les banques centrales participant au fonds se sont engagées à ne pas acheter d'or sur le marché de Londres, ni dans des pays tiers comme l'Afrique du Sud, l'Union soviétique, etc., et les États-Unis se sont engagés à faire pression sur les banques centrales des autres pays pour qu'elles adoptent la même politique, dans la mesure du possible.

Le contenu de tous les "fonds communs de placement en or" était à l'époque un secret financier de premier ordre et, à l'instar des traditionnelles réunions secrètes de la Banque des règlements internationaux de Bâle, aucune trace écrite n'était autorisée, pas même un seul morceau de papier. Tout accord est conclu verbalement, et tout comme l'ancienne JP Morgan qui concluait d'énormes affaires par des poignées de main et des accords verbaux, les promesses verbales des banquiers internationaux ont une force contraignante égale ou même supérieure. [158]

Au cours de ses premières années de fonctionnement, le "Fonds mutuel d'or" a connu un grand succès, encore meilleur que ce que l'on aurait pu imaginer. Les pays producteurs d'or en Union soviétique à l'automne 1963, un grave échec agricole, a dû vendre beaucoup d'or pour importer de la nourriture, l'Union soviétique dans le dernier trimestre de 1963 a vendu un total étonnant de 470 millions de dollars américains d'équivalent or, beaucoup plus que le "fonds commun de l'or" de l'ensemble de la famille de l'or, en 21 mois, le "fonds commun de l'or" du dépôt de munitions d'or a grimpé à 1,3 milliards de dollars américains, les banquiers internationaux peuvent à peine croire leur bonne chance. [159]

Cependant, l'escalade de la guerre du Vietnam a conduit la Réserve fédérale à augmenter l'offre de dollars, et les dollars inondés ont bientôt avalé l'excédent et la plupart de l'argent dans le "fonds commun de l'or". La France, voyant que l'élan est parti, le premier à se retirer du "fonds commun de l'or", non seulement cela, le gouvernement français a intensifié les mains d'un grand montant de la perte croissante du pouvoir d'achat du dollar des États-Unis en or, de 1962 à 1966, la France des mains de la Réserve fédérale d'échanger près de 3 milliards de dollars d'or et transporté à Paris pour le stockage.

À la fin du mois de novembre 1967, le "fonds commun de placement en or" a perdu un total d'un milliard de dollars en or, soit près de 900 tonnes. Le dollar est au cœur d'une crise de confiance mondiale.

Le président Johnson a fini par sombrer, il a voulu faire quelque chose. Le président Johnson était entouré d'un groupe de banquiers nationaux qui lui servaient de conseillers principaux, et ils lui ont inculqué à plusieurs reprises l'idée que la douleur longue valait mieux que la douleur courte, et qu'au lieu de se faire vider petit à petit de ses réserves d'or par les autres pays, il valait mieux faire un pari, sortir tout l'or, inonder le marché des métaux de Londres, résoudre le problème

---

[158] Ferdinand Lips, *Gold Wars, The Battle Against Sound Money as Seen From a Swiss Perspective* (The Foundation for the Advancement of Monetary Education, New York, 2002), p. 52.

[159] *Ibid.* p. 53.

de l'appréciation de l'or par rapport au dollar une fois pour toutes, et restaurer la confiance mondiale dans le dollar. Johnson a suivi ce conseil quasi-fou et toutes les réserves d'or de la Fed ont été mises sur la table à une échelle sans précédent. Des dizaines de milliers de tonnes de briques d'or ont été expédiées à la Banque d'Angleterre et à la Federal Reserve Bank de New York, prêtes à donner une leçon amère aux spéculateurs d'or les plus optimistes du monde. Si le plan se déroule bien, la Banque d'Angleterre et la Banque de réserve fédérale de New York unissent leurs forces pour vendre de l'or en grandes quantités, provoquant une offre excédentaire soudaine d'or, faisant chuter le prix en dessous de 35 dollars, les spéculateurs ne manqueront pas d'entrer dans une véritable panique et finiront par atteindre leur ligne stop-loss, provoquant une plus grande liquidation de l'or. Après avoir complètement détruit la popularité des acheteurs d'or, puis racheté progressivement l'or à bas prix, les gens remettent sans le savoir l'or dans le coffre-fort. C'est vraiment un plan génial. En quelques semaines, au début de 1968, le plan a été mis en œuvre. À l'extrême horreur du président Johnson et de tous les autres, le marché a pratiquement absorbé la vente de l'or. Au total, la Fed a perdu 9 300 tonnes d'or pendant cette campagne. Le président Johnson, qui aimait le pouvoir mais qui a perdu misérablement, a rapidement annoncé qu'il ne se représenterait pas à l'élection présidentielle.[160]En mars 1968, le "Golden Mutual Fund" était au bord de l'effondrement.

Le 9 mars, l'assistant spécial du président Rostow écrit ceci dans un mémo à Johnson.

> *"La conclusion de tous (les conseillers économiques du président) est qu'il y a une opposition unanime à laisser le prix de l'or augmenter en réponse à la crise actuelle. La plupart d'entre eux préféraient que le "fonds commun de l'or" continue de fonctionner, mais ils trouvaient difficile de se coordonner avec la partie européenne et de rétablir le calme sur le marché. Ils pensaient donc que nous devrions éventuellement fermer le "fonds commun de l'or". Il y a eu une certaine confusion quant à la manière de persuader les pays qui ne font pas partie du "fonds commun de l'or" de coopérer avec nous, car ils pensaient que le FMI (Fonds monétaire international) pourrait être utile. Ils pensent que nous devons avoir une idée claire de la direction à prendre et agir dans les 30 jours.*

---

[160] *Freemarket Gold & Money Report*, 'Thinking The Unthinkable', 25 avril 1994.

> VERDICT : Vous pouvez constater que ces idées ne sont pas très différentes des nôtres. Après la conférence de Bâle (Banque des règlements internationaux) de ce week-end, nous pourrons nous faire une idée plus précise de ce que pensent les Européens.

Le 12 mars, dans un autre mémo, Rostow écrit :

> M. le Président.
> Voici ce que j'ai compris de Bill Martin (Bill Martin, président de la Fed, qui vient d'assister à la réunion de Bâle tardive).
> 1. Les Britanniques et les Néerlandais sont susceptibles de favoriser cette option (maintien du "fonds commun de placement en or") par rapport aux variations du prix de l'or. Les Allemands sont hésitants. Les Italiens, les Belges et les Suisses y sont fortement opposés.
> 2. Il a conclu un accord pour ajouter 500 millions de dollars en or et pour garantir la poursuite du fonctionnement du fonds en promettant 500 millions de dollars supplémentaires. (Au rythme actuel des pertes d'or sur le marché de Londres, cet or ne pourra être utilisé que pendant quelques jours).
> 3, les Européens réalisent que nous serons bientôt confrontés à des choix très désagréables. Ils étaient prêts à fermer le marché de l'or de Londres et à laisser l'or partir avec eux.
> 4. Dans ces circonstances, le département du Trésor, le département d'État, la Réserve fédérale et les conseillers économiques du président ont été occupés toute la journée à réfléchir à la manière dont les pays vont se coordonner une fois que nous aurons annoncé la fermeture du "fonds commun de placement en or".
> 5, Nous ne connaissons pas encore les opinions personnelles de Fowler (secrétaire au Trésor) et de Bill. Nous échangerons des idées avec eux ce soir ou demain matin.
> Mon sentiment personnel est que nous nous rapprochons du moment où la vérité éclatera.

Le 14 mars, sur la question de l'or, Rostow rapporte encore.

> Votre conseiller principal est d'accord.
> 1. La situation actuelle ne peut plus durer et nous espérons que les choses s'amélioreront.
> 2. Nous devons convoquer une réunion des pays participants au "Fonds mutuel d'or" à Washington ce week-end.
> 3. Nous discuterons des règles relatives à l'or pendant la période de transition, des mesures visant à maintenir les marchés financiers à flot, de l'intensification des droits de tirage spéciaux (DTS).

> *4. Pendant la période de transition, nous échangerons les détenteurs officiels de dollars de la banque centrale au prix d'origine.*
> *5. Si aucun accord ne peut être trouvé, nous suspendrons l'échange officiel de dollars américains contre de l'or, au moins temporairement. Une réunion d'urgence a alors été convoquée.*
> *6. Cela va probablement plonger les marchés financiers mondiaux dans le chaos pendant un certain temps, mais c'est le seul moyen de forcer les autres pays à accepter une solution à long terme. Nous sommes d'accord pour dire que laisser le prix de l'or augmenter est la pire des conséquences.*
> *Vous devez maintenant décider de fermer ou non le marché de l'or de Londres immédiatement.* [161]

Le 17 mars 1968, le système du "Golden Mutual Fund" est définitivement fermé. Le marché de l'or de Londres a été fermé pendant deux semaines complètes à la demande des États-Unis.

Au même moment que le fiasco de la guerre de l'or de la Réserve fédérale, la situation dans la guerre du Vietnam a pris un tournant dramatique lorsque la guérilla vietnamienne a lancé une offensive massive simultanée contre les capitales de 30 provinces du Sud-Vietnam le 30 janvier 1968, s'emparant même de quelques cibles importantes à Saigon et de l'ancienne capitale de Hue. Selon Kissinger, l'offensive, bien qu'elle ait constitué une victoire politique pour le Nord-Vietnam, a été sa plus grande défaite d'un point de vue militaire, les guérilleros abandonnant le style de jeu erratique auquel ils étaient habitués et concentrant leurs efforts dans une bataille de position avec l'armée américaine, qui a subi de lourdes pertes sous la puissance de feu supérieure des États-Unis. Les perspectives du champ de bataille du Vietnam auraient pu s'améliorer radicalement si les États-Unis avaient lancé une offensive majeure contre la principale force nord-vietnamienne, qui avait déjà perdu sa couverture de guérilla, et, au grand dam de Kissinger, Johnson avait renoncé à une telle opportunité. [162] À cette époque, la défaite lamentable de Johnson sur le champ de

---

[161] Département d'État des États-Unis, Foreign Relations of the United States, 1964-1968, vol. VIII (Government Printing Office, Washington, 1998), documents 187, 188, 189.

[162] Henry Kissinger, *op.cit.*, pp. 607-608.

bataille financier lui avait ôté le courage de s'accrocher à la guerre du Vietnam.

Le fiasco du marché de l'or de Londres a plongé l'élite politique américaine dans une véritable panique, les conservateurs qui s'accrochent à l'étalon-or ayant un débat animé avec les tenants du courant dominant qui appellent à son abolition. Mais les deux parties conviennent qu'avec une situation financière aussi désordonnée, il est temps de mettre fin à la guerre du Viêt Nam.

C'est ainsi que s'amorce un changement fondamental dans l'orientation de l'opinion de la presse américaine, et le 27 février 1968, Walter Cronkite "prédit" que l'Amérique va échouer. Le *Wall Street Journal* s'interroge,

> "L'état des choses a-t-il perturbé notre objectif initial de pouvoir naviguer ? S'il n'est pas prêt, le peuple américain devrait être prêt à accepter la sombre perspective des événements du Vietnam."

a déclaré le *Times* le 15 mars,

> " 1968 a fait prendre conscience aux Américains que gagner au Vietnam, ou même simplement obtenir une situation favorable, n'est plus à la portée (des États-Unis) en tant que puissance mondiale. "

À ce moment-là, les sénateurs qui dormaient depuis longtemps se sont également réveillés, et le sénateur Fulbright a commencé à poser des questions,

> "Le gouvernement a-t-il le droit d'étendre la guerre sans le consentement du Congrès ? "Mansfield, pour sa part, a déclaré : "Nous sommes au mauvais endroit, engagés dans la mauvaise guerre. "

Le 31 mars 1968, Johnson annonce la suspension des opérations de bombardement dans les zones situées au nord de la ligne des 20 degrés, et déclare qu'il n'enverra pas de troupes supplémentaires en grand nombre au Viêt Nam, affirmant que "notre objectif au Viêt Nam n'a jamais été de détruire l'ennemi". Il a également annoncé qu'il abandonnait sa candidature à la réélection à la présidence. [163]

---

[163] Henry Kissinger, *op.cit.*, pp. 606–607.

La fin de la guerre du Viêt Nam est essentiellement due à la perte du "résultat financier" de l'élite dirigeante à la suite du fiasco du champ de bataille doré de Londres.

Droits de tirage spéciaux

Tout au long des crises récurrentes du dollar, les monétaristes ont insisté sur le fait que c'est la pénurie d'or qui a provoqué la crise monétaire. Or, d'après l'histoire de l'étalon-or, il est clair que c'est la cause inverse, que la pénurie d'or n'est pas la cause du problème et que la sur-émission effrénée de dollars est la cause profonde de la crise. Comme pour la suppression prolongée des prix de l'argent, l'un des principaux objectifs de la distorsion à long terme des prix de l'or est de créer le dilemme d'une production d'or insuffisante. Lorsqu'une crise survient, il est étrange que les gens aient généralement recours à la tactique consistant à se boucher les oreilles plutôt que d'être honnêtes sur la nature du problème. Après que le "fonds commun de placement dans l'or" a tiré toutes les "balles", les banquiers internationaux se sont à nouveau souvenus de la première idée de Keynes sur l'"or papier" dans les années 1940, l'ont reconditionnée et ont finalement abouti à la "grande invention" des "droits de tirage spéciaux" (DTS).

Comme le souligne le célèbre économiste français Jacques Rueff,

> *"Dans le même temps, les monétaristes ont inventé un nouveau gadget pour dissimuler le fait que la monnaie américaine est en état de faillite. La banque centrale de chaque pays se voit attribuer une monnaie de réserve internationale spéciale. Mais pour ne pas provoquer d'inflation, les DTS doivent être strictement limités. De cette façon, même avec le soutien des DTS, les États-Unis sont toujours incapables de rembourser une fraction de leur dette en dollars. "* [164]

Mais Wall Street était de l'autre côté du spectre de la joie et de la bonne humeur, saluant une création historique financière moderne : une victoire de l'Amérique sur l'or papier.

---

[164] Jacques Rueff, *The Inflationary Impact the Gold Exchange Standard Superimposed on the Bretton Woods System* (Committee for Monetary Research and Education, Greenwich, CT, 1975).

Le sous-secrétaire au Trésor Paul Volcker a déclaré aux médias, le sourire aux lèvres, "Nous l'avons finalement mis en œuvre (le plan DTS)". "Le *Wall Street Journal a* salué cet événement comme une victoire majeure pour l'école américaine d'économie, car il s'agissait d'un coup direct porté à l'idée séculaire selon laquelle l'or doit être l'unique bâton et la panacée économique pour la valeur monétaire.

Mais le Wall Street Journal a oublié de dire que même les DTS sont définis en fonction de leur teneur en or, donc l'or reste le bâton de la monnaie, et les DTS ne peuvent pas être "dévalués".

Hopper présente un compte rendu brillant du DTS : un jour, il (le DTS) sera classé par les historiens aux côtés de la grande "invention" humaine de la "bulle des mers du Sud" créée par la conspiration du Mississippi de John Law. Le définir comme l'équivalent de l'or mais non convertible en or est tout simplement absurde et brevetable. Tout billet de banque ou unité de crédit ne peut être considéré comme "équivalent" à l'or que s'il est convertible sans restriction en or à un taux fixe.

L'économiste allemand Palyi s'est également montré très critique à l'égard du concept d'"or papier" :

> *"cette nouvelle monnaie de réserve DTS ne peut que stimuler une expansion financière plus téméraire et l'inflation dans le monde. L'adoption du DTS est une victoire pour la molécule d'inflation. Elle supprime la dernière pierre qui s'oppose à une 'monnaie mondiale' entièrement contrôlée qui ne sera jamais 'en pénurie' dans le monde."* [165]

Le 18 mars 1969, le Congrès américain a supprimé l'obligation pour les dollars émis par la Fed d'être adossés à 25% d'or, un acte qui a rompu la dernière relation légalement obligatoire entre l'or et l'émission de dollars.

Le monde n'est pas loin de la vérité finale.

Bien sûr, les plans des banquiers internationaux ne se sont pas toujours concrétisés, et la vision de Keynes, dans les années 1940, d'une future "monnaie mondiale" avec des DTS était effectivement un peu trop "avant-gardiste". Toutefois, l'optimisme des banquiers

---

[165] Melchior Palyi, 'A Point of View', dans *The Chicago Commercial And Financial Chronicle*, 24 juillet 1969.

internationaux de l'époque n'était pas entièrement injustifié. Le "prototype" des Nations unies en tant que "gouvernement mondial" avait été réalisé comme prévu juste après la fin de la Seconde Guerre mondiale, et le Fonds monétaire international et la Banque mondiale, "l'émetteur monétaire unifié du monde", étaient en place à la même époque, de sorte que si les DTS devaient redevenir la monnaie mondiale comme prévu, ce serait une affaire réglée. Il est dommage que le plan ne puisse pas rattraper les changements. La version keynésienne britannique du "beau plan" du monde futur est très différente de la version américaine de White, les Américains sont bien placés pour profiter du temps et des gens, et ils sont aussi riches. Elle n'anticipe pas non plus la vague féroce d'indépendance nationale dans les pays du tiers monde, la montée de l'Asie, qui a ébranlé le contraste fondamental de la puissance mondiale, et les DTS, qui n'ont jamais été réparés.

L'attaque générale contre l'abolition de la monnaie-or

Nixon ne comprenait pas, ou ne voulait pas comprendre, comment l'or pouvait s'écouler comme une rivière sur une digue, quels que soient les efforts du gouvernement américain pour l'arrêter. L'essence du problème est que les États-Unis ont un déficit explosif dans leur bilan et qu'ils sont effectivement impuissants à maintenir un taux de change fixe sur l'or. Ce n'est pas qu'il y a trop peu d'or, c'est que le système bancaire américain crée trop de dollars.

John Exter, de la Réserve fédérale, raconte l'histoire finale de cette épreuve de force en or :

> " Le 10 août 1971, un groupe de banquiers, d'économistes et d'experts monétaires tient une discussion informelle sur la crise monétaire au front de mer du New Jersey. Vers 15 heures, la voiture de Paul Volcker arrive. Il était alors sous-secrétaire au Trésor, responsable des questions monétaires.
> Nous nous réunissons pour discuter des différentes solutions possibles. Comme vous le savez, j'ai toujours soutenu une politique monétaire conservatrice, aussi ma suggestion d'une augmentation significative des taux d'intérêt a-t-elle été rejetée par la majorité. D'autres ne pensent pas que la Fed va ralentir l'expansion du crédit, craignant une récession ou pire. J'ai à nouveau suggéré d'augmenter le prix de l'or, ce que Paul Volcker a jugé judicieux, mais il a pensé que le Congrès aurait du mal à l'adopter. Les dirigeants mondiaux comme les États-Unis ne veulent pas reconnaître à leur population la réalité

> *d'une monnaie dévaluée, quelle que soit la gravité du problème. Il est tout simplement trop embarrassant pour eux que, jusqu'à présent, les gens ne sachent rien de la crise (monétaire) que nous traversons. Ce n'est pas comme si en 1933, le pays était en état d'urgence et que Roosevelt pouvait faire ce qu'il voulait.*
> *À ce moment-là, Paul Volcker s'est tourné vers moi et m'a demandé ce que je devais faire si je prenais cette décision. Je lui ai dit que, comme il ne voulait pas augmenter les taux d'intérêt et qu'il ne voulait pas que l'or monte, il serait inutile de simplement fermer la fenêtre d'échange de l'or et de continuer à vendre l'or du Trésor à 35 dollars l'once, et cinq jours plus tard, Nixon a fermé la fenêtre de l'or. "* [166]

Le 15 août 1971, la vérité finale est enfin arrivée. Les États-Unis ne sont plus en mesure de respecter leurs engagements internationaux avec le dollar lié à l'or. C'est la deuxième fois que les États-Unis se sont rebellés contre la communauté internationale depuis que Roosevelt s'est rebellé contre le peuple américain en 1963. Dans son discours du soir, Nixon a vivement attaqué les spéculateurs des marchés financiers internationaux pour avoir créé le chaos sur les marchés financiers et pour avoir dû abandonner "temporairement" le dollar pour l'or afin de défendre le dollar. La question est de savoir qui sont les "opportunistes" auxquels Nixon faisait référence. Sachez qu'à l'époque, les Soros étaient jeunes et le marché des changes était presque négligeable en raison des contraintes du système de Bretton. Tous les investisseurs ne peuvent pas se tourner vers les États-Unis pour obtenir de l'or, seules les banques centrales de chaque pays peuvent le faire. Et c'est le gouvernement français qui a déclenché le "fiasco".

Lorsque le dernier lien entre l'or et le dollar a été rompu par le président Nixon le 15 août 1971, le moment qui rendait les banquiers internationaux nerveux est enfin arrivé, et pour la première fois dans l'histoire de l'humanité, le monde entier est entré dans l'ère de la monnaie française, il était trop tôt pour dire si cela serait une bénédiction ou une malédiction pour la société humaine et la civilisation.

Après s'être libérés de l'envoûtement de l'or, les pays industrialisés occidentaux, sous l'impulsion de la Réserve fédérale, se sont lancés dans une ère d'expansion sans précédent du crédit,

---

[166] Ferdinand Lips, *op. cit.* p. 76–77.

l'émission monétaire atteignant des niveaux illimités et arbitraires. En 2006, la dette totale du gouvernement, des entreprises et des particuliers des États-Unis atteignait 44 000 milliards de dollars, soit 2 200 milliards de dollars par an pour les seuls paiements d'intérêts, si l'on se base sur un taux d'intérêt minimal de 5%.

Le problème est qu'une telle dette a atteint le point où elle ne peut plus être remboursée, et la dette doit être remboursée, soit par ceux qui la doivent, soit par ceux qui l'empruntent, ou pire, elle finira par être remboursée par les contribuables du monde entier qui travaillent dur.

Les "tueurs économiques" et le retour des pétrodollars

Le 6 octobre 1973, la quatrième guerre du Moyen-Orient éclate. L'Égypte et la Syrie lancent des attaques simultanées contre Israël. Comme prévu par les banquiers internationaux, le 16 octobre, l'Iran, les Saoudiens et quatre pays arabes du Moyen-Orient libèrent leurs "armes pétrolières" et annoncent une augmentation de 70% des prix du pétrole en raison de la politique de favoritisme des États-Unis envers Israël. Cela a eu un impact extrêmement profond sur le paysage mondial après les années 1970.

Lors de la réunion des ministres arabes au Koweït, le représentant irakien a demandé avec force que les États-Unis soient la cible principale, et il a suggéré que d'autres pays se joignent à eux pour confisquer et nationaliser les biens commerciaux des États-Unis dans les pays arabes, imposer un embargo pétrolier aux États-Unis et retirer tous les fonds du système bancaire américain, ce qui, selon lui, ferait tomber les États-Unis dans la plus grande crise économique depuis 29 ans. Bien que ces propositions excessives n'aient pas été adoptées, le 17 octobre, ils ont convenu de réduire la production de pétrole de 5% et de continuer à la réduire de 5% par mois jusqu'à ce que leurs objectifs politiques soient atteints.

Le 19 octobre, le président Nixon a demandé au Congrès d'accorder une aide d'urgence immédiate de 2,2 milliards de dollars à Israël, et le 20 octobre, les Saoudiens et d'autres pays arabes ont annoncé l'arrêt complet des exportations de pétrole vers les États-Unis. Les prix internationaux du pétrole montent en flèche, passant de 1,39 $ le baril en 1970 à 8,32 $ en 1974. Bien que l'embargo pétrolier n'ait duré que cinq mois jusqu'à sa fin en mars 1974, l'événement a fortement secoué la société occidentale.

Les banquiers internationaux, pour leur part, manigancent par tous les moyens pour que les pétrodollars qui affluent dans des pays comme l'Arabie saoudite doivent revenir aux États-Unis.

Après une analyse minutieuse, les États-Unis ont décidé d'adopter la stratégie "diviser pour régner" pour diviser et démanteler de l'intérieur les pays producteurs de pétrole du Moyen-Orient. Et la direction principale de l'assaut a été choisie pour les Saoudiens. L'Arabie saoudite est un pays peu peuplé, riche en pétrole, situé dans l'arrière-pays du Moyen-Orient, entouré par l'Iran, la Syrie, l'Irak, Israël et d'autres voisins puissants, la force de défense militaire est extrêmement mince, la famille royale saoudienne a un profond sentiment d'insécurité. Ayant inspecté cette faiblesse, les Etats-Unis ont offert aux Saoudiens des conditions de sollicitation attrayantes, un soutien politique total, une protection militaire si nécessaire, et un soutien technique, une formation militaire pour assurer la perpétuation de la famille royale saoudienne. Les conditions sont les suivantes : les transactions pétrolières doivent être réglées en dollars américains, les Saoudiens doivent utiliser les pétrodollars gagnés pour acheter des bons du Trésor américain afin de garantir l'approvisionnement en pétrole des États-Unis, les fluctuations des prix du pétrole doivent être sanctionnées par les États-Unis, les Saoudiens sont tenus de combler le déficit d'approvisionnement en pétrole qui en résulterait en cas d'embargo pétrolier iranien, irakien, indonésien ou vénézuélien contre les États-Unis, et les Saoudiens doivent "dissuader" les autres pays d'imposer des embargos pétroliers contre les États-Unis.

M. Perkins, "assassin économique", a été envoyé en Arabie Saoudite pour être l'opérateur spécifique de ce plan. En tant qu'"économiste en chef" d'une société d'ingénierie de renommée mondiale, la tâche de M. Perkins consistait à

> *"d'utiliser au mieux son imagination pour qu'un investissement substantiel dans l'économie saoudienne semble très prometteur, à condition que des entreprises américaines d'ingénierie et de construction soient adjudicataires".*

Après mûre réflexion, Perkins a eu l'inspiration soudaine que les moutons dans les rues de Riyad, la capitale saoudienne, étaient si éloignés du souffle de la modernité que la construction urbaine à grande échelle pourrait rapporter beaucoup de pétrodollars. Perkins, quant à lui, est bien conscient que les économistes des États membres de l'OPEP réclament à cor et à cri une transformation profonde du pétrole et la possession de leur propre industrie de raffinage du pétrole afin de réaliser un bénéfice plus élevé que la vente de pétrole brut. Perkins a imaginé une solution qui satisferait "tout le monde", à commencer par les moutons, où les revenus des pétrodollars pourraient être utilisés pour payer l'installation moderne d'élimination des déchets la plus chère des États-Unis, et où l'embellissement des constructions municipales de Riyad nécessiterait un grand nombre de produits américains hautement sophistiqués. Sur le plan industriel, le pétrodollar sera utilisé pour le transport du pétrole brut, l'infrastructure de traitement du pétrole brut, les immenses zones industrielles de traitement du pétrole qui s'élèveront dans le désert, entourées de grands parcs industriels, de grandes centrales électriques, de systèmes de transmission d'énergie, d'autoroutes, d'oléoducs, de systèmes de communication, d'aéroports, de ports maritimes et de l'énorme système de services qui les accompagne.

Le plan de M. Perkins se divise en deux grandes catégories : les contrats de construction d'installations matérielles de base et les contrats de service et de gestion à long terme, qui seront utilisés par diverses entreprises américaines pendant des décennies.

M. Perkins a également à l'esprit la perspective plus lointaine de protéger l'énorme chaîne industrielle que la péninsule arabique a générée. La construction de bases militaires américaines, les contrats de l'industrie de la défense et toutes les autres activités connexes, ainsi que des contrats de gestion et de services plus étendus. Tout cela entraînera à son tour une nouvelle vague de contrats de construction, tels que des aérodromes militaires, des bases de missiles, des centres de formation du personnel et tous les autres projets qui y sont associés.

L'objectif de M. Perkins est non seulement de faire revenir la grande majorité des pétrodollars aux États-Unis, mais aussi de faire en sorte que tous les intérêts générés par cette somme colossale soient dépensés dans les entreprises américaines.

Les Saoudiens seront fiers de cette infrastructure industrielle et de ces équipements urbains "modernes", et les autres pays de l'OPEP seront envieux de la rapidité avec laquelle l'Arabie saoudite est devenue un "pays moderne", puis cet ensemble de plans sera utilisé dans d'autres pays.

À la grande satisfaction des grands patrons en coulisses, la brillante planification de Parkin et ses capacités de lobbying ont conduit le Dr Kissinger en Arabie Saoudite en 1974 pour finaliser le grand projet du pétrodollar. Le dollar a finalement trouvé refuge dans le pétrole, après avoir échappé aux eaux tumultueuses de l'étalon-or.

L'assassinat de Reagan : Écraser le dernier espoir de l'étalon-or

Bien que l'étalon-or ait été complètement aboli dans le monde entier, à l'exception de quelques pays comme le franc-or suisse, où l'or et la monnaie papier n'ont aucun lien, c'est la hausse continue du prix de l'or tout au long des années 1970 qui a donné le plus de fil à retordre aux banquiers internationaux, et empêcher le rétablissement de l'étalon-or est une priorité absolue pour ces derniers.

Le 1er janvier 1975, afin de montrer au monde que l'or n'est qu'un métal ordinaire et d'accroître la confiance dans le dollar en papier pur, le gouvernement des États-Unis a décidé de lever l'interdiction de détenir de l'or pendant 40 ans imposée au peuple américain. D'autres pays ont adopté une approche de taxation lourde de l'or afin de réduire la demande d'or de la population, allant même jusqu'à prélever une TVA de 50% sur l'or dans certains cas. Les Américains sont devenus très rouillés avec l'or après 40 ans de sa disparition, et ajouté à la nature encombrante et peu pratique de l'achat, le dégroupage de l'or n'a pas créé la tension prévue, et les banquiers internationaux poussent enfin un long soupir de soulagement. Lorsque le futur président de la Fed, Paul Volcker, a vu les pièces d'or avec lesquelles on jouait dans les mains de l'ancien banquier central John Exeter, il n'a pu s'empêcher de demander avec curiosité : "John, où avez-vous acheté vos pièces d'or ?"

Ernest Wilke, dans *Why Gold ?*, souligne l'essence de la suppression de l'or par les banquiers internationaux :

> *"À partir de 1975, les États-Unis, avec la coopération des principaux membres du FMI, ont commencé leur périple pour "supprimer" le marché mondial de l'or. L'objectif de la suppression du prix de l'or est de convaincre les populations des principaux pays que la monnaie papier est meilleure que l'or. Une opération réussie (de contrôle du prix de l'or) garantira*

> *que le processus de sur-émission de monnaie papier pourra se poursuivre indéfiniment.* " [167]

Les économistes sont unanimes à penser que l'or s'avérera être quelque chose de peu de valeur après la perte de la demande d'achat officielle du gouvernement. Certains considèrent même que 25 dollars l'once est la "valeur intrinsèque" de l'or.

En août 1975, afin d'éliminer davantage l'influence de l'or, les États-Unis et les pays industriels occidentaux ont décidé que le montant des réserves d'or de chaque pays n'augmenterait plus, et le FMI doit vendre 50 millions d'onces d'or pour faire baisser le prix de l'or. Mais le prix de l'or reste ferme, et en septembre 1979, il atteint 430 dollars l'once, soit plus d'une douzaine de fois plus qu'au moment de l'effondrement du système breton en 1971.

Le Trésor américain a commencé sa première vente aux enchères d'or en janvier 1975 et est passé depuis de 300 000 onces à 750 000 onces, luttant toujours pour résister aux achats d'or. Ce n'est que lorsque le Trésor a annoncé une vente sans précédent de 1,5 million d'onces en novembre 1978 que les prix du marché se sont un peu repliés. Le 16 octobre 1979, le département du Trésor des États-Unis n'a finalement pas pu tenir le coup et a annoncé que les ventes aux enchères régulières avaient été remplacées par des ventes aux enchères "surprises".

Le prix de l'or à 400 dollars est généralement considéré comme un reflet raisonnable du fait que le dollar a été sévèrement sur-émis depuis 1933 et devrait être stable et durable.

Mais le déclenchement de la "crise des otages iraniens" en novembre 1979 a changé le cours du prix de l'or à long terme. La Fed a rapidement annoncé le gel des réserves d'or de l'Iran aux États-Unis après le déclenchement de la crise, une mesure qui a fait frémir les banques centrales du monde entier. Si l'or de l'Iran peut être gelé, l'or de tout le monde aux États-Unis n'est pas non plus en sécurité. Par conséquent, les pays achètent de l'or et le renvoient directement dans leurs propres stocks. L'Iran, en particulier, s'est lancé dans une frénésie d'achats sur le marché international, et l'Irak, pour ne pas être en reste,

---

[167] Ernest P. Welker, WHY GOLD, Economic Education Bulletin (American Institute for Economic Research, Great Barrington, MA, 1981), p. 33.

a rejoint les super-acheteurs, l'or ayant bondi jusqu'à 850 dollars l'once en quelques semaines.

En janvier 1981, Reagan demande au Congrès de créer une "Commission de l'or" chargée d'étudier la possibilité de rétablir l'étalon-or. En violation directe de la zone de non-droit pour les banquiers internationaux, le 30 mars 1981, Reagan, qui n'était à la Maison Blanche que depuis 69 jours, a été abattu d'une balle en plein cœur, à seulement 1 millimètre du cœur, par un homme en étoile nommé Hinkley. L'homme aurait agi ainsi afin d'attirer l'attention de la célèbre star de cinéma Judy Foster. Bien sûr, comme la grande majorité de ceux qui assassinent le président des États-Unis, cet homme est considéré comme ayant un problème nerveux.

Le 30 mars 1981, Reagan survit à une tentative d'assassinat. En mars 1982, le "Conseil d'or", composé de 17 membres, rejette l'idée d'un retour à l'étalon-or par une marge de 15-2, et le président Reagan s'empresse de "tenir compte des bons conseils".

Depuis lors, aucun président américain n'a osé toucher à l'idée de l'étalon-or.

Résumé

★L'intention de Kennedy de reprendre le pouvoir d'émettre de la monnaie à la Réserve fédérale et de priver les banquiers internationaux de la plupart de leur influence sur les États-Unis a finalement conduit à son assassinat.

★La défense de l'argent et l'abolition de son statut monétaire deviennent l'enjeu de la lutte entre Kennedy et les banquiers internationaux.

★Johnson arrive au pouvoir et abolit l'émission de certificats d'argent, tout en vendant de grandes quantités de réserves d'argent, mettant finalement fin à la monnaie d'argent.

★L'essence de la fin de la guerre du Vietnam est le fiasco du marché de l'or de Londres, qui a conduit à l'épuisement du "fond" financier de l'élite dirigeante.

★Les banquiers internationaux ont imaginé la grande invention des "droits de tirage spéciaux" pour dissimuler le fait que la monnaie américaine est en faillite.

★Nixon a fermé la fenêtre d'échange de l'or et les nations industrielles occidentales, dirigées par la Réserve fédérale, ont entamé une ère d'expansion sans précédent du crédit après s'être libérées du carcan de l'or.

★Perkins, le "tueur économique", a proposé un plan d'infrastructures de traitement du pétrole pour l'Arabie saoudite afin de transformer le pays en un État moderne, dans le but de faire revenir la majeure partie du pétrodollar aux États-Unis et de trouver un refuge pour le dollar.

★Convaincu que seul un retour à l'étalon-or pouvait sauver l'économie américaine, Reagan a directement violé la zone interdite aux banquiers internationaux, et au final, Reagan a été poignardé, anéantissant le dernier espoir d'un retour à l'étalon-or.

CHAPITRE VIII

La guerre monétaire non déclarée

> *Nous sommes comme une meute de loups se tenant sur une crête élevée et dominant un troupeau d'élans. L'économie de la Thaïlande ressemble plus à une proie blessée qu'à un petit tigre asiatique. Nous choisissons les malades et les faibles (pour la chasse) pour que le troupeau de cerfs reste globalement plus sain.* [168]
>
> The American Times, 1997

Il est bien connu que quiconque peut monopoliser l'offre d'une certaine marchandise peut réaliser des superprofits. Et l'argent est une marchandise dont tout le monde a besoin, et celui qui a le monopole de l'émission de la monnaie d'un pays a les moyens de faire une quantité illimitée de superprofits. C'est pourquoi, depuis des siècles, les banquiers internationaux cherchent à monopoliser l'émission de la monnaie d'un pays par tous les moyens, par tous les moyens, par tous les moyens. Leur plus grande vocation est d'avoir le monopole de l'émission de la monnaie dans le monde.

Afin de s'assurer le contrôle de la question de la monnaie mondiale comme point culminant de la stratégie financière, les banquiers internationaux, à partir des années 1970, ont lancé une série de guerres monétaires visant à consolider la confiance dans le dollar, à "démembrer" les économies des pays en développement et à vaincre les rivaux potentiels, avec pour objectif stratégique ultime la "désintégration contrôlée" de l'économie mondiale et la mise en place de bases solides pour l'achèvement d'un "gouvernement mondial", d'une "monnaie mondiale" et d'une "fiscalité mondiale" sous l'axe Londres-Wall Street.

---

[168] Eugene Linden, 'How to Kill a Tiger', *Time Asia*, 3 novembre 1997, Vol. 150. No. 18.

Notez que les banquiers internationaux sont un "super groupe d'intérêt spécial" qui n'est pas loyal à un pays ou à un gouvernement, mais qui les contrôle. Ils ont utilisé le dollar et la puissance des États-Unis pour une certaine période de l'histoire, mais lorsque leurs préparatifs étaient prêts, ils pouvaient attaquer le dollar à tout moment, créant ainsi une crise économique mondiale de la classe de 1929, une crise grave qui inciterait et contraindrait les gouvernements à abandonner davantage de souveraineté et à imposer des monnaies régionales et des gouvernements régionaux.

La répression du système financier chinois est sans aucun doute une priorité absolue pour eux. La question n'est pas de savoir si, mais quand et comment frapper la Chine. À ce stade, la moindre idée hasardeuse peut avoir des conséquences désastreuses. Leur tactique stratégique probable est très similaire à celle utilisée contre le Japon, commençant par la création d'une bulle de super-asset chinois, et avec leur "aide" l'économie chinoise connaîtra plusieurs années d'extrême prospérité, similaire à celle du Japon de 1985 à 1990. Ils les tueront ensuite et effectueront une frappe nucléaire financière "à longue portée et sans contact", détruisant la confiance mondiale dans l'économie chinoise et dispersant les fonds internationaux et nationaux dans la peur. Enfin, les principaux actifs de la Chine seront acquis à prix d'or et l'économie chinoise sera "complètement démantelée", achevant ainsi l'étape la plus difficile du processus d'unification du monde.

Guerre du Moyen-Orient de 1973 : la riposte du dollar

En fait, le déclenchement de la quatrième guerre du Moyen-Orient le 6 octobre 1973 n'était pas un accident. Lors de la réunion annuelle du Club Bilderberg en mai de cette année-là, 84 banquiers internationaux, des géants multinationaux et des politiciens sélectionnés se sont rencontrés pour discuter de la manière de faire face au casse-tête d'un dollar qui avait perdu son soutien en or. David Rockefeller a fait appel à la coqueluche Brzezinski, et le résultat de la discussion a été la nécessité de raviver la confiance dans le dollar et de reprendre les rênes du champ de bataille financier qui était devenu incontrôlable.

Les banquiers internationaux ont mis au point un plan étonnant pour faire grimper les prix internationaux du pétrole de 400% ! Ce plan audacieux servirait plusieurs objectifs : d'une part, la multiplication par quatre des prix du pétrole due à l'utilisation généralisée du dollar des

États-Unis pour les transactions pétrolières mondiales entraînerait une hausse de la demande mondiale de dollars, ce qui compenserait les effets secondaires de la vente du dollar par les pays lorsqu'il perd son soutien en or. D'autre part, grâce à l'excellent travail des "assassins économiques" des années précédentes, de nombreux pays d'Amérique latine et d'Asie du Sud-Est sont déjà devenus la proie de prêts excessifs, et ces pays économiquement arriérés et riches en ressources naturelles deviendront un troupeau d'agneaux gras à abattre une fois que les prix du pétrole s'envoleront et que les États-Unis augmenteront fortement leurs taux d'intérêt en même temps.

La chose la plus brillante de ce plan est qu'il "fait honte aux gens". La provocation de l'Égypte et de la Syrie à attaquer Israël, le soutien ouvert des États-Unis à Israël pour mettre les Arabes en colère, et enfin l'imposition d'un embargo pétrolier sur l'Occident par les États arabes dans un accès de rage, le prix du pétrole étant appelé à monter en flèche et toute la colère du monde étant dirigée vers les États arabes. Les banquiers internationaux, assis sur la montagne à regarder le combat des tigres, tout en comptant les billets de pétrodollars qui refluent, ont non seulement repris le dollar d'un seul coup, repris l'initiative sur le champ de bataille financier, mais aussi profité de la tonte de la laine des pays d'Amérique latine comme l'Indonésie. C'est un plan brillant.

Tout au long de l'histoire, les banquiers internationaux ont toujours suivi un "algorithme optimal" et ont atteint plus de trois objectifs principaux dans chaque mouvement stratégique majeur. Les banquiers internationaux ont toujours été les maîtres du "coup combiné".

Les deux banquiers internationaux, Brzezinski et Kissinger, étaient parfaitement synchronisés, et tout s'est déroulé de manière totalement imprévisible. Brzezinski a conçu le plan et Kissinger a été directement impliqué dans sa mise en œuvre en tant que "tsar" du renseignement de l'administration Nixon. William Engdahl, dans *A Century of War*, a souligné que,

> *"Kissinger a constamment supprimé le flux de renseignements (du Moyen-Orient) vers les États-Unis, y compris la confirmation des préparatifs de guerre par des responsables arabes interceptés par les services de renseignement américains. La célèbre 'diplomatie de la navette' de Washington pendant et après la guerre, Kissinger a exécuté avec précision le déroulement de la réunion de mai au Bilderberg. Les pays arabes producteurs de pétrole deviennent les boucs émissaires*

> *de la colère du monde, tandis que les intérêts anglo-américains se cachent discrètement dans les coulisses.* " [169]

À la tentation et sous la contrainte de Kissinger, les Saoudiens ont été le premier pays de l'OPEP à entrer en coopération avec les États-Unis, en utilisant les pétrodollars pour acheter des obligations américaines et ainsi "rendre les pétrodollars". Puis Kissinger a franchi la ligne et, en 1975, les ministres de l'OPEP se sont mis d'accord pour régler le pétrole uniquement en dollars. La monnaie mondiale est ainsi entrée dans l'ère de "l'étalon pétrolier".

La flambée des prix du pétrole a entraîné une augmentation de la demande de dollars de la part des règlements du commerce pétrolier, ce qui a finalement permis au dollar de retrouver un fort soutien international.

Le prix mondial du pétrole est resté stable à 1,90 dollar le baril de 1949 à 1970. De 1970 à 1973, le prix du pétrole a progressivement augmenté pour atteindre 3 dollars le baril. Peu après le déclenchement de la guerre, le 16 octobre 1973, l'OPEP a augmenté le prix du pétrole de 70% pour le porter à 5,11 dollars le baril, et le 1er janvier 1974, il a encore doublé pour atteindre 11,65 dollars. Entre le prix du pétrole avant la réunion du Bilderberg de 1973 et janvier 1974, le prix du pétrole avait augmenté de près de 400%.

En 1974, le président Nixon, dont l'identité n'a pas été révélée, a également essayé de faire en sorte que le Trésor américain fasse pression sur l'OPEP pour faire baisser les prix du pétrole, comme l'a écrit dans un mémo un fonctionnaire du gouvernement qui en avait connaissance :

> " *Les banquiers ont ignoré cette suggestion et ont plutôt mis l'accent sur la décision fatale d'utiliser la stratégie du " retour du pétrodollar " contre les prix élevés du pétrole.* "

Dans l'ère des prix élevés du pétrole qui a suivi, provoquant une inflation à deux chiffres dans les pays occidentaux, l'épargne des gens a été siphonnée. Les pays en développement sans défense sont encore plus malheureux, comme l'explique M. Engdahl :

---

[169] William Engdahl, *A Century of War : Anglo-American Oil Politics And The New World Order* (Pluto Press, Londres, 2004), p. 130.

"La flambée de 400% des prix du pétrole a eu un impact majeur sur les économies où le pétrole est la principale source d'énergie. La plupart des économies dépourvues de ressources pétrolières ont soudainement été confrontées à une hausse inattendue et difficile à payer de 400% du coût de l'énergie importée, sans parler de l'augmentation du coût des engrais, etc. provenant du pétrole utilisé dans l'agriculture.
En 1973, le commerce de l'Inde était excédentaire et le développement économique était sain. En 1974, l'Inde, avec 629 millions de dollars de réserves étrangères, payait le double pour le pétrole importé, soit 1 241 millions de dollars. En 1974 également, le Soudan, le Pakistan, les Philippines, la Thaïlande, l'Afrique et l'Amérique latine, un pays après l'autre, étaient confrontés à des déficits commerciaux. Selon le FMI, le déficit commercial des pays en développement a atteint 35 milliards de dollars en 1974, un chiffre astronomique pour l'époque. Sans surprise, le déficit total est exactement quatre fois supérieur à celui de 1973, c'est-à-dire proportionnel à la hausse des prix du pétrole.
La forte production industrielle et le commerce du début des années 1970 ont été remplacés par une contraction mondiale de l'industrie et du commerce de 1974 à 1975, la plus grave depuis la fin de la Seconde Guerre mondiale." [170]

Au milieu des années 1970, de nombreux pays en développement en cours d'industrialisation sont devenus fortement dépendants des prêts à faible taux d'intérêt de la Banque mondiale, et la flambée des prix du pétrole a englouti une grande partie de leur capital. Les pays en développement sont confrontés soit à l'arrêt du processus d'industrialisation et donc à l'impossibilité de rembourser les prêts excessifs de la Banque mondiale, soit à la nécessité d'emprunter davantage d'argent à la Banque pour acheter du pétrole et rembourser le principal et les intérêts de l'énorme dette.

Les banquiers internationaux qui se sont associés au FMI l'attendaient depuis longtemps, et le FMI a proposé des conditions d'aide très dures, puis a forcé ces pays en développement, qui sont dans le pétrin, à boire les fameux "quatre remèdes du FMI", à savoir la privatisation des actifs essentiels du pays, la libéralisation du marché des capitaux, la marchandisation des éléments de base de la vie et l'internationalisation du libre-échange, la plupart des pays qui boivent

---

[170] *Ibid.*

ces remèdes sont soit morts, soit blessés, et les pays individuels à forte résistance subissent également beaucoup de dommages, et les populations sont pauvres et faibles. Au moment où les pays en développement s'efforcent d'emprunter des dollars partout pour importer du pétrole coûteux, un autre coup du sort les attend.

Paul Volcker : La "désintégration contrôlée" de l'économie mondiale

> *"Volcker a été élu parce qu'il était le choix de Wall Street". C'est leur prix d'entrée. Ce que l'on sait, c'est qu'il est intelligent et conservateur, ce que l'on ne sait pas, c'est qu'il est sur le point de faire un grand changement. "*
>
> – Charles Geisst, historien.

En 1973, David Rockefeller, président de la Chase Manhattan Bank des États-Unis, a formé, à l'initiative et avec l'aide de Brzezinski, un groupe appelé la Commission trilatérale entre les États-Unis, l'Europe et le Japon, afin de renforcer les relations entre les communautés financières d'Amérique du Nord, d'Europe occidentale et du Japon. Les principaux membres de la Commission sont de grands banquiers, des entrepreneurs et des hommes politiques de premier plan d'Amérique du Nord, d'Europe occidentale et du Japon. Elle compte trois sièges, à New York, Paris et Tokyo, présidés par un membre de chacune de ces trois régions. Le président du siège de New York était, bien sûr, David Rockefeller, et Brzezinski, qui était un proche conseiller de David Rockefeller, est devenu le directeur exécutif qui a présidé aux travaux quotidiens de ce siège. Brzezinski avait un ami proche qui était professeur à l'université de Columbia, nommé Dean Rask, originaire de Géorgie, qui avait été secrétaire d'État lorsque Kennedy Johnson était à la tête de la Maison Blanche. Il a suggéré à Brzezinski que le gouverneur de Géorgie Jimmy Carter soit invité à la Commission trilatérale, et a loué à plusieurs reprises le dynamisme entrepreneurial et la vision politique de Carter.

Brzezinski et Carter se sont rencontrés en personne sous la chaleur de Rask. Brzezinski a eu un coup de cœur pour Carter au premier regard, et il était sûr qu'il deviendrait un grand homme dans le futur, il était donc naturellement désireux de le recruter. Ainsi, Brzezinski a fait une recommandation à M. David Rockefeller et a donné beaucoup de crédit à Carter. Le président du comité exécutif de la Trilatérale a suivi son conseil et l'a personnellement nommé. Et c'est ainsi que le nom du petit gouverneur de Géorgie Jimmy Carter a été ajouté à la liste des membres américains de la Commission trilatérale. C'était une étape cruciale pour qu'il puisse monter les marches de la Maison Blanche cinq ans plus tard.

Après l'arrivée de Carter à la Maison Blanche en 1977, Brzezinski, son "introducteur de parti", est logiquement devenu l'assistant de sécurité nationale du président Carter, "régentant" en fait au nom des banquiers internationaux dans un rôle similaire à celui de Kissinger pendant l'ère Nixon.

En 1978, la vacance de la présidence de la Réserve fédérale, qui est un coin clé des banquiers internationaux très apprécié, David Rockefeller à Carter de recommander son personnel Paul Volcker à jouer ce poste, le président Carter ne pouvait pas refuser cette demande.

La bourse baissière de New York a également enregistré une rare hausse de 9,73 points, le dollar s'étant renforcé sur les marchés internationaux, le *New York Times* affirmant que

> *"La nomination de Volcker a été approuvée par les banques européennes à Bonn, Francfort et en Suisse".*

Depuis la démission d'Eugene Meyer de la Réserve fédérale en 1933, les membres de la famille bancaire internationale se sont tous retirés des lignes de front des marchés financiers pour se retrouver dans les coulisses, où ils contrôlent les opérations de la Fed principalement par la sélection stricte du gouverneur de la Banque de New York. Walker correspond très bien à leur sélection. Il a étudié à Princeton et Harvard dans ses jeunes années, puis est allé à la London School of Economics pour poursuivre ses études. Dans les années 1950, il a travaillé comme économiste à la Federal Reserve Bank of New York, puis à la Chase Manhattan en tant qu'économiste, et dans les années 1960, il a travaillé au département du Trésor, où il a été l'un des principaux acteurs de l'abolition de l'étalon-or pendant l'ère Nixon.

Le 9 novembre 1978, un Volcker plein d'entrain a révélé dans un discours à l'Université de Warwick en Angleterre que

> *un certain degré de "désintégration contrôlée" de l'économie mondiale était un objectif raisonnable pour les années 1980."*

La question est : le corps de qui ? Comment s'effiloche-t-il ? Naturellement, les pays du tiers monde les plus endettés sont les plus touchés, suivis par l'Union soviétique et l'Europe de l'Est.

Volcker a commencé son mandat en brandissant la brillante bannière de la lutte contre "l'inflation mondiale" et en rendant les emprunts en dollars prohibitifs, avec ses proches alliés britanniques. Le taux d'intérêt moyen sur les emprunts en dollars n'a cessé d'augmenter, passant de 11,2% en 1979 à 20% en 1981, le taux de base atteignant 21,5% et la dette nationale grimpant à 17,3%.

Lorsque le Premier ministre britannique Margaret Thatcher a été élu en mai 1979, elle a juré de "chasser l'inflation de l'économie", faisant passer le taux d'intérêt de référence de 12 à 17% en 12 semaines, en un mois seulement de mandat, et faisant grimper les coûts d'emprunt dans tous les secteurs de 42% en si peu de temps, ce qui est sans précédent dans les pays industrialisés en temps de paix. Elle a également mérité le titre de "Dame de fer".

Sous la bannière de l'"anti-inflation", l'économie est en profonde récession et les gens et les entreprises en subissent les coûts, tandis que les banquiers américains et britanniques font fortune.

Les slogans de réduction des dépenses publiques, de baisse des impôts, de libéralisation de l'industrie et de démantèlement des syndicats retentissent, et les pays en développement, qui croulent sous le poids de la dette, sont dans un état de grande tristesse et de mort. À cette époque, la dette des pays en développement avait quintuplé, passant de 130 milliards de dollars au moment de la réunion de Bilderberg en mai 1973 à un montant stupéfiant de 612 milliards de dollars en 1982. Lorsque les États-Unis et la Grande-Bretagne ont soudainement augmenté les taux d'intérêt à environ 20% sous le slogan de la "lutte contre l'inflation", les énormes dettes des pays en développement ont été écrasées par une "usure" si alarmante qu'ils étaient destinés à devenir des poissons sur le couteau des banquiers internationaux. Les pays d'Asie, d'Afrique et d'Amérique latine qui n'ont aucun sens de la préparation à la guerre financière paieront chèrement leur négligence.

Le secrétaire d'État américain Schultz a souligné, lors de la réunion des Nations unies du 30 septembre 1982, que le FMI devrait surveiller de près le service de la dette des pays en développement, il a exhorté les pays en développement à rendre leurs exportations "plus attrayantes pour l'Occident", seul le "libre-échange" peut les sauver, et des efforts accrus pour vendre leurs matières premières peuvent accélérer le processus de remboursement de la dette.

Pour sa part, le président mexicain Portillo a fait remarquer que la stratégie des banquiers internationaux anglo-américains consistait à faire des taux d'intérêt élevés et des bas prix des matières premières qui les accompagnent "les deux bords des ciseaux qui tuent les gains de construction déjà réalisés par certains pays en développement et la possibilité de progrès pour les autres". Il a en outre menacé d'amener les pays en développement à cesser de payer leurs dettes. Il a noté que

> *"Le Mexique et d'autres pays du tiers-monde ne peuvent pas payer leurs dettes à temps à des conditions qui sont très différentes de la réalité. Nous, les pays en développement, ne voulons pas être subordonnés (à l'Occident). Nous ne pouvons pas nous permettre de paralyser notre économie ou de mettre notre population dans une situation plus misérable pour payer ces dettes, dont le coût a triplé sans notre participation, et dont nous ne sommes pas responsables. Nos efforts pour éradiquer la faim, la maladie, l'ignorance et la dépendance n'ont pas créé de crise internationale. "* [171]

Malheureusement, deux mois seulement après son discours aux Nations unies, Portillo a été remplacé par un candidat favorisé par les banquiers internationaux, et le FMI est intervenu dans le règlement de la dette du Mexique en tant que "gendarme de l'ordre de prêt", une histoire décrite par Engdahl comme suit :

> *"Le plus grand vol organisé de l'histoire moderne a commencé à une échelle bien supérieure à celle d'activités similaires dans les années 1920. Contrairement à la dissimulation élaborée par les médias ouest-européens ou américains, les pays débiteurs ont payé leurs dettes plusieurs fois, et c'est avec du sang et 'une livre de chair' qu'ils ont payé les Shylocks modernes de New York et de Londres, et il n'est pas vrai que les pays en développement ont cessé de payer leurs dettes après août 1982. Ils avaient un pistolet sur la tempe et, sous les brimades du FMI, ont signé ce que les banquiers ont faussement appelé un " règlement de la dette " impliquant la fameuse Citibank ou Chase Bank de New York. "* [172]

Les prêts du FMI ne sont disponibles que si le pays débiteur signe une série de "clauses spéciales", notamment des réductions des

---

[171] William Engdahl, *op. cit.* p. 189.

[172] William Engdahl, *op. cit.* p. 190.

dépenses publiques, une augmentation des impôts et une dévaluation de la monnaie. La dette est ensuite renouvelée et les pays en développement doivent payer une "commission de service" supplémentaire aux banquiers internationaux, qui est créditée au principal de la dette.

Le Mexique a été contraint de réduire les subventions gouvernementales pour les médicaments, la nourriture, le carburant et d'autres produits de première nécessité, tandis que le peso était dévalué à des niveaux désastreux ; au début de 1982, sous la série de réformes économiques du président Portillo, le peso était évalué à 12 contre 1 par rapport au dollar, alors qu'en 1989 il s'était déprécié à 2 300 contre 1, et l'économie mexicaine avait en fait été "démantelée de manière contrôlée" par les banquiers internationaux.

Selon la Banque mondiale, de 1980 à 1986, plus de 100 pays débiteurs dans le monde ont versé 326 milliards de dollars rien qu'en intérêts aux banquiers internationaux, 332 milliards de dollars supplémentaires en remboursement du principal et 658 milliards de dollars au total aux pays en développement pour une dette de 430 milliards de dollars (1980). Malgré cela, en 1987, 109 pays débiteurs devaient 1,3 trillion de dollars aux banquiers internationaux. La seule crainte est que les pays en voie de développement n'auront jamais le temps de rembourser leurs dettes si elles se renouvellent sur une base aussi alarmante. En conséquence, les banquiers internationaux et le FMI ont commencé à mettre en œuvre des règlements de faillite contre les pays débiteurs. Les pays qui ont accepté la "solution à la dette" des banquiers ont été contraints de vendre à prix d'or un grand nombre d'actifs essentiels, tels que l'eau, l'électricité, le gaz, les chemins de fer, le téléphone, le pétrole, les banques, etc.

On peut enfin voir à quel point la "désintégration contrôlée" de l'économie mondiale, orchestrée par les banquiers internationaux, peut être mortelle !

La Banque mondiale de conservation : Encercler 30% des terres de la planète

À l'heure où les pays en développement d'Asie, d'Afrique et d'Amérique latine sont lourdement endettés, les banquiers internationaux ont commencé à planifier une opération de plus grande envergure d'une manière qui dépasse les limites de l'imagination des gens ordinaires, et les personnes d'intelligence normale n'auraient jamais pensé que la "protection de l'environnement" était un point d'entrée pour un plan plus vaste.

Il est impossible de comprendre l'énorme pouvoir des fulgurantes "combinaisons" des banquiers internationaux sans examiner la question dans une perspective historique !

Au début du mois d'août 1963, un professeur de sociologie d'une prestigieuse université du Midwest, sous le pseudonyme de "John Do", reçoit un appel de Washington l'invitant à participer à un projet de recherche secret auquel participent 15 experts parmi les meilleurs chercheurs de prestigieuses universités américaines. Le professeur "John Do" s'est rendu avec curiosité à un endroit appelé "Iron Mountain". "Iron Mountain" est proche de Hudson City, dans l'État de New York, où se trouvent les énormes installations souterraines construites pendant la guerre froide pour se défendre contre les frappes nucléaires soviétiques et où des centaines des plus grandes entreprises américaines ont des sièges temporaires. Parmi ces entreprises figurent notamment Standard Oil of New Jersey, Shell Oil Company et Hanover Manufacturing Trust. Si une guerre nucléaire devait éclater, elle deviendrait le centre le plus important des opérations commerciales américaines pour garantir que le système commercial américain reste viable après une guerre nucléaire. En temps normal, c'est ici que ces entreprises stockent leurs fichiers de documents confidentiels.

Ce groupe de recherche énigmatique examinera les défis auxquels les États-Unis seraient confrontés si le monde entrait dans une phase de "paix permanente" et la stratégie de réponse des États-Unis. Cet effort de recherche a duré 2 ans et demi. [173]

En 1967, le groupe de 15 membres a rédigé un rapport top secret, dont les auteurs ont été priés par le gouvernement de le garder strictement confidentiel. Cependant, l'un d'entre eux, le professeur "John Do", estime que le rapport est trop important pour être caché au public. Il a alors trouvé le célèbre auteur Leo Levin, et avec l'aide de ce dernier, le livre, intitulé *The Report from Iron Mountain*, a été officiellement publié par Dell Publishing en 1967. Dès sa sortie, le livre choque immédiatement tous les secteurs de la société américaine. Tout le monde devine qui est ce "John Doe". On pense que le rapport a été

---

[173] Larry Abraham, *The Greening* (Second Opinion Pub., Inc., 1993).

orchestré par le secrétaire à la défense de l'époque, M. McNamara, membre de l'Association des affaires étrangères et plus tard président de la Banque mondiale. L'institut de recherche qui opère serait l'Hudson Institute, dont le fondateur, Herman Cain, est également membre de l'Association diplomatique.

En réponse à la fuite, l'assistant spécial de John Xun pour la sécurité nationale, Rostow, s'est immédiatement manifesté pour "assainir" d'urgence le rapport, qui, selon lui, était purement mensonger. Le Time, également contrôlé par Henry Ruth, membre de l'Association des affaires étrangères, a également qualifié le rapport de "mensonge intelligent". La question de savoir si le rapport est vrai ou faux fait encore l'objet d'un débat dans la société américaine à ce jour.

Cependant, le *Washington Post* avait présenté le livre dans sa section Book Review le 26 novembre 1967. Le livre est présenté par Galbraith, professeur distingué de l'université de Harvard et membre de l'Association diplomatique, qui déclare avoir des informations de première main prouvant la véracité du rapport, puisqu'il faisait lui-même partie des personnes invitées. Par la suite, bien qu'il n'ait pas pu participer aux travaux du projet, celui-ci l'a consulté sur diverses questions et on lui a demandé de garder le secret.

> *"Je suis prêt à garantir l'authenticité de ce document ("Rapport Iron Mountain") par ma réputation personnelle, et je suis prêt à confirmer la validité de ses conclusions. Tout ce sur quoi j'ai des réserves, c'est la sagesse de le publier à un public non préparé."* [174]

L'authenticité du rapport a ensuite été réitérée à deux reprises par Galbraith dans d'autres médias. Quelles étaient donc les conclusions choquantes du rapport qui rendaient l'"élite" si nerveuse ?

Il s'avère que le rapport révèle en détail les plans de "l'élite mondiale" pour l'avenir du monde. Le principe de base du rapport est qu'il s'agit d'un rapport "purement objectif" qui ne discute pas de la question du bien et du mal, ne prend pas en considération des concepts aussi vides que la liberté et les droits de l'homme, et n'occupe aucune

---

[174] *News of War and Peace You're Not Ready For*, de Herschel McLandress (alias de Galbraith), (Book World, Washington Post, 26 novembre 1967, p. 5).

place dans toutes les positions telles que l'idéologie, le patriotisme et la religion.

Le rapport débute par une déclaration :

> "Une paix durable, même si elle n'est pas théoriquement impossible, n'est pas durable. Même si (l'objectif de la paix) est atteignable, ce n'est certainement pas la meilleure option pour une société stable… la guerre est une fonction spéciale de notre stabilité sociale. À moins que d'autres alternatives puissent être développées, le système de guerre devrait être maintenu et renforcé. " [175]

Le rapport affirme que ce n'est qu'en temps de guerre, ou sous la menace d'une guerre, que les gens sont le plus susceptibles d'obéir au gouvernement sans se plaindre. La haine de l'ennemi et la peur de l'asservissement et du pillage rendent le peuple plus apte à supporter les impôts et les sacrifices excessifs. La guerre est à nouveau le catalyseur des émotions fortes du peuple, et dans l'esprit de patriotisme, de loyauté et de victoire, le peuple peut obéir sans condition, et toute dissidence sera considérée comme un acte de trahison. À l'inverse, dans une situation de paix, les gens s'opposeront instinctivement aux politiques de forte taxation et détesteront l'ingérence excessive du gouvernement dans la vie privée.

> " Le système de la guerre est non seulement nécessaire à l'existence d'un État en tant que système politique indépendant, mais il est également essentiel à la stabilité politique. Sans la guerre, la " légitimité " du gouvernement à gouverner le peuple serait remise en question. La possibilité de la guerre fournit la base sur laquelle un gouvernement peut avoir le pouvoir. L'histoire regorge d'exemples de régimes qui ont perdu la crédibilité de la menace de guerre et qui ont finalement conduit à la désintégration du pouvoir, un effet destructeur qui découle de l'exagération des intérêts individuels, du ressentiment de l'injustice sociale et d'autres facteurs de désintégration. La possibilité de guerre devient un facteur de stabilité politique en maintenant la structure de l'organisation sociale. Elle maintient la stratification de la société et garantit l'obéissance du peuple au gouvernement. "

---

[175] Léonard C. Lewin, *Report from Iron Mountain – On the Possibility and Desirability of Peace* (Dial Press, 1967).

Le rapport affirme cependant que l'approche traditionnelle de la guerre a aussi ses limites historiques, dans lesquelles la grande cause du gouvernement mondial sera difficile à réaliser, surtout à l'ère de la guerre nucléaire, où le déclenchement d'une guerre devient un problème imprévisible et risqué. Si l'on considère que l'étude a commencé précisément peu après la crise des missiles de Cuba, l'ombre de la guerre nucléaire avec l'Union soviétique a dû influencer les auteurs dans une certaine mesure.

La question est la suivante : s'il existe une "paix permanente" dans le monde, quelle est la porte de sortie pour la société américaine ? C'est exactement la réponse que cherche cette équipe de recherche secrète.

En d'autres termes, ils doivent trouver une nouvelle alternative à la "guerre" pour les États-Unis. Après une étude approfondie, les experts suggèrent que les nouvelles alternatives à la guerre doivent être accompagnées de trois conditions : (1) elles doivent être économiquement "gaspilleuses", en consommant au moins 10% du PIB annuel ; (2) elles doivent représenter une menace majeure, à grande échelle et crédible, similaire au danger de la guerre ; et (3) elles doivent fournir une justification logique à la contrainte des personnes à servir leurs gouvernements.

Un travail facile. Les experts ont d'abord pensé à une "guerre contre la pauvreté". Le problème de la pauvreté, bien qu'assez important, n'était pas assez effrayant pour être rapidement abandonné. L'alternative était une invasion extraterrestre, qui, bien qu'assez effrayante, manquait de crédibilité dans les années 1960, et a été abandonnée à nouveau. Enfin, on pense à la "pollution environnementale", qui est, dans une large mesure, un fait et qui a la crédibilité nécessaire pour fonctionner sous la propagande de la pollution environnementale jusqu'à l'horreur apocalyptique de l'après-guerre nucléaire ; il est en effet économiquement très "gaspilleur" de continuer à polluer l'environnement ; il est très logique que les gens supportent des impôts élevés et une qualité de vie moindre et acceptent l'intervention du gouvernement dans la vie privée afin de "sauver la Terre Mère".

C'est un choix fantastique !

On estime scientifiquement que le temps nécessaire pour que la pollution environnementale atteigne le point de provoquer une forte crise mondiale est d'environ une génération et demie, soit 20 à 30 ans. Ce rapport a été publié en 1967. Vingt ans plus tard…

En septembre 1987, la quatrième assemblée générale de la Commission mondiale pour la conservation de la vie sauvage s'est tenue à Denver, dans le Colorado (États-Unis), avec la participation de 2 000 délégués de plus de 60 pays. Les 1 500 délégués qui ont assisté à la conférence ont eu la surprise de découvrir qu'un document appelé la Déclaration de Denver était prêt pour eux. La Déclaration de Denver stipule :

> *" Parce que de nouveaux fonds doivent être mobilisés pour élargir la portée des activités de protection de l'environnement, nous devrions créer un nouveau modèle bancaire pour intégrer l'aide internationale à la gestion de l'environnement aux besoins de gestion des ressources des pays bénéficiaires. "* [176]

Ce nouveau modèle bancaire est le programme "Banque mondiale pour l'environnement". Contrairement aux précédentes réunions similaires, un grand nombre de banquiers internationaux étaient présents, avec en tête le baron Edmund Rothschild, David Rockefeller et le secrétaire au Trésor américain Jamie Baker. Ces personnes très occupées ont passé six jours entiers à une conférence sur l'environnement pour présenter et commercialiser le programme financier de la "Banque mondiale pour l'environnement" à l'Assemblée générale.

Dans son discours à l'Assemblée générale, Edmund Rothschild a qualifié cette "banque mondiale de l'environnement" de "second plan Marshall", dont la mise en place permettrait de "sauver" les pays en développement du bourbier de la dette, tout en protégeant l'environnement écologique. Notons qu'en 1987, la dette totale des pays en développement s'élevait à 1,3 trillion de dollars.

Le concept central de la Banque mondiale pour l'environnement est de "remplacer les ressources naturelles par des dettes". La "terre écologique" des pays en développement que les banquiers internationaux ont encerclée s'étend sur l'Amérique latine, l'Afrique et l'Asie, couvrant une superficie totale de 50 millions de kilomètres carrés, soit l'équivalent de la superficie de cinq pays, ou 30% de la surface terrestre de la Terre. Les banquiers internationaux prévoient de refinancer la dette de 1 000 milliards de dollars des pays en

---

[176] Quatrième conférence du World Wilderness Congress, interview de George Hunt : "Méfiez-vous des banquiers qui apportent des cadeaux".

développement, de transférer la dette à la Banque mondiale pour l'environnement, de mettre en garantie les terres au bord de la crise écologique, et de recevoir des extensions de dette et de nouveaux prêts à taux réduit de la Banque mondiale pour l'environnement !

Dans les années 1970, les prêts accordés par les pays en développement au FMI et aux banquiers internationaux étaient en grande majorité non garantis et fondés uniquement sur le crédit national, et lorsque des crises de la dette ont éclaté, les banquiers internationaux étaient moins susceptibles de faire faillite. Lorsque ces dettes ont été transférées à la Banque mondiale pour l'environnement, il était difficile de voir les comptes douteux des banquiers internationaux se transformer en actifs de qualité. Puisque le WEF possède les terres en garantie, les grandes étendues de terre hypothéquées appartiennent légalement au WEF une fois que les pays en développement sont incapables de payer leurs dettes, et les banquiers internationaux qui contrôlent le WEF sont naturellement les véritables propriétaires des grandes étendues de terre fertile. Compte tenu de l'ampleur du mouvement des enclaves humaines, la Banque mondiale pour l'environnement est sans précédent.

Il n'est pas étonnant que des gens comme Rothschild et Rockefeller doivent "se soucier" de cette conférence environnementale de six jours pour en tirer des bénéfices aussi importants.

Le Dr Cuesta, un haut fonctionnaire du ministère brésilien des finances, est resté éveillé toute la nuit après avoir entendu parler de la proposition de la Banque mondiale de l'environnement de Rothschild. Il affirme que les prêts bonifiés des banques environnementales peuvent aider l'économie brésilienne à court terme, et qu'au moins le moteur économique peut redémarrer, mais à long terme, le Brésil ne sera de toute façon pas en mesure de rembourser ces prêts, et le résultat final sera que les trésors feng shui de l'Amazonie, qui servent de garantie pour les prêts, ne seront plus la propriété du Brésil.

Les ressources hypothéquées ne se limitent pas à la terre, mais les sources d'eau et d'autres ressources naturelles au-dessus et au-dessous du sol sont également hypothéquées.

La Banque mondiale pour l'environnement, au nom plus évocateur, a finalement été créée en 1991 sous le nom de Fonds pour l'environnement mondial, géré par la Banque mondiale, dont le Trésor américain est le principal actionnaire. Les plans à long terme des banquiers internationaux sont maintenant progressivement mis en œuvre.

Bombe atomique financière : visant Tokyo

> *Le Japon a accumulé d'énormes richesses sur le plan international, tandis que les États-Unis sont endettés comme jamais auparavant. La supériorité militaire que recherchait le président Reagan était une illusion qui s'est faite au prix de la perte de notre statut de prêteur dans l'économie mondiale. Malgré les tentatives du Japon de continuer à se cacher dans l'ombre des États-Unis et de croître tranquillement, le Japon est en fait devenu un banquier de classe mondiale. L'accession du Japon à la domination mondiale en tant que puissance financière est une chose très inquiétante.*
> – George Soros, 1987. [177]

Lorsque la Grande-Bretagne a cédé son statut de prêteur international aux États-Unis lors de la Première Guerre mondiale, ce qui a été perdu en même temps, c'est l'hégémonie mondiale de l'Empire britannique. Cet événement est certainement encore frais dans l'esprit des banquiers internationaux, et l'essor économique rapide des pays d'Asie de l'Est après la Seconde Guerre mondiale a été un signal d'alarme pour les banquiers de Wall Street à Londres : tout ce qui pouvait contrecarrer et saper tout rival potentiel du gouvernement mondial et de la monnaie unifiée mondiale qu'ils dominaient devait être surveillé avec vigilance.

Le Japon, première économie asiatique à décoller, a rapidement atteint un niveau qui a alarmé les banquiers internationaux, tant en ce qui concerne la qualité de sa croissance économique, la compétitivité de ses exportations de produits industriels, que la vitesse et l'ampleur de son accumulation de richesses. Pour reprendre les termes du secrétaire au Trésor américain de l'ère Clinton, M. Samos,

> *"une zone économique asiatique coiffée par le Japon a suscité la peur chez la plupart des Américains qui considéraient le Japon comme une menace pour les États-Unis, plus encore que l'Union soviétique".*

---

[177] George Soros, *L'alchimie de la finance*. Wiley.

Après la guerre, le Japon a commencé par imiter le design des produits occidentaux, puis a rapidement réduit les coûts de production et, à son tour, a fini par conquérir les marchés européen et américain. Lors de la crise pétrolière des années 1970, la berline américaine à huit cylindres consommant du carburant a été rapidement perdue au profit des voitures japonaises bon marché et économes en carburant. Les États-Unis ont progressivement perdu leur capacité à résister à l'attaque des voitures japonaises dans l'industrie automobile de basse technologie. Depuis les années 1980, l'industrie électronique japonaise a fait des progrès rapides, Sony, Hitachi, Toshiba et un grand nombre d'autres entreprises électroniques de l'imitation à l'innovation, en plus de l'unité centrale de traitement, presque tous les circuits intégrés et la technologie de fabrication de puces informatiques, dans les robots industriels et la main-d'œuvre bon marché sous l'avantage de l'industrie américaine de l'électronique et du matériel informatique, le Japon a même atteint la mesure des missiles fabriqués aux États-Unis doivent utiliser des puces japonaises. À une époque, presque tout le monde aux États-Unis croyait que ce n'était qu'une question de temps avant que Toshiba et Hitachi ne rachètent IBM et Intel aux États-Unis, tandis que les travailleurs industriels américains craignaient que les robots japonais finissent par leur voler leur emploi.

Si la politique de taux d'intérêt élevés mise en œuvre par les États-Unis et la Grande-Bretagne au début des années 1980 a sauvé la confiance du dollar et tué de nombreux pays en développement d'Afrique et d'Amérique latine, le taux d'intérêt élevé a également gravement endommagé la force industrielle des États-Unis, ce qui a entraîné une situation dans laquelle les produits japonais ont pénétré le marché américain dans les années 1980.

Alors que la nation japonaise était en proie à l'euphorie du "Japon peut dire non", une guerre d'usure contre la finance japonaise était déjà déployée par les banquiers internationaux.

En septembre 1985, les banquiers internationaux ont finalement commencé à frapper. L'"accord du Plaza" a été signé à l'hôtel Plaza de New York par les ministres des finances des États-Unis, de l'Angleterre, du Japon, de l'Allemagne et de la France pour permettre une dépréciation "contrôlée" du dollar par rapport aux autres grandes monnaies, et la Banque du Japon a été contrainte d'accepter de s'apprécier sous la pression du ministre américain des finances, M. Baker. Quelques mois après la signature de l'accord de Carré, le yen s'est apprécié de 250 yens pour un dollar à 149 yens pour un dollar.

En octobre 1987, la bourse de New York s'est effondrée. Le secrétaire américain au Trésor, M. Baker, a fait pression sur le premier ministre japonais, M. Nakasone, pour que la Banque du Japon continue à baisser les taux d'intérêt, faisant ainsi paraître le marché boursier américain un peu plus attrayant que le marché boursier japonais afin d'attirer aux États-Unis les flux de capitaux provenant du marché de Tokyo. Baker a menacé de sévir contre le Japon au sujet du déficit commercial américano-japonais si les démocrates arrivaient au pouvoir, puis Baker a de nouveau sorti la hulloop, promettant que les républicains resteraient au pouvoir, que Bush père donnerait sûrement un grand coup de pouce à la bonne volonté américano-japonaise, Nakasone a courbé la tête, et bientôt les taux d'intérêt en yen sont tombés à seulement 2,5%, le système bancaire japonais a commencé à être inondé de liquidités, des quantités massives de capitaux bon marché se sont déversées sur le marché boursier et l'immobilier, les actions de Tokyo ont augmenté de 40% par an, l'immobilier a même dépassé 90%, et une énorme bulle financière a commencé à se former.

En si peu de temps, ce changement dramatique dans l'échange de devises, les producteurs d'exportation du Japon ont battu le cœur saignant, afin de compenser la perte de la baisse des exportations causée par l'appréciation du yen, les entreprises ont été de la banque à faible taux d'intérêt d'emprunt de spéculation dans les stocks, le marché des prêts à un jour de la Banque du Japon est rapidement devenu le plus grand centre du monde. En 1988, les 10 plus grandes banques du monde ont été balayées par le Japon. À cette époque, la bourse de Tokyo avait augmenté de 300% en 3 ans, et l'immobilier avait atteint des proportions vertigineuses, le marché immobilier total d'un quartier de Tokyo dépassant la valeur totale de l'immobilier aux États-Unis à l'époque, en termes de dollars. Le système financier du Japon a atteint un point précaire.

Ce à quoi le Japon ne s'attendait pas, c'est à une strangulation financière non déclarée par les banquiers internationaux, qui aurait pu être un atterrissage en douceur avec une austérité modérée si les chocs externes n'avaient pas été dévastateurs. Compte tenu de la puissance financière du Japon, il n'y a aucune certitude de victoire sur le champ de bataille financier conventionnel traditionnel.

En 1982, le Chicago Mercantile Exchange des États-Unis a été le premier à "développer" avec succès des contrats à terme sur indices boursiers, une arme financière sans précédent. Elle était censée être utilisée comme un outil pour voler des affaires à la Bourse de New

York. Lorsque les gens négociaient à Chicago en faisant confiance à l'indice boursier de New York, ils n'avaient plus à payer de commissions aux négociants en actions de New York. Un indice boursier n'est rien d'autre qu'une liste de sociétés cotées, pondérée pour produire des données, et les contrats à terme sur indices boursiers sont des paris sur les mouvements futurs du prix des actions des sociétés de cette liste, que ni les acheteurs ni les vendeurs ne possèdent, ni n'ont l'intention de posséder eux-mêmes.

Le marché boursier joue sur le mot confiance, et la vente à découvert massive de contrats à terme sur indices boursiers conduit inévitablement à un krach boursier, comme l'a démontré de manière efficace le krach boursier de New York en octobre 1987.

Le décollage économique du Japon dans les années 1980 a donné aux Japonais un sentiment de supériorité sur le monde. À l'heure où les cours des actions japonaises sont si élevés qu'aucun commentateur occidental sain d'esprit ne peut les comprendre, les Japonais ont encore de nombreuses raisons de croire qu'ils sont uniques. Un expert américain en investissement qui se trouvait au Japon à l'époque l'a exprimé ainsi :

> *"Il y a une croyance ici que le marché boursier japonais ne peut pas baisser, et c'était encore le cas en 87, 88, et même 89. Ils pensaient qu'il y avait quelque chose de très spécial qui existait dans leurs marchés (boursiers), dans toute la nation japonaise, quelque chose de spécial qui pouvait faire que le Japon défie toutes les lois qui existent dans le monde."*

La compagnie d'assurance est un investisseur très important sur le marché boursier de Tokyo. Lorsque les banquiers internationaux ont envoyé au Japon un groupe de banques d'investissement, comme Morgan Stanley et Solomon Brothers, pour créer la surprise, ils ont cherché des cibles potentielles avec de grandes quantités d'argent liquide en main et leurs porte-documents remplis d'"options de vente sur indices boursiers", un nouveau produit financier inconnu au Japon à l'époque. Ce sont les compagnies d'assurance japonaises qui s'y intéressent. Aux yeux des Japonais, ces Américains ont dû se mettre dans la tête et utiliser beaucoup d'argent liquide pour acheter la possibilité d'un improbable krach boursier japonais et, par conséquent, l'industrie japonaise de l'assurance s'engage rapidement. Les deux parties parient sur la direction du Nikkei, si l'indice baisse, les Américains gagnent de l'argent et les Japonais en perdent, si l'indice monte, la situation est exactement inverse.

Peut-être même la province japonaise d'Okura ne peut-elle pas compter le nombre de contrats dérivés de ce type qui ont été négociés avant que le marché boursier ne s'effondre et que ce "virus financier" non détecté ne s'épanouisse dans l'illusion florissante d'un marché souterrain presque non réglementé, secret et de gré à gré.

Le 29 décembre 1989, le marché boursier japonais atteint un sommet historique, l'indice Nikkei s'envolant à 38 915, et les ventes massives d'options à découvert sur l'indice boursier commencent enfin à porter leurs fruits. Le 12 janvier 1990, les Américains frappent un coup fatal lorsqu'un nouveau produit financier, le Nikkei Put Warrant, apparaît soudainement sur les bourses américaines. Les options sur actions achetées par Goldman Sachs à l'industrie japonaise de l'assurance sont revendues au Royaume du Danemark, qui les vend aux acheteurs des warrants et promet de verser le produit de la vente aux propriétaires des Nikkei Put Warrants en cas de baisse du Nikkei. Le Royaume du Danemark n'est là que pour permettre à Goldman Sachs de donner sa crédibilité à la vente d'options Nikkei dans les mains de Goldman Sachs, suralimentée. Les warrants immédiatement vendus aux États-Unis, un grand nombre de banques d'investissement américaines ont suivi le mouvement, le marché boursier japonais ne peut plus manger, "Nikkei put warrants" énumérés en moins d'un mois pour vendre l'effondrement chaud de l'effondrement total.

L'effondrement du marché boursier s'est d'abord étendu aux secteurs de la banque et de l'assurance au Japon, puis à l'industrie manufacturière. Le secteur manufacturier japonais avait l'habitude de pouvoir lever des fonds sur le marché boursier à un coût au moins deux fois moindre que celui de ses concurrents américains, ce qui est devenu la fleur jaune d'hier avec l'effondrement du marché boursier.[178]

Depuis 1990, l'économie japonaise est plongée dans une récession qui dure depuis une décennie. La bourse japonaise a plongé de 70% et l'immobilier a chuté pendant 14 années consécutives. Dans Financial Defeat, l'auteur Motobu Yoshikawa fait valoir qu'en termes de proportion de richesse perdue, les conséquences de la défaite financière du Japon en 1990 ont été presque égales à celles de sa défaite lors de la Seconde Guerre mondiale.

---

[178] Gregory Millman, *Vigilante Economics : How Wall Street Shattered Tokyo and London gave Frankfurt Woe* (The Alicia Patterson Foundation, 1992).

William Engdahl l'a formulé ainsi lorsqu'il a commenté la débâcle financière du Japon :

> "Aucun pays au monde n'a soutenu plus fidèlement et activement les politiques de déficits budgétaires et de dépenses massives de l'ère Reagan que l'ancien ennemi des États-Unis, le Japon. Même l'Allemagne n'a jamais satisfait aux exigences de Washington de manière aussi inconditionnelle. Et aux yeux des Japonais, l'achat loyal et généreux par Tokyo de bons du Trésor américain, de biens immobiliers et d'autres actifs en échange du désastre financier le plus dévastateur de l'histoire mondiale. " [179]

Au cours de l'été 2006, le nouveau secrétaire américain au Trésor, M. Paulson, a visité la Chine. En l'entendant "souhaiter le succès de la Chine" avec enthousiasme, les gens n'ont pu s'empêcher de ressentir un frisson derrière. Je me demande si son prédécesseur, M. Baker, a dit la même chose lorsqu'il a tenu la main du Premier ministre japonais Nakasone.

Soros : le pirate financier du banquier international

Pendant longtemps, les médias du monde entier ont dépeint Soros comme un "franc-tireur" ou un génie de la finance, et les légendes à son sujet ont ajouté à sa mystique. Grumman a un jour plaisanté en disant que ce nom de famille, qui se lit à la fois en positif et en négatif, est différent.

Soros est vraiment un franc-tireur, avec son "génie du piratage financier" seul contre la Banque d'Angleterre, pour faire vaciller le mark allemand, balayant le marché financier asiatique ? J'ai bien peur que seuls les simples d'esprit puissent croire à une telle légende.

Le Quantum Fund de Soros, qui a balayé les marchés financiers mondiaux, était enregistré à Curaçao, un paradis fiscal des Antilles néerlandaises, une dépendance néerlandaise des Caraïbes, permettant de dissimuler les principaux investisseurs du fonds et les mouvements de fonds, qui est également le plus important centre international de blanchiment de la drogue.

---

[179] William Engdahl, *op. cit.* p. 225–226.

Étant donné que les lois américaines sur les valeurs mobilières exigent que pas plus de 99 citoyens américains soient des investisseurs "avertis" dans les fonds spéculatifs, Soros s'est donné beaucoup de mal pour s'assurer qu'aucun des 99 super-riches n'était américain. Dans un tel fonds spéculatif offshore, Soros ne fait même pas partie du conseil d'administration, mais il participe aux opérations du fonds en tant que "conseiller en investissement". Non seulement cela, mais il a également choisi d'assumer ce rôle de conseiller au nom de Soros Fund Management, qu'il a établi à New York. Si le gouvernement américain lui demandait de fournir des détails sur les opérations du fonds, il pourrait prétendre qu'il n'est qu'un simple conseiller en investissement pour échapper à toute responsabilité.

Il n'est pas facile d'enquêter sur le Quantum Fund de Soros. Son conseil d'administration comprend :

Directeur, Richard Cates, Cates est directeur de la Banque Rothschild à Londres et président de la Banque de la famille Rothschild de Milan en Italie.

Directeur, Nice Tob est un partenaire du syndicat de Londres, qui est aussi largement dirigé par la famille Rothschild.

– Le réalisateur, William Rees-Mogg, chroniqueur critique du *Times* de Londres, est également un associé sous le contrôle de la famille Rothschild.

Le directeur, Edgar Pisito, est la figure la plus controversée de la banque privée suisse et a été appelé "le banquier le plus intelligent de Genève". Parmi les amis proches de Pisito figure Safra, propriétaire de la Republican Bank of New York, qui a été identifié par les services de police américains comme étant lié au cartel bancaire de Moscou et officiellement identifié par la Suisse comme étant impliqué dans le blanchiment d'argent de la drogue en Turquie et en Colombie.

Font également partie du "cercle" de Soros les éminents spéculateurs suisses Mark Rich et Terry Ivey, ainsi que le marchand d'armes des services secrets israéliens Shal Eisenberg.

La relation secrète de Soros avec le cercle Rothschild fait de lui l'homme de paille du groupe financier le plus puissant et le plus secret du monde. Non seulement les Rothschild étaient autrefois les dirigeants de la ville financière de Londres, les fondateurs d'Israël, les grands maîtres du réseau international de renseignements, les coulisses des cinq plus grandes banques de Wall Street, les responsables du prix de l'or dans le monde, mais ils dirigent toujours l'axe de Wall Street à Londres. Personne ne sait combien de richesses ils possèdent réellement, et tandis que Rothschild et d'autres banquiers internationaux braquent les projecteurs sur l'homme le plus riche du monde, Bill Gates et le dieu de la bourse Warren Buffett, leur propre richesse, plusieurs ordres de grandeur supérieure à celle de "l'homme le plus riche", se cache dans des comptes offshore en Suisse ou dans les Caraïbes.

Soros entretient également des liens extraordinaires avec les cercles d'élite américains, ayant investi 100 millions de dollars de son argent personnel dans le prestigieux entrepreneur d'armement américain, le Carlyle Investment Group, dont font partie des poids lourds tels que Bush père et l'ancien secrétaire au Trésor américain Jamie Baker. Dès les années 1980, Soros a cofondé la National Endowment for Democracy, une organisation qui était en fait une coentreprise entre la CIA et des capitaux privés, avec un certain nombre de personnalités politiques américaines, telles que les anciens secrétaires d'État Brzezinski et Madeleine Albright.

Mis au parfum par les banquiers internationaux, Soros a pris d'assaut les marchés financiers mondiaux depuis les années 1990. Au cœur de chacune des actions majeures de Soros se trouve l'intention stratégique majeure des banquiers internationaux de provoquer la "désintégration contrôlée" des économies mondiales afin d'achever enfin les préparatifs d'un "gouvernement mondial" et d'une "monnaie mondiale" sous le contrôle de l'axe Londres-Wall Street.

Au début des années 1980, les banquiers internationaux ont largement réussi la "désintégration contrôlée" des économies des pays en développement d'Amérique latine et d'Afrique, et du milieu à la fin des années 1980, ils ont réussi à contenir l'expansion de la puissance financière japonaise. Après avoir pris le contrôle de l'Asie, l'Europe est revenue dans la ligne de mire des banquiers internationaux, et l'effondrement de l'Europe de l'Est et de l'Union soviétique a constitué leur prochaine attaque majeure.

Soros, qui s'est acquitté de cette importante mission, est devenu un célèbre "philanthrope", créant de nombreuses fondations en Europe de l'Est et dans l'ex-Union soviétique, sur le modèle de l'"Open Society Institute" qu'il a fondé à New York et qui promeut l'idée d'une liberté individuelle extrêmement irrationnelle. Ainsi, l'Université d'Europe centrale, qu'il a financée, promeut le concept d'un État souverain comme étant diabolique et "anti-individualiste" face à des jeunes vivant sous un système socialiste, le libéralisme économique comme étant une panacée et "l'autoritarisme" dans l'analyse rationnelle des phénomènes sociaux. Les discours d'ouverture de l'école portaient souvent sur des sujets tels que "L'individu et le gouvernement", et ces idées pédagogiques étaient naturellement très appréciées par l'American Foreign Service Association.

Le célèbre commentateur américain Gilles Emery a décrit avec précision les véritables intentions des Soros et des organisations internationales qu'ils financent "généreusement" :

> 'Derrière le voile de la légitimité et de l'humanitarisme, on retrouve toujours le même groupe de "philanthropes" milliardaires et les diverses organisations qu'ils ont financées, comme l'"Open Society Institute' de Soros, la Fondation Ford, l'American Peace Association, la National Endowment for Democracy, Human Rights Watch, Amnesty International, World Crisis Group, etc. Parmi eux, Soros est le plus visible, s'étendant comme une pieuvre géante sur toute l'Europe de l'Est et du Sud-Est, la région du Caucase et les anciennes républiques soviétiques. Avec la coopération de ces organisations, (Soros) peut non seulement façonner mais aussi créer des nouvelles, des agendas publics et l'opinion publique afin de contrôler le monde et ses ressources pour faire avancer l'idéal américain d'une unité mondiale parfaite."[180]

Soros a joué un rôle incommensurable dans la désintégration des États socialistes d'Europe de l'Est. En Pologne, le Fonds Soros est crédité de la prise du pouvoir dans le pays par Solidarité et a une influence directe sur les trois premiers présidents de la nouvelle Pologne.

Soros, avec Paul Volcker, ancien président de la Réserve fédérale, Arnold Rudin, vice-président de la Citibank, et Geoffrey Sachs, professeur à Harvard, a concocté la "thérapie par oscillations" qui a donné un coup de fouet à l'Europe de l'Est et à l'ancienne Union soviétique. Soros lui-même a résumé la thérapie de cette façon :

> "J'ai tenu compte de la nécessité de montrer que des changements dans le système politique entraîneraient une

---

[180] Gilles d'Aymery, "Le cercle de la tromperie : Cartographie de la foule des droits de l'homme dans les Balkans", 23 juillet 2001.

> *amélioration économique. La Pologne est un endroit à essayer. J'ai préparé un certain nombre de grandes mesures de réforme économique, qui comportent trois volets : le resserrement monétaire, l'ajustement structurel et la restructuration de la dette. Je pense qu'il est préférable d'atteindre ces trois objectifs simultanément plutôt que séparément. Je préconise une sorte d'échange de parts de dette macroéconomique."*

La restructuration de la structure industrielle équivaut à une opération complète sur l'ordre macroéconomique, tout en resserrant la masse monétaire, ce qui équivaut à une opération majeure mais en refusant de donner des transfusions sanguines aux patients.

À l'heure actuelle, les banquiers internationaux acquièrent facilement les principaux actifs de ces pays dans un bain de sang de ventes de "dettes à capitaux propres". La Pologne, la Hongrie, la Russie, l'Ukraine, une par une, ont été mises à sac, et leurs économies ne se sont pas redressées depuis 20 ans. En contraste total avec les pays d'Afrique et d'Amérique latine, faibles et sans défense, l'ex-Union soviétique et les pays d'Europe de l'Est, dotés de forces militaires si puissantes que les États-Unis ne pouvaient pas dormir, ont été soumis, pour la première fois dans l'histoire de l'humanité, à une folie organisée de pillage alors qu'ils étaient encore en état de puissance militaire.

C'est la maîtrise de Soros de ne pas avoir à verser de sang qui le rend si puissant. Il semble que détruire un pays avant de détruire son esprit soit en effet une solution éprouvée.

L'"arc de crise" de la monnaie européenne : un coup d'épée dans l'eau

Lorsque l'objectif stratégique de la "désintégration contrôlée" de l'Europe de l'Est et de l'Union soviétique a été largement atteint, le noyau de la vieille Europe, l'Allemagne et la France, qui n'avait jamais été exclu du noyau du pouvoir, est devenu mal à l'aise. Immédiatement après avoir perdu l'énorme menace extérieure de l'Union soviétique, on a voulu lancer une nouvelle entreprise, l'euro, pour se différencier des forces financières anglo-américaines. Une fois établi, l'euro ne manquera pas d'avoir un sérieux effet déstabilisateur sur l'hégémonie du système dollar. Le conflit monétaire entre l'axe Londres-Wall Street et l'alliance franco-allemande s'intensifie.

L'origine du problème réside dans la désintégration du système de Bretton en 1971, qui a provoqué un grave désordre dans le système monétaire mondial. Dans le cadre du système de Bretton indirectement fondé sur l'or, les taux de change des devises des principaux pays du monde sont presque extrêmement stables, et il n'y a pas de graves déséquilibres dans le commerce et les finances des pays, car les pays déficitaires sont condamnés à perdre leur richesse nationale réelle, ce qui réduit la capacité de crédit de leurs systèmes bancaires, entraînant automatiquement l'austérité et la récession, la diminution de la consommation, la chute inévitable des importations et la disparition des déficits commerciaux. Lorsque les gens commencent à épargner, le capital bancaire commence à augmenter, l'échelle de production se développe, le commerce est excédentaire et la richesse sociale totale augmente. Ce magnifique système de cycles naturels et de contrôle a été validé à maintes reprises par toutes les pratiques sociales humaines antérieures à 1971, où les déficits sévères n'ont nulle part où se cacher, la couverture du risque monétaire est presque inutile et les produits financiers dérivés ne sont pas une condition de survie. Sous les contraintes de l'or, toutes les nations doivent travailler honnêtement et durement pour accumuler des richesses, ce qui est la cause profonde de l'aversion des banquiers internationaux pour l'or.

Après la perte de l'or, le système monétaire international est naturellement dans le chaos, après la "crise pétrolière" créée artificiellement et provoquée par la forte demande de dollars, et par les taux d'intérêt élevés depuis 79 ans, le dollar s'est progressivement imposé. Le dollar, la monnaie de réserve mondiale, connaît de telles fluctuations de prix, et sa manipulation est entièrement entre les mains de l'axe Londres-Wall Street, que les pays européens sont obligés de suivre les montagnes russes monétaires, ce qui est naturellement plein de misère. Ainsi, à la fin des années 1970, le ministre allemand des finances, M. Schmidt, a approché le président français, M. Der Stein, afin d'établir un système monétaire européen pour éliminer le casse-tête de l'instabilité des taux de change dans le commerce entre les pays européens.

En 1979, le système monétaire européen est devenu opérationnel et a bien fonctionné, et les pays européens qui n'y avaient pas encore adhéré ont manifesté leur intérêt à le faire. Les inquiétudes concernant l'évolution possible du système vers une monnaie européenne unifiée ont commencé à hanter fortement les cercles d'élite de Londres-Wall Street.

Plus troublant encore est le fait que l'Allemagne et la France se mêlent des affaires de l'OPEP depuis 1977, lorsqu'elles ont envisagé de fournir à certains pays exportateurs de pétrole des produits de haute technologie et de les aider à s'industrialiser, en échange de la garantie par les pays arabes d'un approvisionnement stable à long terme de l'Europe occidentale en pétrole et du dépôt des revenus pétroliers dans le système bancaire européen. La partie londonienne s'est opposée dès le départ au plan franco-allemand, refusant d'adhérer au système monétaire européen après l'échec de tous les efforts.

À l'époque, l'Allemagne avait un programme plus important, à savoir achever son unification, et une Allemagne unifiée et puissante finirait par dominer le continent européen. À cette fin, l'Allemagne commence à se rapprocher de l'Union soviétique, prête à entretenir avec elle des relations et une coopération modérées et mutuellement bénéfiques.

Afin de faire face aux tentatives allemandes et françaises, les intrigants de Londres-Wall Street ont avancé la théorie de "l'arc de crise de la ceinture", dont le noyau est la libération des forces radicales islamiques, de sorte que les régions productrices de pétrole du Moyen-Orient dans la tourmente, le reste des vagues peut même se propager à la région musulmane dans le sud de l'Union soviétique, ce schéma a non seulement frappé les perspectives de coopération entre l'Europe et le Moyen-Orient, entravant le rythme de la monnaie unifiée européenne, mais aussi freiné l'Union soviétique, et pour les États-Unis de se préparer à une future intervention militaire dans la région du Golfe, il est vraiment un effet trois oiseaux d'une seule pierre.

Le conseiller à la sécurité nationale, M. Brzezinski, et le secrétaire d'État, M. Vance, ont fait un excellent travail. La situation au Moyen-Orient est en plein bouleversement, avec la révolution de 1979 en Iran et la deuxième crise pétrolière du monde. En fait, il n'y a jamais eu de véritable pénurie d'approvisionnement en pétrole dans le monde, et le déficit de 3 millions de barils de pétrole par jour interrompu par l'Iran peut parfaitement être comblé par la production saoudienne et koweïtienne sous le contrôle étroit des États-Unis. Les oligarques pétroliers et financiers de Wall Street à Londres ont laissé les prix du pétrole s'envoler, bien sûr, également pour stimuler davantage la demande de dollars.

L'autre astuce de Brzezinski consiste à jouer la "carte de la Chine". En décembre 1978, les États-Unis ont officiellement établi des relations diplomatiques avec la Chine, et celle-ci a rapidement réintégré les Nations unies. L'Union soviétique a immédiatement senti qu'elle avait des ennemis de tous les côtés, avec l'OTAN à l'est, la Chine à l'ouest et l'"arc de crise" au sud. L'Union soviétique, qui a mené une guerre froide, rompt immédiatement son partenariat déjà fragile avec l'Allemagne.

Lorsque le mur de Berlin est tombé en novembre 1989 et que les Allemands ont célébré la réunification, Wall Street avait autre chose en tête : [181]

> *"En effet, au moment d'écrire l'histoire financière des années 1990, les analystes auraient pu comparer la chute du mur de Berlin aux secousses financières du tremblement de terre japonais tant redouté", a déclaré un économiste américain. La chute de ce mur signifie que des centaines de milliards de dollars de capitaux vont affluer vers une région qui a été insignifiante sur les marchés financiers mondiaux pendant plus de 60 ans.*
> *Bien que l'Allemagne n'ait pas été un investisseur étranger majeur aux États-Unis ces dernières années, et que la Grande-Bretagne soit le plus important depuis 1987, les Américains ne devraient pas prendre à la légère le fait que la Grande-Bretagne n'aurait pas pu investir aux États-Unis à une telle échelle sans recevoir d'importantes économies de l'Allemagne. "* [182]

Le sentiment était plus fort à Londres, où les stratèges de Thatcher s'exclamaient même que le "Quatrième Reich" était apparu. Le rédacteur en chef du *Sunday Telegraph de* Londres s'exprimait ainsi le 22 juillet 1990 :

> *"Supposons qu'une Allemagne unifiée soit un géant de la bonté, et qu'en est-il ? Et si nous supposions en outre qu'une Allemagne unifiée apprenait à la Russie à être elle aussi un géant du bien ? En fait, une telle menace ne peut que s'amplifier. Même si une Allemagne unifiée était déterminée à concourir selon nos règles, qui dans ce monde pourrait effectivement empêcher l'Allemagne de prendre notre pouvoir ? "* [183]

---

[181] William Engdahl, *op. cit.* p. 211.

[182] David D. Hale. *The Weekly Money Report.* Chicago, Kemper Financial Services, 29 janvier 1990, dans William Engdhal, op. cit. p. 252.

[183] Peregrine Worsthorne, 'The Good German', *Daily Telegraph*, 22[nd]juillet 1990.

Au cours de l'été 1990, un nouveau service de renseignement a été formé du côté de Londres, augmentant considérablement les activités de renseignement contre l'Allemagne. Les experts du renseignement britannique ont fortement suggéré à leurs homologues américains de recruter des membres de l'ancien personnel du renseignement est-allemand afin de constituer des "actifs" du renseignement américain en Allemagne.

La partie allemande est reconnaissante à la Russie de son soutien éventuel à l'unité allemande et est déterminée à l'aider à reconstruire son économie paralysée. Le ministre allemand des finances envisage un avenir radieux pour la nouvelle Europe, un chemin de fer moderne reliant Paris, Hanovre et Berlin, et éventuellement Varsovie et Moscou, une monnaie unifiée, une économie mixte, une Europe où il n'y aurait plus de guerre ni de fumée, seulement un avenir rêvé.

Mais ce n'est en aucun cas le rêve des banquiers internationaux, qui réfléchissent à la manière de vaincre le mark et l'idée encore à l'état de projet de l'euro, et qui ne doivent pas laisser la reconstruction de la nouvelle Allemagne réussir.

C'est la grande toile de fond du blocage de la livre et de la lire par Soros au début des années 1990 dans le cadre d'un complot Londres-Wall Street.

En 1990, le gouvernement britannique n'a en fait pas tenu compte de l'opposition de la City financière de Londres, a carrément rejoint le système de change européen, en regardant le système de l'euro prendre progressivement forme, deviendra inévitablement un danger caché majeur de l'axe Londres-Wall Street, les banquiers internationaux ont alors prévu de briser les différentes méthodes de lutte, veulent accrocher le système de l'euro dans le berceau.

En 1990, le mur de Berlin est tombé et l'Allemagne s'est réunifiée. Les énormes dépenses qui s'ensuivent sont inattendues en Allemagne, où la Bundesbank doit relever ses taux d'intérêt pour lutter contre les pressions inflationnistes. Le Royaume-Uni, qui a rejoint le système de change européen la même année, s'en est moins bien sorti, avec une inflation trois fois supérieure à celle de l'Allemagne, des taux d'intérêt atteignant 15% et l'économie de bulle des années 1980 sur le point d'éclater. En 1992, les monnaies du Royaume-Uni et de l'Italie étaient devenues considérablement surévaluées en raison de la pression exercée par les doubles déficits, les spéculateurs menés par Soros ont vu l'occasion de lancer une attaque générale le 16 septembre 1992, en vendant à découvert la valeur totale de la livre à hauteur de 10 milliards de dollars, à 19 heures, le Royaume-Uni a annoncé sa capitulation, cette bataille Soros a capturé jusqu'à 1,1 milliard de dollars, en un seul coup pour éjecter la livre et la lire du système d'échange de devises européen. Immédiatement après, Soros a profité de la victoire pour abattre le franc et le mark avec fracas, ne profitant pas du pari de 40 milliards de dollars. Soros a pu emprunter une telle somme d'argent avec un effet de levier 25 fois supérieur, et le puissant empire financier secret qui se cache derrière a joué un rôle décisif.

L'emprise des devises asiatiques

Au début des années 1990, l'axe Londres-Wall Street, sur le front oriental, a contrecarré l'élan agressif de l'économie japonaise, sur le front occidental, a écrasé l'économie de l'Europe de l'Est et de l'Union soviétique, le rêve de l'Allemagne et de la France d'une monnaie européenne unifiée a aussi temporairement échoué avec le remue-ménage de Soros, l'Amérique latine et l'Afrique est depuis longtemps dans le sac, avec l'ambition, regarder autour du monde, seulement pour voir l'Asie du Sud-Est florissante "modèle économique asiatique" de plus en plus désagréable. Cette vaste politique de développement économique dirigée par le gouvernement, dont l'État concentre ses ressources sur la percée de secteurs critiques, le développement axé sur les exportations et l'épargne élevée de la population comme caractéristiques principales, a rapidement gagné en popularité en Asie du Sud-Est depuis les années 1970, et l'effet de son fonctionnement a été une prospérité économique sans précédent, une augmentation substantielle du niveau de vie de la population, une hausse constante du niveau moyen d'éducation et un déclin rapide de la pauvreté absolue. Ce modèle alternatif, qui s'écarte complètement de l'"économie de marché" si fortement promue par le consensus de Washington, suscite de plus en plus l'intérêt d'autres pays en développement et ébranle sérieusement l'approche stratégique de base de la "désintégration contrôlée" développée par les banquiers internationaux.

Le principal objectif stratégique du lancement d'une guerre d'usure des monnaies asiatiques est de faire voler en éclats le panneau du "modèle de développement asiatique" et de permettre aux monnaies asiatiques de se déprécier sévèrement par rapport au dollar des États-Unis, à la fois pour faire baisser les prix des importations américaines à des fins inflationnistes et pour vendre les principaux actifs des pays asiatiques à leur valeur nominale aux entreprises européennes et américaines afin d'accélérer la mise en œuvre de la "désintégration contrôlée". Il existe également un objectif très important, qui consiste à stimuler la demande de dollars dans les pays asiatiques. Pour les pays asiatiques qui ont fait l'expérience de la tourmente financière, combien les réserves en dollars étaient "précieuses" au moment critique, et la leçon amère qu'ils en ont tirée les incitera à ne jamais oser penser à les abandonner.

En décembre 1994, le chef-d'œuvre de Grumman "The Myth of the Asian Miracle", publié dans *Foreign Affairs*, prédisait que l'économie asiatique allait inévitablement se heurter à un mur. Il y a certainement du mérite dans l'observation de l'article selon laquelle il y a un sous-investissement général dans l'amélioration de la productivité dans les pays asiatiques et que l'augmentation d'échelle seule aura ses limites. Toutefois, le problème est que le point de départ des pays asiatiques est généralement très bas et que la clé du développement réside dans l'adaptation au contexte local, dans l'adaptation au temps, dans le fait de tirer parti de la situation et de s'appuyer sur les points forts et d'éviter les points faibles. Ces problèmes sont eux-mêmes des phénomènes naturels dans l'ascension rapide de ces pays, et il est tout à fait possible de les résoudre de manière bénigne au cours du développement. À en juger par l'effet de l'article de Grumman, il s'agit de l'équivalent d'une flambée d'une guerre d'étranglement monétaire asiatique.

Les banquiers internationaux visent d'abord la Thaïlande.

Le *Times a* un jour interviewé un pirate financier qui avait directement contribué à la dévaluation sauvage du baht thaïlandais, et sa description était brutalement honnête :

> *"Nous étions comme des loups debout sur une crête élevée, regardant un troupeau d'élans. L'économie de la Thaïlande ressemble plus à une proie blessée qu'à un petit tigre asiatique. Nous choisissons les malades et les faibles (pour la chasse) pour que le troupeau de cerfs reste globalement plus sain. "*

Depuis 1994, la crise a pris forme alors que les exportations thaïlandaises se sont affaiblies sous la pression à la hausse et à la baisse de la dépréciation du renminbi et du yen, tandis que le baht thaïlandais, qui est arrimé au dollar, a été tiré vers le vide par la force du dollar. Alors que les exportations ont diminué, un afflux constant d'argent chaud provenant de l'extérieur a continué à faire grimper les prix de l'immobilier et des marchés boursiers. Dans le même temps, les réserves de change de la Thaïlande, bien qu'atteignant 38 milliards de dollars, mais sa dette extérieure totale s'élève à 106 milliards de dollars, depuis 1996, les sorties nettes de fonds de la Thaïlande équivalent à 8% de son PIB. La situation d'une Thaïlande profondément endettée a été exacerbée par le fait que la Banque de Thaïlande a dû augmenter les taux d'intérêt pour combattre l'inflation.

Il n'y a qu'une seule issue pour la Thaïlande, et c'est de dévaluer activement et rapidement le baht. Les banquiers internationaux estiment que la perte se traduira principalement par un renchérissement de la dette libellée en dollars et une diminution des réserves de change d'environ 10 milliards de dollars, mais que cette perte sera rapidement récupérée lorsque les marchés financiers internationaux affirmeront leur réaction décisive. Mais les pirates financiers en ont conclu que le gouvernement thaïlandais se battra jusqu'à la mort pour protéger le baht et ne reculera devant rien.

Les développements ultérieurs se sont avérés être des jugements très précis des pirates financiers. Contrairement à la situation contre le Japon à l'époque, le Japon a une force financière extrêmement forte et des réserves de change, une attaque directe sur la monnaie japonaise équivaut à frapper une pierre avec un œuf, donc les banquiers internationaux ont utilisé de nouvelles armes financières dérivées, ont pris le temps de la "longue portée" et de la "portée ultra-visuelle" de frappe, l'effet est juste comme les nouvelles tactiques de porte-avions contre les cuirassés pendant la Seconde Guerre mondiale, de sorte que les cuirassés géants japonais puissance du canon ne peut pas être utilisé pour enterrer la mer. Avec la guerre de position bloquée de la Thaïlande, l'exposition complète de l'intention stratégique, le manque de flexibilité tactique et de brusquerie, et la disparité écrasante de puissance entre l'ennemi et nous, l'échec final est inévitable. Dans leur bataille contre la Thaïlande et d'autres pays d'Asie du Sud-Est, les pirates financiers ont principalement frappé leurs devises elles-mêmes, formant une offensive en tenaille par le biais de contrats à terme sur les devises locales et de contrats à terme sur les indices boursiers pour balayer l'Asie du Sud-Est et la Thaïlande sur une période de six mois.

Après une défaite complète dans le champ de bataille frontal contre les pirates financiers, la Thaïlande a pris l'initiative, par erreur, de tomber dans le piège du FMI. La confiance aveugle dans les "organisations internationales" et la facilité avec laquelle la sûreté et la sécurité des États sont laissées à l'appréciation de personnes extérieures constituent une fois de plus une erreur irréparable.

L'énorme dette extérieure est la principale cause de la crise des pays en développement. C'est vraiment la même chose avec les États et les États, un endettement élevé conduit à un état de santé économique fragile, et la survie ne peut être obtenue que par chance lorsque l'environnement financier extérieur est totalement incontrôlable. Dans le monde réel, les banquiers internationaux, en manipulant les tendances géopolitiques internationales, peuvent facilement inverser ce qui semblait être un environnement financier fiable, augmentant ainsi considérablement le fardeau de la dette des pays en développement, et les pirates financiers peuvent alors profiter de la situation pour lancer un assaut avec une forte probabilité de succès.

Il y a un manque total de conscience du risque, et surtout un manque de préparation à la possibilité d'une guerre non déclarée par les forces énormes et invisibles de Londres-Wall Street. C'est la deuxième raison majeure de la défaite financière de la Thaïlande.

Une erreur totale d'appréciation de la principale direction d'attaque de l'ennemi a conduit à la première défaite des pirates financiers, puis au massacre du FMI, ce qui équivaut à deux défaites. Les pays d'Asie du Sud-Est ont généralement répété le processus de la défaite financière en Thaïlande.

Les loups ont leur propre logique de loups, et les loups ont encore plus de division de loups. Lorsque les Soros ont commencé leur chasse, conspués par un grand groupe de banques prestigieuses telles que Citibank et Goldman Sachs, les proies blessées et tombées ont été remises au FMI pour être abattues et vendues aux enchères, et la table d'enchères était remplie de sociétés européennes et américaines salivantes.

Si les banquiers d'affaires qui acquièrent une entreprise pour la transformer en spin-off peuvent gagner des centaines de millions de dollars en la vendant à d'autres entreprises, la transformation et la vente aux enchères des principaux actifs d'une nation souveraine peuvent rapporter au moins dix, voire cent fois plus d'argent.

Lorsque les pays asiatiques ont tenté de créer leur propre "Fonds pour l'Asie" afin de fournir une aide d'urgence aux pays en détresse de la région, ils se sont heurtés, à juste titre, à une large opposition des pays occidentaux. Le sous-secrétaire d'État américain Talbot a déclaré,

> " Nous pensons que l'organe approprié pour traiter ce type de questions est un organe transrégional et international, et non un organe confié à une organisation régionale nouvellement créée, car la question elle-même est de grande portée et dépasse les frontières de la région Asie-Pacifique. "

S'adressant à la Japan Association à New York, le secrétaire américain au Trésor, M. Summers, a insisté sur le fait que "cette notion de régionalisation financière qui repose sur une aide régionale en temps de crise... comporte des risques réels". "Il a fait remarquer qu'une telle approche réduirait les ressources disponibles pour faire face aux futures tempêtes et la capacité de faire face aux "crises transcontinentales". "C'est une raison importante pour laquelle nous pensons que le FMI doit jouer un rôle central,"

Le premier vice-président du Fonds monétaire international (FMI), M. Fisher, a prévenu que les fonds régionaux ne pourraient pas être aussi stricts que le FMI en exigeant des pays qu'ils procèdent à des réformes économiques globales en échange de leur aide. "Nous ne pensons pas qu'il serait utile d'avoir un énorme fonds ou une institution à long terme avec des conditions différentes", a déclaré M. Fisher.

Le Japon était censé être un défenseur actif du "Fonds asiatique", mais il a dû céder à la pression de Londres-Wall Street, et le ministre japonais des finances, Hiroshi Mitsuka, a déclaré que

> "le Fonds monétaire international a toujours joué un rôle central dans les institutions financières internationales pour maintenir la stabilité financière mondiale. Ce fonds, que les pays asiatiques ont proposé d'organiser, sera un organe subsidiaire du Fonds monétaire international".

Le nouveau concept, conçu par Tokyo, sera un fonds non financé. Selon le nouveau concept de Tokyo, il s'agirait d'une agence de sauvetage, capable de mobiliser des fonds à l'avance, avec un plan et à un rythme rapide, pour venir en aide aux monnaies qui subissent les foudres des spéculateurs internationaux. Lorsque la proposition de créer un fonds asiatique a été présentée lors des réunions annuelles de la Banque mondiale et du Fonds monétaire international à Hong Kong, elle a immédiatement suscité l'inquiétude des États-Unis et de l'Occident, qui craignaient qu'elle ne sape le travail du FMI.

Au final, le Premier ministre japonais Ryutaro Hashimoto n'a pu que dire que

> "nous ne sommes pas arrogants au point de penser que nous sommes capables de jouer le rôle de locomotive pour la reprise (économique) de la région Asie-Pacifique" ;

Il a déclaré que si le Japon avait contribué et continuerait de le faire en aidant certains pays asiatiques traumatisés, il n'avait pas pour rôle de sortir l'Asie du bourbier économique.

Le vice-premier ministre de Singapour, Lee Hsien Loong, faisant référence au Fonds asiatique, a fait valoir qu'il y aurait un "risque moral" à créer un Fonds asiatique pour remplacer le rôle du Fonds monétaire international.

La création par les pays asiatiques de leurs propres fonds pour se soutenir mutuellement en période de détresse, qui était une chose naturelle à faire, a été résolument et injustement combattue par l'axe Londres-Wall Street, tandis que le Japon, en tant que plus grande économie de la région, était complètement à la merci des autres et n'avait pas le minimum de courage et de cran pour sortir les économies asiatiques de leur situation difficile, ce qui ne pouvait que refroidir les pays désespérés d'Asie du Sud-Est. Ce qui est le plus déroutant, c'est la vision de Singapour sur la façon dont le "risque moral" peut naître du fait de se donner à soi-même et à ses voisins le pouvoir minimum de s'entraider en cas de pillage. À qui appartient cette "moralité à risque" ?

Le Premier ministre malaisien Mahathir, un dirigeant asiatique qui a mieux perçu l'essence de la crise, a déclaré :

> "Nous ne savons pas d'où vient leur argent, ni qui fait réellement l'affaire, et encore moins qui est derrière eux. Nous ne savons pas s'ils paient des impôts après avoir gagné de l'argent ? En attendant, à qui vont ces impôts ? Nous ne savons pas non plus qui est derrière eux ?"

Il a fait valoir que dans le système actuel de transactions monétaires, personne ne sait si l'argent provient de canaux légitimes ou si quelqu'un le blanchit, "parce que personne ne peut le demander et qu'il n'y a aucun moyen de le savoir". Dès que ces personnes lancent une offensive contre un pays, des quantités incalculables d'argent se déversent dans ce pays ou mènent une campagne de vente à laquelle personne ne peut résister. Qu'il s'agisse d'un marché de biens, de contrats à terme ou de valeurs mobilières, il doit se dérouler sous un régime approprié, "nous devons donc réglementer les transactions monétaires et les rendre transparentes". Mahathir a alors fait l'objet d'un véritable siège de la part des cercles d'opinion occidentaux. Les questions cinglantes de Mahathir ne sont peut-être pas appropriées dans un cadre diplomatique, mais il pose les questions qui préoccupent tous les Asiatiques.

La Corée du Sud, autre partenaire loyal des États-Unis pendant la guerre froide, a tendu la main aux États-Unis pour obtenir de l'aide après avoir été balayée par la crise financière, sans s'attendre à ce que le refus américain soit aussi rapide et aussi ferme. Aux yeux des banquiers internationaux, la relation étroite avec la Corée est devenue une épave de la guerre froide. Le gouvernement américain a vigoureusement débattu de la question, la secrétaire d'État Albright et le conseiller à la sécurité nationale soutenant qu'il fallait tendre la main au petit frère, tandis que le département du Trésor, représentant Wall Street, s'y opposait avec véhémence, accusant même Albright de ne pas connaître l'économie. En fin de compte, Clinton s'en remet au département du Trésor.

La crise est le moment idéal pour enfoncer la porte de l'économie sud-coréenne, de l'avis du ministre des Finances, M. Rubin, qui a fait pression sur le FMI pour qu'il impose à la Corée du Sud des conditionnalités plus dures que les traditionnelles pour faire face à l'allié mendiant. Le département du Trésor américain a fait pression pour que les conditions d'"aide" à la Corée du Sud soient renforcées. Les Sud-Coréens accusent avec colère le FMI de toujours proposer des conditions déraisonnables aux États-Unis.

Stiglitz, économiste en chef de la Banque mondiale, soutient que la descente de la Corée du Sud dans la crise financière est due aux efforts désespérés du département du Trésor américain pour forcer le pays à une ouverture totale et rapide du marché des capitaux financiers. Stiglitz, qui est le principal conseiller économique de Clinton, s'oppose catégoriquement à une telle imprudence, arguant qu'une telle ouverture ne sert pas les intérêts sécuritaires de l'Amérique au profit des banquiers de Wall Street.

Le gouvernement coréen a été contraint d'accepter de nombreuses conditions sévères de la part des États-Unis, autorisant l'établissement de succursales bancaires aux États-Unis, augmentant la part des entreprises étrangères dans les sociétés cotées en bourse de 26% à 50%, et la part des individus étrangers dans les sociétés de 7% à 50%, les entreprises coréennes devant utiliser les principes comptables internationaux, les institutions financières devant être auditées par des cabinets comptables internationaux, la Banque centrale de Corée devant fonctionner de manière indépendante, le libre-échange de devises sous capitalisation intégrale, la transparence des procédures de licences d'importation, la supervision des structures des entreprises, les réformes du marché du travail, etc. Les banquiers américains salivent depuis longtemps devant les entreprises sud-coréennes et sont prêts à se précipiter pour mettre leur proie en pièces au moment même où la Corée du Sud signe l'accord.

Mais les banquiers internationaux sous-estiment la forte conscience nationale des Coréens, et les pays qui ont cette conscience pour les soutenir peuvent difficilement être dirigés par des forces extérieures. Les Coréens isolés ont fait don de leur or et de leur argent au pays, et avec l'épuisement de toutes leurs réserves de devises, l'or et l'argent, qui sont le moyen de paiement ultime, sont devenus une forme de remboursement de la dette que les créanciers étrangers sont très heureux d'accepter sans aucune entrave. Ce qui surprend encore plus les banquiers internationaux, c'est que la Corée du Sud n'a pas connu la vague massive de faillites d'entreprises et de banques qu'ils avaient envisagée, les sociétés occidentales n'acquérant pratiquement aucune grande entreprise coréenne. Lorsque la Corée du Sud a finalement survécu au printemps 1998, qui a été le plus difficile, l'excédent des exportations sud-coréennes a rapidement rebondi, le gouvernement sud-coréen, qui avait bien vu les ruses de Wall Street, a résolument abandonné le poison du FMI. Tous les dossiers de grandes entreprises s'apprêtant à déposer le bilan ont été gelés, et le gouvernement est intervenu de manière décisive pour effacer 70 à 150 milliards de dollars de créances douteuses du système bancaire. Lorsque le gouvernement a repris ces créances douteuses, le contrôle des banques a été restitué au gouvernement, excluant ainsi le FMI de la reconstruction du système bancaire.

Les banquiers internationaux et le département du Trésor américain n'ont pas seulement fait un vide, mais ont également fait prendre conscience à la Corée de l'absolue nécessité d'une économie dirigée par le gouvernement. La tentative de Microsoft d'annexer la plus grande entreprise de logiciels de Corée du Sud est tombée à l'eau, huit entreprises locales de logiciels sud-coréennes l'ayant finalement emporté. Le projet de Ford d'acheter la société sud-coréenne KIA Motors a avorté, et l'entreprise locale a brisé les beaux rêves de Ford. Le rachat de deux grandes banques locales par des banques étrangères a été suspendu et le gouvernement coréen a mis temporairement les deux banques sous gestion.

L'économie de la Corée du Sud a fortement rebondi sous l'entière direction du gouvernement. Le plus drôle, c'est que la Corée est présentée par le FMI comme un exemple classique de sauvetage réussi.

Lorsqu'en 2003, la Thaïlande s'est enfin rachetée auprès du FMI en remboursant par anticipation 12 milliards de dollars de dettes, le Premier ministre Thaksin s'est tenu devant l'immense drapeau et a juré que la Thaïlande ne serait "plus jamais une proie blessée (du capital international)" et ne mendierait plus jamais "l'aide" du FMI. Le gouvernement thaïlandais a même encouragé en privé les entreprises thaïlandaises à refuser de rembourser les dettes des banquiers internationaux en représailles au pillage frénétique des banques étrangères en 1997. En septembre 2006, la Thaïlande a organisé un coup d'État militaire et Thaksin a démissionné.

La fable de l'avenir de la Chine

L'habitant Mahathir trouve l'agent de police Greenspan et signale que quelque chose a été volé dans la maison et que le voleur pourrait être le récidiviste Soros.

L'officier de police Greenspan a ri et a dit,

> "Nous ne pouvons pas blâmer tous les voleurs, nous devons trouver la raison par nous-mêmes. Qui a fait de votre maison une bonne serrure à crocheter ? "

Le résident Mahathir a dit d'un air mécontent,

> " Alors pourquoi les voleurs ne vont-ils pas voler en Chine et en Inde ? "

L'officier de police Greenspan a soupiré et a dit,

> " Les murs des cours chinoises et indiennes sont trop hauts, Soros est incommode pour entrer et sortir, si vous tombez encore et que quelqu'un meurt, n'est-ce pas encore mon affaire ? "

Le voleur Soros a écouté depuis les coulisses et a ricané,

> " Quelques trous dans les murs de leur cour ne résoudraient-ils pas le problème ? "

L'officier de police Greenspan s'est empressé de regarder autour de lui et a chuchoté,

> "Paulson a été envoyé en Chine, et j'ai entendu dire que quelques gros trous peuvent être creusés d'ici la fin 2006".

Le voleur Soros a écouté avec joie, a sorti son téléphone portable et a commencé à envoyer des SMS à ses compagnons,

> *"Les gens sont stupides, beaucoup d'argent, allez vite en Chine."*

Résumé

★Les banquiers internationaux, dans un effort pour raviver la confiance dans le dollar, ont repris le contrôle du champ de bataille financier, qui était devenu incontrôlable, et ont fait augmenter les prix internationaux du pétrole de 400% pour regagner la fortune du dollar d'un seul coup, tout en exacerbant les conflits dans les pays arabes et dans le monde et en embarrassant davantage les économies des pays en développement.

★ Le président de la Réserve fédérale, Paul Volcker, a utilisé la "lutte contre l'inflation mondiale", forçant l'économie mondiale à une "désintégration planifiée".

★Dans le but de trouver une nouvelle voie pour l'Amérique en temps de paix, les banquiers internationaux ont proposé un plan environnemental visant à remplacer les ressources naturelles par des dettes, faisant des banquiers internationaux les propriétaires de facto de grandes étendues de terres fertiles.

★Au moment de la croissance économique rapide du Japon, les banquiers internationaux ont forcé le yen à s'apprécier, ce qui a conduit à la bulle financière japonaise, et les "options de vente d'actions" à étrangler les marchés financiers japonais, faisant entrer le Japon dans une récession qui a duré des décennies.

★Les marchés financiers mondiaux ont été pris d'assaut par Soros depuis les années 1990 sous la tutelle des banquiers internationaux, et chacune de ses actions majeures a reflété l'intention stratégique majeure des banquiers internationaux, dont le cœur est la "désintégration contrôlée" des économies nationales et l'achèvement éventuel des préparatifs du "gouvernement mondial" et de la "monnaie mondiale" sous le contrôle de l'axe Londres-Wall Street.

★Les banquiers internationaux ont comploté pour que Soros s'en prenne à la livre et à la lire au début des années 1990 afin de défaire le mark et l'idée non encore formée de l'euro et d'empêcher la reconstruction de la nouvelle Allemagne.

★Dans le but d'amener les monnaies asiatiques à se déprécier fortement par rapport au dollar tout en stimulant la demande asiatique pour le dollar, les banquiers internationaux ont lancé un étranglement des monnaies asiatiques qui a conduit à la défaite financière de la Thaïlande, mais le gouvernement sud-coréen a résisté à la pression et l'économie a fortement rebondi.

CHAPITRE IX

Le point mort du dollar et l'indice One Yang de l'or

> " Si tous les prêts bancaires étaient remboursés, les dépôts bancaires cesseraient d'exister et toute la circulation monétaire serait épuisée ". C'était une pensée surprenante. Nous (la Réserve fédérale) sommes totalement dépendants des banques commerciales. Chaque dollar de notre circulation monétaire, qu'il soit en espèces ou en crédit, doit être emprunté par quelqu'un pour le produire. Si les banques commerciales (en accordant des crédits) gagnent suffisamment d'argent, notre économie sera prospère ; sinon, nous serons en récession. Nous n'avons définitivement pas de système monétaire permanent. L'absurdité pathétique de notre (système monétaire) et l'incroyable impuissance de (la Fed) deviennent tellement évidentes lorsqu'on saisit le nœud du problème. L'argent est la question la plus importante sur laquelle les gens devraient enquêter et réfléchir, et son importance réside dans le fait qu'à moins que les gens ne comprennent ce système (monétaire) de manière générale et ne prennent des mesures immédiates pour le réparer, notre civilisation actuelle s'effondrera. " [184]
>
> Robert Hamphill, Banque de la Réserve fédérale d'Atlanta.

La monnaie, de par sa nature même, peut être divisée en deux catégories : la monnaie d'emprunt et la monnaie sans emprunt. La monnaie d'endettement est le système d'armement en place dans les principaux pays développés aujourd'hui, et sa principale composante est constituée des dettes "monétisées" des gouvernements, des entreprises et des particuliers.

Le dollar en est un excellent exemple. Les dollars sont créés lorsque la dette est créée et détruits lorsque la dette est remboursée.

---

[184] Irving Fisher, *100% Money* (Pickering & Chatto Ltd., Set Only edition, Forward, 1996).

Chaque dollar en circulation est une note de dette due, et chaque note due génère des intérêts sur la dette chaque jour, et s'additionne avec profit, à qui va le revenu astronomique des intérêts ? au système bancaire qui a créé le dollar. L'intérêt sur le dollar de la dette s'ajoute au total monétaire initial et nécessite nécessairement la création de nouveaux dollars de la dette en plus du total monétaire existant, en d'autres termes, plus les gens empruntent de l'argent, plus ils doivent emprunter de l'argent. Le corollaire logique de l'impasse entre la dette et la monnaie est que la dette croît éternellement jusqu'à ce que sa monnaie d'emprunt soit complètement abandonnée ou que sa charge d'intérêt écrase son propre développement économique, conduisant à l'effondrement final de tout le système. La monétisation de la dette est l'un des plus graves facteurs potentiels de déstabilisation de l'économie moderne, qui consiste à répondre aux besoins du présent en mettant à découvert l'avenir. Un vieux dicton chinois, "le yin mange le grain du tao", signifie exactement cela.

L'autre type de monnaie est la monnaie sans dette, représentée par l'or et l'argent. Cette monnaie ne dépend pas des promesses de qui que ce soit, n'est pas une dette envers qui que ce soit, elle représente les fruits du travail humain qui a été accompli et a évolué naturellement à travers des milliers d'années de pratique sociale humaine. Elle ne nécessite aucune coercition par la force gouvernementale, elle peut transcender les époques et les frontières, et elle est le moyen de paiement ultime en matière de monnaie.

De toutes les monnaies, la monnaie d'or et d'argent signifie "possession effective", tandis que la monnaie libre signifie "billet + promesse". Il existe une différence essentielle dans la "teneur en or" de ces deux valeurs.

Le yuan chinois se situe quelque part entre les deux. Bien qu'il y ait également un élément de "monnaie endettée" dans le RMB, il s'agit toujours, dans son objet, d'une mesure des produits et services qui ont été réalisés dans le passé. L'émission du renminbi n'est pas garantie par la dette nationale, comme dans le cas du dollar américain, mais par une banque centrale privée, ce qui permet d'éviter les énormes paiements d'intérêts qui tombent dans les poches des particuliers. Dans le même temps, le renminbi n'étant pas adossé à l'or et à l'argent, il possède les propriétés de base d'une monnaie française et doit compter sur le pouvoir coercitif du gouvernement pour garantir sa valeur.

Une véritable compréhension de la nature intrinsèque du système monétaire occidental français, en particulier le système du dollar, est une condition préalable nécessaire à la future réforme du RMB.

Le système de réserves fractionnaires : une source d'inflation

> "La banque (moderne) était à l'origine injuste, et elle est née avec le péché. Les banquiers possèdent la terre. En les dépouillant de tout, mais en leur laissant le pouvoir de créer des économies, il leur suffit de bouger le stylo pour créer suffisamment d'économies pour racheter tout ce qu'ils ont perdu. Mais s'ils sont privés du pouvoir de créer de l'épargne, toutes les bonnes fortunes disparaîtront, y compris la mienne, et ils (le pouvoir de créer de l'épargne) devraient disparaître car cela conduira à un monde plus heureux et meilleur. Mais si vous êtes prêts à continuer à être esclaves des banquiers et à payer pour votre asservissement, alors laissez-les continuer à créer de l'épargne. " [185]
>
> Sir Josiah Stamp, gouverneur de la Banque d'Angleterre, (1928-1941) deuxième homme le plus riche d'Angleterre.

Les premiers banquiers orfèvres proposaient une activité purement "dépôt de pièces d'or" dans laquelle les déposants remettaient des pièces d'or aux banquiers, qui fournissaient des reçus standardisés, appelés "billets de banque", et ces "dérivés" de pièces d'or sont progressivement devenus le support des transactions sociales, appelé monnaie.

À cette époque, la banque est soumise à un système de réserve intégrale et peut à tout moment échanger des "billets de banque" contre des pièces d'or. Son principal revenu est constitué par les "frais fiduciaires" payés par les déposants.

Au fil du temps, le "malin" banquier orfèvre a constaté qu'habituellement seul un petit nombre de déposants viennent demander les "billets de banque" en pièces d'or, en regardant l'or dans

---

[185] Sir Josiah Stamp, discussion informelle devant 150 professeurs d'histoire, d'économie et de sciences sociales à l'Université du Texas, années 1920. Source : *The Legalized Crime of Banking*, par Silas W. Adams (Meador Publishing Company, Boston, 1958, Omnia Veritas Ltd., www.omnia-veritas.com), chapitre VII.

la cave d'or couché là pour dormir, le banquier ne pouvait pas s'empêcher de commencer à démanger, comment peut "revitaliser" ces actifs dormants ?

Il y a toujours des gens dans la société qui ont désespérément besoin d'argent, alors les banquiers leur disent qu'ils peuvent venir à la banque et emprunter de l'argent, à condition qu'ils remboursent le principal dans le délai imparti et paient des intérêts. Lorsque l'emprunteur se présente à la banque, le banquier émet davantage de "reçus" et de "billets de banque" pour accorder des prêts et percevoir des intérêts. Tant qu'il n'augmente pas trop le nombre d'émissions, il n'éveille généralement pas la suspicion des déposants. L'expérience à long terme montre qu'il est sans danger d'émettre, par exemple, 10 fois plus de "billets de banque". Étant donné que les revenus d'intérêts des prêts étaient une manne créée à partir de rien, bien sûr, plus il y en a, mieux c'est, les banquiers ont commencé à attirer les déposants et, pour attirer les gens, ils ont commencé à payer des intérêts sur l'activité de séquestre des dépôts qui étaient initialement facturés.

Lorsque le banquier orfèvre, qui s'occupait du stockage des pièces d'or, s'est lancé dans le prêt, il a en fait proposé deux produits de service très différents aux déposants d'origine, le premier étant le pur "stockage des pièces d'or" et le second l'"épargne-placement". La différence essentielle entre les deux est la "propriété des pièces d'or". Dans le premier cas, le déposant a la propriété absolue des pièces d'or déposées auprès du banquier, qui doit s'engager à ce que le déposant puisse obtenir des reçus pour les pièces d'or à tout moment. Dans le second cas, le déposant perd la propriété de la pièce d'or pendant un certain temps, et le banquier effectue un investissement risqué de sorte que, lorsque l'investissement est récupéré, le déposant en récupère la propriété.

Le premier "dépôt de pièces d'or" correspond à une "existence de fait" de billets de banque, qui sont des réserves complètes, tandis que le second "épargne d'investissement" correspond à une "note d'endettement + promesse", où le nombre de billets de banque émis est supérieur au montant réel des pièces d'or détenues par la banque et constitue une réserve partielle. Ce type de billets de banque "note + promesse" est intrinsèquement porteur de risques et inflationniste par nature, ce qui les destine à être très peu adaptés comme moyen d'échange de biens et services sociaux.

Le système de réserves fractionnaires a un besoin inné de brouiller les frontières entre les deux produits de services bancaires. Les banquiers ont "standardisé" la conception des billets de banque, rendant difficile pour les gens ordinaires de distinguer les différences essentielles entre les deux types de billets, ce qui a valu aux pays anglo-saxons des siècles de litiges. Lorsque des déposants en colère ont poursuivi les banquiers pour avoir prêté ce que les déposants considéraient comme des "pièces d'or fiduciaires" à d'autres sans leur permission, les banquiers ont affirmé qu'ils avaient le droit de disposer des pièces d'or des déposants. La plus célèbre de ces affaires est celle de Frey contre Hill et autres, en 1848.

> *"Lorsque l'argent (du déposant) est déposé à la banque, il cesse totalement d'appartenir au déposant ; il appartient alors au banquier, qui est tenu de restituer le montant correspondant si le déposant le demande. L'argent déposé dans une banque et géré par un banquier est, dans tous les sens et connotations, l'argent du banquier, qui a le droit d'en disposer comme bon lui semble. Il n'est pas obligé de répondre si le déposant de cet argent est en danger, s'il se livre à des spéculations nuisibles, et il n'est pas obligé de le garder et de le traiter comme il traiterait le bien d'autrui ; mais il est certainement obligé au montant (de l'argent déposé par le déposant), car il est lié par le contrat."*[186]

Dans le cadre du système de Common Law, cette décision du juge anglais a sans aucun doute constitué un tournant important dans l'histoire financière, lorsque l'argent durement gagné par les déposants et déposé dans les banques a soudainement perdu la protection de la loi, en violation grave des droits de propriété des citoyens. Après cela, les banques des pays anglo-saxons ont complètement refusé de reconnaître la légalité du "séquestre de l'épargne", les réserves intégrales ont perdu leur statut juridique et toute l'épargne est devenue du "capital-risque". Le monopole du système de réserves fractionnaires a été légalement établi.

Lors de la bataille de Waterloo en 1815, la banque de la famille Rothschild a appris la fin de la guerre avec un décalage horaire de 24 heures plus tôt que l'officiel britannique, maîtrisant ainsi le marché obligataire britannique, contrôlant l'émission de la monnaie de l'Empire britannique, et peu après, contrôlant l'émission de la monnaie

---

[186] Murray N. Rothbard, *op. cit.* p. 92.

de la France, de l'Autriche, de la Prusse, de l'Italie et d'autres pays, détenant le pouvoir de fixation des prix du marché mondial de l'or pendant près de 200 ans. Les réseaux bancaires mis en place dans différents pays par les Rothschild, Schiff, Warburg et d'autres familles bancaires juives, qui ont en fait formé le premier système financier international et la première chambre de compensation mondiale, ne permettaient aux chèques des autres banques de circuler au-delà des frontières qu'en rejoignant leurs réseaux de compensation, et ils ont progressivement formé un cartel de banquiers. Ces normes bancaires familiales sont devenues la "pratique internationale" de l'industrie financière mondiale d'aujourd'hui.

Le cartel bancaire est le principal moteur du système de réserves fractionnaires et le plus grand bénéficiaire. Lorsque l'énergie de ces "intérêts financiers particuliers" atteint une échelle considérable, ils ne peuvent que favoriser ou même établir directement les règles du jeu politique et judiciaire dans leur meilleur intérêt.

En 1913, lorsque le cartel bancaire international a finalement réussi à établir la Réserve fédérale, le "modèle" du système de réserve fractionnaire aux États-Unis, la monnaie du système de réserve intégrale a été progressivement expulsée de la concurrence comme "mauvaise monnaie". Les "billets d'argent" et les "billets d'or" émis par le gouvernement américain de l'époque peuvent être appelés les survivants du système de réserve intégrale, les deux billets sont garantis par 100% de l'or et de l'argent réels du gouvernement américain, une once d'or et d'argent correspond à l'équivalent en papier-monnaie, même si toutes les dettes du système bancaire sont payées en même temps, le marché a toujours des réserves complètes de "dollars d'or et d'argent" en circulation, l'économie peut toujours se développer, tout comme avant l'existence de la Réserve fédérale en 1913.

Depuis 1913, le "mauvais dollar" à réserve fractionnaire de la Fed a commencé à expulser progressivement du marché la réserve totale de "bon dollar" en or et en argent réels, et les banquiers internationaux, afin de créer un fait accompli du monopole du système à réserve fractionnaire du monde financier moderne, et de chasser les gouvernements du champ de l'émission monétaire, ils ont donc utilisé tous les moyens pour diaboliser l'or et l'argent, et ont finalement réussi à abolir le dollar en argent dans les années 1960, et en 1971, ils ont coupé le lien final entre l'or et le dollar, et depuis lors, le système de réserve fractionnaire a finalement achevé le monopole.

Comment est fabriqué le dollar de la dette

Voici comment la Banque de New York de la Fed décrit le dollar,

> "Le dollar ne peut pas être échangé contre de l'or du Trésor ou tout autre actif. La question des actifs garantissant les 'billets de la Fed' n'a aucune signification pratique, il s'agit seulement de l'aspect comptable du besoin... la banque génère la monnaie lorsque l'emprunteur promet de la rembourser. Les banques créent de la monnaie en 'monétisant' ces dettes privées et commerciales. "

La Banque de Chicago de la Fed explique,

> "Aux États-Unis, ni le papier-monnaie ni les dépôts bancaires n'ont la même valeur intrinsèque que les marchandises ; le dollar n'est qu'un morceau de papier. Les dépôts bancaires ne sont également qu'un nombre de chiffres dans les livres. Les pièces de monnaie, bien que possédant une certaine valeur intrinsèque, sont généralement bien en dessous de leur valeur nominale.
> Qu'est-ce qui fait que ces instruments tels que les chèques, les billets, les pièces, etc., sont acceptés par les gens à leur valeur nominale pour le paiement de dettes et d'autres objectifs monétaires ? L'élément principal est la confiance des gens dans le fait qu'ils peuvent échanger ces devises contre d'autres actifs financiers et des produits et services réels quand ils le souhaitent. Cela s'explique en partie par le fait que le gouvernement utilise la loi pour dire que ces monnaies "fiduciaires" doivent être acceptées. " [187]

Autrement dit, la "monétisation" de la dette crée le dollar, et la valeur nominale du dollar doit être imposée par des forces extérieures. Alors, comment exactement la dette se transforme-t-elle en dollars ? Pour comprendre les détails de la "conversion de la dette en argent", nous devons examiner à la loupe le mécanisme des opérations monétaires aux États-Unis.

En tant que lecteur non professionnel de la finance, vous devrez peut-être lire ce qui suit à plusieurs reprises pour bien comprendre le "processus de fabrication de l'argent" de la Réserve fédérale et des

---

[187] *Modern Money Mechanics*, Federal Reserve Bank of Chicago.

institutions bancaires. Il s'agit du principal "secret commercial" de l'industrie financière occidentale.

Étant donné que le gouvernement américain n'a pas le droit d'émettre de l'argent, mais seulement d'émettre des obligations et de les donner en gage à la Fed, une banque centrale privée, afin d'émettre de l'argent par l'intermédiaire de la Fed et du système bancaire commercial, la source du dollar se trouve dans les obligations du Trésor.

La **première étape** consiste pour le Congrès à approuver la taille de l'émission de bons du Trésor, et pour le département du Trésor à concevoir les bons du Trésor en différents types d'obligations, dont celles dont la durée est inférieure à un an sont appelées T-bills, celles dont la durée est comprise entre 2 et 10 ans sont appelées T-notes, et celles dont la durée est de 30 ans sont appelées T-bonds. Ces obligations sont mises aux enchères sur le marché libre à différents moments et à différentes fréquences. Le Trésor envoie finalement toutes les obligations qui n'ont pas été vendues lors de l'opération d'adjudication à la Réserve fédérale, qui les encaisse intégralement. Ces obligations sont alors enregistrées dans les livres de la Réserve fédérale sous la rubrique "avoirs en titres".

La dette nationale est considérée comme "l'actif le plus fiable" au monde car elle est garantie par le gouvernement américain contre les impôts futurs. Lorsque la Fed acquiert cet "actif", elle peut l'utiliser pour créer un passif, qui est le "chèque de la Fed" imprimé par la Fed. C'est une étape clé dans la "création de quelque chose à partir de rien". Derrière ce premier chèque de la Fed, il n'y a pas d'argent pour soutenir ce "chèque court".

Il s'agit d'une étape soigneusement conçue et déguisée qui existe pour permettre au gouvernement de contrôler plus facilement "l'offre et la demande" lors de la mise aux enchères des obligations, la Fed obtient des "intérêts" sur l'argent qu'elle prête au gouvernement, et le gouvernement obtient de l'argent commodément sans montrer des signes d'impression de beaucoup d'argent. En clair, un loup blanc à gants vides de la Réserve fédérale, dans les comptes comptables est complètement équilibré, les "actifs" de la dette nationale et les "passifs" de la monnaie est exactement égale. L'ensemble du système bancaire est subtilement enveloppé sous cette carapace.

C'est cette étape simple mais cruciale qui a créé la plus grande injustice au monde. Les futures recettes fiscales du peuple sont promises par le gouvernement à la banque centrale privée pour "prêter" des dollars, et puisque l'argent est "emprunté" à des banques privées, le gouvernement doit un énorme montant d'intérêts. Cette injustice se reflète dans :

– Les impôts futurs du peuple ne doivent pas être hypothéqués car l'argent n'a pas été gagné, et hypothéquer l'avenir conduira inévitablement à une dévaluation du pouvoir d'achat de la monnaie, nuisant ainsi à l'épargne du peuple.

– L'impôt futur du peuple ne devrait pas être promis à une banque centrale privée, et les banquiers ont soudainement la promesse de l'impôt futur du peuple avec presque pas d'argent, ce qui est un typique "loup blanc aux gants vides".

Le gouvernement doit d'énormes quantités d'intérêts sans raison valable, et ces paiements d'intérêts finissent par devenir une charge pour le peuple. Non seulement le peuple a inexplicablement hypothéqué son avenir, mais il doit maintenant payer des impôts immédiats pour rembourser les intérêts que le gouvernement doit à la banque centrale privée. Plus l'émission de dollars est importante, plus le fardeau des intérêts est lourd pour le peuple, et plus il ne sera jamais remboursé pendant des générations !

Deuxième étape, lorsque le gouvernement fédéral reçoit et endosse un "Fed check" de la Réserve fédérale, ce chèque magique est redéposé à la Federal Reserve Bank et transformé en "épargne gouvernementale" et déposé sur le compte du gouvernement auprès de la Réserve fédérale.

Dans la troisième étape, lorsque le gouvernement fédéral commence à dépenser de l'argent, les chèques fédéraux, petits et grands, forment la "première vague" d'argent entrant dans l'économie. Les entreprises et les particuliers qui reçoivent les chèques les déposent sur leurs comptes de banque commerciale, qui deviennent à leur tour des "économies de banque commerciale". À ce stade, ils présentent une "double personnalité" : d'une part, ils constituent un passif de la banque, puisque l'argent appartient aux déposants et devra être remboursé tôt ou tard. Mais d'autre part, ils constituent des "actifs" de la banque et peuvent être utilisés pour prêter de l'argent. Du point de vue des comptes comptables, tout est encore en équilibre et les mêmes actifs composent les mêmes passifs. Mais ici, les banques commerciales commencent à se préparer à "créer" de l'argent à l'aide de l'amplificateur de "réserve fractionnaire".

Dans un **quatrième temps,** l'épargne des banques commerciales a été reclassée en "réserves bancaires" dans les comptes de la banque. À ce stade, ces économies sont passées du statut d'"actifs" ordinaires de la banque à celui de "réserves" de monnaie d'amorçage. Dans le cadre du système de "réserves fractionnaires", la Réserve fédérale autorise les banques commerciales à ne conserver que 10 pour cent de leur épargne en tant que "réserves" (en général, les banques américaines ne conservent que 1 à 2 pour cent de l'épargne totale en espèces et 8 à 9 pour cent de billets dans leurs "coffres" en tant que "réserves") et à prêter 90 pour cent de leur épargne. Ainsi, 90 pour cent de cet argent sera utilisé par les banques pour accorder des crédits.

Il y a un problème ici, après que 90% de l'épargne ait été prêtée à quelqu'un d'autre, que se passe-t-il si l'épargnant initial fait un chèque ou utilise l'argent ? En fait, lorsque les prêts ont été consentis, il ne s'agissait pas de l'épargne initiale, mais de "nouvel argent" créé à partir de rien. Ce "nouvel argent" a immédiatement augmenté le montant total de l'argent détenu par les banques de 90% par rapport à l'"ancien argent". Contrairement au "vieil argent", le "nouvel argent" peut générer des intérêts pour la banque. C'est la "deuxième vague" de monnaie qui entre dans l'économie. Lorsque la "deuxième vague" de monnaie revient dans les banques commerciales, d'autres vagues de création de "nouvel argent" sont générées, avec une tendance à la baisse.

À la fin de la "vingtième vague", un dollar de bons du Trésor, en étroite coordination avec la Réserve fédérale et les banques commerciales, avait créé un supplément de 10 dollars de monnaie en circulation. Si le volume d'émission de la dette nationale et ses résidus créateurs de monnaie produisent une augmentation de la circulation monétaire supérieure à celle nécessaire à la croissance économique, le pouvoir d'achat de tout le "vieil argent" diminue, ce qui est la cause fondamentale de l'inflation. Lorsque les États-Unis ont ajouté 3 000 milliards de dollars de nouvelle dette nationale entre 2001 et 2006, une partie importante de cette somme est allée directement dans la circulation monétaire, ce qui, combiné au remboursement de la dette nationale et aux paiements d'intérêts effectués des années auparavant, a entraîné une dépréciation spectaculaire du dollar et une augmentation significative du prix des matières premières, de l'immobilier, du pétrole, de l'éducation, des soins de santé et des assurances.

Cependant, la plupart des émissions accrues de Treasuries ne vont pas directement dans le système bancaire, mais sont achetées par des banques centrales étrangères, des institutions non financières aux États-Unis et des particuliers. Dans ce cas, ces acheteurs dépensent des dollars qui existent déjà, ils ne "créent" donc pas de nouveaux dollars. Ce n'est que lorsque la Réserve fédérale et les institutions bancaires américaines achètent des bons du Trésor américain que de nouveaux dollars sont créés, ce qui explique pourquoi les États-Unis ont pu maintenir l'inflation sous contrôle pendant un certain temps. Toutefois, les bons du Trésor aux mains des banques non américaines arriveront tôt ou tard à échéance et les intérêts supplémentaires devront être payés semestriellement (bons du Trésor à 30 ans), et à ce moment-là, la Fed créera inévitablement de nouveaux dollars.

En substance, le système de réserves fractionnaires couplé au système monétaire de la dette est le coupable de l'inflation à long terme. Dans le cadre de l'étalon-or, le résultat inévitable est que le volume des billets de banque émis dépasse progressivement et largement le volume des réserves d'or, ce qui conduit à la désintégration inévitable de l'étalon-or. Dans le cadre du système de Bretton-Woods, c'est l'effondrement inévitable du système d'échange d'or. Et dans le cadre d'un système de monnaie purement légale, on aboutirait inévitablement à une hyperinflation, qui finirait par entraîner une grave récession mondiale.

Sous une monnaie d'endettement, les États-Unis ne seront jamais en mesure de payer leurs dettes nationales, d'entreprise et privées, car le jour où la dette est payée est le jour où le dollar disparaît. Non seulement la dette totale des États-Unis ne diminuera probablement pas, mais elle continuera d'augmenter à un rythme toujours plus rapide par l'effet boule de neige des intérêts sur la dette et de la croissance naturelle de la demande monétaire de l'économie.

Le "fleuve de la dette" des États-Unis et les "glissements blancs" des peuples asiatiques

La taille sans précédent des bons du Trésor américain émis dans les années 1980, avec leurs taux d'intérêt élevés, a fortement attiré les investisseurs des institutions privées et non bancaires et des banques centrales étrangères, et moins de nouveaux dollars ont été créés dans le processus de réaffectation des dollars existants. Dans les années 1990, les États-Unis ont connu un âge d'or de forte croissance et de faible inflation, les principales monnaies concurrentes ayant été vaincues, les bons du Trésor libellés en dollars étant toujours demandés et le prix des produits de base importés étant devenu exceptionnellement bon marché face à la dévaluation généralisée des monnaies du tiers monde, ce qui a obligé les États-Unis à émettre davantage de bons du Trésor pour remplacer les anciens, en raison des dépenses massives liées à la guerre contre le terrorisme et de l'arrivée à échéance des différentes échéances des bons du Trésor émis en grand nombre depuis les années 1980, ainsi que de l'augmentation des paiements d'intérêts. De 1913 à 2001, les États-Unis ont accumulé une dette nationale totale de 6 000 milliards de dollars en 87 ans, mais de 2001 à 2006, en un peu plus de cinq ans, les États-Unis ont augmenté leur dette nationale de près de 3 000 milliards de dollars, et la dette nationale fédérale américaine totale a atteint 8 000 milliards de dollars et augmente au rythme de 2,55 milliards de dollars par jour. Le gouvernement fédéral américain a déjà les paiements d'intérêts les plus élevés dans les dépenses publiques, après les soins de santé et la défense, avec près de 400 milliards de dollars par an, soit 17% de ses recettes fiscales totales.

La dette du Trésor américain : De 1982 à 1992, l'augmentation monétaire des États-Unis a été une "augmentation modeste" de 8% par an. Toutefois, de 1992 à 2002, la croissance monétaire des États-Unis est entrée dans une " phase accélérée ", atteignant 12%. À partir de 2002, en raison de la guerre contre le terrorisme et de la nécessité de stimuler une économie en récession, l'émission de monnaie américaine a augmenté à un taux stupéfiant de 15%, les taux d'intérêt d'après-guerre étant proches de leur point le plus bas. En fait, à en juger par l'ampleur de l'augmentation de la dette du Trésor américain, tout est déjà acquis. Ce n'est pas une coïncidence si la Réserve fédérale a annoncé en mars 2006 qu'elle cessait de publier le rapport sur les statistiques monétaires au sens large M3.

(Aucun pays dans l'histoire de l'humanité n'a jamais aussi gravement découvert son avenir, et les États-Unis ont découvert non seulement la richesse de leur propre peuple, mais aussi la richesse future des peuples d'autres pays tout aussi gravement, et toute personne familière avec les investissements en actions peut clairement prévoir ce que cette courbe abrupte signifiera en fin de compte).

Depuis le 11 septembre 2001, lorsque Greenspan a imprudemment abaissé les taux d'intérêt de 6% à 1% pour sauver les marchés boursiers et obligataires, provoquant l'inondation du monde par le crédit, les gens ont enfin compris que le dollar était en fait un morceau de papier avec un motif vert dessus. Les principaux détenteurs de dollars du monde se sont jetés presque simultanément sur l'immobilier, le pétrole, l'or, l'argent, les matières premières et d'autres choses que la Fed ne peut pas distinguer. Un investisseur français a déclaré : "Les New-Yorkais peuvent émettre des billets en dollars, mais seul Dieu peut émettre du pétrole et de l'or". "En conséquence, le prix du pétrole brut est passé de 22 à 60 dollars le baril et les prix de l'or, de l'argent, du platine, du nickel, du cuivre, du zinc, du plomb, du soja, du sucre, du café et du cacao ont atteint respectivement 120 et 300% des prix de 2002. Mais les économistes continuent de jurer que l'inflation n'est que de 1 ou 2 pour cent, et l'on ne peut s'empêcher de se rappeler la célèbre citation de Mark Twain selon laquelle il y a trois sortes de mensonges dans le monde : les mensonges, les maudits mensonges et les statistiques.

Plus troublant encore, la dette totale des États-Unis atteint 44 000 milliards de dollars, ce qui comprend la somme de la dette nationale fédérale, de la dette des États et des collectivités locales, de la dette internationale et de la dette privée. Ces dettes sont réparties uniformément sur chaque Américain à hauteur de près de 150 000 dollars, une famille de quatre personnes ayant une dette de près de 600 000 dollars. Parmi les dettes privées, les plus notables sont les nombreuses hypothèques immobilières et les dettes de cartes de crédit. Avec un taux d'intérêt prudent de 5%, les 44 000 milliards de dollars nécessiteraient un paiement annuel d'intérêts pouvant atteindre 2 200 milliards de dollars, ce qui est presque égal au total des recettes fiscales du gouvernement fédéral américain pour l'année entière. Près de 70% de la dette totale a été "créée" après 1990. Il n'est plus possible pour les États-Unis actuels de prendre au lasso les pays du tiers monde en menant les guerres à taux d'intérêt élevés du début des années 80, car les États-Unis eux-mêmes sont si lourdement endettés que toute politique de taux d'intérêt élevés équivaut à un suicide économique.

La "monétisation" de la dette, associée au super-amplificateur que sont les réserves fractionnaires, a sévèrement drainé la richesse future du peuple américain. En 2006, le montant total de l'impôt sur le revenu des particuliers payé par les Américains, après un court séjour au gouvernement fédéral, a été immédiatement transféré au système bancaire pour payer les intérêts des dollars de la dette. Aucun des impôts sur le revenu payés par les particuliers ne va au gouvernement, les dépenses d'éducation dans chaque région dépendent largement des recettes de l'impôt foncier local, la construction et l'entretien des autoroutes à travers les États-Unis utilisent une taxe sur l'essence, et le coût de la guerre pour les troupes étrangères coïncide avec l'impôt sur les sociétés payé par les entreprises américaines. En d'autres termes,

300 millions d'Américains ont été "indirectement taxés" par les banquiers pendant des décennies, et continuent d'être exploités année après année. Les économies du peuple américain sont ensuite grugées par les "impôts potentiels" des banquiers par le biais de l'inflation à long terme.

Indépendamment de la question de savoir si les débiteurs américains peuvent encore rembourser cette dette lucrative, le problème est que le gouvernement américain n'a pas du tout l'intention de rembourser la dette nationale. Le gouvernement américain ne fait que remplacer les anciennes obligations et les intérêts accumulés sur l'ancienne dette par de nouvelles obligations qui s'additionnent à l'infini, et le cycle continue indéfiniment. Comme le souligne la Banque de la Réserve fédérale de Philadelphie,

> *"D'autre part, un nombre croissant d'analystes considèrent désormais les bons du Trésor comme très utiles, voire comme de l'évangile (économique). Ils ne pensent pas du tout que la dette nationale doive être réduite."* [188]

Oui, si l'on peut vivre une vie somptueuse en empruntant constamment de plus en plus de dettes, et ne jamais avoir à les rembourser, on ne peut que craindre que de telles bonnes choses ne se retrouvent jamais sous le ciel. Cette "bonne chose", qui ressemble à un "mouvement perpétuel économique", est en train de s'imposer aux États-Unis. L'idée que ces économistes peuvent profiter de la "bonne vie" pour toujours en augmentant la dette n'est pas fondamentalement différente de l'idée qu'un pays peut s'enrichir en imprimant plus d'argent.

Ces universitaires ont ensuite accusé l'Asie et d'autres pays d'épargne excessive comme étant la cause profonde du dysfonctionnement structurel de l'économie mondiale, un argument qui a prouvé la dégradation alarmante de leur moralité académique. Épargne excessive dans les pays asiatiques ? Où ont-ils une épargne excessive ? Ces décennies d'épargne durement gagnée sont aspirées par les États-Unis dans la "grande expérience" du "mouvement économique perpétuel" à une échelle sans précédent dans l'histoire de l'humanité, par l'achat de bons du Trésor américain.

---

[188] *The National Debt, Series for economic education*, Federal Reserve Bank of Philadelphia.

La demande de dette nationale américaine de la part des économies "orientées vers l'exportation" des pays asiatiques est comme une addiction à la drogue, qui ne pourra pas être absorbée dans le sang un seul instant. Et les États-Unis sont également heureux d'assumer cette dette nationale essentiellement "sans fin" auprès des peuples d'Asie. Toutefois, les pays asiatiques finiront par se rendre compte que le risque réel d'une dévaluation irréversible et dramatique des actifs en dollars pour un rendement nominal de seulement 5% sur les bons du Trésor américain ne constitue en aucun cas un investissement judicieux.

L'ancien secrétaire américain au Trésor, M. Summers, a souligné que si la Chine cesse d'acheter en moyenne des milliards de dollars par semaine de dette nationale, l'économie américaine sera en grande difficulté, mais l'économie chinoise sera également en grande difficulté en raison de la diminution des exportations vers les États-Unis, en fait, les deux parties sont tombées dans un état d'"équilibre de terreur financière".

L'"entreprise hégémonique" du marché des produits financiers dérivés

Si au moins 2 000 milliards de dollars d'intérêts annuels qui s'ajoutent au fur et à mesure sont tôt ou tard "créés" dans le système monétaire, bien qu'une partie de cette somme puisse être empilée dans le futur au prix d'une dette plus élevée, et si certains des dollars d'intérêts supplémentaires sont suffisants pour provoquer une inflation significative, il est étrange que l'inflation aux États-Unis ne semble pas évidente. Comment la magie du banquier international opère-t-elle ?

Le problème est qu'il doit y avoir un endroit où aller pour absorber les ajouts massifs de devises qui ont été monstrueusement gonflés sur le marché des produits dérivés au cours de la dernière décennie environ.

Il y a vingt ans, la valeur nominale totale des produits financiers dérivés dans le monde était presque nulle, et en 2006, la taille totale de ce marché avait atteint 37 000 milliards de dollars ! C'est plus de huit fois le PIB combiné du monde. Sa croissance est rapide et suffisamment importante pour tenir en échec toute imagination humaine normale.

Quelle est la nature des produits financiers dérivés ? Comme le dollar, ce sont aussi des dettes ! Ce sont des dettes emballées, ce sont des collections de dettes, ce sont des conteneurs de dettes, ce sont des entrepôts de dettes, ce sont des Himalayas de dettes.

Ce sont les mêmes dettes qui inondent les portefeuilles des fonds spéculatifs en tant qu'actifs, et les mêmes dettes qui sont détenues sur les comptes des compagnies d'assurance et des fonds de pension en tant qu'actifs. Ces dettes ont été échangées, reportées, pressées, étirées, roulées, remplies, arrachées, et ce fut un festin de dettes, et un festin de jeux d'argent. Derrière les formules mathématiques encombrantes, avec seulement des options vides et deux autres, chaque contrat est un pari, et chaque pari est voué à voir gagner ou perdre.

Puisque c'est un pari de plusieurs milliards de dollars, il doit y avoir un croupier dans ce casino. Qui est le bookmaker ? Les cinq plus grandes banques des États-Unis, qui ne sont pas seulement des joueurs de poids, mais aussi des acteurs de la "domination".

Le département américain du Trésor a publié le rapport sur le marché des produits financiers dérivés des banques commerciales pour le deuxième trimestre de 2006, soulignant que les cinq plus grandes banques américaines, JP Morgan Chase, Citigroup, etc., ont représenté 97% de l'ensemble des 902 produits financiers dérivés des banques, avec 94% des revenus. De toutes les catégories de produits financiers dérivés bancaires, la plus importante est la "catégorie des produits de taux d'intérêt", qui représente 83% de l'ensemble de la plaque, avec une valeur nominale de 98,7 billions de dollars. [189]

Dans la catégorie des produits de taux d'intérêt, les "swaps de taux d'intérêt" prédominent. La forme principale d'un "swap de taux d'intérêt" est un "flux de trésorerie à taux variable" en échange d'un "flux de trésorerie à taux fixe" pour une certaine période de temps, et la transaction n'implique généralement pas de capital. Sa principale utilisation est de "simuler" l'exploitation d'obligations à taux fixe à long terme à un "coût inférieur". Les deux sociétés qui utilisent le plus cet outil sont Freddie Mac et Fannie Mae aux États-Unis. Ces deux méga-financiers émettent des obligations à court terme pour financer des prêts immobiliers à taux fixe sur 30 ans, complétés par des "swaps de taux d'intérêt" pour se couvrir contre le risque de variation future des taux d'intérêt.

JP Morgan Chase est seul avec une part de 74 trillions de dollars sur les 98,7 trillions de dollars de dérivés de taux d'intérêt. Dans le

---

[189] U.S. Treasury Report, OCC's Quarterly Report on Bank Derivatives Activities, deuxième trimestre 2006.

domaine financier, un ratio de levier financier de 10:1 est déjà très "aventureux", un ratio de 100:1 est un investissement "fou". Dans les années 1990, le célèbre super fonds spéculatif "Long-Term Capital Management Fund", sous la direction de deux lauréats du prix Nobel, a construit le modèle mathématique de couverture des risques le plus complexe du monde à l'époque, avec les équipements informatiques les plus avancés du monde. Le ratio de levier potentiel de JP Morgan Chase pour les dérivés de taux d'intérêt est de 626:1, le plus élevé au monde.[190]

J.P. Morgan est en fait l'entreprise "hégémonique" du marché des dérivés de taux d'intérêt, où se trouvent la quasi-totalité des entreprises à risque en matière de taux d'intérêt. En d'autres termes, la grande majorité des gens ont besoin d'investir contre une hausse soudaine des taux d'intérêt futurs, et JP Morgan Chase, qui assure à tout le monde que les taux d'intérêt ne s'envoleront pas, vend justement une telle police d'assurance.

Quelle mystérieuse boule de cristal permettrait à JP Morgan Chase d'oser prendre un risque aussi stupéfiant pour prédire des changements de taux d'intérêt que seuls Greenspan et la Fed connaîtront à ce moment-là ? Il n'y a qu'une seule réponse raisonnable, JP Morgan Chase elle-même est l'un des plus grands actionnaires de la Federal Reserve Bank of New York, et la Federal Reserve Bank of New York est une société privée intransigeante, JP Morgan Chase peut non seulement connaître les nouvelles des changements de taux d'intérêt plus tôt que les autres, mais aussi l'auteur réel de la politique de changement de taux d'intérêt, tandis que le "Comité" de la Réserve fédérale à Washington n'est qu'un organe exécutif, le changement de politique de taux d'intérêt n'est pas comme le monde l'imagine dans la réunion régulière de la Fed avant de voter sur la décision temporaire. Bien sûr, le processus de vote était réaliste, mais les électeurs ont été plantés par les banquiers internationaux dès le début.

Donc JP Morgan Chase fait un deal sûr et sans perte. C'est comme si JP Morgan Chase était une entreprise capable de contrôler artificiellement les précipitations et qu'elle vendait des assurances contre les inondations, elle sait certainement quand il y aura des inondations et elle sait même quelles zones seront inondées. Einstein a

---

[190] Adam Hamilton, *The JPM Derivatives Monster*, Zeal Research, 2001.

dit un jour que Dieu ne lançait pas les dés. JP Morgan a osé jouer l'activité "hégémonique" du marché des produits dérivés, mais n'a pas non plus lancé les dés.

Avec la croissance explosive de la taille du marché des produits financiers dérivés, la réglementation gouvernementale est depuis longtemps à la traîne. Un grand nombre de contrats de produits dérivés sont réalisés en dehors du marché commercial officiel, également appelé "transactions de gré à gré", et il est difficile dans le système comptable d'établir une analogie entre les transactions de produits dérivés et les transactions commerciales ordinaires, sans parler des calculs fiscaux et de la comptabilité actif-passif. En raison de sa taille, de son fort effet de levier financier, de la difficulté à contrôler le risque interne et du laxisme de la réglementation gouvernementale, il constitue une bombe à retardement pour les marchés financiers.

C'est ce boom sans précédent du marché spéculatif qui a absorbé les liquidités astronomiques "créées" par les paiements d'intérêts sur la dette américaine. Tant que d'énormes quantités de nouveaux dollars émis et de dollars revenant d'outre-mer seront absorbées par ce marché en rotation rapide sans se répandre en masse sur d'autres marchés, l'indice d'inflation de base sera miraculeusement contenu. De même, lorsque les marchés des produits financiers dérivés s'effondreront, nous assisterons aux pires turbulences financières et à la pire crise économique que le monde ait jamais connues.

Entreprise sponsorisée par le gouvernement : "Deuxième Réserve Fédérale"

> *"De nombreuses institutions financières ne semblent pas comprendre la nature risquée de ces obligations (à court terme) émises par les GSE. Les investisseurs ont cru à tort que leurs investissements étaient totalement immunisés contre le risque de crédit des GSE car, en cas de crise, ils pensaient qu'il y avait suffisamment de temps d'avertissement pour attendre que ces obligations à court terme arrivent à échéance dans quelques mois afin de les encaisser confortablement. Le problème est que lorsqu'une crise financière survient, les obligations à court terme des GSE peuvent devenir complètement illiquides en quelques heures, quelques jours tout au plus. Si chaque investisseur peut se retirer, lorsque tous les investisseurs fuient en même temps, personne ne peut fuir. Comme dans le cas de la ruée vers les banques, les tentatives de vente des GSE dans leur*

> *ensemble ne seront pas couronnées de succès car les actifs immobiliers sous-jacents à ces obligations à court terme ne peuvent être liquidés rapidement.* " [191]
>
> – William Poole, Président,
> Banque de la Réserve fédérale de St. Louis, 2005

Government Sponsored Enterprise désigne ici Fannie Mae et Freddie Mac, les deux plus grandes sociétés agréées par le gouvernement américain pour les prêts immobiliers. Ces deux sociétés sont responsables de la création d'un marché secondaire pour les prêts immobiliers américains, avec un total de 4 000 milliards de dollars d'obligations adossées à des biens immobiliers (MBS) émises. En fait, la plupart des 7 000 milliards de dollars de prêts immobiliers émis par le système bancaire américain ont été revendus à ces deux sociétés. Celles-ci ont conditionné ces prêts hypothécaires immobiliers à long terme en obligations MBS, qui ont ensuite été vendues à Wall Street à des institutions financières aux États-Unis et à des banques centrales en Asie. Il y avait un écart entre les obligations MBS qu'elles émettaient et les hypothèques immobilières qu'elles acquéraient auprès des banques, ce qui constituait une source de profit pour les deux sociétés. Statistiquement, 60% des banques américaines détiennent plus de 50% de leur capital dans les obligations de ces deux sociétés. [192]

En tant que sociétés cotées en bourse, Fannie Mae et Freddie Mac sont toutes deux motivées par le profit et il est plus rentable pour elles de détenir directement des hypothèques immobilières, où les fluctuations des taux d'intérêt, les remboursements anticipés des hypothèques et le risque de crédit sont assumés par elles-mêmes. Alors que la Fed a entamé le long processus de relèvement des taux d'intérêt à partir de 2002, Fannie Mae et Freddie Mac ont commencé à absorber et à détenir directement des prêts hypothécaires immobiliers en grandes quantités, qui s'élevaient à 1 500 milliards de dollars à la fin de 2003.

En tant qu'institution financière ayant des dettes aussi importantes, elle aurait dû prendre soin de couvrir ses risques, et l'une des stratégies les plus importantes est de faire correspondre les échéances des actifs et des dettes, sinon le risque de fluctuation des taux d'intérêt sera

---

[191] GSE Risks, Federal Reserve Bank of St. Louis, Review, mars/avril 2005 (vol. 87, n° 2, partie 1), p. 85.

[192] *Fannie Mae, Freddie Mac et la nécessité d'une réforme des GSE, maintenant*, Office of Federal Housing Enterprise Oversight (OFHEO).

difficile à contrôler. Deuxièmement, il faut éviter le financement à court terme pour soutenir la dette à long terme. L'approche conservatrice traditionnelle consiste à émettre des obligations récupérables à long terme qui synchronisent les échéances de l'actif et de la dette, tout en bloquant les écarts, de sorte que les deux risques de fluctuation des taux d'intérêt et de remboursement anticipé du prêt hypothécaire puissent être complètement évités. En réalité, cependant, les deux sociétés se financent principalement avec des obligations à long terme et des obligations à court terme, avec un financement à court terme aussi important que 30 milliards de dollars en obligations à court terme qui doivent être renouvelées chaque semaine, s'exposant ainsi à des niveaux de risque élevés.

Afin de se couvrir contre le risque de fluctuation des taux d'intérêt, ils doivent adopter des stratégies de couverture sophistiquées, telles que l'utilisation de la dette et des "swaps de taux d'intérêt" pour générer une combinaison de dette à court terme + des flux de trésorerie futurs à taux fixe afin de "simuler" les effets des obligations à long terme. Une "option de swap" est utilisée pour couvrir le risque de remboursement anticipé du prêt hypothécaire. En outre, ils utilisent des stratégies de "couverture dynamique imparfaite", qui sont "axées sur la défense" contre la volatilité potentielle des taux d'intérêt à court terme et "non protégées" contre les chocs de taux d'intérêt improbables à long terme. Avec ces mesures, tout semble solide et assez peu coûteux, ce qui semble être une voie parfaite.

Derrière une forte volonté de profit, dans les portefeuilles de Fannie Mae et Freddie Mac, ils ont également dévoré les obligations MBS qu'ils ont eux-mêmes émises. À première vue, cela peut sembler contre-intuitif, où est-il logique d'émettre ses propres obligations à court terme et d'acheter ses propres obligations à long terme ?

Il y a une vérité dans les choses bizarres. Fannie Mae et Freddie Mac sont des opérateurs monopolistiques sur le marché secondaire des prêts immobiliers autorisés par le gouvernement américain, qui fournit des garanties indirectes aux deux sociétés. Indirectement, cela signifie que le gouvernement américain fournit un certain montant de crédit aux deux sociétés qui peut être utilisé en cas d'urgence. De plus, la Fed peut escompter les obligations de Fannie Mae et Freddie Mac, ce qui signifie que les banques centrales peuvent monétiser leurs obligations directement, ce qu'aucune obligation d'entreprise n'a eu depuis près d'un demi-siècle, à l'exception des bons du Trésor américain. Lorsque le marché a appris que les obligations émises par Fannie Mae et Freddie

Mac étaient presque équivalentes à de l'argent liquide en dollars américains, leur solvabilité est passée au second plan après celle des bons du Trésor américain. Ainsi, les obligations à court terme qu'elles émettent ne paient qu'un intérêt légèrement supérieur à celui des Treasuries, et avec une source de financement aussi bon marché, il est certainement encore possible d'arbitrer en achetant ses propres obligations à long terme.

Il n'est pas exagéré de dire que les obligations de ces deux sociétés jouent dans une certaine mesure le rôle des obligations du Trésor américain, et qu'elles sont effectivement devenues la "deuxième Réserve fédérale", fournissant beaucoup de liquidités au système bancaire américain, surtout lorsque cela ne convient pas au gouvernement. C'est pourquoi, après que la Fed a procédé à 17 hausses de taux consécutives, le marché financier affiche toujours un afflux de liquidités, les liquidités qui étaient à l'origine aspirées par la Fed, et les GSEs mangent les prêts immobiliers des banques et refluent vers le marché financier. Cette situation est similaire à celle du film "La guerre des tunnels" dans lequel les fantômes continuent de pomper l'eau du puits puis du tunnel du village, les guérilleros malins traversent à nouveau le tunnel pour renvoyer l'eau vers le puits, ce qui amène les fantômes à se demander quelle est la profondeur réelle du tunnel.

Le comportement d'arbitrage du GSE consistant à acheter des obligations MBS à long terme avec des obligations à court terme, associé au financement des banquiers internationaux à partir du marché du yen à très faible coût et à l'achat d'options sur les bons du Trésor américain avec un fort effet de levier, a créé artificiellement un "boom" des obligations américaines à long terme (bons du Trésor et obligations MBS à 30 ans), ce qui a déprimé les taux de rendement des obligations à long terme, après blanchiment, il semble que les inquiétudes du marché concernant l'inflation à long terme ne soient pas fondées. Ainsi, les investisseurs étrangers ont hésité à revenir sur le marché américain des obligations à long terme, de sorte que l'épargne des autres pays a pu continuer à financer l'"expérience économique à mouvement perpétuel" des États-Unis, et le festin du désir a donc continué à se délecter.

C'est juste que toute illusion qui est plus merveilleuse est une illusion après tout. Alors que les GSE continuent à fournir de l'alcool au carnaval, sans le vouloir, leurs propres fonds propres sont tombés à un niveau extrêmement dangereux de 3,5%. Avec des milliers de milliards de dollars de dettes paralysantes sur le dos, leur capitalisation est si faible au milieu d'un marché international des taux d'intérêt férocement volatile qu'il y a de quoi faire perdre le sommeil à Greenspan. La crise de la dette russe a fait disparaître en un clin d'œil le hedge fund parfait, qui faisait l'objet d'une admiration internationale, sous la houlette du gourou "le plus avisé en matière économique" du monde et avec le modèle de couverture des risques le plus complet et le plus complexe. Une stratégie de couverture des GSE qui s'appuie largement sur des produits financiers dérivés peut-elle résister à l'imprévu et à l'inattendu ?

La faiblesse du GSE est qu'il présente de sérieuses lacunes dans sa protection contre les mutations des taux d'intérêt à court terme. Le président de la Federal Reserve Bank of St. Louis, William Poole, inquiet de la résistance du GSE aux chocs de taux d'intérêt, a conclu après avoir analysé l'ampleur des fluctuations quotidiennes des taux d'intérêt des bons du Trésor américain au cours des 25 dernières années :

> *" Dans plus d'un pour cent de toutes les fluctuations des prix du Trésor, environ 3/4 d'entre elles dépassent l'écart type de 3,5 de leur valeur absolue, ce qui est 16 fois plus élevé que les estimations du modèle de distribution normale habituel. En supposant qu'il y ait 250 jours de bourse dans une année, la probabilité que des fluctuations de taux d'intérêt de cette intensité se produisent est de deux fois par an, plutôt que d'une fois sur huit ans comme on pourrait l'estimer. Le modèle de distribution normale se trompe complètement sur le risque de fluctuations dramatiques des taux d'intérêt. Des fluctuations super intenses supérieures à un écart type de 4,5 ou plus, non pas sept fois par million comme on pourrait s'y attendre, mais 11 fois en 6 573 jours de bourse, suffiraient à ébranler une entreprise qui dépend fortement de l'effet de levier financier. Il y a aussi le fait que les fluctuations drastiques ont tendance à être des rafales concentrées. Cette caractéristique est importante, elle signifie qu'une entreprise sera violemment secouée plusieurs fois en un laps de temps très court. Une couverture incomplète face à des fluctuations drastiques des taux d'intérêt pourrait conduire à la faillite complète de cette entreprise. "* [193]

---

[193] William Poole, GSE Risks, Federal Reserve Bank of St. Louis, Review, mars/avril 2005, 87 (2, partie 1), p. 88.

Si des pirates financiers attaquent soudainement le dollar, si des terroristes mènent une attaque nucléaire ou biologique contre les États-Unis, si le prix de l'or continue de s'envoler et d'autres événements inattendus, le marché du Trésor américain ne manquera pas de trembler violemment, les GSE s'il y a un problème, des trillions de dollars d'obligations peuvent perdre leur liquidité en quelques heures, la Réserve fédérale arrive même trop tard pour les secourir, et une telle échelle d'effondrement, même la Réserve fédérale ne peut que vouloir mais ne peut pas secourir. Finalement, 60% des banques américaines pourraient être entraînées dans la chute, le marché très vulnérable des produits financiers dérivés, d'une valeur de 3 700 milliards de dollars, serait victime d'une avalanche et les marchés financiers mondiaux connaîtraient une fuite effrénée de la terreur.

Les risques énormes sur le marché des produits financiers dérivés que reflète le GSE ne sont que la partie émergée de l'iceberg.

Kiyosaki, auteur de "Poor Dad Rich Dad", décrit le "boom de l'endettement" dans le monde d'aujourd'hui dans son article "The Extravagant Desire for Debt" comme suit.

> *"Le problème, à mon avis, c'est que ces entreprises qui ont été acquises (à prix fort) n'ont pas été achetées par de l'argent et du capital, elles ont été achetées par des dettes. Mon bon sens me dit que quelqu'un devra payer ces dettes à l'avenir. L'effondrement final de l'empire espagnol était dû à une avidité excessive pour la guerre et la conquête, et je crains que le monde d'aujourd'hui ne finisse par répéter les mêmes erreurs en raison de l'extravagance coûteuse de la dette. Alors, quel est mon conseil ? Pour le moment, délectez-vous de la fête (de la fête du désir), mais ne buvez pas trop et restez près de la sortie. "* [194]

Au milieu d'un casino immense, coloré et animé, où les gens pariaient intensément sur le dollar, que Kiyosaki appelait "l'argent drôle", ceux qui n'étaient pas encore assez ivres et sobres pour voir la fumée commencer dans les coins du casino marchaient aussi calmement que possible vers la sortie étroite. À ce moment-là, les flammes étaient visibles et les gens n'en avaient toujours pas conscience, mais de plus en plus de gens ont senti la fumée, ils ont regardé autour d'eux et quelqu'un a commencé à chuchoter. Craignant que tout le monde ne

---

[194] Robert Kiyosaki, " A Taste for Debt ", dans Yahoo Finance Experts Column, 27octobre 2006.

remarque les flammes qui étaient apparues, le propriétaire du casino a crié et joué des jeux plus excitants, et la plupart des gens ont été attirés de nouveau vers les tables. Le feu s'est finalement éteint et de plus en plus de gens ont commencé à s'agiter, certains ont commencé à courir, la plupart ne savaient plus quoi dire. Les propriétaires de casino ont commencé à crier qu'il était normal d'avoir un peu de feu et de fumée pour stimuler les affaires du casino et que le feu (l'inflation) était tout à fait gérable, comme c'est le cas depuis 1971. Les cris ont eu un effet stabilisateur sur les cœurs et les esprits, si bien que les gens ont continué à parier de l'argent. Seulement, de plus en plus de personnes se pressaient vers la sortie. En ce moment, ce dont j'ai le plus peur, c'est d'un cri...

Quand le désastre frappe, chacun cherche sa propre sortie. Pour Kiyosaki, l'exportation du casino est l'or et l'argent. Dans son article "Bet on Gold, Don't Bet on Funny Money", il déclare,

> "Je pense que l'or est bon marché et qu'il augmentera lorsque le prix du pétrole augmentera et que la Russie, le Venezuela, les pays arabes et l'Afrique seront de plus en plus réticents à accepter notre dollar. Pour l'instant, nous pouvons encore payer les produits et services des autres pays avec notre 'drôle de monnaie', mais le monde commence à en avoir assez du dollar. Ma stratégie depuis des années est la suivante : investir de l'argent réel, c'est-à-dire de l'or et de l'argent. De même, je continue à prêter de l'argent fictif pour acheter de l'immobilier. Chaque fois que le prix de l'or et de l'argent s'est effondré, j'ai acheté davantage de biens physiques. Quel genre d'investisseur intelligent hésiterait à emprunter de l'argent fictif pour acheter de l'argent réel bon marché ? " [195]

Le roi de l'argent en résidence surveillée

> "L'or présente de nombreux facteurs de déstabilisation, parmi lesquels plusieurs grands gouvernements ont tenté d'ébranler le prix de l'or. Si vous prêtez attention à la politique des gouvernements à l'égard de l'or au cours des 20 dernières années, vous verrez qu'à une époque où le prix de l'or atteignait 800 dollars l'once (en 1980), aucun gouvernement n'a vendu

---

[195] Robert Kiyosaki, " Bet on Gold, Not on Funny Money ", dans Yahoo Finance Experts Column, 24 juillet 2006.

> d'or. Il devrait être intéressant de vendre de l'or à ce moment-là, et cela stabilisera le prix de l'or. Mais le gouvernement a vendu (en 1999) de l'or au prix le plus bas, ce qui est exactement ce qu'a fait le gouvernement britannique. Cette pratique gouvernementale de vendre l'or au prix le plus bas est l'un des facteurs qui contribuent à l'instabilité du prix de l'or. "
>
> Robert Mundell, 1999

Ce que Mundell appelle l'instabilité de l'or est une partie importante de la stratégie globale des banquiers internationaux pour diaboliser l'or depuis 1980. Mais la manipulation du prix de l'or a été la première fois dans l'histoire de l'humanité qu'un plan de génie bien planifié, magistral et indétectable a réussi à supprimer le prix de l'or sur une période de plus de 20 ans.

La plus incompréhensible est l'annonce audacieuse de la Banque d'Angleterre, le 7 mai 1999, de vendre la moitié de ses réserves d'or (415 tonnes). Il s'agissait de la plus grande vente d'or en Grande-Bretagne depuis les guerres napoléoniennes. Cette nouvelle choquante a fait chuter le prix international de l'or, déjà faible, à 280 dollars l'once.[196] On peut se demander ce que prépare la Banque d'Angleterre. Des investissements ? Pas du tout. Si l'investissement avait été réalisé, l'or se serait vendu 850 dollars l'once en 1980 et aurait acheté l'obligation du Trésor américain à 30 ans, qui avait à l'époque un rendement de 13%, ce qui aurait rapporté beaucoup d'argent. En conséquence, la Banque d'Angleterre a insisté pour vendre de l'or à un niveau presque record de 280 dollars en 1999 et investir ensuite dans des bons du Trésor américain, dont le rendement était alors inférieur à 5%. Il n'est donc pas étonnant que Mondale n'ait pas su le lire.

Est-ce la Banque d'Angleterre qui ne sait pas comment faire des affaires ? Bien sûr que non. La Banque d'Angleterre a été créée en 1694, dès le début, et a dominé le marché financier international pendant près de 300 ans, peut être appelé l'ancêtre de l'industrie financière moderne, quel genre de tourmente n'a jamais vu, la Réserve fédérale en face d'elle est juste un écolier, de dire qu'il ne comprend pas le raisonnement de l'achat faible et la vente élevée, est tout simplement un cauchemar.

La Banque d'Angleterre agit à l'encontre des lois fondamentales du commerce pour une chose, et c'est la peur ! Ce qu'elle craint, au

---

[196] Ferdinand Lips, *op. cit.* p. 215.

contraire, ce n'est pas une baisse continue du prix de l'or qui entraînerait une dévaluation des réserves d'or, mais plutôt, ce qu'elle craint, c'est une hausse continue de l'or ! Parce que l'or inscrit sur les comptes de la Banque d'Angleterre a disparu depuis longtemps, l'or qui était marqué comme or dans les comptes débiteurs pourrait ne jamais être récupéré.

Le banquier suisse Ferdinand Phillips a fait un jour la remarque intrigante suivante : si le peuple anglais apprenait comment sa banque centrale s'est débarrassée de manière folle et imprudente de la véritable richesse que le peuple a accumulée au fil des siècles — l'or — il y aurait un roulement de têtes à la guillotine. En fait, il serait plus exact de dire que si les gens du monde entier apprenaient enfin comment les banquiers centraux manipulent le prix de l'or, le plus grand crime financier de l'histoire de l'humanité serait révélé au grand jour.

Où est passé l'or de la Banque d'Angleterre ? Il s'avère qu'il a déjà été "loué" à des "banquiers lingots d'or".

Voici comment cela s'est passé : lorsque l'axe Londres-Wall Street a réussi à écraser l'économie japonaise au début des années 1990 et à stopper le processus d'unification monétaire européenne, le véritable ennemi, l'or, a néanmoins été traité avec légèreté, malgré le printemps et la gloire du moment. Vous savez, l'euro et le yen ne sont que des gales pour l'axe Londres-Wall Street, l'or est le gros problème. Si l'or se retournait, tous les systèmes monétaires français seraient subjugués. Bien que l'or ne soit plus la monnaie du monde, il a toujours été le plus grand obstacle aux banquiers internationaux qui pillent les richesses des peuples du monde par l'inflation. Bien qu'il soit silencieusement "assigné à résidence" en dehors du système monétaire, son statut historique et son statut de symbole de la richesse réelle exercent en permanence un puissant attrait. La moindre brise sur la scène internationale et les gens se précipitent involontairement vers l'or et acceptent son solide abri. Pour déposer complètement ce "roi de la monnaie", même les banquiers internationaux unipersonnels n'oseraient pas espérer, et ils essaieraient seulement de "mettre l'or en résidence surveillée pour toujours".

Pour parvenir à l'"assignation à résidence de l'or", le monde doit "voir" à quel point l'or, le "roi de l'argent", est incompétent et faible et ne peut ni protéger l'épargne des gens, ni fournir des indicateurs stables, ni même attirer l'intérêt des spéculateurs. Le prix de l'or doit donc être étroitement contrôlé.

Ayant tiré la leçon du fiasco du "fonds commun de l'or" en 1968, les banquiers internationaux ont appris la dure leçon et ne commettront jamais l'erreur stupide d'utiliser l'or physique contre l'énorme demande du marché. Après que l'adoption d'un taux d'intérêt extrême de 20% en 1980 a temporairement supprimé le prix de l'or et rétabli la confiance dans le dollar, ils ont commencé à faire un usage intensif de la nouvelle arme des produits financiers dérivés.

L'*Art de la guerre* dit que l'attaque du cœur est le sommet et que l'attaque de la ville est la base. Les banquiers internationaux ont beaucoup à dire à ce sujet. L'or, ou le dollar, ou les actions, les obligations, l'immobilier, jouer au sommet, c'est jouer avec la confiance ! Et les produits financiers dérivés sont de super armes de confiance. Après avoir testé avec succès la "bombe des produits financiers dérivés" lors du krach boursier de 1987, cette arme très efficace a été réutilisée à la bourse de Tokyo en 1990, à la grande joie des banquiers internationaux pour son pouvoir létal. Cependant, l'utilisation d'explosions nucléaires a des effets à la fois forts et à court terme, et dans le cas de l'or, une menace chronique et à long terme, de multiples armes de confiance doivent être utilisées et attaquées de manière hybride de type "cocktail".

Les banques centrales, qui sont contrôlées par des banques privées, font partie de ceux qui "louent" les réserves d'or du pays. Au début des années 1990, des banquiers internationaux ont commencé à promouvoir l'idée que l'or était conservé dans les entrepôts des banques centrales sans aucun revenu d'intérêt, et que, outre la poussière, sa conservation nécessitait une autre dépense, de sorte qu'il pouvait être "loué" à des banquiers réputés "lingots d'or", avec des taux d'intérêt aussi bas que 1%, mais au moins un revenu stable, et que cette méthode est rapidement devenue populaire en Europe. [197]

Qui sont les soi-disant "banquiers à l'or", les banquiers internationaux dirigés par JP Morgan ? Avec leur propre "bonne" réputation de la banque centrale avec un taux d'intérêt très bas de 1% "emprunté" de l'or, et puis le vendre sur le marché de l'or, obtenir l'argent en main pour acheter le taux de rendement de 5% des obligations du Trésor des États-Unis, manger un écart régulier de 4%, qui est appelé "le commerce d'arbitrage de l'or". De cette façon, la

---

[197] *Ibid.* p. 149.

vente de l'or de la banque centrale a à la fois supprimé le prix de l'or, mais aussi mangé l'écart du repas, mais aussi stimulé la demande d'obligations du Trésor américain, déprimant le taux d'intérêt à long terme, peut vraiment être décrit comme une flèche sculptée un plan merveilleux. [198]

Cependant, il y a un risque. Les banques de lingots d'or empruntent de l'or aux banques centrales, le plus souvent pour des contrats de paix à court terme d'environ six mois, mais elles investissent dans des obligations à long terme qui risquent de les mettre dans une position précaire si la banque centrale arrive à échéance pour réclamer l'or, ou si le prix de l'or continue à augmenter.

Afin de "couvrir" ce risque, les génies financiers de Wall Street se sont attaqués aux producteurs d'or. Ils n'ont cessé d'inculquer aux producteurs d'or la "certitude historique" que le prix de l'or est appelé à baisser à long terme et que ce n'est qu'en bloquant dès maintenant les futurs prix de vente que l'on peut éviter les pertes futures. De plus, les banquiers internationaux peuvent offrir des prêts à faible taux d'intérêt d'environ 4% aux producteurs d'or pour qu'ils poursuivent l'exploration et le développement, ce qui est trop beau pour être refusé, sans compter que le prix international de l'or baisse d'année en année. Donc, au lieu d'attendre une vente future à un prix réduit, il vaut mieux vendre maintenant à bon prix la future production d'or qui est encore dans le sol. C'est ce qu'on appelle un "contrat à terme sur l'or".

Ainsi, les banquiers de lingots d'or avaient entre leurs mains la production future des producteurs d'or comme garantie pour le remboursement des baux d'or de la banque centrale. Ceci, ajouté au fait que le banquier central et le banquier du lingot d'or étaient à l'origine une seule et même famille, signifiait que le "contrat de location" pouvait être prolongé presque indéfiniment. Ainsi, le banquier du lingot d'or avait une double assurance.

Peu après le décollage de cette idée initiale, les banquiers talentueux de Wall Street ont continué à introduire de nouveaux produits dérivés tels que les contrats au comptant différés, les forwards conditionnels, les forwards variables, les couvertures delta et divers contrats d'option.

---

[198] *Ibid*. p. 150.

Alimentés par les banques d'investissement, les producteurs d'or ont été pris dans cette spéculation financière sans précédent. Les pays ont des producteurs d'or "à découvert" dans le futur, les éventuelles réserves souterraines sont converties en production existante pour la "prévente". Les producteurs d'or australiens vendent même les sept prochaines années de production d'or. Ashanti, un important producteur d'or ghanéen en Afrique de l'Ouest, a acheté un total de 2 500 contrats financiers dérivés sous le "personnel" de Goldman Sachs et de 16 banques, et en juin 1999, les actifs financiers sur son compte de couverture s'élevaient à 290 millions de dollars. Des commentateurs ont fait remarquer que les producteurs d'or contemporains, plutôt que d'extraire de l'or, se livrent à une dangereuse spéculation financière en utilisant l'extraction de l'or comme un gadget.

Dans la vague de "révolution de couverture" déclenchée par les producteurs d'or, la Barrick Gold Company peut être considérée comme un véritable grand frère. La taille de la couverture de Barrick a depuis longtemps dépassé ce qui est raisonnable en termes de contrôle des risques, et il n'est pas exagéré de dire que sa stratégie relève du booster financier. Dans ses ventes massives d'or à découvert à sens unique, Barrick a invisiblement créé une course vers le bas de pair à pair, avec pour résultat inévitable l'autodestruction du marché. Dans son rapport annuel, Barrick a systématiquement trompé les investisseurs en se vantant que ses stratégies de couverture sophistiquées permettaient toujours de vendre l'or à des prix supérieurs à ceux du marché. En fait, Barrick a vendu une partie considérable de l'or sur le marché par l'intermédiaire des "banquiers de lingots d'or" aux banques centrales de divers pays à faible taux d'intérêt "emprunté" l'or, il dans le marché de vendre ces "emprunté" le produit de l'or, utilisé pour acheter les obligations du Trésor des États-Unis, le rendement de l'écart, est le soi-disant "instruments de couverture complexes" produites par la source réelle des effets merveilleux. Ceci constitue une fraude financière typique.

Il est dans l'intérêt de tous les participants que le prix de l'or continue de baisser en raison des efforts combinés de plusieurs parties. Comme les producteurs d'or ont depuis longtemps bloqué le prix de vente, ils ont court-circuité divers "actifs financiers" de l'or dans leurs livres et apprécient lorsque le prix de l'or baisse. Ainsi, les producteurs d'or sont étrangement devenus complices de la chute du prix de l'or. Ce que les producteurs gagnent est un bonbon éphémère et ce qu'ils perdent est un gain à long terme.

Bill Murphy, président du Gold Antitrust Action Committee, a qualifié de "cartel de l'or" le groupe d'intérêt spécial qui complote pour réprimer le prix de l'or, dont les principaux membres sont JP Morgan, la Banque d'Angleterre, la Deutsche Bank, Citibank, Goldman Sachs, la Banque des règlements internationaux (BRI), le Trésor américain et la Réserve fédérale.

Lorsque le prix de l'or est poussé de plus en plus haut par une forte demande du marché, les banques centrales se précipitent et vendent publiquement de grandes quantités d'or jusqu'à effrayer les investisseurs.

Greenspan a déclaré lors d'une audition de la Commission bancaire de la Chambre des représentants en juillet 1998,

> " *L'or est une autre matière première avec de grandes quantités de dérivés financiers négociés de gré à gré, et les investisseurs n'ont aucun contrôle sur l'offre d'or, et les banques centrales sont prêtes à " louer " les réserves d'or pour augmenter l'offre si le prix de l'or augmente.* " [199]

En d'autres termes, Greenspan a ouvertement admis que le prix de l'or était entièrement sous le contrôle des banquiers centraux si nécessaire.

La situation a subtilement changé lorsque la guerre au Kosovo a éclaté en mars 1999. Les frappes aériennes de l'OTAN ont tardé à porter leurs fruits et le prix de l'or a commencé à accumuler une puissance explosive, soutenue par un fort pouvoir d'achat. Si le prix de l'or devient incontrôlable et continue d'augmenter, les "bullion bankers" devront racheter de l'or sur le marché à des prix élevés et le rendre aux banquiers centraux. S'il n'y a pas une telle quantité d'or sur le marché, ou la production initiale d'or "souterraine future" comme garantie pour la faillite du producteur d'or, et peut-être qu'il n'y a tout simplement pas assez d'or souterrain, non seulement les banquiers internationaux doivent supporter d'énormes pertes, les comptes de réserve d'or des banques centrales apparaîtront également en énorme déficit, si la question est révélée, le peuple connaît la vérité, seulement il a peur que quelqu'un soit vraiment guillotiné. En désespoir de cause, la Banque d'Angleterre est finalement montée en première ligne le 7 mai 1999. Si vous parvenez à effrayer les investisseurs et que le prix de l'or continue

---

[199] Alan Greenspan, président de la Fed, auditions parlementaires, 24 juillet 1998.

à baisser, naturellement, tout le monde sera content, même si vous vous ratez et vendez l'or en mauvaise dette, alors vous serez mort. Comme le dit le dicton, "L'or se dégrade et est vendu une fois qu'il est vendu". C'est pourquoi, lorsque les banques centrales vendent de l'or, les gens ne savent jamais qui est l'acheteur.

Malgré le fait que la guerre du Kosovo ait pris fin le 10 juin 1999 et que les banquiers centraux choqués aient eu le sentiment d'avoir trop joué le jeu, et malgré le fait que les investisseurs sur le marché international de l'or aient commencé à réclamer de poursuivre les banquiers centraux pour manipulation du prix de l'or, les politiciens de divers pays ont également commencé à s'intéresser au prix de l'or. Les choses semblent sur le point de devenir plus importantes.

Dans ce contexte, en septembre 1999, les banquiers centraux européens ont conclu l'"accord de Washington", qui limite la quantité d'or que les pays peuvent vendre ou louer au cours des cinq prochaines années. La nouvelle est tombée que le taux de "location" de l'or avait bondi de 1% à 9% en quelques heures. Les producteurs et les spéculateurs qui ont vendu de l'or à découvert ont perdu beaucoup d'argent sur les produits financiers dérivés.

Le marché baissier de l'or, qui dure depuis près de 20 ans, a enfin pris fin, ce qui annonce l'arrivée d'un grand marché haussier pour les matières premières.

L'année 1999 a marqué un tournant stratégique important sur le champ de bataille de l'or, dont l'importance est comparable à celle de la défense de "Stalingrad" pendant la Seconde Guerre mondiale. Depuis lors, les tentatives de suppression du prix de l'or n'ont jamais été en mesure de prendre l'initiative stratégique du champ de bataille de l'or. Le système monétaire français dirigé par le dollar continuera à vaciller face à une puissante offensive de l'or jusqu'à ce qu'il finisse par s'effondrer.

En plus du champ de bataille principal qui consiste à contrôler le prix de l'or, les banquiers nationaux ont ouvert un deuxième champ de bataille, qui est la guerre d'opinion et la guerre académique. Les banquiers internationaux ont réussi à laver systématiquement le cerveau de la communauté des économistes, en canalisant les points sensibles des universitaires vers des jeux de formules mathématiques qui sont totalement déconnectés des rouages de l'économie réelle. Alors que la plupart des économistes modernes se demandent avec perplexité à quoi sert vraiment l'or, les banquiers internationaux devraient trouver un grand réconfort dans le fait que tout est encore sous contrôle.

Il est naturel de se demander ce qui ne va pas avec le système monétaire français. Ne vivons-nous pas sous le système monétaire français depuis plus de 30 ans ? L'économie ne se développe-t-elle pas comme elle le fait actuellement ?

John Exter, ancien vice-président de la Federal Reserve Bank of New York et vice-président de Citigroup, a répondu,

> *"Dans un tel système, aucun pays n'aurait à payer à un autre pays une monnaie qui préserve véritablement la valeur. Car ils n'ont aucune discipline à échanger (pièces d'or). Nous pouvons utiliser de la monnaie papier pour acheter du pétrole, quel que soit le nombre de billets de ce type que nous imprimons. Ils (les économistes) ont choisi d'ignorer le désir du peuple d'avoir une monnaie solide qui stocke sa richesse. En fait, ils refusent de reconnaître l'or comme monnaie et concluent arbitrairement qu'il s'agit d'une simple marchandise ordinaire qui n'a pas sa place dans le système monétaire, comme le plomb et le zinc. Ils ont même suggéré qu'il n'était pas nécessaire que le Trésor continue à stocker de l'or et qu'il fallait le jeter progressivement sur le marché. Après avoir retiré l'or, ils définissent arbitrairement la valeur du papier-monnaie. Ils ne nous disent pas comment ce débit "IOU" (I owe you) qui augmente éternellement à un taux magique peut remplir la fonction de préservation monétaire. Ils semblent complètement inconscients du fait que l'augmentation de la monnaie papier à ce taux magique pourrait un jour causer des problèmes de dette."* [200]

Keynes et Friedman ne sont que des imitations de John Law du 20ème siècle. Ils ont choisi d'ignorer la loi d'airain de la monnaie papier contre l'or, et d'imprimer délibérément de la monnaie papier à la vitesse de l'esprit d'un économiste ou d'un politicien, qui, selon eux, trompera les lois de la nature et "créera" de la richesse à partir de rien, éliminant le cycle économique et assurant le plein emploi et la prospérité perpétuelle. Cela signifie que certains économistes élaborent des politiques pour un penchant politique particulier, risquant leur propre argent sur le marché sans utiliser le leur, dans la sagesse générale

---

[200] John Exter, 'The International Means of Payment', in Inflation and Monetary Crisis (ed. G. C. Wiegand, Public Affairs Press, Washington, DC, 1975), p. 137.

de John Law à l'époque, étant omniscients en matière économique, décidant arbitrairement des questions monétaires, fiscales, d'impôts, de commerce, de prix, de revenus, etc. et nous disant que c'est le mieux pour nous. Ils ont donc "ajusté" notre économie.

La plupart des économistes d'aujourd'hui ont été formés par des disciples keynésiens, y compris ceux qui ont remporté des prix Nobel, comme Paul Samuelson, auteur du célèbre manuel d'*économie*. Ses manuels sont remplis de formules mathématiques et de graphiques en couleur. Mais lorsqu'on lit son point de vue sur l'or, on se rend compte qu'il n'a pratiquement aucune profondeur historique et semble très superficiel. Il est un exemple classique du monde universitaire du 20e siècle, dans lequel les économistes ont complètement ignoré l'étude de l'histoire de la monnaie, ou ont choisi de l'ignorer délibérément pour une raison quelconque. [201]

Samuelson, dans son célèbre commentaire sur le système à deux voies du prix de l'or après 1968, a déclaré qu'en dehors du FMI (Fonds monétaire international), l'or a fini par être complètement démonétisé. Son prix est entièrement déterminé par l'offre et la demande, tout comme le cuivre, le blé, l'argent ou le sel.

> *"Un cheikh du Moyen-Orient qui aurait acheté de l'or à 55 dollars l'once et l'aurait vendu à 68 dollars aurait gagné beaucoup d'argent. En revanche, s'il avait acheté à 55 $ et jeté à 38,50 $ ou même 33 $, il aurait perdu la chemise qu'il portait."* [202]

Samuelson croit fermement qu'une fois l'or expulsé du système monétaire, la demande d'or se limitera à un très petit nombre de besoins industriels, comme l'industrie de la bijouterie. Ainsi, après que Nixon ait fermé la fenêtre de l'or le 15 août 1971 et que le système de Bretton se soit effondré, l'or n'étant plus la monnaie, qui a encore besoin d'or ? En 1973, lorsque le grand professeur a publié cette grande déclaration, il avait déterminé que le prix de l'or de 75 dollars l'once de 1972 ne tiendrait certainement pas et que l'or pourrait finalement tomber sous les 35 dollars. Ce qui a disloqué la mâchoire du professeur, c'est le fait que sept ans plus tard, le prix de l'or avait grimpé à 850 dollars l'once.

---

[201] Ferdinand Lips, *op. cit.* p. 86–87.

[202] Paul E. Samuelson, *Economics* (McGraw-Hill, New York, 1973), p. 722.

Heureusement, Samuelson n'est pas un gestionnaire de fonds spéculatifs à Wall Street, sinon il aurait perdu plus que sa chemise.

Alerte de niveau 1 : Rothschild se retire de la fixation du prix de l'or en 2004].

La source et la forme ultime du pouvoir de toute hégémonie se reflètent dans le droit de fixer les prix. Le processus de contrôle des prix est utilisé pour obtenir une répartition des richesses qui profite à soi-même et désavantage les autres. La lutte pour le pouvoir de fixer les prix est aussi féroce que la lutte pour le trône, pleine de pouvoir et de tromperie, et les prix apparaissent rarement naturellement au cours du fonctionnement d'un marché égal, libre et raisonnable, et la partie qui a l'avantage utilise toujours tous les moyens disponibles pour garantir ses propres intérêts, ce qui n'est en rien différent de la guerre.

Discuter de la question des prix doit se faire dans l'esprit d'étudier les guerres et les cas de guerre pour se rapprocher de la réalité. La fixation des prix, leur renversement, leur distorsion et leur manipulation sont tous le résultat de luttes répétées et intenses entre les parties, et il est impossible de comprendre la trajectoire de la formation des prix sans le facteur humain comme toile de fond de référence.

Il est plus facile de comprendre pourquoi quelqu'un mène la barque à la place du patron, alors que la plupart des gens ne peuvent qu'obéir parce que tout va droit au but. Mais le patron du patron qui contrôle indirectement la foule en contrôlant le patron n'est pas aussi clair et intuitif, et plus on remonte dans cette chaîne de pouvoir, plus le nombre de personnes est réduit. Il en va de même pour l'acquisition du pouvoir de fixation des prix, où le contrôle du prix d'une marchandise n'est jamais un acte descendant.

Dans le cas de l'or, celui qui contrôle le plus grand négociant en or du monde contrôle le prix de l'or. Par contrôle, on entend que les négociants acceptent activement ou passivement les arrangements des personnes au pouvoir pour leur propre bénéfice ou pour se frayer un chemin vers le pouvoir.

Près de 200 ans se sont écoulés depuis que les Rothschild se sont emparés d'un seul coup des droits de fixation du prix de l'or lors des guerres napoléoniennes de 1815. Le système moderne de fixation du prix de l'or a été établi le 12 septembre 1919, lorsque cinq représentants des différents consortiums se sont réunis à la Banque Rothschild et que le prix a été fixé à 4 livres, 18 shillings et 9 pence, soit environ 7,50 dollars. Bien qu'il soit coté en dollars américains en 1968, son mode de fonctionnement reste essentiellement inchangé. Les représentants qui ont participé à la première fixation du prix de l'or étaient, outre ceux des Rothschild, Mocatta & Goldsmid, Pixley & Abell, Samuel Montagu & Co. et Sharps Wilkins. Les Rothschild deviennent alors des présidents et des convocateurs réguliers. À partir de ce jour, cinq représentants se réunissent deux fois par jour à la banque Rothschild pour discuter du prix de livraison de l'or physique. Le président suggère un prix d'ouverture, qui est immédiatement communiqué par téléphone à la salle des marchés, où le président demande ensuite qui veut acheter et vendre combien de lingots d'or standard de 400 onces, et en quelle quantité, en fonction des offres et du prix auquel la transaction est finalisée, moment auquel le président annonce que le prix de l'or a été "finalisé" (The London Good Fix).

Ce système de fixation du prix de l'or a fonctionné jusqu'en 2004. Le 14 avril 2004, la famille Rothschild a brusquement annoncé son retrait du système de fixation du prix de l'or à Londres, et cette nouvelle choquante a immédiatement bouleversé les investisseurs du monde entier. David Rothschild a expliqué :

> " *Nos revenus provenant du négoce sur le marché des matières premières de Londres (y compris l'or) sont tombés à moins de 1% du revenu total de notre activité au cours des cinq dernières années et, du point de vue de l'analyse stratégique, (le négoce de l'or) n'est plus notre activité principale, nous avons donc choisi de nous en retirer.* " [203]

Le *Financial Times* britannique s'est immédiatement fait l'écho de cette déclaration avec force le 16 avril,

> *Comme l'a dit Keynes, cette "relique sauvage" qu'est l'or est en train d'entrer dans la poubelle de l'histoire. L'or en tant qu'investissement est encore plus proche de sa fin quand on voit l'estimée famille Rothschild sortir du marché de l'or et même la Banque de France, qui prétend être le 'gold bug' le plus acharné, devoir peser ses réserves d'or.* " [204]

---

[203] *BBC News*, 15 avril 2004.

[204] *Financial Times*, "Going, Going, gold", 16 avril 2004.

LA CONQUÊTE FINANCIÈRE

Ce n'est pas une coïncidence si le grand frère du marché de l'argent, le groupe AIG, a annoncé le 1er juin qu'il se retirait de la tarification du marché de l'argent et qu'il se rétrogradait volontairement au rang de négociant ordinaire. Ces deux choses sont louches de l'intérieur. Les Rothschild sont-ils vraiment baissiers sur l'or ? Si c'est le cas, pourquoi ne pas avoir abandonné en 1999, lorsque le prix de l'or a atteint son plus bas niveau historique, mais plutôt en 2004, lorsque l'or et l'argent étaient en plein essor ?

Une autre possibilité est que le prix de l'or et de l'argent finisse par échapper à tout contrôle et qu'une fois le complot visant à contrôler le prix de l'or et de l'argent démantelé, les manipulateurs de prix deviennent l'ennemi public du monde. Si, dans dix ans, le prix de l'or et de l'argent se détraque, personne ne pourra en vouloir aux Rothschild.

Il ne faut pas oublier que les Rothschild avaient, et ont toujours, le réseau d'intelligence stratégique le plus organisé et le plus efficace au monde, mais qu'ils détiennent des ressources d'information hors de portée du commun des mortels. Leur clairvoyance, associée à leurs vastes ressources financières et à leur capacité à rassembler et à analyser efficacement les informations, leur a permis de façonner le destin de la quasi-totalité du monde au cours des 200 dernières années. Ce fut une chose plutôt inhabituelle lorsqu'ils annoncèrent soudainement leur retrait de l'activité principale de la famille qu'ils avaient laborieusement gérée pendant plus de 200 ans.

Le glas de l'économie de la bulle du dollar

Ces derniers temps, les prix internationaux du pétrole ont grimpé en flèche et l'axe Londres-Wall Street a désigné le développement économique de la Chine comme le coupable, afin d'attiser le mécontentement à l'égard de la Chine et de cacher le fait que le boom pétrolier avait pour but de stimuler la demande de dollars. En conséquence, la rumeur n'a pas été démentie et un satellite qui avait découvert le "méga gisement de pétrole" pendant la nuit a été diffusé pour les élections de mi-mandat. Cela s'inscrit dans la lignée de l'embargo pétrolier de 1973, au cours duquel ils ont orchestré une augmentation de 400% du prix du pétrole pour stimuler la demande de dollars, tout en accusant les pays du Moyen-Orient d'être responsables de la forte hausse des prix du pétrole.

En raison de la nature inévitable de l'inondation du dollar, la question nucléaire du Moyen-Orient va bientôt se réchauffer à nouveau, la guerre iranienne sera finalement inévitable, que ce soit Israël ou les États-Unis, en bref, provoquer l'Iran pour bloquer le détroit d'Ormuz avec des mines d'eau ou des missiles, coupant les 2/3 du canal pétrolier mondial, de sorte que le prix du pétrole atteindra facilement la barre des 100 $, la demande mondiale pour le dollar augmentera à nouveau, cette fois le principal coupable est l'Iran. Tant que le monde n'a pas une association "malsaine" avec les questions de dollars.

Depuis l'assignation à résidence de l'or dans les années 1970, les marchés boursiers et les marchés des matières premières du monde entier ont montré une relation inverse. Les années 1970, lorsque les marchés des produits de base étaient en feu, ont également été une décennie de performances boursières étrangement faibles. Le marché haussier des valeurs mobilières, qui a débuté au début des années 1980 et qui a duré 18 ans, représente une ère de baisse des marchés des produits de base. Depuis 2001, le marché des produits de base est en hausse, tandis que le marché boursier, le marché de la dette, le marché immobilier et le marché des produits financiers dérivés ont également progressé dans le même temps. Ce qui semble à première vue être l'appréciation des actifs en dollars est en fait le résultat de l'expansion explosive de la dette-dollar, sur laquelle tous doivent payer des intérêts, et le résultat inévitable de cette expansion de la dette à un taux d'intérêt roulant est que ce qui ne nécessitait auparavant que l'ajout de capacité à un réservoir sur les marchés des matières premières ou des titres a pu digérer l'excès de dollars, et maintenant, lorsque tous les réservoirs sont remplis de dollars inondés, ils doivent se déverser à l'extérieur.

La question est de savoir où trouver un réservoir d'eau aussi grand. Les génies de Wall Street ont donc recommencé à parler du concept de capacité illimitée sur le marché des produits financiers dérivés. Ils introduisent constamment des centaines de nouveaux "produits financiers", non seulement dans les devises, les obligations, les matières premières, les indices boursiers, le crédit, les taux d'intérêt, etc., mais ils créent également de nouvelles choses comme les paris météorologiques, alors qu'en théorie, ils peuvent vendre chaque bon ou mauvais jour de l'année prochaine sur le marché avec une étiquette en dollars, ils peuvent également fabriquer des "produits financiers dérivés" pour chaque heure de chaque jour, ou même chaque minute de chaque tremblement de terre, volcan, inondation, sécheresse, parasite, grippe, accident de la route, mariage, etc. du monde pour les

100 prochaines années, et les échanger sur le marché financier à des prix réels. En ce sens, les marchés financiers dérivés sont effectivement "illimités". Mais cet argument ressemble plus ou moins à la bulle informatique de 1999 à son apogée, les analystes de Wall Street ont juré d'attribuer une adresse IP à chaque grain de sable de la planète, les ancêtres des mêmes personnes à l'époque de la "bulle de la mer de Chine méridionale", mais qui s'inquiétaient aussi de l'argent du monde entier, pas de bons projets à investir, alors quelqu'un a proposé de drainer les eaux de la mer Rouge pour voir combien d'or, d'argent et de trésor étaient enfouis au fond de la mer lorsque le pharaon égyptien a chassé Moïse et les Juifs.

Alors que la fièvre est déjà "élevée" à cette température, la crise financière est déjà proche. L'or, la monnaie longtemps et systématiquement diabolisée des "reliques barbares", le "vrai dragon fils du ciel", tel un sage qui a traversé des épreuves, n'est pas pressé d'en faire toute une histoire, il se contente de regarder avec des yeux froids. Le monde ne peut rien y faire. Dénigrement, ridicule, suppression, malédiction, sarcasme, quand le "pseudo empereur de la monnaie" a joué tous les tours, l'or est toujours glorieux, alors que le "dollar fort" est depuis longtemps la fin des forts.

Les gens ont finalement vu des portes.

En fait, dans l'esprit des Chinois, l'intuition de la vraie richesse ne fait jamais défaut. Les gens désignent les activités liées à l'argent par le terme de financement "or", l'endroit où la richesse est stockée est appelé l'entreprise "argent", et la vraie chose est "l'or et l'argent véritables". Lorsque les peuples du monde réaliseront une fois de plus que l'essence d'une monnaie de dette n'est rien d'autre qu'un billet + une promesse, et que la soi-disant richesse en dollars n'est rien d'autre qu'"un billet blanc super-exagéré" et "une promesse infinie de richesse", ces billets blancs de dette ne seront jamais dévalués pour toujours, et le taux de dévaluation dépend de la cupidité de ceux qui les impriment. Le grand public, totalement ignorant de la finance, finira par utiliser son intuition et son bon sens pour choisir l'"Arche de Noé" où est stockée sa richesse durement gagnée — l'or et l'argent. Les banquiers internationaux "armés jusqu'aux dents" de produits financiers dérivés finiront dans la "mer de la guerre des peuples".

La hausse obstinée et constante du prix de l'or fera implacablement grimper les taux d'intérêt de la dette à long terme aux États-Unis, et comme les banquiers internationaux vendent des milliers de milliards de dollars de contrats d'"assurance taux d'intérêt" aux marchés financiers, garantissant que les taux d'intérêt à long terme n'augmenteront pas, ils seront exposés aux risques extrêmes créés par leur propre cupidité dans le cas où les taux d'intérêt de la dette à long terme seraient poussés à la hausse par le prix de l'or.

Le premier à être crevé par la hausse continue de l'or sera la titillation du marché des produits financiers dérivés — la super bulle des "swaps de taux d'intérêt", d'une valeur de 74 000 milliards de dollars (uniquement les données communiquées par les banques commerciales américaines). Avec seulement 3,5% des GSE en main, la situation sera critique. Le prix de l'or sera si soudain et si violent, les fluctuations des taux d'intérêt des obligations du Trésor seront exceptionnellement violentes et concentrées, la fragile couverture des taux d'intérêt des GSE sera la première à être rompue, les 4 000 milliards de dollars d'obligations à court terme des GSE seront complètement illiquides en "quelques heures, au plus quelques jours", en même temps, la situation difficile de JP Morgan Chase, les super-joueurs du marché des dérivés financiers et du marché des dérivés de l'or "entreprise de domination", essayant de supprimer le prix de l'or et les manipulateurs de taux d'intérêt à long terme.

Les marchés financiers dérivés à l'origine de l'effondrement génèreront une panique sans précédent en matière de liquidités, car les investisseurs mondiaux paniqués s'uniront pour tenter de liquider les divers "contrats d'assurance" qu'ils ont entre les mains, et la base de croissance de tous ces produits dérivés : devises, obligations, matières premières, pétrole, actions sera "électrocutée" en même temps, et une panique en matière de liquidités encore plus grande éclatera sur les marchés financiers internationaux. Afin de sauver les ruines irrémédiables du marché financier, la Réserve fédérale augmentera inévitablement l'émission de dollars comme le Fleuve jaune a cassé la banque pour "combattre l'inondation et sauver le désastre", lorsque les milliards de dollars supplémentaires se précipiteront dans le système économique mondial comme un tsunami, l'économie mondiale sera dans le chaos.

Un peu plus de 30 ans après que les banquiers internationaux aient comploté pour abolir la monnaie-or, les États-Unis ont mis à découvert 80% de l'épargne mondiale. À ce jour, les États-Unis doivent continuer à "saigner" quotidiennement 2 milliards de dollars d'épargne des peuples du monde afin de maintenir ce "mouvement économique perpétuel" des États-Unis, dont la dette et les intérêts ont augmenté bien plus rapidement que l'économie mondiale ne peut croître. Le jour où " l'excès d'épargne " de tous les pays sera vidé de son argent réel sera le jour de l'effondrement financier mondial. La question n'est plus vraiment de savoir si cela se produira, mais quand et de quelle manière.

Le système de bulle du dollar, apparemment énorme, son point fatal réside dans le mot confiance, tandis que l'or est le point de frappe de ce destin du "doigt d'un yang".

Résumé

★Les banquiers internationaux, afin que le système de réserve fractionnaire monopolise le monde financier moderne et chasse les gouvernements du monde de l'émission monétaire, ont fait tout ce qui était en leur pouvoir pour abolir le dollar en argent et couper la relation entre l'or et le dollar, complétant ainsi le monopole.

★Le système de réserve fractionnaire, combiné au système de la monnaie d'emprunt, est le coupable de l'inflation à long terme, sous la monnaie d'emprunt, les États-Unis ne pourront jamais rembourser la dette nationale et la dette des entreprises et des particuliers, car le jour du remboursement est aussi le jour où le dollar disparaît.

★Si la Chine cesse d'acheter des milliards de dollars de dette nationale en moyenne chaque semaine, l'économie américaine sera en grande difficulté, mais comme les exportations vers les États-Unis diminuent, l'économie chinoise sera également en grande difficulté, les deux parties sont tombées dans un état d'"équilibre de terreur financière".

★L'essence des produits financiers dérivés est aussi la dette, le boom sans précédent de ce marché spéculatif qui a massivement absorbé les liquidités astronomiques créées par les paiements d'intérêts sur la dette américaine, contrôlant miraculeusement l'indice d'inflation de base qui éclatera dans les pires turbulences financières et la pire crise économique une fois que le marché des produits financiers dérivés s'effondrera.

★Les obligations de Fannie Mae et Freddie Mac jouent dans une certaine mesure la fonction des obligations du Trésor américain, elles sont en fait devenues la "deuxième Réserve fédérale", fournissant une grande quantité de liquidités au système bancaire américain.

★L'or, bien qu'il ne soit plus la monnaie du monde, mais il a toujours été le plus grand obstacle pour empêcher les banquiers internationaux de voler la richesse des peuples du monde par l'inflation, lorsque les prix de l'or sont constamment repoussés par une forte demande du marché, les banques centrales se précipiteront en première ligne, vendant ouvertement de grandes quantités d'or, jusqu'à ce que les investisseurs soient effrayés.

★Le taux d'augmentation de la dette et des intérêts aux États-Unis au début a dépassé de loin la capacité de croissance de l'économie mondiale.

CHAPITRE X

Les chercheurs du monde

> *Comme la liberté, l'or ne s'enfonce jamais dans un lieu de sous-évaluation.*
>
> -Morrill, 1878

En 1850, Londres était incontestablement le soleil du système financier mondial, en 1950, New York est devenu le centre de la richesse mondiale, et en 2050, qui revendiquera le trône de la suprématie financière internationale ?

L'histoire de l'humanité montre que les pays ou régions en expansion ont toujours créé de grandes richesses grâce à une plus grande productivité. Afin de protéger leurs richesses commerciales contre le vol par la monnaie diluée des autres, ces régions ont une volonté inhérente de maintenir une monnaie d'une grande pureté, comme la livre d'or forte du 19ème siècle et le dollar or-argent du 20ème siècle, et les richesses du monde ont toujours coulé automatiquement vers les endroits qui protègent leur valeur. Une monnaie forte et stable, à son tour, contribue de manière significative à la division sociale du travail et à la distribution rationnelle des ressources du marché, ce qui se traduit par une structure économique plus efficace et la création de plus de richesse.

À l'inverse, lorsque les pays forts commencent à décliner, lorsque la productivité sociale diminue, lorsque les énormes dépenses publiques ou les coûts de guerre vident progressivement les anciennes épargnes, et lorsque les gouvernements commencent toujours à dévaluer leur monnaie pour tenter d'échapper à la dette élevée et à piller les richesses de la population, il y aura une fuite irréversible des richesses pour trouver d'autres endroits où les abriter.

La force de la monnaie devient l'indication la plus précoce de la fortune d'un pays. La majesté de l'Empire britannique s'est éteinte lorsque la Banque d'Angleterre a annoncé en 1914 qu'elle mettait fin à l'échange de livres contre de l'or. Lorsque Nixon a fermé unilatéralement la fenêtre de l'or en 1971, les États-Unis d'Amérique avaient atteint un tournant de leur éclat. La force nationale de la Grande-Bretagne s'est rapidement dissipée dans la fumée de la Première Guerre mondiale, et les États-Unis ont eu la chance de rester prospères pendant un certain temps dans un monde sans guerre majeure. Cependant, la porte du manoir, ostensiblement décorée de fleurs et d'huile, a été progressivement vidée de son intérieur par une énorme dette.

Historiquement, les pays qui ont manipulé leur monnaie pour tenter de tromper leur richesse ont fini par être abandonnés par celle-ci.

La monnaie : une mesure du monde économique

L'argent est la mesure la plus fondamentale et centrale de toute la sphère économique, et son rôle est similaire aux échelles les plus importantes du monde physique, telles que le kilogramme, le mètre et la seconde. Un système monétaire qui est quotidiennement en proie à de violentes turbulences, aussi absurde et dangereux que la définition du kilogramme, du mètre et de la seconde change constamment de temps en temps.

Comment un ingénieur qui a dans sa main une règle dont la longueur varie chaque jour va-t-il construire un immeuble de plusieurs dizaines d'étages ? Même s'il est réparé, qui oserait y vivre ?

Comment les athlètes peuvent-ils comparer les résultats de compétitions menées dans des lieux différents si les normes de chronométrage des événements sportifs changent constamment ?

Quel acheteur voudrait acheter à un commerçant qui vend quelque chose si l'étalon de pesage qu'est le kilogramme diminue chaque jour, comme s'il déplaçait constamment les poids ?

L'un des problèmes fondamentaux de l'économie mondiale actuelle est l'absence d'une métrique monétaire stable et raisonnable, qui se traduit par l'incapacité des gouvernements à mesurer avec précision l'ampleur de l'activité économique, la difficulté pour les entreprises de juger correctement de la rationalité des investissements à long terme, et la perte d'un point de référence sûr pour toute planification à long terme de la richesse par les populations. Le rôle de l'argent dans l'économie, sous le contrôle arbitraire des banquiers, a sérieusement faussé l'allocation rationnelle des ressources du marché.

Lorsque l'on calcule le retour sur investissement des actions, des obligations, de l'immobilier, des chaînes de production et du commerce des matières premières, il est presque impossible de tenir compte du véritable retour sur investissement car il est difficile d'estimer dans quelle mesure le pouvoir d'achat de l'argent a diminué.

Le dollar américain a perdu 94,4% de son pouvoir d'achat depuis 1971, date à laquelle il a été complètement dissocié de l'or, et aujourd'hui un dollar ne vaut plus que 5,6 cents du début des années 1970.

En Chine, le "ménage de 10 000 yuans" des années 1980 était un signe d'aisance, tandis que le "ménage de 10 000 yuans" des années 1990 était un revenu urbain moyen, et aujourd'hui, le revenu annuel d'un ménage de 10 000 yuans peut être proche du "seuil de pauvreté".

Les économistes ne sont "préoccupés" que par le niveau d'inflation des prix à la consommation, mais le niveau alarmant d'inflation des actifs passe inaperçu. Un tel système monétaire est une punition cruelle pour les épargnants, c'est pourquoi, malgré les marchés boursiers et immobiliers très dangereux, il sera encore plus dangereux de ne pas investir.

Lorsque les gens achètent une maison, le prêt demandé à la banque n'est qu'une note, le compte bancaire n'a pas une telle quantité d'argent, mais en même temps que la dette est créée, mais l'argent "créé" à partir de rien, cette note est immédiatement "monétisée" par le système bancaire, de sorte que la masse monétaire va immédiatement augmenter la circulation de centaines de milliers de dollars, ces devises supplémentaires émises en temps réel pour pousser vers le haut le niveau moyen des prix de la société dans son ensemble, en particulier dans le domaine des actifs. C'est pourquoi les prix des logements n'ont pas pu être aussi élevés lorsqu'il n'y avait pas de prêts immobiliers et que les banques prétendaient essayer d'aider les gens à se loger, mais c'est le contraire qui s'est produit. Les prêts immobiliers des banques équivalent à mettre à découvert les revenus des gens pour les 30 prochaines années, le "futur" de 30 ans d'argent à libérer aujourd'hui ensemble en argent, une telle quantité d'argent est montée en flèche, les prix des maisons, le marché boursier, le marché de la dette, y a-t-il une raison de ne pas monter en flèche ?

Après avoir mis à découvert la richesse des gens au cours des 30 prochaines années, les prix des maisons sont déjà élevés et hors de portée de la personne moyenne. Pour "aider" les gens à s'endetter davantage pour soutenir la hausse des prix de l'immobilier, les banquiers pilotent la "grande innovation" de la "dette immobilière à vie" au Royaume-Uni et aux États-Unis, le Royaume-Uni introduira jusqu'à 50 ans d'hypothèque, les États-Unis en Californie sont prêts à piloter 45 ans d'hypothèque, si le pilote est réussi, une plus grande augmentation monétaire de la dette touche à sa fin, l'immobilier inaugurera un "printemps glorieux", les gens qui empruntent aux banques, seront étroitement liés par les chaînes de la dette à vie, ceux qui n'achètent pas de maison finiront encore pire, ils finiront si pauvres qu'ils ne prendront même pas la peine de fréquenter les chaînes de la dette bancaire. Que se passera-t-il lorsque le régime d'endettement du peuple pendant 50 ans ne suffira plus à nourrir l'appétit des banquiers ? J'ai peur qu'un jour, des "dettes de père et de fils", "dettes de père et de petit-fils" de "prêts hypothécaires intergénérationnels" soient également créés.

Quand un trillion de dollars de réserves de change font la joie des gens, 8 trillions de yuans doivent être émis pour acheter ces "lourds billets blancs américains", et ces devises supplémentaires, si elles entrent pleinement dans le système bancaire, seront multipliées par six, grâce au "ciel occidental" de la "Bible" du système de réserves partielles. Les gouvernements ont la possibilité d'émettre plus de dette nationale pour absorber ces vagues rapides de croissance monétaire (ou de billets de banque centrale) sur une base limitée, la question est de savoir qui paiera les intérêts de la dette nationale ? Ou les "honorables" contribuables.

Lorsque l'éducation et la santé sont également "industrialisées", ces ressources sociales, à l'origine gravement insuffisantes, devenant d'emblée des "actifs monopolistiques" à partir de ressources publiques partagées par l'ensemble de la société, comment leurs profits ne s'envoleront-ils pas dans la vague de la prolifération monétaire ?

Lorsque les documents de transactions entre entreprises deviennent de tels "billets", les banques les "escomptent", les collectant comme "actifs" de la banque avec une décote, tout en "créant" une nouvelle monnaie.

Lorsque les gens utilisent leur carte de crédit, chaque morceau de papier signé devient un titre de créance, chaque titre de créance devient un "actif" de la banque, et chaque "actif" de la banque devient une monnaie supplémentaire, en d'autres termes, chaque utilisation "crée" une nouvelle monnaie.

Dette, dette, ou dette. Le yuan glisse rapidement dans l'abîme de l'argent de la dette.

Contrairement aux États-Unis, la Chine ne dispose pas d'un marché des produits financiers dérivés aussi "développé" que les États-Unis pour absorber ces devises supplémentaires, et ces inondations de liquidités seront concentrées sur les marchés de l'immobilier et de la dette boursière, où il n'existe pratiquement aucun moyen efficace de freiner l'"inflation des super-actifs". Le mythe boursier de l'année au Japon, la manie de l'immobilier, va se répéter en Chine.

Les banquiers internationaux attendent de voir un autre bon spectacle de la super-bulle économique de l'Asie de l'Est. Mme Thatcher n'était pas alarmiste ou jalouse lorsque les "initiés" disaient dédaigneusement que l'économie chinoise ne ferait pas long feu, mais qu'ils en savaient long sur l'économie de la bulle de la dette. Lorsque la bulle dette-monnaie aura atteint un certain niveau de gonflement, des économistes de renommée internationale sortiront de tous les coins, toutes sortes de nouvelles négatives et d'avertissements bruyants sur l'économie chinoise seront empilés dans tous les grands médias du monde avec de gros titres, tandis qu'en serrant les dents et en attendant avec impatience, les pirates financiers déferleront comme des loups vicieux, et les investisseurs internationaux et nationaux se disperseront et courront, terrorisés.

Une fois que les dangereux démons jumeaux que sont les systèmes de réserves fractionnaires et les monnaies d'emprunt seront libérés de la bouteille magique, la polarisation du monde entre riches et pauvres est déjà condamnée, et les monnaies d'emprunt, avec la forte amplification des systèmes de réserves fractionnaires, feront que ceux qui empruntent de l'argent aux banques pour acheter des actifs "profiteront" des "avantages" de l'inflation des actifs et de l'endettement, et ceux qui croient en la notion traditionnelle d'absence de dette et d'allègement de la dette supporteront inévitablement le lourd coût de l'inflation des actifs. Avec le monopole des frères jumeaux sur les "pratiques" bancaires internationales, les épargnants ont perdu toute autre option pour protéger leur patrimoine, et le secteur bancaire était destiné à être le plus grand gagnant.

Comment l'économie peut-elle se développer de manière stable et harmonieuse sous la "métrique" de la dévaluation continue de la monnaie de la dette et du système de réserve fractionnaire, qui entraînera incontestablement la dévaluation de cette monnaie "arriérés + promesses" ?

À une époque où tout est "normalisé", n'est-il pas étrange qu'il n'existe pas de normes pour les mesures monétaires ? Lorsque l'on comprend bien la nature de la monnaie d'emprunt et du système de réserves fractionnaires, sa nature absurde, immorale et insoutenable est exposée sans l'ombre d'un doute.

Sans une métrique monétaire stable, il n'y aura pas de développement équilibré de l'économie, pas de distribution rationnelle des ressources du marché, ce qui conduira inévitablement à la polarisation de la société entre riches et pauvres, ce qui ne manquera pas de conduire à la concentration progressive de la richesse sociale vers le secteur financier, et une société harmonieuse sera un pavillon inatteignable dans les airs.

Or et argent : la variation des prix est l'épine dorsale de la valeur de la monnaie

Keynes a dit une grande vérité :

> *"Grâce à un processus continu d'inflation, les gouvernements peuvent confisquer une partie de la richesse de leurs citoyens en secret et à leur insu. De cette façon, les gens peuvent être arbitrairement privés de leur richesse, et en appauvrissant la majorité, la minorité peut s'enrichir.* " [205]

De même, Greenspan a déclaré en 1966,

> *"En l'absence d'un étalon-or, il n'y aura aucun moyen de protéger l'épargne (du peuple) de l'inflation et aucun habitat sûr pour la richesse. C'est le secret de l'opposition farouche à l'or de ces statisticiens du bien-être. Le financement du déficit n'est rien d'autre qu'une conspiration visant à confisquer la richesse, et l'or fait obstacle à ce processus insidieux, en agissant comme un protecteur des droits de propriété. Si l'on saisit ce point essentiel, il n'est pas difficile de comprendre le vitriol dirigé contre l'étalon-or.* " [206]

---

[205] John Maynard Keynes, *op. cit.* p. 235.

[206] Ayn Rand, Alan Greenspan, *op. cit.* p. 35.

L'essence de l'inflation est le transfert de la richesse sociale par la dévaluation du pouvoir d'achat de la monnaie. Dans le processus, ceux qui ont pu acquérir la monnaie avant la dilution de la monnaie de base sont devenus les plus grands gagnants, et sans aucun doute le secteur bancaire a été le plus grand bénéficiaire de l'inflation. Deuxièmement, plus le crédit bancaire est proche, plus l'avantage est grand, plus le désavantage est grand, tandis que ceux qui épargnent frugalement et ceux qui comptent sur un revenu fixe seront les plus grandes victimes de l'inflation. La division entre les riches et les pauvres est bien établie dans la conception du système financier mondial actuel, l'inflation réalisant le vol de la richesse des autres sans cambriolage en siphonnant la richesse de la majorité de la société dans les poches de quelques-uns !

Le 13 juillet 1974, le magazine *The Economist a* publié un rapport choquant sur les statistiques des prix en Grande-Bretagne tout au long de l'ère de la révolution industrielle. Pendant 250 longues années, de 1664 à 1914, sous le régime de l'étalon-or, les prix en Angleterre sont restés sur une tendance régulière et légèrement décroissante. Il n'y a pas d'autre pays dans le monde aujourd'hui qui ait pu maintenir sans interruption des données sur les prix aussi longues. Le pouvoir d'achat de la livre est resté étonnamment stable. Si l'indice des prix de 1664 a été fixé à 100, il est resté inférieur à la norme de 1664 pendant la grande majorité du temps, sauf pendant les guerres napoléoniennes (1813), où les prix ont brièvement atteint 180. Lorsque la Première Guerre mondiale a éclaté en 1914, l'indice des prix britannique était de 91. En d'autres termes, sous l'étalon-or, une livre en 1914 avait plus de pouvoir d'achat que son équivalent en 1664, 250 ans plus tôt. [207]

La situation est très similaire aux États-Unis sous l'étalon or et argent. En 1787, la Constitution des États-Unis, chapitre I, section 8, autorise le Congrès à émettre et à définir la monnaie. La section 10 précise qu'aucun État ne peut exiger l'utilisation d'une monnaie autre que l'or et l'argent pour payer ses dettes, ce qui indique clairement que la monnaie des États-Unis doit être basée sur l'or et l'argent. Le Minting Act de 1792 a établi le dollar comme mesure de base de la monnaie américaine, un dollar étant précisément défini comme contenant 24,1 grammes d'argent pur et 10 dollars comme contenant 16 grammes d'or pur. L'argent est la pierre angulaire du système monétaire du

---

[207] Ferdinand Lips, *op. cit.* p. 10-11.

dollar. Le rapport or-argent est de 15:1. Quiconque dilue la pureté du dollar et le dévalue encourt la peine de mort.

En 1800, l'indice des prix aux États-Unis était d'environ 102,2, et en 1913, les prix étaient tombés à 80,7. Pendant l'ère de grande industrialisation des États-Unis, les prix n'ont pas fluctué de plus de 26%, et pendant l'étalon-or, de 1879 à 1913, les prix ont fluctué de moins de 17%. Depuis 113 ans que les États-Unis connaissent une croissance rapide de leur production et une industrialisation complète du pays, le taux d'inflation moyen est presque nul et la fluctuation annuelle moyenne des prix ne dépasse pas 1,3 pour cent. [208]

Toujours dans le cadre de l'étalon-or, les principaux pays européens ont maintenu un haut degré de stabilité monétaire à un moment critique de développement économique sans précédent, lors de la transition des pays agricoles vers les pays industriels.

- Le **franc français**, de 1814 à 1914, a maintenu sa monnaie stable pendant 100 ans.
- Le **florin néerlandais**, de 1816 à 1914, a permis à la monnaie de rester stable pendant 98 ans.
- Le **franc suisse**, de 1850 à 1936, a permis à la monnaie de rester stable pendant 86 ans.
- Le **franc belge**, de 1832 à 1914, a permis à la monnaie de rester stable pendant 82 ans.
- La **couronne suédoise**, de 1873 à 1931, a permis à la monnaie de rester stable pendant 58 ans.
- Le **mark allemand**, de 1875 à 1914, a maintenu sa monnaie stable pendant 39 ans.
- La **lire italienne**, de 1883 à 1914, a maintenu sa monnaie stable pendant 31 ans. [209]

Il n'est pas étonnant que l'école autrichienne de Mises ait tenu en haute estime l'étalon-or comme la plus grande réussite de toute la civilisation occidentale à l'âge d'or du capitalisme. Sans une métrique monétaire stable et raisonnable, il serait inimaginable que la civilisation occidentale fasse preuve de l'énorme créativité en matière de richesse

---

[208] Ferdinand Lips, *op. cit*, p. 10.

[209] *Ibid*. p. 15.

dont elle a fait preuve au cours de la période de développement capitaliste rapide.

Le système de prix extrêmement stable que l'or et l'argent ont développé dans le cadre de l'évolution naturelle du marché peut donner des sueurs froides à tous les "génies" de la planification économique du XXe siècle. L'or et l'argent en tant que monnaie sont le produit de l'évolution naturelle, le produit d'une véritable économie de marché, une monnaie honnête à laquelle les humains font confiance.

La soi-disant métrique monétaire, n'est pas due à la nature avide de l'oligarchie financière pour le transfert, ni au bien ou au mal du gouvernement pour le transfert, ni à la spéculation d'intérêt de l'économiste "génial" pour le transfert, l'histoire, seule l'évolution naturelle du marché de l'or et de l'argent pour le faire, l'avenir aussi seul l'or et l'argent peuvent porter cette responsabilité historique, seul l'or et l'argent peuvent honnêtement protéger la richesse du peuple et la distribution rationnelle des ressources sociales.

Il existe une opinion populaire parmi les économistes contemporains selon laquelle l'augmentation de l'or et de l'argent n'a pas suivi le rythme de l'augmentation de la richesse et que sous un système monétaire d'or et d'argent, cela conduirait à la déflation, qui est l'ennemi juré de toutes les économies. Il s'agit en fait d'une illusion d'idées préconçues. L'argument de "l'inflation justifiée" est une base théorique pour la concoction des banquiers internationaux avec les keynésiens pour abolir l'étalon-or et ainsi "taxer secrètement" le peuple par des moyens inflationnistes, en volant et en dérobant sa richesse sans laisser de trace. Les pratiques sociales des principaux pays européens et américains, tels que la Grande-Bretagne et les États-Unis, à partir du 17e siècle, illustrent par des faits irréfutables qu'un grand développement socio-économique n'entraîne pas inévitablement l'inflation ; en fait, ces deux pays ont terminé la révolution industrielle dans un état de légère déflation.

La vraie question devrait être de savoir si l'or et l'argent n'augmentent pas aussi vite que la richesse, ou s'ils n'augmentent pas aussi vite que les monnaies d'emprunt. L'abus de monnaie d'emprunt est-il vraiment bon pour le développement social ?

Dette Argent Graisse et PIB Perte de poids

Un modèle de développement économique axé sur la croissance du PIB s'apparente à un mode de vie dans lequel la prise de poids est une tâche de santé essentielle. Une politique gouvernementale consistant à tirer la croissance économique par un déficit fiscal revient à compter sur des injections d'hormones pour stimuler la prise de poids. Et la monnaie de la dette, la graisse qui en découle.

Une personne qui semble de plus en plus ballonnée est-elle vraiment en bonne santé ?

Il n'y a que deux modes de croissance économique dans un pays, l'un est l'accumulation de la richesse réelle par l'épargne, qui est ensuite investie pour générer plus de richesse réelle et donc le progrès socio-économique, qui se traduit par le développement des muscles économiques, le renforcement des ossements économiques et la distribution équilibrée des nutriments dans l'économie. Bien que les effets soient lents, la qualité de la croissance est élevée et les effets secondaires sont faibles. Un autre modèle est la croissance économique tirée par la dette, dans laquelle l'État, les entreprises et les particuliers s'endettent lourdement, et ces dettes sont monétisées par le système bancaire, et les énormes augmentations de la dette-monnaie créent un sentiment de bulle de richesse, une dévaluation inévitable de la monnaie, une distorsion artificielle de l'allocation des ressources du marché, et une polarisation croissante entre les riches et les pauvres, avec pour conséquence une croissance économique massive et grasse. Les effets secondaires potentiels d'une économie axée sur la dette, qui s'appuie sur des injections d'hormones pour grossir rapidement, bien que miraculeux à court terme, finiront par entraîner des complications, et l'économie devra alors prendre de plus en plus de médicaments, ce qui détériorera encore davantage le propre système endocrinien de l'économie et provoquera une perturbation complète de l'environnement écologique du corps, ce qui sera finalement sans espoir.

La première chose qui découle du gain de la dette et de l'argent est l'hyperglycémie économique — l'inflation, en particulier l'inflation des actifs. Cette hyperglycémie économique, d'autre part, a conduit à une surcapacité dans le secteur de la production, à une grave duplication de la construction, à un grand gaspillage des ressources du marché, à la création d'une guerre des prix acharnée dans le secteur de la production, à la dépression des prix des biens de consommation, faisant coexister l'inflation des actifs et la déflation des biens de consommation. Le ménage en tant que cellule de base de l'économie, tout en étant pressé par l'inflation des actifs, est susceptible d'être affecté par les licenciements des employeurs résultant d'un ralentissement de la production, ce qui réduit le pouvoir d'achat et les désirs du ménage moyen et entraîne la perte de vitalité d'un grand nombre de cellules dans l'économie.

Un autre problème causé par la graisse monétaire de la dette est l'hyperlipidémie économique. Lorsque la dette sera monétisée, l'argent ne sera plus rare, l'inondation de liquidités causée par l'émission accrue de monnaie s'accumulera dans tous les coins de la société, et les gens trouveront de plus en plus d'"argent", mais de moins en moins d'occasions d'investir. Sous l'étalon-or, les principales caractéristiques du marché boursier sont les suivantes : la structure financière des sociétés cotées est solide, le passif de la société est bon, le capital propre de la société est suffisant, les bénéfices de la société augmentent régulièrement, les dividendes des actions augmentent d'année en année, le marché boursier est risqué, mais c'est un vrai marché qui vaut la peine d'être investi.

Aujourd'hui, les principaux marchés boursiers du monde sont tellement submergés par des piles de devises de dettes qu'ils sont gravement surévalués, et presque aucun investisseur n'attend les dividendes des actions, mais place tous ses espoirs dans l'attente d'une hausse des prix des actions, ce que l'on appelle la "théorie du gâchis". De jour en jour, le marché boursier perd son aspect d'investissement et se transforme en un méga-casino inhabituellement bondé. La situation dans l'immobilier est très similaire.

La dette elle-même fragilise les parois des vaisseaux sanguins de l'économie, les augmentations massives de la monnaie d'emprunt rendent le sang de l'économie collant, les énormes quantités d'argent déposées sur les marchés boursiers et immobiliers rendent les vaisseaux sanguins de l'économie encore plus gonflés, et les symptômes d'hypertension de l'économie seront inévitables.

Un état prolongé d'hypertension économique aggravera la charge sur le cœur économique. Le cœur économique est l'environnement écologique naturel et les ressources sociales que les gens utilisent pour créer de la richesse.

La lourde charge monétaire de la dette provoquera un découvert croissant sur l'ensemble de l'environnement écologique, la pollution environnementale, l'épuisement des ressources, les dommages écologiques, les anomalies climatiques, les catastrophes fréquentes sont les paiements d'intérêts de la monnaie de la dette qui font boule de neige. La polarisation des riches et des pauvres, les troubles économiques, les contradictions sociales et la corruption sont les amendes de la monnaie de la dette contre une société harmonieuse.

Lorsque ces complications d'hyperlipidémie économique, d'hyperglycémie, d'hypertension, etc. induites par la graisse de l'argent de la dette coexistent, le système endocrinien naturel de toute l'économie sera dans un état de désordre, avec une malabsorption des nutriments, de graves dommages aux organes internes, une défaillance du métabolisme et une perte de résistance du système auto-immun. Une approche "tête à tête, pieds à pieds" créerait une plus grande dépendance aux drogues et aggraverait ainsi le système endocrinien de l'économie.

Lorsque nous reconnaissons la nature de la monnaie d'emprunt et ses dangers, nous devons adapter nos stratégies de développement économique en conséquence. L'ancien modèle de croissance fondé sur la croissance du PIB, l'argent de la dette et le financement du déficit doit être transformé en un nouveau modèle de croissance axé sur l'accumulation, centré sur un développement social harmonieux et mesuré par un argent honnête.

Établir progressivement en Chine un système monétaire stable soutenu par l'or et l'argent, expulser progressivement la dette de la circulation monétaire, augmenter régulièrement le ratio des réserves bancaires comme moyen important de macro-contrôle financier, [210]sorte que la rentabilité de l'industrie financière reste au niveau de la

---

[210] L'expression "contrôle et régulation macroéconomique", ou simplement "contrôle macroéconomique" ou "macro-contrôle", désigne ici l'intervention directe du gouvernement central de la République populaire de Chine pour calmer l'économie en surchauffe. Cette politique a été introduite pour la première fois en 1993 par Zhu Rongii, Premier ministre et gouverneur de la Banque populaire de Chine à l'époque. Sa politique comprenait des mesures collectives visant à restreindre la politique monétaire, à supprimer le marché boursier et l'immobilier, à contrôler l'inflation, à diminuer l'offre de matières premières et à réduire la consommation intérieure. L'objectif était de parvenir à un atterrissage en douceur d'une économie dont la croissance était trop rapide. Toutes ces mesures pouvant avoir un impact considérable sur l'économie et la stabilité politique, le contrôle macroéconomique est devenu un sujet brûlant pour les

rentabilité moyenne des différents secteurs sociaux. Ce n'est qu'en éradiquant les deux problèmes persistants de la monnaie d'emprunt et du système de réserves fractionnaires que l'équité et l'harmonie sociales pourront enfin être garanties.

Le processus visant à retirer la dette de la circulation monétaire est forcément long et douloureux, un peu comme la perte de poids. Réduire son alimentation, restructurer ses repas et augmenter son activité physique est en effet un peu plus douloureux que de s'en remettre au chaud doudou d'une accumulation de dettes et d'argent.

La légère déflation qui s'ensuit est comme se lever le matin pour un bain d'hiver, un test de volonté et d'endurance. Lorsque la douleur initiale sera progressivement surmontée, la flexibilité de l'économie sera sensiblement améliorée, le système de défense contre les divers chocs économiques sera plus robuste, la pression écologique sera réduite, l'allocation des ressources du marché sera rationalisée, les symptômes de l'hyperglycémie, de l'hyperlipidémie et de l'hypertension artérielle dans l'économie seront efficacement atténués, le système endocrinien naturel de l'économie retrouvera progressivement son équilibre et la société elle-même sera plus harmonieuse et plus saine.

Alors que la Chine ouvre complètement le secteur financier, elle doit reconnaître les avantages et les inconvénients du système financier occidental, adopter une attitude d'ouverture, l'abandonner et avoir le courage et l'audace d'innover de manière globale.

Toutes les grandes puissances qui se sont élevées dans l'histoire ont apporté des contributions révolutionnaires au développement de la société humaine. La Chine se trouve à ce "point d'inflexion stratégique" particulier.

Industrie financière : La "force aérienne stratégique" de la Chine pour le développement économique

Le statut de monnaie de réserve mondiale est le plus haut niveau d'émission de monnaie pour toutes les nations souveraines, et il

---

observateurs économiques et politiques de la République populaire de Chine (source : Wikipédia).

représente une autorité inégalée qui bénéficie de la confiance universelle. Pour l'économie du pays à monnaie de réserve, son destin se joue au-delà de ses frontières.

Les gens se demandent souvent pourquoi la Chine n'a pas de pouvoir de fixation des prix sur le marché international. Les économistes expliquent que Walmart peut comprimer les marges bénéficiaires sur les produits des entreprises chinoises jusqu'au point de rupture, et parce qu'elle est le plus grand consommateur et représente le plus grand marché de consommation aux États-Unis, les consommateurs ont un pouvoir de fixation des prix. Il a également été expliqué que Wal-Mart détient le canal de vente pour le marché américain et que les droits du canal déterminent les droits de fixation des prix.

Et le minerai de fer ? Et le pétrole ? Où sont les médicaments ? Où est l'avion de ligne ? Et les logiciels Windows ? La Chine est presque toujours l'un des plus grands marchés du monde, et aussi complètement contrôler les canaux de vente du marché chinois, comme le plus grand consommateur, comment les autres peuvent dire monter, dire combien la Chine doit honnêtement payer ?

En fait, le principal problème lié à l'absence de pouvoir de fixation des prix de la Chine est l'absence de pouvoir de fixation stratégique financier !

Le développement économique de la Chine a été dépendant des capitaux étrangers pendant une longue période, et sans la politique d'ouverture aux investissements étrangers, la Chine n'aurait pas le développement économique qu'elle a aujourd'hui. Mais les investissements étrangers peuvent choisir la Chine, et également choisir l'Inde, et les investissements étrangers peuvent choisir d'entrer, et également choisir de se retirer. La partie qui contrôle le droit de faire circuler l'argent est le véritable propriétaire du pouvoir de fixation des prix.

Toutes les entreprises du monde, qu'elles fassent partie du top 100 ou du top 500, qu'elles soient les souveraines de l'industrie automobile ou les géants de l'industrie informatique, doivent se financer, et l'argent leur est aussi indispensable que l'air et l'eau. Le secteur financier est un maître absolu pour tous les secteurs de la société. Celui qui contrôle le flux d'argent peut déterminer l'essor et le déclin de toute entreprise.

Pour les banquiers internationaux, qui ont le monopole de l'émission de devises en dollars, un simple coup de fil suffirait si les sociétés australiennes de minerai de fer avaient besoin de réduire leurs prix. Voulez-vous un financement ? Sinon, l'entreprise se heurtera à des murs partout sur les marchés financiers internationaux. Plus simplement, il s'agirait de subvertir le prix de ses obligations sur le marché boursier international jusqu'à ce que l'entreprise soit à genoux et implore sa pitié. L'application meurtrière de l'industrie financière est la capacité de couper le "canal alimentaire" de l'entreprise à tout moment afin de forcer les rivaux à agir.

Le secteur financier est comme l'armée de l'air stratégique d'un pays, et sans le soutien des frappes aériennes, les différentes industries sur le terrain sont vouées à être prises dans une bataille féroce avec d'autres pays, voire à s'entretuer. Tout est question de prix bas, de consommation de ressources et de mauvaises conditions de travail.

En un mot, sur le marché international, sans myopie financière, il n'y a pas de droit de fixer le prix des produits et pas d'initiative pour les stratégies de développement économique.

C'est pourquoi la monnaie chinoise doit devenir la monnaie de réserve du monde.

Quel type de monnaie, alors, pourrait servir de monnaie de réserve pour les nations du monde ? L'histoire de la livre sterling et du dollar américain, qui étaient tous deux autrefois les principales devises du monde, en tant que monnaies de réserve, est en fait l'histoire du développement rapide de la production matérielle dans le cadre du système de coordination économique construit par une métrique monétaire stable dans les économies nationales britannique et américaine, qui ont fini par dominer le système de règlement du commerce mondial. La pierre angulaire de la bonne réputation de la livre sterling et du dollar est l'or et l'argent. Au cours de l'ascension des deux pays, leurs réseaux bancaires se sont progressivement étendus au monde entier, la livre sterling et le dollar américain peuvent être convertis librement et commodément en or au niveau international, très recherchés par le marché, et sont fermement connus comme "monnaie forte". À la fin de la Seconde Guerre mondiale, en 1954, les États-Unis possédaient 70% de l'or mondial, et le dollar est devenu connu sous le nom de "dollar". La mesure stable de la richesse fournie par l'étalon or et argent est non seulement la garantie de l'essor de l'économie anglo-américaine, mais aussi la condition préalable historique pour que la livre et le dollar deviennent la monnaie de réserve du monde.

Après que le système monétaire mondial ait été définitivement découplé de l'or en 1971, le pouvoir d'achat des monnaies nationales a rivalisé irrémédiablement pour fondre comme des glaçons à la lueur de l'or. En 1971, une once d'or valait 35 dollars, et en 2006, une once d'or valait 630 dollars (23 novembre 2006). Pendant 35 ans, par rapport au prix de l'or.

> ➢ Le pouvoir d'achat de la **lire italienne** a chuté de 98,2% (converti en euros après 1999).
> ➢ Le pouvoir d'achat de la **couronne suédoise** a chuté de 96%.
> ➢ Le pouvoir d'achat de la **livre** a chuté de 95,7%.
> ➢ Le pouvoir d'achat du **franc français** a diminué de 95,2% (converti en euros après 1999).
> ➢ Le pouvoir d'achat du **dollar canadien** a chuté de 95,1%.
> ➢ Le pouvoir d'achat du **dollar américain** a chuté de 94,4%.
> ➢ Le pouvoir d'achat du **mark allemand** a chuté de 89,7% (converti en euros après 1999).
> ➢ Le pouvoir d'achat du **yen** a chuté de 83,3%.
> ➢ Le pouvoir d'achat du **franc suisse** a chuté de 81,5%.

L'effondrement éventuel du système du dollar est une nécessité logique, et si l'on ne peut pas compter sur le dollar endetté, alors qui est le monde pour croire que d'autres monnaies débitrices peuvent finalement faire mieux que le dollar ?

De toutes les monnaies d'emprunt "modernes" de l'Occident, le franc suisse est la plus forte. La raison du haut niveau de confiance du monde dans le franc suisse est simple : le franc suisse était garanti à 100% par de l'or et a la même crédibilité que l'or. Avec une population de seulement 7,2 millions d'habitants, les réserves d'or de sa banque centrale atteignaient 2590 tonnes (1990), représentant 8% du total des réserves d'or de toutes les banques centrales du monde, juste derrière les États-Unis, l'Allemagne et le FMI. Lorsque la Suisse a rejoint le Fonds monétaire international (FMI) en 1992, le FMI a interdit aux monnaies des pays membres d'être rattachées à l'or, la Suisse a finalement été contrainte par la pression de découpler le franc suisse de l'or, puis le soutien en or du franc suisse a diminué d'année en année, en 1995, il ne restait plus que 43,2%. En 2005, la Suisse ne disposait plus que de 1 332,1 tonnes d'or, ce qui représente toujours plus du double des réserves d'or officielles de la Chine (600 tonnes). Au fur et à mesure que le soutien en or du franc suisse diminuait, le pouvoir d'achat du franc suisse diminuait.

Les réserves d'or du Japon n'étaient que de 765,2 tonnes en 2005, non pas parce que le Japon ne voulait pas augmenter ses réserves d'or, mais parce que les États-Unis lui ont interdit d'augmenter ses avoirs en or, le Japon devant se soumettre à la volonté des États-Unis de défendre le dollar. Ferdinand Lips, expert mondial de l'or, est un célèbre banquier suisse qui, avec la famille Rothschild, a fondé la banque Rothschild de Zurich et l'a dirigée pendant de nombreuses années, il a fondé sa propre banque, la Lips Bank, en 1987, est l'"initié" de l'empire financier international. Dans son livre *La guerre de l'or*, il a révélé que lors de la réunion annuelle de la World Gold Association à Paris en 1999, un banquier japonais, qui a souhaité rester anonyme, s'est plaint à Lips qu'il était interdit au gouvernement japonais d'acheter de l'or tant que la flotte américaine du Pacifique restait au Japon "pour protéger leur sécurité". » [211]

À l'heure actuelle, la Chine dispose déjà de mille milliards de dollars de réserves de change, et l'utilisation appropriée de cette énorme richesse sera cruciale pour l'avenir de la fortune nationale de la Chine pendant cent ans, ce qui n'est jamais une simple question de répartition des risques financiers. Il est important que la Chine réfléchisse à la manière dont elle peut gagner l'initiative stratégique dans la prochaine guerre financière internationale et parvenir finalement à l'hégémonie monétaire dans un "système post-dollar" international.

D'ici la fin 2006, la Chine ouvrira complètement le secteur financier, les banquiers internationaux ont depuis longtemps aiguisé leurs couteaux, une guerre des devises est imminente. Cette fois, les gens ne verront pas les fusils et les canons et n'entendront pas le champ de bataille se déchirer, mais l'issue finale de cette guerre déterminera le futur destin de la Chine. Que la Chine s'en rende compte ou non, et qu'elle soit prête ou non, la Chine est déjà en état de guerre monétaire non déclarée. Seul un jugement clair et précis des principaux objectifs

---

[211] Ferdinand Lips, *op. cit.* p. 143.

et axes stratégiques des banquiers internationaux peut permettre de développer une stratégie de réponse éprouvée.

Les objectifs stratégiques fondamentaux de la poussée des banquiers internationaux en Chine sont doubles : contrôler le pouvoir d'émission de la monnaie chinoise et créer une "désintégration contrôlée" de l'économie chinoise, éliminant finalement le dernier obstacle à l'établissement d'un gouvernement mondial et d'une monnaie mondiale dominés par l'axe Londres-Wahl Street.

Il est bien connu que quiconque peut monopoliser l'offre d'une certaine marchandise peut réaliser des superprofits. Et l'argent est une marchandise dont tout le monde a besoin, et celui qui a le monopole de l'émission de la monnaie d'un pays a les moyens de faire une quantité illimitée de superprofits. C'est pourquoi, depuis des siècles, les banquiers internationaux cherchent à monopoliser l'émission de la monnaie d'un pays par tous les moyens, par tous les moyens, par tous les moyens. Leur plus grande vocation est d'avoir le monopole de l'émission de la monnaie mondiale.

Le secteur bancaire chinois est plusieurs ordres de grandeur plus mauvais que les banquiers internationaux qui jouent avec l'argent depuis plus de quelques centaines d'années, en termes de philosophie financière, de ressources humaines, de modèle commercial, d'expérience internationale, d'infrastructure technique et de système juridique de soutien. La seule option pour éviter une défaite totale est "tu te bats contre les tiens, je me bats contre les miens", sans jamais jouer selon les règles établies par l'autre partie.

C'est une guerre monétaire sans merci, et il n'y a que deux façons de sortir de la guerre, le vainqueur et le perdant. Dans cette guerre, soit la Chine a été conquise par le "nouvel Empire romain", soit, en vainquant ses rivaux, elle a établi un nouvel ordre monétaire mondial rationnel.

La stratégie financière future de la Chine : "Construire un mur, accumuler de la nourriture et devenir roi".

"Construire le mur" : deux systèmes de défense, le pare-feu financier interne et le pare-feu financier externe, doivent être mis en place.

Les banquiers internationaux sont sur le point de faire une grande percée dans l'arrière-pays financier de la Chine, mais la Chine est sortie du bois. Lorsque les gens parlent de l'entrée des banques étrangères, la plupart d'entre eux se concentrent sur la concurrence des banques étrangères avec les banques continentales pour le gâteau de l'épargne des résidents, mais ce qui est plus dangereux, c'est que les banques étrangères seront directement impliquées dans l'émission de la monnaie chinoise en fournissant des crédits aux entreprises et aux particuliers chinois. Les banques étrangères, par le biais du système de réserve partielle, favoriseront grandement la monétisation des dettes de l'État, des entreprises et des particuliers chinois, ces banques étrangères ont émis des "renminbi de crédit" supplémentaires, qui entreront dans l'économie chinoise par le biais de chèques bancaires, de billets de banque, de cartes de crédit, de prêts hypothécaires immobiliers, de prêts de liquidité aux entreprises, de produits financiers dérivés et d'autres moyens.

Si les petites et moyennes entreprises (PME) et les particuliers qui ont souffert de décennies de paresse en matière de prêts de la part des banques d'État sont aussi assoiffés de capitaux que du bois sec, alors les banques étrangères, qui ont été si empressées et généreuses dans leurs services, sont comme un feu ardent, et il est parfaitement prévisible que la Chine sera inondée de crédits, et que la grande quantité de capitaux conduira à une duplication encore plus grande des efforts, aggravée par un resserrement des prix à la consommation et une inflation des actifs, le premier plongeant la Chine dans une eau froide amère et le second la mettant sur le gril. Lorsqu'il y aura une grave surcapacité et que les bulles d'actifs augmenteront fortement, les banquiers internationaux commenceront à tondre la laine du peuple chinois. Le moment le plus profitable pour les banquiers internationaux n'a jamais été le jour de l'effondrement économique.

Thomas Jefferson, le père fondateur des États-Unis, avait une mise en garde à faire :

> " *Si le peuple des États-Unis laisse finalement les banques privées contrôler l'émission de la monnaie de la nation, ces banques déposséderont le peuple, d'abord par l'inflation, puis par la déflation, jusqu'à ce qu'un matin, lorsque leurs enfants se réveillent en sursaut, ils aient perdu leurs maisons et le continent que leurs pères ont exploré autrefois.* "

Plus de deux cents ans plus tard, l'avertissement de Jefferson est toujours aussi clair et puissant.

La différence la plus fondamentale entre l'entrée totale des banques étrangères en Chine et la précédente est que les anciennes banques d'État, tout en ayant l'impulsion de provoquer une inflation des actifs pour faire des profits, n'avaient pas l'intention ou la capacité malveillante de créer une déflation pour laver au sang la richesse du peuple. La raison pour laquelle la Chine n'a jamais connu de crise économique majeure depuis sa fondation est que personne n'a l'intention subjective et la capacité objective d'en créer une avec une intention malveillante, et la situation a fondamentalement changé avec la pleine entrée des banquiers internationaux en Chine.

Le pare-feu financier interne de la Chine est conçu pour empêcher les banques étrangères de créer malicieusement de l'inflation pour gonfler les bulles d'actifs chinoises, puis de pomper de l'argent pour créer une déflation, forçant ainsi un grand nombre d'entreprises à faire faillite et de personnes à faire faillite, ce qui leur permet d'acheter à bas prix les principaux actifs chinois à des fractions, voire des dizaines de pour cent, des prix normaux. L'administration financière doit surveiller strictement l'ampleur et la direction du décaissement des crédits par les banques étrangères, utiliser le ratio de réserve et la composante de réserve pour effectuer un macro-contrôle financier, et empêcher strictement les banques étrangères de monétiser la dette intérieure en grandes quantités.

Pour les banques étrangères et les fonds spéculatifs internationaux tels que les pirates financiers d'unir leurs forces, mais aussi d'être plus vigilant. Tous les contrats financiers dérivés des entreprises en Chine doivent être signalés à l'administration financière, en particulier ceux avec les banques étrangères, doivent être doublement prudents pour empêcher les pirates financiers internationaux à l'étranger pour effectuer des attaques à distance sans contact sur le système financier chinois, les 1990 banquiers internationaux à distance attaques "nucléaires" sur le marché boursier japonais et les marchés financiers n'est pas loin.

Le déluge financier extérieur de la Chine vise principalement la crise d'effondrement du système dollar. Sous la dette presque astronomique de 44 trillions de dollars, l'économie des États-Unis est comme une "rivière suspendue au-dessus du sol" à des dizaines de mètres au-dessus du sol, les énormes dépenses de composition de la dette créées par l'inondation de liquidités, jour et nuit impactant la rive de plus en plus dangereux, à la Chine et d'autres pays et régions d'Asie de l'Est vivant sous la "rivière suspendue au-dessus du sol" zones de basse altitude ont causé de grandes menaces.

La Chine doit agir de toute urgence pour préparer le "secours aux inondations" financières et la "protection de la sécurité des biens de la population". La dévaluation rapide des actifs en dollars n'est plus une prédiction depuis longtemps, mais un fait qui se produit chaque jour, et la situation n'est encore qu'une inondation, avec des conséquences inimaginables en cas de "rupture de barrage". Les énormes réserves de change de la Chine sont déjà très menacées.

Lors de la prochaine tempête financière internationale soudaine et violente, l'œil du vent sera le marché des produits financiers dérivés et le système du dollar, déjà super-bullé, et l'or et l'argent seront l'"Arche de Noé" la plus sûre de la richesse mondiale. Une augmentation substantielle des réserves d'or et d'argent de la Chine est devenue une question urgente.

La "large accumulation de grains" signifie que le gouvernement et le peuple travailleront ensemble pour augmenter substantiellement les réserves officielles et privées d'or et d'argent de la Chine. Toutes les ressources en or et en argent de la Chine doivent être étroitement protégées en tant qu'actifs stratégiques les plus importants et progressivement nationalisées.

Au niveau international, les entreprises productrices d'or et d'argent doivent être acquises avec vigueur pour compléter les futures ressources en or et en argent de la Chine. L'objectif ultime de la réforme monétaire chinoise est d'établir un "système monétaire à deux voies" soutenu par l'or et l'argent et conforme aux conditions nationales de la Chine, afin de parvenir à une métrique monétaire stable et d'achever la préparation stratégique de la principale monnaie de réserve mondiale.

Retarder la revendication du trône" signifie que les difficultés et les limites propres à la Chine doivent être pleinement prises en compte. L'essor des pays puissants du monde est inévitablement le résultat de leur capacité d'innovation inégalée, ce qui signifie qu'ils sont capables de produire en grande quantité de nouveaux produits et services qui ne peuvent être remplacés par d'autres, de produire en grande quantité les principales innovations technologiques et scientifiques du monde, et de produire en grande quantité les grandes idées et les concepts qui orientent la civilisation mondiale. La Chine ne fait encore que copier à grande échelle les technologies de production occidentales, et est encore loin d'être capable d'innover en termes d'idées et de sciences et technologies. Surtout dans le domaine de l'idéologie et de la culture, il y a un sérieux manque de confiance en soi civilisationnel, et une manifestation importante de ce manque de confiance en soi est l'incapacité de discerner la rationalité et l'irrationalité du système occidental, le manque de courage moral pour critiquer ses absurdités évidentes, la peur d'essayer quelque chose que l'Occident n'a pas, et le manque d'audace pour essayer d'établir de nouvelles règles mondiales. Tout cela n'est pas un problème qui peut être résolu du jour au lendemain. La Chine ne peut donc avancer que lentement.

La route vers une monnaie de réserve mondiale

Une puissance mondiale montante ne pourra pas se contenter d'une technologie de pointe et d'une armée puissante comme base solide. Ce n'est que lorsqu'elle établira un système monétaire et financier à la crédibilité universelle qu'elle sera invincible parmi les peuples du monde. Le prestige du monde est inébranlable au milieu de l'inconstance du climat international.

Imaginez que la Chine et les États-Unis d'aujourd'hui suppriment tout simplement le dollar comme pilier de la monnaie mondiale, même si le statut du F22 et de Microsoft est toujours incontesté, sa position et sa voix dans les affaires internationales, comment peut-elle encore être si facile à dire et à parler d'une seule voix ? Sera-t-elle encore le "phare vers lequel le monde se tourne" ?

La Chine, qui est l'étoile de demain, va sans aucun doute progresser dans le processus de mise en place d'un système monétaire et financier mature et crédible.

L'argent est sans aucun doute le sang de l'organisme socio-économique humain. Ceux qui sont capables de fournir la source de sang aux personnes en charge occupent naturellement la première force mobile. Quel type de "source de sang" les gens recherchent-ils ? Elle doit naître d'un organisme sain et complet — le modèle interne de développement économique et civil et le système financier — et si elle est infectée par le virus incurable du "sida" de la dette de fission cyclique et liée à la "transfusion sanguine" de tout le monde, elle ne pourra que conduire au même destin. De même, ce "sang" doit être en forme de O — c'est-à-dire doté d'une crédibilité distinctive et d'une acceptation inébranlable.

Quel type de système monétaire et financier est la "source de sang" saine de type O de la Chine pour demain ?

Ce système complet et solide devrait être soutenu par un arrière-plan diversifié, alors que la tactique unique actuelle consistant à ne compter que sur des exportations fortes pour échanger une grande quantité de devises, en regardant le dollar surachété des obligations du Trésor américain, devient de plus en plus évidente. Les effets secondaires d'une économie tirée par les exportations sont trop importants, et son essence est de compter sur les États-Unis pour augmenter leur dette afin de stimuler leur propre développement économique et social, alors que les États-Unis veulent que leur population soit surchargée de dettes. Un tel résultat est effectivement l'ultime perdant-perdant.

La déconstruction spécifique du système monétaire et financier pluraliste et vertueux d'un pays est une tâche énorme et difficile, et dans ce livre nous nous concentrons seulement sur un scénario — l'injection d'éléments d'or et d'argent dans le contexte du pluralisme. Le système monétaire cautionné par l'or et l'argent est un "raccourci" vers le statut de monnaie de réserve mondiale.

Explorons les profondeurs du sentier, étape par étape, le long de cette vision.

Si le gouvernement et le peuple chinois consommaient de l'or à hauteur de 200 milliards de dollars par an, à 650 dollars l'once, la Chine serait en mesure d'acheter 9 500 tonnes d'or, soit l'équivalent de l'achat de toutes les réserves d'or des États-Unis (8 136 tonnes) en un an. Au début de la bataille, les banquiers internationaux tenteront désespérément de supprimer le prix de l'or par le biais de produits financiers dérivés, les banques centrales des pays occidentaux pourraient s'unir pour vendre de l'or, le prix de l'or pourrait temporairement s'effondrer. Si la partie chinoise voit clair dans le jeu de son adversaire, la dépression du prix de l'or deviendra l'aide financière à la Chine la plus généreuse de l'histoire occidentale.

À savoir, l'extraction totale d'or dans le monde en 6000 ans seulement 140 000 tonnes, toutes les réserves d'or comptables des banques centrales européennes et américaines seulement 21 000 tonnes, si l'on considère que dans les années 1990, le leasing frénétique d'or de la Banque centrale européenne, son revenu total des ménages peut être bien inférieur à 20 000 tonnes. Au prix actuel de l'or (650 dollars l'once), cela ne représente qu'une petite plaque de 400 milliards de dollars, et l'excédent commercial de la Chine est tellement énorme que digérer 400 milliards de dollars de réserves d'or n'est qu'une question de 2 ou 3 ans. Les balles des banques centrales européennes et américaines seront toutes tirées dans un délai pas trop long.

Si la Chine devait manger de l'or pendant cinq années consécutives avec un tel appétit, la flambée du prix international de l'or percerait l'armure du plafond d'intérêt à long terme sur le dollar fixé par les banquiers internationaux, et les gens auraient la chance de voir comment le système monétaire en dollars, apparemment le plus puissant du monde, s'effondre.

La question n'est pas de savoir si la Chine peut battre le système du dollar avec le prix de l'or, mais si elle le fera. La question du prix de l'or est une question de vie ou de mort pour le dollar, la Chine ne mange pas vraiment les 200 milliards de dollars d'or, il suffit de lancer le mot, le secrétaire au Trésor américain et le président de la Réserve fédérale seront immédiatement très nerveux.

La question de Taiwan, qui tourmente la Chine depuis des décennies, se traduira par la question de savoir si les Etats-Unis veulent Taiwan ou le dollar. Naturellement, la Chine ne peut pas vraiment "sombrer avec les États-Unis" sur le plan financier, tant que les États-Unis offrent des conditions raisonnables, et si nécessaire, ils peuvent être en mesure d'aider le dollar.

En augmentant progressivement ses avoirs en or officiels et privés, la Chine peut entamer une réforme monétaire, en introduisant progressivement l'or et l'argent dans le système monétaire. La transformation progressive du système monétaire chinois en "yuan chinois" sous l'étalon or et argent sera une contribution majeure de la Chine à l'économie mondiale.

La mise en œuvre du "yuan chinois" peut se faire par étapes. La première chose à faire serait d'émettre des "gilt bonds" et des "silver bonds" du Trésor pour régler le principal et les intérêts des obligations en or et en argent physiques. Par exemple, un "gilt bond" de cinq ans, avec un taux d'intérêt qui peut être fixé à 1 ou 2%, et puisque l'or physique lui-même est le moyen ultime de régler le principal et les intérêts, les gens achèteront activement ce produit financier, qui a un véritable effet de "préservation de la richesse".

La différence entre les taux de rendement des obligations "gilt" et "silver" sur le marché des changes obligataires et les taux de rendement du même montant de bons du Trésor ordinaires pour la même période sera un véritable reflet de l'acceptation des monnaies or et argent par le marché. Ce paramètre important servira de système de référence pour la prochaine phase du projet pilote.

La deuxième phase des travaux pourrait permettre une restructuration de la structure des réserves du système bancaire. Qu'il s'agisse de banques étrangères ou de banques d'État, leurs réserves doivent comprendre une certaine proportion d'or ou d'argent, tout en réduisant la proportion de titres de créance dans les réserves. Plus la proportion d'or et d'argent dans les réserves est élevée, plus le facteur d'amplification des prêts sera élevé, de même, plus la proportion de titres de créance est élevée, plus la capacité de prêt est faible. Les banques centrales devraient cesser d'escompter tout sauf l'or et l'argent. Cette mesure renforcera la position de l'or et de l'argent dans le système monétaire chinois et augmentera le niveau de la demande d'actifs en or et en argent de la part des banques. L'absence d'or et d'argent comme réserves limitera fortement leur capacité à accorder des crédits. Dans le même temps, le système bancaire éliminera progressivement les titres de créance de la circulation monétaire. Les banques seront également intéressées par l'ouverture à la population d'opérations de stockage et d'échange d'or et d'argent physiques. La formation d'un marché national pour la circulation de l'or et de l'argent physiques.

Toutes les industries à forte marge du pays, telles que l'immobilier, la banque, le tabac, les télécommunications, le pétrole, etc., doivent inclure un certain pourcentage d'or et d'argent dans leurs taxes professionnelles, ce qui stimulera davantage la demande d'or et d'argent sur le marché.

Au cours de la troisième étape, l'or et l'argent du ministère des Finances ont été utilisés comme garantie intégrale pour l'émission des billets de banque "Yuan or chinois" et "Yuan argent chinois", un yuan "Yuan or chinois" étant la mesure standard de la monnaie chinoise et, selon les réserves d'or et d'argent de la Chine, chaque yuan "Yuan or chinois" contient plusieurs grammes d'or pur. Le "yuan or chinois" est principalement utilisé pour le règlement des transactions commerciales en gros, les transferts interbancaires et les paiements en espèces importants. Au-delà d'un certain montant, les "yuans or chinois" peuvent être échangés contre de l'or physique auprès du ministère des finances. Le "dollar chinois en argent", qui peut être utilisé comme une pièce, contient plusieurs grammes d'argent pur dans chaque dollar et est principalement utilisé pour les petits paiements. Vous pouvez également échanger la quantité équivalente d'argent chinois au ministère des finances contre plus d'une certaine quantité de "dollars chinois en argent". Le rapport entre le "yuan or chinois" et le "yuan argent chinois" est publié par la Banque centrale et ajusté régulièrement.

Le principe selon lequel "les mauvaises pièces de monnaie chassent inévitablement les bonnes pièces en circulation" est généralement considéré comme ayant une condition préalable importante, à savoir que le gouvernement intervient pour imposer la valeur des mauvaises et des bonnes pièces. Dans un marché naturel, c'est le contraire qui est vrai, et les bonnes pièces chassent nécessairement les mauvaises, car personne sur le marché n'est prêt à accepter les mauvaises pièces.

Alors que le yuan chinois en or et en argent est en circulation, le yuan chinois ordinaire avec une composante de dette est toujours en circulation sur le marché. Le gouvernement doit rendre tous les impôts payables en dollars d'or et d'argent, et le marché sera libre de choisir entre les dollars d'or et d'argent ou le yuan ordinaire, et le marché financier déterminera le rapport entre les dollars d'or et d'argent et le yuan ordinaire en fonction de l'offre et de la demande. À ce stade, on constatera que le pouvoir d'achat du crédit RMB ordinaire avec une composante de dette, émis par les banques commerciales, se dépréciera progressivement par rapport au yuan chinois en or et en argent. Le rapport entre les deux monnaies sur les marchés financiers révélera clairement cette information.

C'est le Trésor, et non le système bancaire commercial, qui doit contrôler en dernier ressort l'émission d'or, d'argent et de yuan chinois, pour la simple raison que la création de richesse commence et se termine avec le peuple, et qu'aucune personne privée ne doit avoir le monopole et le contrôle de l'émission de monnaie.

Si l'essor des exportations chinoises va progressivement décliner à mesure que le dollar chinois se renforce, il s'agit en fait d'un élément essentiel de la perte de poids du PIB.

Au fur et à mesure que les émissions de yuans chinois adossés à l'or et à l'argent se multiplient, le yuan chinois est appelé à devenir le centre d'intérêt de l'industrie financière mondiale. Étant donné que le yuan chinois est librement convertible en or ou en argent, il sera la monnaie la plus forte et la plus puissante du monde, et il deviendra à juste titre la monnaie de réserve préférée du monde dans l'ère "post-dollar".

La richesse a toujours coulé automatiquement vers les endroits où elle peut être protégée et appréciée. Une forte créativité en matière de richesse et une monnaie stable ne peuvent que faire de la Chine le centre mondial de convergence des richesses.

Résumé

★L'un des problèmes fondamentaux de l'économie mondiale actuelle réside dans l'absence d'une métrique monétaire stable et raisonnable. Le rôle de la monnaie dans l'économie, sous le contrôle arbitraire et capricieux des banquiers, a sérieusement faussé l'allocation rationnelle des ressources du marché.

★L'or et l'argent en tant que monnaie sont le produit de l'évolution naturelle, le produit d'une véritable économie de marché, une monnaie honnête dont dépend l'humanité.

★L'ancien modèle de croissance du PIB, fondé sur l'argent de la dette et le financement du déficit, devrait être transformé en un nouveau modèle de croissance axé sur l'accumulation et centré sur un développement social harmonieux, avec pour mesure l'argent honnête.

★Dans cette guerre monétaire sans concession, la Chine a été conquise par le "Nouvel Empire romain" ou, en vainquant ses rivaux, a établi un nouvel ordre monétaire mondial raisonnable.

★La Chine devrait établir deux systèmes de défense, le pare-feu financier interne et le mur d'inondation financière externe, tandis que le gouvernement et le peuple ensemble pour augmenter considérablement les réserves officielles et privées d'or et d'argent de la Chine, Xu Tu progrès lent.

POSTFACE

Quelques réflexions sur l'ouverture financière de la Chine

Le plus grand risque pour l'ouverture financière de la Chine est le manque de sensibilisation à la "guerre".

Lorsqu'ils discutent des risques de la libéralisation financière en Chine, la plupart des chercheurs et des décideurs s'inquiètent des risques au niveau "tactique", tels que les risques de participation des banques étrangères à l'actionnariat, les risques de supervision des opérations mixtes des institutions financières, les risques de commercialisation des taux d'intérêt, les risques de volatilité du marché des valeurs mobilières, les risques de dépréciation des réserves de change, les risques du marché des prêts immobiliers, les risques d'ouverture du compte de capital, les risques d'appréciation du RMB, les risques de déficience du contrôle interne des banques d'État, les risques du marché des dérivés financiers, les risques du choc de Bâle, etc. En fait, le plus grand risque de l'ouverture financière vient du niveau "stratégique", c'est-à-dire que l'essence de l'ouverture financière est en fait une "guerre des monnaies", et le manque de conscience et de préparation à la guerre est le plus grand risque pour la Chine à l'heure actuelle !

Il est extrêmement dangereux d'interpréter l'ouverture du secteur financier comme l'ouverture de l'industrie en général. L'argent est une marchandise, et ce qui le distingue de toutes les autres marchandises, c'est qu'il s'agit d'une marchandise dont chaque homme a besoin dans chaque industrie, chaque institution, dans chaque société, et le contrôle de l'émission d'argent est la forme la plus élevée de tous les monopoles !

L'émission de la monnaie en Chine était à l'origine contrôlée par l'État, et seul le contrôle de la monnaie par l'État peut garantir l'équité fondamentale de la structure sociale. Lorsque les banques étrangères entreront dans le pays, le pouvoir d'émission de la monnaie chinoise sera menacé.

Le commun des mortels pourrait penser que la monnaie chinoise est le renminbi, et que seul l'État peut imprimer et émettre de la monnaie, alors comment les banques étrangères peuvent-elles imprimer elles-mêmes le renminbi ? En fait, les banques étrangères n'ont pas du tout besoin d'émettre des renminbis pour "créer" une masse monétaire. Elles introduisent un éventail vertigineux de produits financiers "innovants" et créent et monétisent des titres de créance de diverses manières, ce qui est l'analogue "liquidité" de la monnaie. Ces monnaies financières ont le pouvoir d'achat de l'argent dans l'économie réelle, et en ce sens, les banques étrangères participeront à l'émission de la monnaie chinoise en yuan.

Si les banques étrangères "créent" plus de crédits en RMB que les banques commerciales d'État, elles pourront en fait passer outre la banque centrale chinoise et contrôler le pouvoir d'émission de la monnaie chinoise ! Elles auront la capacité et l'intention de créer malicieusement des fluctuations de la masse monétaire, vidant ainsi de son sang la richesse du peuple chinois, d'abord par l'inflation, puis par la déflation, tout comme les crises économiques récurrentes de l'histoire.

Ils "encourageront et soutiendront" les résultats de la recherche universitaire en leur faveur en fournissant des fonds pour des projets de recherche universitaire, ils financeront massivement divers groupes sociaux pour influencer les programmes publics, formant ainsi une puissante "opinion publique dominante" à partir de la base, ils soutiendront généreusement le fonctionnement orienté vers le marché des médias d'information en réponse à l'"évaluation positive" des banques étrangères par la société, ils utiliseront des retours sur investissement élevés pour influencer la direction des institutions d'édition, ils investiront massivement dans l'industrie pharmaceutique, notamment en diabolisant systématiquement la médecine chinoise, et ils infiltreront progressivement le secteur de l'éducation, le système juridique et même le système militaire. Dans une société marchande, personne n'est "immunisé" contre l'argent.

Les puissances bancaires étrangères contrôleront également les monopoles d'État chinois dans les secteurs des télécommunications, du pétrole, des transports, de l'aérospatiale et des industries militaires par le biais d'investissements. Après tout, aucune loi ne stipule que les monopoles d'État ne peuvent pas emprunter et se financer auprès de banques étrangères. Une fois que les banques étrangères seront devenues les principaux fournisseurs de fonds aux industries monopolistiques d'État chinoises, elles détiendront l'élément vital de ces "actifs essentiels" chinois, et les banques étrangères pourront couper la chaîne de capitaux de ces entreprises importantes à tout moment, ce qui entraînera la paralysie des secteurs industriels essentiels de la Chine.

Les banques étrangères sont entrées en Chine pour faire de l'argent, bien sûr, mais pas nécessairement de manière conventionnelle.

Les risques stratégiques de la libéralisation financière sont loin d'être aussi simples que l'industrie financière elle-même ; ils englobent l'ensemble de la société chinoise, et les conséquences d'un léger dérapage sont inimaginables. Il est regrettable que la liste des industries d'État protégées par la Chine n'inclue pas le secteur financier le plus méritant. À l'heure actuelle, les banquiers nationaux chinois et les géants bancaires européens et américains tués dans le "vent et la pluie sanglants" depuis plus de 200 ans, n'est pas du tout un niveau de rivalité ! C'est comme mettre un junior à peau unique dans un combat avec le champion Tyson, et il ne faut pas beaucoup d'imagination pour que les gens prédisent le résultat final.

Étant donné que les risques stratégiques de la libéralisation financière impliquent la situation globale, il n'est plus possible pour la CBRC, la SEC et la CIRC existantes d'entreprendre une surveillance intersectorielle aussi complète des risques stratégiques, et il est proposé d'établir un "Comité national de sécurité financière" pour unifier les fonctions des trois, directement sous le plus haut niveau de décision. (b) Renforcer vigoureusement la recherche sur le renseignement financier et renforcer la recherche et l'analyse des antécédents du personnel des banques étrangères, la mobilisation des capitaux et la collecte des cas de guerre. La mise en place d'un système d'habilitation de sécurité financière nationale (NFSC) par lequel les principaux décideurs financiers doivent être contrôlés. Il est important d'envisager des "restrictions douces" sur les secteurs dans lesquels les banques étrangères peuvent être impliquées. Divers plans pour le plongeon soudain de la Chine dans une crise financière ont été élaborés et régulièrement répétés.

Pour la Chine, la sécurité financière est un domaine qui nécessite un examen beaucoup plus minutieux que les armes nucléaires stratégiques. Se précipiter dans une libéralisation totale avant la mise en place d'un régime réglementaire solide en matière de sécurité financière est la voie à suivre.

Souveraineté monétaire ou stabilité monétaire ?

La souveraineté monétaire est l'un des pouvoirs fondamentaux et inaliénables de tout État souverain, qui se voit confier la responsabilité de formuler des politiques d'émission monétaire en fonction de sa propre situation nationale. La souveraineté monétaire est censée prévaloir sur tous les facteurs extérieurs, y compris toutes les pratiques et tous les accords internationaux, ainsi que les pressions politiques extérieures. La souveraineté monétaire ne doit servir que les intérêts fondamentaux de son peuple.

Le maintien de la stabilité monétaire fait référence au maintien de la stabilité monétaire de la monnaie nationale dans le système monétaire international afin de fournir un environnement écologique sain et stable pour le développement économique des industries nationales.

Actuellement, le dilemme de la Chine est que la souveraineté monétaire et la stabilité monétaire ne peuvent aller que dans un sens ou dans l'autre. Préserver la souveraineté du renminbi entraînerait les conséquences d'une appréciation, tandis que la poursuite de la stabilité fondamentale du taux de change entre le renminbi et le dollar entraînerait la perte de la souveraineté monétaire. La politique actuelle de la Chine est d'abandonner la souveraineté monétaire en faveur de la stabilité monétaire, qu'elle doit poursuivre pour son développement économique. L'essentiel de la question est que la Fed a en fait influencé dans une large mesure la masse monétaire de la Chine. Comme la Chine adopte un système de change obligatoire, les États-Unis peuvent forcer la banque centrale chinoise à augmenter l'émission de la monnaie de base en augmentant leur déficit commercial avec la Chine, ce qui, par l'intermédiaire de l'amplification des banques commerciales, aura un effet multiplicateur sur l'émission de la monnaie de base, entraînant un afflux de liquidités, faisant grimper la bourse et la bulle immobilière et détériorant fortement l'environnement écologique financier de la Chine. Afin de se prémunir contre une telle augmentation de l'émission monétaire, les gouvernements et les banques centrales seraient contraints d'émettre des bons du Trésor et des billets de banque centraux supplémentaires pour absorber l'excès de liquidités, mais cela augmenterait à son tour le fardeau de la dette du gouvernement, qui serait tôt ou tard remboursé avec des intérêts.

Une telle posture de stratégie financière totalement passive est extrêmement préjudiciable à la Chine. Tant que le dollar sera la monnaie de réserve mondiale, la Chine ne pourra pas se sortir de cette situation. Fondamentalement, ce n'est qu'en promouvant la remonétisation de l'or que nous pourrons créer un environnement écologique financier libre, juste et harmonieux pour tous les pays du monde. Dans le contexte des marchés de taux de change internationaux hautement volatils, les coûts économiques pour les pays du monde sont extrêmement élevés et douloureux, en particulier pour les pays qui produisent des richesses matérielles. S'il est difficile de le faire en une seule fois, il convient également de promouvoir vigoureusement la diversification des monnaies de réserve internationales, en adoptant une approche fractionnée.

Appréciation de la monnaie et "perturbation endocrinienne" du système financier

S'il y a quelqu'un qui peut servir d'antithèse à l'appréciation spectaculaire de la monnaie, le Japon est certainement le candidat le plus approprié. La léthargie économique à long terme du Japon, bien sûr, a ses propres facteurs objectifs internes, mais l'absence totale de préparation mentale à la "guerre financière" soudaine lancée par les États-Unis devrait être l'un des facteurs les plus importants, le Japon a lancé l'"attaque sournoise sur Pearl Harbor" en 1941, les États-Unis ont été pris au dépourvu, tandis que les États-Unis près d'un demi-siècle plus tard en 1990 en réponse à la "blitzkrieg financière" du Japon, les deux côtés sont également égaux.

Motobu Yoshikawa, auteur de Japan's Financial Defeat, a déploré qu'en termes de proportion de richesse perdue, les conséquences de la défaite financière du Japon en 1990 étaient presque comparables à celles de la défaite de la Seconde Guerre mondiale.

Le Japon, comme la Chine, est l'exemple typique d'un pays qui s'efforce de créer des richesses matérielles d'une main et d'un pied, et qui est toujours sceptique quant à l'idée d'une richesse financière illusoire. La logique du Japon est très simple, leur propre production de produits haut de gamme de haute qualité et à bas prix, sur le marché la concurrence est presque invincible, tandis que l'industrie bancaire était un géant de classe mondiale, avec les plus grandes réserves de change du monde et le statut des plus grands pays créanciers et fiers du monde. De 1985 à 1990, l'économie intérieure et le commerce d'exportation du Japon ont connu un essor sans précédent, le marché boursier et l'immobilier ont grimpé en flèche année après année, un grand nombre d'acquisitions d'actifs à l'étranger, la confiance des Japonais a également atteint un degré sans précédent, plus que les États-Unis semble seulement une décennie plus tard. Le Japon, qui n'a aucun concept de guerre financière, est similaire à l'optimisme actuel de la Chine, qui est encore loin d'être aussi fort qu'à l'époque.

Oublier la guerre est aussi profond pour le Japon d'hier que pour la Chine d'aujourd'hui. Du taux de change de 250 yens pour un dollar au moment de l'accord du Plaza en 1985, le dollar s'est déprécié de façon spectaculaire pour atteindre environ 200 yens en trois mois, et le dollar s'est déprécié jusqu'à 20%, pour atteindre 120 yens en 1987, doublant la valeur du yen en seulement trois ans, ce qui constitue le changement écologique externe le plus important dans l'industrie financière du Japon, et les résultats ont montré qu'un tel changement écologique est suffisant pour conduire à "l'extinction des dinosaures".

Les maîtres financiers américains ont compris depuis longtemps que forcer le yen à s'apprécier fortement pendant une courte période s'apparente à forcer le Japon à avaler une forte dose d'hormones, dont les conséquences ne manqueront pas de provoquer de graves désordres dans l'économie japonaise "endocrine du système financier". L'efficacité serait encore meilleure si le Japon était encore contraint de maintenir un taux d'intérêt ultra bas de 2,5% pendant une période pouvant aller jusqu'à deux ans. Comme de juste, l'économie japonaise a été stimulée par des troubles endocriniens financiers et de fortes doses d'hormones, les tissus graisseux tels que l'immobilier boursier ont connu une croissance rapide, les tissus musculaires des secteurs de production de matériaux et des industries d'exportation se sont gravement atrophiés, puis les symptômes économiques d'hyperlipidémie, d'hyperglycémie et d'hypertension sont apparus comme prévu, et enfin, le système financier a souffert de maladies cardiaques et coronariennes. Afin d'induire plus facilement ces complications, les banquiers internationaux de la Banque des règlements internationaux ont mis au point en 1987 un nouveau médicament spécial pour le Japon, l'accord de Bâle, qui exige que les banques ayant des activités internationales aient un ratio de fonds propres de 8%. Les États-Unis et la Grande-Bretagne ont pris l'initiative de signer l'accord et ont ensuite contraint le Japon et d'autres pays à s'y conformer, faute de quoi ils ne pourraient pas traiter avec les banques américano-britanniques qui détiennent le monopole de la finance internationale. Les banques japonaises ont un problème général de faible capitalisation, qui ne peut être atteint qu'en s'appuyant sur des actifs non comptabilisés générés par les prix élevés des actions bancaires.

Le système bancaire japonais, très dépendant des cours de la bourse et du marché immobilier, a finalement exposé ses faiblesses aux épées de la guerre financière américaine. Le 12 janvier 1990, les États-Unis ont lancé une frappe stratégique "sans contact et à longue portée" contre la bourse de Tokyo au Japon, en utilisant une nouvelle "arme nucléaire" financière, le Nikkei Put Warrant, à la bourse de New York.

Le système financier japonais n'a pas pu résister à un stimulus aussi puissant et a finalement subi une attaque, ce qui a ensuite entraîné une paralysie de l'économie japonaise pendant 17 ans.

Aujourd'hui, presque la même prescription a été introduite en Chine par des médecins financiers américains "enthousiastes et avides", mais la différence est que l'économie chinoise n'est pas aussi forte que celle du Japon à l'époque, et que ce médicament n'est pas aussi simple que l'hémiplégie. Les Japonais alités sont encore plus impatients que les médecins américains de voir comment la Chine réagit lorsqu'ils consomment ce médicament.

La mauvaise nouvelle est que les premiers symptômes de la Chine sont maintenant extrêmement similaires à ceux du Japon de 1985 à 1990.

Le combat en plein air

"Pratique internationale" est aujourd'hui un terme plutôt à la mode, comme si en suivant la "pratique internationale", le monde sera désormais à l'échelle, et l'ouverture financière sera aussi belle et relaxante qu'une chanson pastorale idyllique. Une idée aussi naïve et pourrie ne peut que conduire au mauvais pays et aux mauvaises personnes.

La formation des "pratiques internationales" est entièrement sous le contrôle des banquiers internationaux qui ont déjà établi des positions de monopole, et sous certaines conditions, il est très probable qu'un ensemble de "pratiques internationales" sera adapté à la Chine pour bloquer complètement la survie et la croissance de l'industrie bancaire chinoise, qui est devenue une arme efficace pour les banques américaines et britanniques, qui sont au point culminant du monopole dans l'industrie financière, pour bloquer leurs concurrents.

L'ancien accord de Bâle, qui a réussi à détruire l'élan de l'expansion du secteur financier japonais, a été remanié et amélioré par le nouvel accord de Bâle sur les fonds propres de 2004, et pourrait bien être utilisé contre le système bancaire chinois, devenant ainsi un obstacle majeur au développement du secteur financier chinois à l'étranger.

Certains pays développés considèrent que toutes les succursales de banques étrangères dans leur pays doivent être entièrement conformes au Nouvel accord de Bâle sur les fonds propres pour pouvoir continuer à opérer, sans parler du fait que même les pays d'origine de ces banques étrangères doivent être conformes à l'accord, faute de quoi il pourrait y avoir des "failles réglementaires". Une telle disposition augmenterait sans aucun doute de manière significative les coûts d'exploitation de ces succursales de banques étrangères. Pour le secteur financier chinois, qui commence tout juste à se mondialiser, c'est comme si l'on retirait le fond d'un chaudron. En d'autres termes, si les banques nationales chinoises n'ont pas encore atteint le nouvel accord de Bâle sur les fonds propres, ce qui signifie que leurs succursales aux États-Unis et en Europe pourraient être restructurées, voire fermées, le réseau financier chinois à l'étranger, laborieusement construit, risque d'être anéanti d'un seul coup.

Les faiseurs de règles du jeu dans l'industrie bancaire européenne et américaine, qui ont un énorme avantage, étoufferont facilement le développement externe de l'industrie financière chinoise. Il n'y a rien de plus injuste que les règles du jeu pour le secteur bancaire national chinois, qui doit toujours se conformer à ces soi-disant "pratiques internationales" si pompeuses qu'elles se bloquent elles-mêmes. Face à un adversaire qui dispose d'un avantage énorme et qu'il faut ligoter, le jeu se fait attendre.

Il est également impoli de venir et de ne pas repartir.

La réponse de la Chine a été, et ne peut être que "combat extérieur sous ouverture réciproque". Si le pays hôte utilise n'importe quelle "pratique internationale" pour bloquer les succursales bancaires chinoises à l'étranger, la Chine suivra la loi et promulguera des règlements bancaires "aux caractéristiques chinoises" pour restreindre ou même fermer les opérations de ses banques en Chine. Si l'on considère le parcours anglo-américain pour devenir la force dominante dans le secteur bancaire international, il n'est pas difficile de voir que l'établissement d'un réseau bancaire international était une voie nécessaire. Plutôt que de se contenter d'aligner le secteur bancaire chinois sur la communauté internationale, ce dernier devrait mener une guerre extérieure, acquérir directement des banques ou développer des succursales en Europe et aux États-Unis, construire son propre réseau financier dans le monde et tirer les leçons de la guerre dans la guerre. Si le secteur bancaire chinois est entravé dans ses acquisitions ou son expansion à l'étranger, la Chine pourrait vouloir suivre le principe de réciprocité dans le traitement des actions des banques étrangères en Chine.

Il est préférable de cacher l'argent au peuple que l'or au peuple.

Face à la dépréciation prolongée du dollar, de nombreux universitaires ont proposé de cacher les devises pour partager le risque de perte des réserves de change du pays. Si la Chine abandonne le système de règlement obligatoire des devises et que les entreprises contrôlent directement les devises, bien que le risque de dévaluation des réserves de change du pays soit réparti et que la pression sur l'émission de devises et l'appréciation du renminbi soit réduite, cela affaiblira inévitablement la capacité du pays à contrôler les flux de devises, augmentant ainsi le risque global du système financier, ce qui n'est pas une politique complète.

Au lieu de cacher l'argent au peuple, nous devrions cacher l'argent au peuple. Toute devise étrangère se dépréciera par rapport à l'or à long terme, mais à un rythme différent. La seule façon de préserver le pouvoir d'achat de l'énorme richesse créée par la Chine est de transformer les réserves de change en réserves d'or et d'argent. La fluctuation internationale du prix de l'or n'est en fait qu'une illusion, voyez à travers cette couche, même si son marché des changes déclenche mille vagues, la Chine a ses propres tonnes d'or comme une aiguille divine de la mer.

La sécurité de la richesse du peuple est fondamentalement protégée par le fait que l'inflation, qu'elle soit sous forme de marchandises ou d'actifs, ne peut éroder le véritable pouvoir d'achat de la population, qui est la pierre angulaire de la liberté économique indispensable à la construction de toutes les sociétés engagées dans l'harmonie et l'égalité. Après tout, c'est le travail du peuple qui crée la richesse, et le peuple a le droit de choisir la façon dont il stocke sa richesse.

L'or possède le plus haut niveau de liquidité de toutes les devises. Non seulement l'or a été reconnu comme la plus haute forme de richesse dans les 5 000 ans d'histoire de l'humanité par différentes civilisations, races, régions, époques et politiques, mais il jouera également un rôle historique majeur dans les sociétés futures en tant que mesure la plus fondamentale de l'activité économique. Dans l'histoire du monde, il y a eu quatre tentatives d'abandonner l'or comme pierre angulaire du système monétaire et d'"inventer" un système monétaire plus intelligent, les trois premières ont échoué, et notre monde actuel connaît un quatrième échec. La nature cupide inhérente à l'humanité a voué à l'échec les tentatives d'étiqueter l'activité économique objective avec la conscience subjective humaine.

Le "yuan chinois", adossé à l'or, se dressera sur les ruines de la finance internationale causées par l'endettement et la cupidité excessifs, et la civilisation chinoise aura son propre jour pour émerger.

L'implosion de la dette des États-Unis et la crise mondiale des liquidités

Au début de 2007, une tempête soudaine de manque de liquidités a balayé le monde, les marchés boursiers de divers pays ont été violemment secoués, le marché obligataire presque paralysé, les banques centrales ont injecté d'énormes quantités d'argent dans le système bancaire pour sauver la confiance du marché sur le point de s'effondrer, en 9 et 10 août deux jours, l'Europe, les États-Unis, le Canada, l'Australie, le Japon et d'autres banques centrales ont injecté un total de 32,3 milliards de dollars, est la plus grande action conjointe des banques centrales mondiales après l'incident du "11 septembre". Même ainsi, ne peut toujours pas contenir la panique du marché, la Réserve fédérale a été forcée le 17 août de réduire soudainement le taux d'escompte de 0,5 point de pourcentage (5,75%), les marchés financiers ont finalement tenu bon. Il s'agit du deuxième séisme majeur sur les marchés financiers mondiaux depuis le premier de 2007, le dernier datant du 27 février.

Il existe un consensus croissant, tant dans les milieux universitaires que dans les médias, selon lequel le problème des prêts hypothécaires à risque aux États-Unis a été l'"épicentre" du séisme, mais les perceptions des développements ultérieurs sont très différentes.

La plupart des gens pensent que la proportion de prêts hypothécaires à risque sur les marchés financiers américains est faible et de portée limitée, que les marchés financiers réagissent de manière excessive aux chocs violents et que la panique du marché se dissipera bientôt grâce aux injections de capitaux massives et résolues des banques centrales. L'économie réelle des États-Unis n'est pas en récession à la suite d'un choc massif. Toutefois, il y a aussi des gens qui croient que jusqu'à présent l'exposition du problème des prêts hypothécaires à risque est encore que la pointe de l'iceberg, la plus grande échelle de la vérité sera progressivement la surface, les prêts hypothécaires à risque est susceptible d'être le premier domino à tomber, il va déclencher une série d'autres marchés se produisent plus intense, La conséquence ultime est que l'excès de liquidités à l'échelle mondiale s'inversera soudainement en un cycle d'expansion économique de changement, en d'autres termes, l'"âge de glace" de l'économie mondiale peut ne pas arriver, les "espèces" économiques non préparées peuvent s'éteindre.

Reprise de la crise

Repassons au ralenti le processus d'ébranlement des marchés financiers internationaux depuis le début du mois d'août 2007 et les tactiques d'injection de capitaux de la Fed, nous pourrons peut-être trouver quelques indices sur l'intensité du séisme.

- ➢ Le 1er août, le Crédit Suisse a averti que la liquidité mondiale "s'évapore comme l'eau dans le désert" et le 1er août, deux fonds spéculatifs de Bear Stearns se sont placés sous la protection de la loi sur les faillites.

- ➢ Le 2 août, Michael Perry, PDG de l'importante banque hypothécaire Indymac, s'est exclamé : "(MBS) le marché secondaire est en panique et la liquidité est complètement perdue. "

- ➢ Le 3 août, les actions américaines ont plongé à la suite de l'annonce par l'agence de notation Standard & Poor's d'une baisse de la note de Bear Stearns.

- ➢ Le 4 août, Freddie Mac s'est inquiété du fait que davantage de prêts à risque allaient être accordés, "des prêts qui n'auraient jamais dû être accordés en premier lieu". "

- ➢ Le 5 août, Reuters s'est inquiété du fait que la question de l'ampleur des prêts subprime continuerait de tourmenter Wall Street.

- ➤ Le 6 août, le Frankfurt Trust Fund en Allemagne, "entaché" par les prêts subprime américains, a annoncé l'arrêt des rachats.
- ➤ Le 7 août, Standard & Poor's a abaissé la note de crédit de ses MBS ALT-A de classe 207.
- ➤ Le 8 août, le problème des prêts subprime s'est répercuté sur le marché des prêts ALT-A, le taux de défaillance des prêts ALT-A ayant fortement augmenté.
- ➤ Le 8 août, le fonds spéculatif de 10 milliards de dollars de Goldman Sachs & Co. a perdu 8% en une semaine.
- ➤ Le 9 août, la Banque centrale européenne a procédé, pour la première fois depuis le "9.11", à une injection d'urgence, pouvant atteindre 95 milliards d'euros.
- ➤ Le 9 août, la Réserve fédérale, trois injections d'urgence de 38 milliards de dollars par jour.

Les trois injections d'urgence de la Fed ont été effectuées à 8 h 25, pour un montant de 19 milliards de dollars, par le biais d'un accord de rachat à 3 jours (REPO), d'obligations MBS garanties, à 10 h 55, pour un montant de 16 milliards de dollars, par le biais d'un accord de rachat à 3 jours (REPO), d'obligations MBS garanties, à 13 h 50, pour un montant de 3 milliards de dollars, par le biais d'un REPO à 3 jours, d'obligations MBS garanties.

Il est très intéressant de noter que les trois injections d'urgence de la Fed ont utilisé des obligations adossées à des créances hypothécaires MBS comme garantie de pension, plutôt que les accords de pension (REPO) qui permettraient normalement d'acheter des "garanties hybrides".

L'action d'injection de capital de la Fed dans le système bancaire, en termes simples, les commerçants dans le marché obligataire d'ouvrir une note de prêt pour ses trois jours, et ensuite remis à la Fed pour demander d'emprunter des dollars, que l'émission de dollars de la Fed a dit qu'en vertu de la note seule ne peut pas, doit être une garantie, par exemple, le Trésor a émis les meilleures obligations du Trésor, parce qu'il y a des taxes gouvernementales comme garantie, tant que le gouvernement américain existe encore, il y aura des taxes, parce que ces institutions sont souvent garantis par le gouvernement américain. Il y a aussi Fannie Mae et Freddie Mac, deux sociétés autorisées par le gouvernement a émis des prêts hypothécaires (MBS), peut également être utilisé comme garantie. Le 9 août, le marché était en panique, les liquidités sont extrêmement rares, et la Réserve fédérale est aussi particulièrement têtue, disant que les MBS doivent être utilisés comme garantie, les courtiers en obligations de leur propre coffre-fort pour remettre les MBS à la Réserve fédérale, la Réserve fédérale dans ses livres d'actifs sous l'entrée de recevoir un certain nombre de notes de débit d'un concessionnaire, d'une valeur totale de 38 milliards de dollars, le terme de trois jours, l'hypothèque pour les obligations MBS équivalentes, et puis dans le passif de l'entrée de payer en espèces à un concessionnaire 38 milliards de dollars, la note finale, après trois jours, le concessionnaire doit racheter ces obligations MBS, retourner à la Réserve fédérale 38 milliards de dollars en espèces et trois jours d'intérêts, si ces trois jours, ces obligations MBS vient de recevoir le paiement des intérêts, l'argent appartient au concessionnaire.

Les soi-disant injections de capital de la Fed n'ont en fait qu'une limite de trois jours (la plupart du temps un seul jour), et l'argent sera siphonné lorsque le délai sera atteint. Ce type d'action ad hoc est principalement destiné à faire face aux "moments de pointe" dans une situation de panique du marché, en d'autres termes, à "sauver les pauvres plutôt que les nécessiteux".

Lors d'un jour de bourse normal, la Fed est les trois types d'obligations et rarement un seul type de MBS. Alors pourquoi la Fed a-t-elle été si erratique ce jour-là, le 9 août ? Sa propre explication est que les Treasuries sont une valeur refuge et que les investisseurs fuient ce jour-là, afin de ne pas évincer les ressources, donc de ne manger que des MBS. Les bons médias ont ajouté que les investisseurs (en particulier les investisseurs étrangers) ne doivent pas mal interpréter les obligations MBS car personne ne les a achetées.

Cette dernière phrase est le nœud du problème, non seulement en tant que cause profonde de la pénurie actuelle de liquidités sur les marchés financiers internationaux, mais aussi en tant que clé pour guider notre compréhension de l'ensemble de la crise des subprimes. Pour comprendre pourquoi les MBS sont si étroitement liés à la liquidité, nous devons d'abord comprendre la substance des titres basés sur des actifs.

Titrisation d'actifs et excès de liquidités

Il est bien connu que diverses innovations financières dans le monde actuel sont apparues après l'abolition du "quasi-étalon-or" du système Breton dans les années 1970. La raison en est que dans ce système, l'actif principal de l'industrie financière est l'or, et que tout l'argent en circulation doit être testé par la loi économique du "papier-monnaie contre or". Le système bancaire ne peut pas et n'ose pas produire "la dette des autres" afin de créer une monnaie de dette pour éviter une ruée sur le peuple. La dette est restée de taille modeste sous la régulation stricte de l'or.

Sous les contraintes de l'étalon-or, l'inflation dans les principaux pays du monde est presque négligeable, il n'y a pas de cachette pour les déficits budgétaires à long terme et le risque de change est proche de zéro. Et en un peu plus de 30 ans après le découplage du dollar de l'or, le pouvoir d'achat du dollar a chuté de plus de 90%. Quel est exactement l'intérêt des membres de la société pour la dévaluation du pouvoir d'achat de la monnaie, ou l'inflation ? Et qui est le plus grand perdant dans ce grand jeu de la richesse sociale ?

Ou est-ce Keynes qui l'a précisé :

> " Par le biais d'une inflation successive, les gouvernements peuvent, secrètement et sans le savoir, priver les gens de leur richesse et, en appauvrissant la majorité, enrichir la minorité. "

Greenspan a également déclaré en 1966,

> " En l'absence d'un étalon-or, il n'y aura aucun moyen de protéger l'épargne des gens contre l'inflation. "

L'école autrichienne a comparé de manière imagée le système de réserves bancaires fractionnaires, qui est l'une des causes fondamentales de l'inflation, à des criminels qui "volent et impriment de la fausse monnaie". Dans un système de réserves fractionnaires, il y aurait inévitablement des problèmes inflationnistes permanents.

L'inflation aura deux conséquences principales, une baisse du pouvoir d'achat de la monnaie et une redistribution des richesses.

L'argent qui imprime plus de choses augmente naturellement de prix, et quiconque a connu le déchaînement de Chiang Kai-shek distribuant des bons d'achat en or avant de fuir le continent en 1949 comprendra cette simple vérité. Cependant, le courant économique dominant d'aujourd'hui reconnaît qu'il n'y a pas de lien nécessaire entre l'émission de monnaie et l'augmentation des prix, et il fournira de nombreuses données pour montrer que les sentiments des gens ordinaires concernant l'augmentation des prix sont erronés.

La redistribution de la richesse due à l'inflation n'est pas aussi intuitive. Au sens figuré, la création de monnaie-chèque "de toutes pièces" par les banques sous réserves fractionnaires équivaut à l'impression de fausse monnaie. La première personne à se procurer des "faux billets" se rend d'abord dans un restaurant haut de gamme pour y prendre un repas, en tant que première personne à utiliser des "faux billets", le prix du marché est toujours le même qu'avant, les "faux billets" dans ses mains ont le même pouvoir d'achat qu'avant. Lorsqu'un restaurateur accepte un "faux billet" et achète un vêtement avec, il devient un deuxième bénéficiaire, et la circulation des "faux billets" n'a pas encore atteint le niveau de détection du marché, les prix restent donc inchangés. Mais avec les "faux billets" qui continuent à changer de mains, et de plus en plus de "faux billets" en circulation, le marché va lentement constater que les prix vont progressivement augmenter.

Les pires contrevenants sont ceux qui n'ont même pas eu le temps de voir le visage des "faux billets" et dont les prix ont augmenté de manière générale, et dont l'argent entre leurs mains continue de perdre du pouvoir d'achat à mesure que les prix augmentent. Autrement dit, plus les gens sont proches de la "fausse monnaie", plus ils sont avantagés, plus ils en sont éloignés et plus ils ont de la malchance. Dans le système bancaire moderne, l'immobilier est plus proche des banques, il est donc assez avantageux. Et les gens qui vivent de leurs pensions et épargnent honnêtement sont les plus grands perdants.

Ainsi, le processus d'inflation est le processus par lequel la richesse sociale est transférée. Au cours de ce processus, la richesse des familles qui étaient éloignées du système bancaire a été perdue.

Lorsque le concept central de l'or en tant qu'actif a été aboli, le concept d'actif a été remplacé par une dette pure, et après 1971, le dollar s'est transformé d'un "reçu d'or" en un "billet de dette". L'émission de dette-dollar, qui est libérée de l'esclavage de l'or, est comme un cheval sauvage, le dollar d'aujourd'hui n'est plus le lourd "dollar" tel que les gens s'en souviennent, mais le dollar se déprécie depuis plus de 30 ans.

Dès les années 1970, les banques américaines achetaient et vendaient les créances hypothécaires immobilières les unes des autres, mais il n'était pas aussi facile d'acheter et de vendre directement l'ensemble du prêt. Comment standardiser ces créances, qui varient en taille, en état, en durée et en solvabilité, pour les négocier ? Les banquiers ont naturellement pensé au support classique qu'est l'obligation. Il s'agit de la première obligation adossée à des créances hypothécaires, les MBS (Mortgage Backed Securities), lancée par Fannie Mac en 1970. Ils prennent de nombreuses dettes hypothécaires aux conditions très proches et les regroupent en certificats standard, qui sont ensuite vendus aux investisseurs sous forme de certificats garantis, les revenus d'intérêts de la dette et le risque de la dette étant "transmis" aux investisseurs en même temps. Plus tard, la Federal National Home Mortgage Association (Fannie Mac Fannie Mae) a également commencé à émettre des obligations MBS standardisées.

Il faut dire que les MBS sont une invention majeure, tout comme l'émergence de l'or et de l'argent a grandement facilité l'échange de marchandises, les MBS ont également grandement facilité la transaction d'obligations hypothécaires, les investisseurs peuvent facilement acheter et vendre des obligations standardisées, tandis que les banques peuvent rapidement retirer de leurs propres actifs et passifs les obligations hypothécaires immobilières à long terme, de grande taille et difficiles à liquider, après avoir mangé un certain écart, puis transférer le risque et le rendement ensemble, et ensuite trouver la prochaine personne prête à emprunter de l'argent pour acheter une maison.

Du point de vue de l'industrie financière, le bilan est mitigé : les banques résolvent le problème de liquidité des prêts hypothécaires, les investisseurs disposent de plus d'options d'investissement, les personnes qui achètent des maisons obtiennent plus facilement des prêts et les personnes qui vendent des maisons obtiennent plus facilement des propriétés.

Mais la commodité a un prix. Lorsque le système bancaire a été rapidement libéré de 30 ans de prêts hypothécaires en utilisant la méthode des obligations MBS (généralement pour quelques semaines seulement), et qu'il a en même temps transféré l'ensemble du risque à la société, ce risque incluait le problème peu connu de l'inflation.

Lorsque l'acheteur conclut un contrat de prêt avec la banque, celle-ci place ce "privilège de créance" à l'actif de son bilan, créant ainsi un montant égal de passif, en notant que ce passif de la banque est positivement équivalent à de l'argent. En d'autres termes, les banques ont créé de l'argent en même temps qu'elles ont émis la dette, et comme le système de réserves fractionnaires permettait au système bancaire de créer de l'argent qui n'existait pas, les centaines de milliers de dollars de nouvel argent qui venaient d'être "créés de toutes pièces" par les banques ont été immédiatement transférés aux sociétés immobilières.

Dans ce processus, les banques peuvent "voler et imprimer légalement de la fausse monnaie" dans le cadre du système de réserves fractionnaires. Les sociétés immobilières sont les premières à mettre la main sur la "fausse monnaie", ce qui explique pourquoi les sociétés immobilières accumulent des richesses à un rythme alarmant. Lorsque les sociétés immobilières commencent à dépenser cette "fausse monnaie", la pression globale à la hausse sur les prix dans l'ensemble de la société se répand par vagues au fur et à mesure que la "fausse monnaie" change de mains. Étant donné la complexité de ce mécanisme de transmission et le fait que les changements dans l'offre et la demande de biens sociaux augmentent les variables multidimensionnelles, il existe également un degré considérable de décalage dans la réponse psychologique monétaire de la société dans l'espace. En substance, la capacité du système bancaire à amplifier plusieurs fois l'émission de monnaie d'emprunt en raison de l'amplification des réserves fractionnaires, qui est fondamentalement destinée à dépasser largement le taux de croissance économique réel, est la véritable source d'excès de liquidité.

L'essence de cette monnaie bancaire est le "reçu" émis par la banque. Dans le cadre de l'étalon-or, ce "reçu" correspond aux actifs en or de la banque, alors que dans un système de monnaie de dette pure, il ne correspond qu'à la dette équivalente due à la banque par une autre personne.

Les titres adossés à des créances hypothécaires ont fondamentalement augmenté l'efficacité de l'émission de monnaie scripturale par le système bancaire, tout en créant inévitablement une grave surabondance d'argent qui aurait continué à gonfler la bulle des prix de l'immobilier s'il n'avait pas inondé le marché boursier encombré, ou pire, s'il n'avait pas "fui" dans le domaine de la production matérielle et de la consommation de marchandises, provoquant des griefs concernant les augmentations de prix.

Inspirée par les MBS, une idée encore plus audacieuse a été mise en pratique, à savoir l'obligation adossée à des actifs (ABS, Assets Backed Securities). Les banquiers ont pensé que puisque les MBS avec un principal fixe futur et des revenus d'intérêts comme garantie pouvaient être un succès, par extension, tous les actifs avec des flux de trésorerie futurs comme garantie pouvaient être titrisés en utilisant la même idée, de tels actifs pouvaient inclure : des créances de cartes de crédit, des prêts automobiles, des prêts étudiants, des prêts commerciaux, des revenus de location d'usines et d'ateliers d'aéronefs, même des revenus futurs de brevets ou de droits d'auteur, etc.

Wall Street a un célèbre dicton selon lequel s'il y a des flux de trésorerie futurs, transformez-les en titres. En fait, l'essence de l'innovation financière est que tout ce qui peut être découvert peut être liquidé aujourd'hui.

Le marché des ABS s'est développé rapidement ces dernières années, triplant sa taille entre 2000 et aujourd'hui, pour atteindre le chiffre stupéfiant de 19,8 billions de dollars.

Ces obligations ABS et MBS peuvent être utilisées comme garantie pour des prêts aux banques, et les MBS émis par Fannie Mae et Freddie Mac peuvent même être utilisés comme réserves pour les banques qui peuvent ensuite être utilisées par la Réserve fédérale comme garantie pour des accords de rachat (REPO). Une augmentation de la monnaie de cette ampleur entraînerait inévitablement une grave inflation des actifs. Si l'inflation signifie un transfert silencieux de la richesse sociale, prenez les banques comme un cercle. Vu la taille du rayon des prêts, il est facile de voir qui a déplacé le "fromage" du peuple.

Les prêts hypothécaires subprime et ALT-A : des déchets toxiques pour les actifs

Lorsque la plupart des ressources des gens ordinaires pour les prêts hypothécaires immobiliers sont épuisées, les banquiers ont jeté leur dévolu sur les personnes originelles "non ordinaires". Il s'agit de 6 millions de pauvres ou de pauvres discrédités et de nouveaux immigrants en Amérique.

Le marché hypothécaire américain peut être globalement divisé en trois niveaux : le marché des prêts de qualité, le marché des prêts ALT-A et le marché des prêts à risque. Le marché des prêts de qualité s'adresse à d'excellents clients ayant un score de crédit élevé (660 ou plus), des revenus stables et fiables et un endettement raisonnable, qui choisissent principalement les prêts hypothécaires les plus traditionnels à taux fixe sur 30 ans ou 15 ans. Le sous-marché est défini comme les personnes dont le score de crédit est inférieur à 620, qui n'ont pas de preuve de revenus et dont le niveau d'endettement est élevé. Le marché des prêts "ALT-A" est une vaste zone grise entre les deux, comprenant à la fois le segment grand public avec des scores de crédit entre 320 et 660 et une partie importante de clients très solvables avec des scores supérieurs à 660.

La taille totale du sous-marché est d'environ 2 000 milliards de dollars, dont près de la moitié n'a pas de titres à revenu fixe. De toute évidence, il s'agit d'un marché à haut risque offrant des rendements élevés, et ses taux de prêt hypothécaire sont environ 2 à 3% plus élevés que le taux de référence.

Les prêteurs du sous-marché sont devenus plus "innovants" et ont audacieusement introduit une variété de nouveaux produits de prêt. Parmi les plus connus, citons : le prêt sans capital (Interest Only Loan), le prêt hypothécaire à taux variable ARM de 3 ans, le prêt à taux variable de 5 ans et le prêt à taux variable de 7 ans, les options ARM, etc. La caractéristique commune de ces prêts est que les paiements hypothécaires mensuels sont faibles et fixes au cours des premières années de remboursement, et qu'après une certaine période, la pression de remboursement augmente fortement. Les principales raisons de la popularité de ces nouveaux produits sont de deux ordres : premièrement, les gens partent du principe que l'immobilier va toujours augmenter, du moins pendant ce qu'ils considèrent comme une période "raisonnable", et que le risque est "gérable" tant qu'ils peuvent sortir la maison à temps, et deuxièmement, les gens tiennent pour acquis que l'immobilier augmentera plus vite que la charge d'intérêts.

Les prêts "ALT-A" sont entièrement désignés sous le nom de prêts "Alternative A", qui se réfèrent généralement aux personnes ayant un bon ou excellent historique de crédit, mais qui n'ont pas ou n'ont pas de documentation légale de revenus réguliers, d'épargne, d'actifs, etc. Ces prêts sont généralement considérés comme plus "sûrs" que les prêts à risque, et le profit est considérable, après tout, le prêteur n'a pas d'"antécédents" de mauvais crédit, le taux d'intérêt est généralement de 1% à 2% plus élevé que les produits de prêt de qualité.

Un prêt "ALT-A" est-il vraiment plus sûr qu'un prêt subprime ? Ce n'est pas le cas. Depuis 2003, les prêteurs "ALT-A" ont perdu un minimum de rationalité en poursuivant cet intérêt dans la chaude bulle immobilière. De nombreux prêteurs ne disposent tout simplement pas des preuves de revenus habituelles et se contentent de communiquer eux-mêmes un chiffre, souvent exagéré, si bien que les prêts "ALT-A" sont qualifiés de "prêts frauduleux" par les initiés du secteur.

Les prêteurs sont également fortement impliqués dans l'introduction d'une variété de produits de prêt à plus haut risque. Si le produit de prêt sans principal est un calendrier d'amortissement de 30 ans pour amortir le montant du paiement mensuel, mais dans la première année peut fournir un taux d'intérêt très faible de 1% à 3%, et seulement payer l'intérêt, pas de remboursement du principal et puis la deuxième année commence à fluctuer en fonction des conditions du marché des taux d'intérêt, garantit généralement aussi que le montant du paiement mensuel annuel ne dépasse pas 7,5% de l'augmentation de l'année précédente.

Les prêts sélectifs à taux révisable, quant à eux, permettent aux emprunteurs d'effectuer des paiements mensuels encore plus bas que le taux d'intérêt normal, la différence étant automatiquement comptabilisée comme une somme supplémentaire due à la banque après le remboursement. Les taux d'intérêt de ces prêts suivent également le marché après une certaine période.

De nombreuses personnes "solvables" qui spéculent dans l'immobilier pendant une courte période croient que les prix ne vont augmenter qu'à court terme, et elles n'ont pas le temps d'encaisser, et de nombreuses personnes "solvables" utilisent ces prêts pour s'offrir des maisons qui sont au-delà de leur capacité réelle de paiement. Tout le monde a l'idée que l'on peut vendre la maison immédiatement pour rembourser le prêt et faire un bénéfice, ou que l'on peut refinancer le prêt et sortir l'argent pour les urgences et la consommation, même si les taux d'intérêt augmentent rapidement, et il y a une dernière ligne de défense pour augmenter le remboursement annuel de pas plus de 7,5%, donc c'est un investissement à faible risque avec un rendement potentiel élevé, pourquoi pas ?

Selon les statistiques, plus de 40% du total des prêts hypothécaires immobiliers aux États-Unis en 2006 concernaient des produits "ALT-A" et "subprime", pour un total de plus de 400 milliards de dollars, et la proportion était encore plus élevée en 2005. Le montant total des prêts hypothécaires à haut risque, tels que les prêts "ALT-A" et les subprimes, a dépassé 2 000 milliards de dollars en 200 ans. Actuellement, le taux d'impayés des prêts subprime de plus de 60 jours a dépassé 15% et se rapproche rapidement du niveau record de 29%, avec 2,2 millions de "personnes subprime" sur le point d'être balayées par les banques. Le taux de délinquance "ALT-A" est d'environ 3,7%, mais il a doublé au cours des 14 derniers mois.

Les dangers de l'"ALT-A" ont été ignorés par les économistes traditionnels parce que leurs taux de défaillance ont jusqu'à présent été moins prononcés que sur le marché déjà "fumant" des subprimes, mais le danger potentiel est encore plus grand que sur le marché des subprimes. La raison en est que le contrat de prêt "ALT-A" a généralement "planté" deux lourdes bombes à retardement qui déclencheront automatiquement l'implosion de ce marché une fois que le marché des taux hypothécaires continuera à augmenter et que les prix des logements continueront à baisser.

La dernière ligne de défense des prêts sans principal mentionnés précédemment, lorsque le taux d'intérêt suit le marché et que la mensualité n'augmente pas de plus de 7,5%, donne à de nombreuses personnes un sentiment "illusoire" de sécurité. Mais il y a ici deux exceptions, et deux bombes lourdes, dont la première est appelée "Timed Reset" (refonte 5 ans/10 ans). Tous les 5 ou 10 ans, le montant du remboursement du prêteur ALT-A sera automatiquement réinitialisé, le prêteur recalculera le montant du paiement mensuel en fonction du nouveau montant du prêt, et le prêteur constatera que le montant de son paiement mensuel a augmenté de manière significative, ce que l'on appelle le "choc de paiement". En raison de l'"amortissement négatif", la dette totale du prêt de nombreuses personnes augmente, et leur seul espoir est que les prix de l'immobilier continuent à augmenter pour qu'elles puissent vendre leur maison et s'en décharger, sinon elles perdront la propriété ou la vendront avec du sang.

La deuxième bombe est le "plafond du prêt". Alors que l'on peut ne pas envisager une remise à zéro régulière après quelques années, l'"amortissement négatif" a une limite selon laquelle la dette accumulée ne peut pas dépasser 110-125% du montant initial du prêt, et une fois cette limite atteinte, elle déclenchera automatiquement la remise à zéro du prêt. C'est une bombe à retardement suffisamment grande pour tuer des gens. En raison de l'attrait des taux d'intérêt bas et des pressions de remboursement moins élevées la première année, la plupart des gens optent pour le paiement mensuel le plus bas possible. Par exemple, si vous payez 1 000 $ par mois en intérêts normaux, vous pouvez choisir de ne payer que 500 $, et la différence d'intérêts de 500 $ est automatiquement ajoutée au capital du prêt, qui s'accumule à un rythme tel que l'emprunteur sera "au maximum" avant de toucher la bombe de la remise à zéro du prêt sur 5 ans.

Si ces prêts sont si sinistres, pourquoi la Fed n'intervient-elle pas pour les réguler ?

Gerrard (Greenspan) est monté sur le podium. Et à deux reprises. La première fois, c'était en 2004, lorsque M. Gao a estimé que les institutions offrant des prêts et les personnes achetant des maisons étaient trop timides, parce qu'elles n'étaient pas encore particulièrement friandes des produits à taux ajustable à haut risque (Option ARM). Le public américain profiterait grandement du fait que les prêteurs puissent offrir des options plus flexibles que les produits traditionnels à taux fixe", s'est plaint M. Gerrard. Les prêts traditionnels à taux fixe sur 30 et 15 ans sont peut-être trop chers pour les consommateurs qui peuvent et veulent prendre le risque des taux d'intérêt. "

Alors Fannie Mae, New Century Gate, et l'acheteur moyen de maison sont devenus de plus en plus audacieux, et la situation est devenue de plus en plus scandaleuse, et les prix de plus en plus fous.

Ainsi, 16 mois plus tard, Gergo est apparu à nouveau lors d'une audition au Sénat, cette fois-ci en fronçant les sourcils, en déclarant : " C'est une mauvaise note que les consommateurs américains utilisent ces nouvelles façons de prêter (en faisant référence aux Option ARM, etc.) pour se permettre une hypothèque qu'ils ne pourraient pas se permettre autrement. "

On ne peut jamais vraiment comprendre ce que Gogol pensait. Oui, les mots de Gogol sont dégoulinants, il dit que si l'Américain moyen peut se permettre le risque de taux d'intérêt et peut gérer ce risque, il peut tout aussi bien utiliser des prêts risqués. L'implication est que si vous ne l'avez pas, ne faites pas de scène. Peut-être que Gertrude ne connaît vraiment pas la fortune financière du peuple américain.

Subprime CDO : Concentration d'actifs toxiques de pacotille

Les prêts hypothécaires à risque et les prêts ALT-A, deux catégories de pacotille toxique basée sur les actifs, totalisent 2,5 billions de dollars. Ces déchets toxiques doivent être retirés du registre des actifs du système bancaire des prêts hypothécaires à risque, sinon les conséquences seront sans fin.

Comment désinvestir ? En recourant à la titrisation des actifs dont nous avons parlé précédemment.

Les obligations MBS, qui étaient à l'origine garanties par des hypothèques subprime, sont faciles à générer mais difficiles à écouler car les investissements des grandes institutions d'investissement américaines telles que les fonds de pension, les fonds d'assurance et les fonds gouvernementaux doivent remplir certaines conditions d'investissement, c'est-à-dire que l'investissement doit être noté AAA par Moody's ou S&P. Les MBS subprime ne répondent apparemment même pas à la note minimale d'investissement BBB, ce qui les rend indisponibles pour de nombreuses grandes institutions d'investissement. C'est en raison de son risque élevé, et donc de son rendement élevé, que les banques d'investissement de Wall Street ont jeté un coup d'œil sur les rendements potentiellement élevés de la junk asset toxic.

Les banques d'investissement ont donc commencé à s'impliquer dans cette ville à haut risque.

Les banquiers d'affaires ont d'abord découpé les obligations MBS de catégorie "junk" toxique en morceaux (tranche) en fonction de la probabilité de défaut, connus sous le nom de CDO (Collateralized Debt Obligations). Les obligations les moins risquées sont appelées "CDO senior" (tranche seoior, qui représente environ 80%), qui sont emballées dans des boîtes-cadeaux et attachées avec des rubans dorés par les banques d'investissement. Les "CDO à risque moyen" (tranche equity, environ 10%) sont également mis dans des boîtes cadeaux et attachés avec des rubans argentés. Le risque le plus élevé est appelé "Common CDO" (Equity, environ 10%) et est placé dans une boîte cadeau avec un ruban en cuivre. Après un tel habillage des banques d'investissement de Wall Street, les actifs toxiques de pacotille qui étaient auparavant laids sont immédiatement devenus brillants et étincelants.

Même Moody's et S&P ont eu l'air abasourdi lorsque les banquiers d'affaires ont à nouveau frappé à la porte des sociétés de notation d'actifs avec de beaux paquets cadeaux à la main. Les banques d'investissement, qui parlent intelligemment, expliquent à quel point les "primes" sont fiables et assurables, présentent des données de ces dernières années pour montrer à quel point le taux de défaillance des "primes" est faible, puis présentent des modèles mathématiques conçus par les plus grands mathématiciens du monde pour montrer que la probabilité de défaillances futures est également extrêmement faible. Même dans l'éventualité d'un défaut de paiement, le premier à perdre le "ordinaire" et "intermédiaire", avec ces deux lignes de défense, le "haut grade" est simplement une soupe solide, et ensuite parler de la situation du développement immobilier comment agréable, les prêteurs hypothécaires peuvent toujours faire "re-prêt" (re-finance en anglais Repo) pour arriver avec beaucoup de liquidités, ou très facilement vendre la propriété et puis se débarrasser d'un grand profit. Des exemples vivants sont facilement disponibles.

Moody's et S&P examinent de plus près les chiffres du passé, il n'y a rien de cassé, et le fait de pousser encore et encore les modèles mathématiques qui représentent les tendances de la fin des temps ne semble rien déceler d'anormal dans la façon dont l'immobilier est en pleine effervescence, comme nous le savons tous. Bien sûr, les Moody's, avec leur instinct issu d'une décennie dans le secteur et l'expérience du nombre de récessions qu'ils ont traversées, comprennent les pièges derrière ces articles gadgets, mais ils connaissent aussi les enjeux. Si vous regardez la boîte de cadeaux "piqûre impeccable" de la table, Moody's et S&P sont heureux de faire de même, après tout, nous sommes tous dans la jungle financière, Moody's et S&P ont également à l'ordre des affaires des banques d'investissement d'avoir un repas, et Moody's et S&P ont également la concurrence les uns avec les autres, vous ne faites pas d'autres feront également, offenser les gens pour ne pas dire aussi perdu des affaires. Moody's et S&P ont donc fait un gros coup d'éclat et "Premium CDO" a reçu la note maximale de AAA.

Les banquiers d'affaires sont partis en joie.

Image, ce processus est similaire à celui des commerçants peu scrupuleux qui collectent les huiles usagées déversées par McDonald's, puis après une simple filtration et séparation, "les déchets deviennent des trésors", reconditionnés et vendus aux restaurateurs pour les sautés ou les frites.

Après avoir reçu une notation CDO, les banquiers d'investissement qui étaient les souscripteurs des déchets toxiques se sont adressés à des cabinets d'avocats pour créer un "Special Purpose Legal Vehicle" (SPV), qui a été enregistré dans les îles Caïmans pour éviter la réglementation gouvernementale et les impôts. L'"entité" achète ensuite les actifs et émet le CDO, de sorte que la banque d'investissement peut légalement contourner le risque de l'"entité".

Quelles sont ces banques d'investissement intelligentes ? Ce sont : Lehman Brothers, Bear Stearns, Merrill Lynch, Citi, Wachovia, Deutsche Bank, Bank of America (BOA) et d'autres grandes banques d'investissement.

Bien entendu, les banques d'investissement ne voudront jamais détenir cette camelote toxique à long terme, et leur façon de s'en sortir est d'encaisser rapidement. Avec la note maximale de AAA et le talent des banquiers d'investissement, vendre un "CDO premium" est un jeu d'enfant. Les acheteurs sont tous de grands fonds d'investissement et des institutions d'investissement étrangères, y compris de nombreux fonds de pension, fonds d'assurance, fonds d'éducation et divers fonds gérés par le gouvernement. En revanche, les "CDO intermédiaires" et les "CDO ordinaires" ne sont pas si faciles. Bien que les banques d'investissement se soient donné beaucoup de mal, Moody's et S&P ne sont pas non plus disposés à approuver les deux "déchets toxiques concentrés", après tout, il y a une "éthique professionnelle" de la ligne de fond.

Comment décoller des "déchets toxiques concentrés" brûlants ? Les banques d'investissement se sont donné beaucoup de mal pour trouver un coup de maître : un fonds spéculatif !

Les banques d'investissement ont pris une partie de leur propre argent et ont créé des fonds spéculatifs indépendants, qui ont ensuite "filé" les "déchets toxiques concentrés" de leurs bilans vers des fonds spéculatifs indépendants, qui ont ensuite acheté les actifs CDO "déchets toxiques concentrés" des banques d'investissement "qui sont nés de la même racine" à un "prix élevé", qui a été enregistré sur les actifs du fonds spéculatif comme le "prix d'entrée". Les banques d'investissement ont ainsi achevé juridiquement le processus de démarcation des "déchets toxiques concentrés".

Heureusement, l'écologie financière à taux d'intérêt ultra-bas créée par la Fed depuis 2002 a engendré une vague d'expansion rapide du crédit qui a vu les prix de l'immobilier doubler en seulement cinq ans dans un tel boom. Les prêteurs subprime peuvent facilement obtenir des fonds pour faire face à leurs paiements mensuels. En conséquence, le taux de défaillance des prêts subprime est beaucoup plus faible qu'estimé à l'origine.

Le marché des CDO est beaucoup plus froid que les autres marchés de titres, et les "déchets toxiques" changent rarement de mains sur le marché, de sorte qu'il n'y a pas d'informations disponibles pour référence. Dans ce cas, les régulateurs autorisent les fonds spéculatifs à utiliser les résultats des calculs de modèles mathématiques internes comme référence pour l'évaluation des actifs. Pour les hedge funds, c'est une excellente nouvelle, car après leurs propres "calculs", 20% du taux de rendement est trop embarrassant à dire, 30% difficile à vanter auprès d'autres fonds, 50% difficile à classer, et 100% peut ne pas pouvoir être exposé.

À un moment donné, la couverture d'avoir "concentré des actifs toxiques junk" CDO de l'or rouge à travers Wall Street.

Les banques d'investissement sont également ravies, ne s'y attendaient pas, ah ne s'y attendaient pas, détenant un grand nombre de "déchets toxiques concentrés" de fonds spéculatifs dans les marchandises recherchées. En raison des rendements attrayants, de plus en plus d'investisseurs sont demandeurs de fonds spéculatifs, avec l'afflux de grandes quantités d'argent, les fonds spéculatifs sont devenus la machine à fric des banquiers d'investissement.

Les caractéristiques de base des fondamentaux de la couverture sont les opérations à haut risque et à fort effet de levier. Depuis les mains de la "concentré de déchets toxiques" CDO actifs sont à la recherche de gonfler, si vous ne faites pas bon usage de l'effet de levier élevé aussi désolé pour le nom de fonds spéculatifs. Ainsi, les gestionnaires de hedge funds viennent aux banques commerciales pour demander des prêts hypothécaires, la garantie est le marché rouge vert "concentré de déchets toxiques" CDO.

Les banques ont également entendu le grand nom du CDO et ont accepté avec joie le CDO comme garantie, puis ont émis des prêts pour continuer à créer de la monnaie bancaire. Notez que c'est la nième fois que le système bancaire utilise une partie de la même dette hypothécaire pour "voler et imprimer de la fausse monnaie".

Les fonds spéculatifs sont 5 à 15 fois plus endettés que les prêts hypothécaires des banques !

Lorsque les fonds spéculatifs obtiennent l'argent des banques, ils retournent à leurs propres banques d'investissement pour acheter plus de CDO, les banques d'investissement complètent alors joyeusement plus d'obligations toxiques de type junk MBS pour le "raffinage" des CDO, dans la titrisation accélérée des actifs, l'émission de prêts à risque pour les banques obtiennent alors plus rapidement plus de liquidités pour couvrir de plus en plus d'emprunteurs à risque.

Les banques de prêts à risque sont chargées de la production, les banques d'investissement, Fannie Mae et Freddie Mac sont chargées de la transformation et de la vente en profondeur, les sociétés de notation d'actifs sont les chiens de garde de la qualité, les fonds spéculatifs sont chargés de l'entreposage et de la vente en gros, les banques commerciales fournissent le crédit, et les fonds de pension, les fonds fiduciaires gouvernementaux, les fonds d'éducation, les fonds d'assurance et les investisseurs institutionnels étrangers sont les consommateurs finaux des déchets toxiques des actifs. Un sous-produit de ce processus est l'excès mondial de liquidités et la polarisation des riches et des pauvres.

Une chaîne parfaite de production de déchets toxiques d'actifs s'est ainsi formée.

Selon le Département du Trésor des États-Unis,

> ➢ 200 milliards de dollars de CDO ont été émis au cours du premier trimestre de 2007.

> ➢ Des CDO d'une valeur de 31 milliards de dollars ont été émis tout au long de l'année 2006.

> ➢ Des CDO d'une valeur de 151 milliards de dollars ont été émis tout au long de l'année 2005.

> ➢ 100 milliards de CDO émis tout au long de l'année 2004

CDO synthétique" : déchets toxiques concentrés de haute pureté

Dans certains cas, les banques d'investissement peuvent également conserver une partie des "déchets toxiques concentrés" entre leurs mains à des fins de publicité "éthique" et de renforcement de la confiance des investisseurs. Afin de rendre cet actif hautement toxique économiquement viable, les banquiers d'investissement les plus intelligents ont trouvé une autre astuce.

Comme nous l'avons mentionné précédemment, la pensée constante de Wall Street est de trouver des moyens de faire des titres tant qu'il y a des flux de trésorerie futurs. Pour l'instant, les actifs de "déchets toxiques concentrés" entre les mains des banques d'investissement n'ont pas encore connu de graves défauts de paiement, et les revenus d'intérêts mensuels sont stables. Mais il y a de fortes chances que l'assurance phœnix se produise à l'avenir. Que faire ? Ils doivent trouver un moyen de sortir de ces mauvaises perspectives et obtenir une police d'assurance pour un éventuel défaut futur, qui est le Credit Default Swap (CDS).

Avant de lancer un tel produit intermédiaire, les banques d'investissement doivent d'abord créer un corps de théorie pour expliquer sa rationalité. Elles décomposent les revenus d'intérêts du CDO en deux modules distincts, l'un pour l'utilisation des fonds à Naraki et l'autre pour le coût du risque de défaut. Le module du risque de défaut doit maintenant être transféré à quelqu'un d'autre, ce qui a un coût.

Si un investisseur est prêt à prendre le risque d'une défaillance d'une CDO, il recevra les paiements d'assurance contre la défaillance que les banquiers d'investissement versent en plusieurs versements, et pour l'investisseur, le flux de trésorerie provenant de ces versements d'assurance ne diffère pas du flux de trésorerie d'une obligation ordinaire. C'est la principale caractéristique du contrat de CDS. Dans ce processus, l'investisseur qui assume le risque n'a pas besoin d'apporter de l'argent ou d'avoir une relation quelconque avec l'actif assuré ; il assume simplement le risque de défaut potentiel de la CDO et reçoit un versement de la prime. En raison de l'asymétrie de l'information, le jugement de l'investisseur moyen sur l'assurance phœnix en cas de défaut n'est pas aussi précis que celui des banques d'investissement, de sorte que de nombreuses personnes sont attirées par les rendements superficiels et ignorent le potentiel de l'assurance phœnix.

À ce stade, bien que les "déchets toxiques concentrés" restent en théorie entre les mains de la banque d'investissement, le risque de défaillance a été transféré à d'autres. La banque d'investissement a gagné à la fois de la visibilité et de l'argent.

À l'origine, la banque d'investissement a connu le "succès" jusqu'à présent, mais la nature avide de l'homme n'a pas de fin, tant que rien ne s'est passé, le jeu continuera sous une forme plus palpitante.

En mai 2005, un groupe de "génies financiers" de Wall Street et de la City financière de Londres a finalement "mis au point" un nouveau produit basé sur les credit default swaps (CDS) : le CDO synthétique — des actifs "toxiques concentrés de haute pureté". L'idée de génie des banquiers d'affaires a été d'intégrer les flux de trésorerie de l'assurance contre le défaut de paiement versés à la paire de CDS, à nouveau dans des paquets-cadeaux séparés selon des coefficients d'assurance phœnix, et à nouveau de frapper aux portes de Moody's et S&P. Moody's y réfléchit depuis longtemps, et ils s'en veulent. Ne pas obtenir de notation, c'est du vent. C'est beaucoup d'inquiétude pour les banquiers d'affaires.

Lehman Brothers, les plus grands experts mondiaux dans le domaine des "CDO synthétiques", et ses "scientifiques financiers" ont découvert en juin 2006 que la "tranche d'actions" la plus toxique du monde était un "déchet toxique concentré de grande pureté". Leur "innovation" consiste à accumuler les flux de trésorerie générés par les actifs des "CDO synthétiques ordinaires" dans un "pool" de réserve, en cas de défaut, le "pool" de réserve commencera la fonction d'urgence de fourniture de "flux de trésorerie", cette approche des "CDO synthétiques ordinaires" a joué un rôle dans le rehaussement de crédit. Enfin, Moody's a attribué la note AAA à ces "déchets toxiques concentrés de haute pureté".

L'attrait de l'investissement en "CDO synthétiques" a atteint un sommet, il est tellement glamour, tout investisseur aura l'illusion d'un ange descendant sur terre, pensez-y, dans le passé pour investir dans des obligations CDO, afin d'obtenir un flux de trésorerie, vous devez mettre de l'argent réel, et doit supporter le risque d'investissement possible. Maintenant que votre argent peut être immobile et rester sur le marché boursier ou ailleurs pour que vous puissiez continuer à créer de la richesse, vous obtiendrez un flux de trésorerie régulier avec une certaine prise de risque. C'est une option plus intéressante que les CDS car ce produit d'investissement est noté AAA par Moody's et S&P.

Aucun argent n'est nécessaire pour obtenir un flux de trésorerie régulier et le risque est minime car il s'agit de produits "CDO synthétiques" notés AAA. Le résultat n'est pas difficile à imaginer : un grand nombre de soldes de fonds fiduciaires gouvernementaux, de fonds de pension, de fonds d'éducation, de gestionnaires de fonds d'assurance et un grand nombre de fonds étrangers se joignent à l'opération en masse, augmentant les rendements de l'ensemble du fonds sans utiliser un centime de leurs fonds, et bien sûr leurs propres bonus élevés.

Outre les grands fonds qui sont d'importants acheteurs de "CDO synthétiques", les banques d'investissement recherchent également des hedge funds ayant un penchant pour le risque élevé et les rendements élevés, et elles ont créé un produit de "CDO synthétiques" pour les hedge funds avec un "coupon zéro" (Zero Coupon). La plus grande différence entre ce produit et les autres "CDO synthétiques" est que les autres produits ne nécessitent pas de capital pour générer des flux de trésorerie, mais l'inconvénient fatal est que tous les risques doivent être pris à temps plein, avec la possibilité de perdre la totalité de l'investissement. Le type de produit "obligation zéro-coupon" est mis dans la valeur nominale d'une partie des fonds, et aucun revenu de flux de trésorerie, mais attendre la limite de temps CDO, sera en mesure d'obtenir le montant total de la valeur nominale, mais de supprimer les pertes par défaut et les coûts, cette essentiellement similaire aux produits d'option sera le plus grand risque à un "d'abord dire briser, et puis pas mess", la base de couverture des masses jusqu'au début d'une partie des fonds investis, mais au cas où il n'y a pas de défaut, qui peut gagner les gens cheveux, le "au cas où" le bon espoir de fonds de couverture est vraiment impossible de résister. Bien sûr, les banques d'investissement connaissent les rouages des gestionnaires de hedge funds pour concevoir de tels produits "réfléchis". Le rôle d'une banque d'investissement est de stimuler et d'exploiter la cupidité des uns et des autres tout en restant presque toujours seule, et c'est au hedge fund de décider de sa chance.

L'imagination de l'innovation financière de Wall Street semble être sans fin, en plus des CDO, CDS, CDO synthétiques, ils ont également inventé le "CDO carré" (CDO2), le "CDO cube" (CDO3), le "CDO de N-carré" (CDON) et d'autres nouveaux produits. Selon l'agence Fitch, le marché des dérivés de crédit a atteint le chiffre vertigineux de 50 000 milliards de dollars en 2006. De 2003 à 2006, ce marché a été multiplié par 15 ! Actuellement, les fonds spéculatifs sont devenus le pilier du marché des dérivés de crédit, avec une part exclusive de 60%.

En outre, les statistiques de la BRI montrent que 92 milliards de dollars de nouveaux "CDO synthétiques" ont été émis au quatrième trimestre 2006, contre 121 milliards de dollars de "CDO synthétiques" au premier trimestre 2007, les fonds spéculatifs représentant 33% du marché. Qui est le pilier de ce marché de déchets toxiques concentrés de haute pureté ? De manière surprenante, les résultats montrent que ce sont les "fonds conservateurs", y compris les fonds de pension et les investisseurs étrangers, qui sont concentrés dans le plus toxique des "CDO synthétiques", les "CDO synthétiques génériques".

Société de notation d'actifs : complice de la fraude

Sur l'ensemble des obligations MBS subprime, environ 75 pour cent étaient notées AAA, 10 pour cent AA, 8 autres pour cent A et seulement 7 pour cent BBB ou moins. En fait, le taux de défaillance des prêts subprime a atteint 14,44 pour cent au quatrième trimestre 2006 et est passé à 15,75 pour cent au premier trimestre 2007. Avec l'inévitable "panique des paiements mensuels" sans précédent provoquée par la réinitialisation des taux d'intérêt à hauteur de 2 000 milliards de dollars vers 2007 et 2008, les marchés des prêts subprime et ALT-A sont voués à connaître des taux de défaillance plus élevés. De la fin 2006 à la mi-2007, plus de 100 prêteurs subprime ont été contraints de fermer. Et ce n'est qu'un début. Une étude publiée par la Mortgage Bankers Association of America montre que 20% des prêts subprime finiront probablement par être saisis et que 2,2 millions de personnes perdront leur maison.

Le 15 juillet 2007, la nouvelle est tombée que le fonds de pension de la police et des pompiers de l'Ohio, le troisième plus grand fonds de pension des États-Unis, avait subi de graves pertes, avec 7% de ses investissements sur le marché des MBS. Marc Dann, le procureur général de l'Ohio, a fustigé "ces sociétés de notation qui font fortune sur chaque notation de MBS subprime générée. Elles continuent de donner à ces (actifs toxiques de pacotille) des notes AAA, donc elles sont en fait complices de ces fraudes."

À cela, Moody a rétorqué que Jane Yuk était ridicule. "Nos opinions sont objectives, et il n'y a aucune contrainte d'achat ou de vente". "La logique de Moody est que, comme les critiques, notre éloge de Full of Gold Armor ne signifie pas que nous vous forçons à acheter des billets pour voir le film, en d'autres termes, nous disons simplement, ne le prenez pas au sérieux.

Les investisseurs qui sont tellement en colère qu'ils pensent que pour des produits aussi extrêmement complexes que les CDO et les "CDO conjoints" et que les informations sur les prix sont assez opaques, le marché fait confiance et s'appuie sur l'évaluation des sociétés de notation, comment peuvent-ils simplement repousser le 6.2.5 et ne pas l'accepter du tout ? En outre, sans une notation telle que AAA, comment les grands fonds de pension, les fonds d'assurance, les fonds d'éducation, les fonds fiduciaires gouvernementaux et les fonds d'investissement institutionnels étrangers pourraient-ils être fortement souscrits ?

Tout est basé sur une notation AAA, et si cette notation est erronée, les centaines de milliards de dollars de portefeuilles que ces fonds couvrent sont en danger. En fait, les notations des actifs déterminent tous les aspects du jeu.

Récemment, deux fonds spéculatifs engagés dans les prêts hypothécaires à risque sous l'égide de Bear Stearns, l'une des cinq plus grandes banques d'investissement de Wall Street, ont enregistré des pertes importantes. En fait, bien avant l'affaire Bear Stearns, de nombreux investisseurs et régulateurs ont commencé à enquêter sur la tarification des actifs détenus par les banques d'investissement et les fonds spéculatifs. "Le Financial Accounting Standard Board (FASB) a commencé à exiger que le prix de sortie d'un actif, plutôt que le prix d'entrée, soit calculé à la "juste valeur". Le soi-disant "prix de sortie" est le prix du marché auquel l'actif est vendu, alors que le prix actuellement utilisé par les banques d'investissement et les fonds spéculatifs est "imputé" par une formule mathématique conçue en interne. Comme les opérations sur CDO sont extrêmement rares, il y a un grand manque d'informations fiables sur les prix du marché. Un investisseur qui demande à cinq intermédiaires des cotations de CDO a toutes les chances d'obtenir cinq prix différents. Wall Street a intérêt à maintenir ce marché opaque afin de percevoir des commissions élevées.

Lorsque les gens ont de l'argent, ils sont tous heureux, mais lorsque les choses tournent mal, ils se démènent pour s'en sortir. À ce moment-là, la pudeur habituelle de la société occidentale s'arrache toutes sortes de déguisements. C'est le cas de la relation entre Bear Stearns et Merrill.

Les deux fonds spéculatifs de Bear Stearns auraient "mal placé leurs paris sur le marché secondaire des MBS, ce qui a entraîné des pertes énormes", et la lecture correcte serait qu'ils ont joué un rôle dans les "CDO synthétiques" toxiques hautement concentrés dans le risque de défaut malheureux, et "ont été du mauvais côté de l'histoire", et la partie qui a transféré le risque était peut-être les banques d'investissement, y compris sa propre famille. Au 31 mars 2007, les deux fonds de Bear Stearns contrôlaient encore plus de 20 milliards de dollars d'actifs, et début juillet, les actifs des deux fonds avaient diminué d'environ 20%. En conséquence, les créanciers de ces fonds ont également cherché à s'en défaire.

L'un des principaux créanciers, Merrill Lynch, s'est empressé d'annoncer qu'il allait commencer à vendre aux enchères plus de 800 millions de dollars d'obligations hypothécaires détenues par le fonds Bear Stearns, après plusieurs tentatives infructueuses de recouvrement. Merrill Lynch avait auparavant déclaré qu'elle ne vendrait pas ces actifs tant que le hedge de Bear Stearns n'aurait pas annoncé son intention de les recapitaliser. La diva enfantine Merrill Lynch a rejeté le plan de restructuration proposé par Bear Stearns. Le plan d'urgence de Bear Stearns prévoyant une nouvelle augmentation de capital de 1,5 milliard de dollars n'a pas été avalisé par les créanciers. Sekirin est prêt à vendre d'abord des titres conventionnels, puis prévoit également de vendre des produits dérivés connexes. Entre-temps, Goldman Sachs, JP Morgan Chase et Bank of America, entre autres, auraient racheté leurs parts de fonds respectives.

À la consternation de tous, seul 1/4 des obligations de la vente publique ont été cotées, contre 85% à 90% de la valeur du ticket. C'est la meilleure partie de la notation AAA du fonds Bear Stearns, si même ces actifs de qualité vont perdre plus de 15%, la pensée d'autres CDO toxiques sous BRB que personne ne demande est tout simplement ahurissante, et l'ampleur de la perte sera inimaginable.

La dure réalité a réveillé Bear Stearns et secoué Wall Street dans son ensemble. Sachez que des CDO d'une valeur de 750 milliards de dollars se trouvent dans les bilans des banques commerciales à titre de garantie. Leur stratagème actuel consiste à déplacer ces actifs CDO vers un hors bilan, où ils peuvent calculer les prix en utilisant des modèles mathématiques internes, sans avoir à utiliser les prix du marché.

Les banquiers de Wall Street n'ont qu'une seule conviction à ce stade : ne jamais aller aux enchères publiques sur le marché ! Parce que cela exposerait le véritable prix des CDO à la lumière du jour, on verrait que le prix réel de ces actifs à bulles n'est pas de 120% ou 150% de ce qui est publié dans les états financiers, mais plus probablement de 50% ou même de 30%. Une fois le prix du marché exposé, tous les fonds, grands et petits, qui ont investi dans le marché des CDO devront réexaminer leurs comptes d'actifs. Les pertes énormes ne pourront plus être dissimulées et la tempête sans précédent qui balaiera les marchés financiers mondiaux ne manquera pas d'arriver.

Le 19 juillet, les deux fonds spéculatifs de Bear Stearns n'ont plus rien de valeur, les 20 milliards de dollars d'actifs sont partis en fumée en quelques semaines. Le 1er août, les deux fonds spéculatifs de Bear Stearns se sont placés sous la protection de la loi sur les faillites.

Qui détient exactement les actifs de la pacotille toxique ? C'est une question très sensible à Wall Street. On estime que, d'ici à la fin 2006, 10% seront détenus par des fonds spéculatifs, 18% par des soldes de fonds de retraite, 19% par des compagnies d'assurance et 22% par des sociétés de gestion d'actifs. Et bien sûr, il y a les investisseurs étrangers. Depuis 2003, les institutions financières étrangères en Chine ont "lancé en grande pompe" divers "produits d'investissement structurés" ; combien ont été pollués par ces "déchets toxiques d'actifs", je crains que seul Dieu le sache.

La Banque des règlements internationaux a averti que "le marché américain des prêts hypothécaires à risque devient de plus en plus problématique, mais on ne sait pas exactement comment ces intersections se répercuteront sur l'ensemble du marché du crédit". "Ce "flou" suggère-t-il un effondrement possible du marché des CDO ? Des prêts subprime et ALT-A et des CDO construits par-dessus, avec des CDS et des CDO synthétiques totalisant au moins 3 000 milliards de dollars ou plus. Il n'est pas étonnant que la Banque des règlements internationaux ait récemment mis en garde contre le risque d'une Grande Dépression comme celle des années 30. La banque voit également un changement de tendance dans le cycle d'expansion du secteur mondial du crédit dans les mois à venir.

À en juger par les commentaires des responsables de la Fed, les décideurs ne partagent pas les préoccupations des marchés financiers concernant le marché des prêts à risque et ne s'attendent pas à ce que ses effets se propagent dans l'économie. Bernanke avait déclaré fin février 2007 que les prêts à risque constituaient un problème critique, mais rien n'indiquait qu'il se propageait aux principaux marchés du crédit, et le marché global semblait encore sain. Par la suite, tant les investisseurs que les responsables ont évité le risque potentiel d'une propagation de la crise des prêts à risque. Éviter le problème ne l'élimine pas, et les gens touchent constamment du doigt l'imminence de la crise dans la vie réelle.

Si les fonds de confiance de l'État perdent beaucoup sur le marché des actifs. La conséquence est que les gens ordinaires pourraient se voir infliger des contraventions de 3 000 dollars par jour. Si le fonds de pension est perdant, tout le monde se retrouve avec un âge de la retraite repoussé. Et si la compagnie d'assurance paie, le coût de toutes sortes d'assurances augmentera.

En bref, la loi de l'innovation financière à Wall Street est que les banquiers gagnants reçoivent des bonus astronomiques et que les perdants sont payés par les contribuables et les étrangers. Et, qu'ils gagnent ou qu'ils perdent, la conséquence inévitable de l'énorme dette monétaire et de l'inflation créée par les dettes répétées, cycliques et multipliées du système bancaire dans le "processus d'innovation financière" divise tranquillement la richesse créée par les peuples du monde. Pas étonnant que le monde soit de plus en plus divisé entre riches et pauvres, et pas étonnant que le monde soit de plus en plus discordant.

Implosion de la dette et crise de liquidité

La crise des prêts hypothécaires à risque aux États-Unis est essentiellement une crise classique de type implosion de la dette. Les banques créent de l'argent "à partir de rien" tout en générant des prêts hypothécaires, ce qui n'est pas exactement ce que les gens ordinaires imaginent en transférant l'épargne d'autres personnes à d'autres, ce qui revient en fait à imprimer à l'avance du travail futur non créé en argent et à le mettre en circulation. D'autre part, la banque centrale, pour faire face à l'inflation, a dû y faire face en augmentant les taux d'intérêt, la force combinée de ces deux rôles a conduit à une augmentation progressive de la pression de remboursement des prêteurs, jusqu'à ce que l'énorme dette écrasée et le taux de défaut de paiement a fortement augmenté, suivie par une chute des prix des logements, les investisseurs ont commencé à se retirer du marché du logement, MBS et CDO personne n'a demandé de l'aide, le marché des obligations et le marché des notes est soudainement apparu resserrement des liquidités. Ce resserrement et choqué les dérivés financiers du marché des swaps de défaut de crédit, un grand nombre de gestionnaires de fonds qui ont acheté les contrats de swaps de défaut de crédit a soudainement constaté que le risque à la maison de la chaîne de l'argent s'est effondré, à ce moment, les banques et les investisseurs à appeler la dette, la panique et l'impuissance que de vendre des actifs pour encaisser le truc. Malheureusement, la direction et le modèle de la plupart des investisseurs étaient très similaires et la vente a finalement évolué vers la panique.

C'est la loi du développement économique basé sur la dette et l'argent : la dette crée l'argent, l'argent stimule la cupidité, la cupidité exacerbe la dette, la dette implose, l'implosion déclenche l'austérité, et l'austérité est la récession !

L'opinion de nombreux analystes selon laquelle les prêts hypothécaires à risque constituent un "problème isolé" et que la réglementation est modeste par rapport à l'ensemble du marché financier aux États-Unis ignore la "forme et la structure" du marché financier, c'est-à-dire que le marché hypothécaire résiduel n'est pas développé horizontalement et indépendant.

D'un point de vue vertical, les prêts hypothécaires subprime présentent une grande forme de pyramide inversée. La base de la pyramide est constituée de personnes qui, pour environ 4 000 à 5 000 millions de dollars américains, finiront par devenir des prêts hypothécaires à risque, et qui soutiennent les CDO pour un montant supérieur à 750 milliards de dollars américains, puis il y a un marché plus important de 50 000 milliards de dollars américains de swaps sur défaillance de crédit, de CDS et de "CDO synthétiques", et de MBS, de CDO, de CDO synthétiques, etc. avec les prêts hypothécaires aux banques commerciales, pour atteindre 5 à 15 fois la nouvelle "fausse monnaie" qui soutient la liquidité du fort effet de levier. Lorsque cette dangereuse pyramide inversée s'inclinera et s'ébranlera, elle impliquera également le marché des swaps de taux d'intérêt de 100 000 milliards de dollars, le plus important du marché des produits financiers dérivés. Parce que le renversement de la panoplie de liquidités en une crise de liquidités est si soudain, il y aura des problèmes avec les MBS et le financement du Trésor américain à long terme, mais une fois que les taux d'intérêt à long terme continueront à augmenter, le marché des swaps de taux d'intérêt de 10 000 milliards de dollars implosera dans un marché plus étroit.

En termes de corrélation avec la structure de la dette, alors que les 2,2 millions d'emprunteurs subprime lourdement endettés sont confrontés à une crise généralisée, peut-on s'attendre à ce qu'ils remboursent à temps leurs prêts automobiles, leurs prêts étudiants, leurs cartes de crédit et autres formes de dettes ? Et comment les obligations ABS et autres produits dérivés basés sur ces dettes peuvent-ils être épargnés ? Ces obligations et leurs dérivés sont échelonnés dans tout le système bancaire, avec un niveau élevé de prêteurs et de dérivations répétées, et lorsqu'un débiteur s'effondre, cela entraîne immédiatement la chute d'une grande partie des instruments de dette. Des millions de personnes tombent en même temps, qui peut les sauver ? Plutôt que de "diversifier" les risques, l'"innovation financière" crée en fait des risques systémiques à une échelle sans précédent. Si l'on dit qu'en 1998, lorsque les sociétés américaines de capitaux à long terme ont mal tourné, la Réserve fédérale a également su informer plusieurs des plus grands créanciers pour qu'ils se réunissent afin d'étudier les contre-mesures, Xing et pourquoi le marché d'aujourd'hui une fois qu'il y a une implosion massive et astronomique de la dette, par des contrats de défaut de crédit sec sont détenus par des dizaines de millions d'investisseurs les uns les autres, et plusieurs transactions de gré à gré, le manque de supervision, plusieurs des nœuds en même temps défaut, il y aura une terrible "réaction en chaîne" immédiatement, l'ensemble du système sera paralysé. Image, dans le phénix concentration des risques du "marché financier traditionnel", le nœud de risque est énorme et des objectifs clairs, une fois le problème "saignement", les médecins de la banque centrale peut rapidement prendre des mesures efficaces et décisivement "arrêter le saignement". Et quand les risques des marchés financiers modernes sont fortement dispersés à des milliers d'investisseurs institutionnels, une fois qu'il y a une "perte de sang sérieuse", il est presque impossible de guérir le "saignement diffus", les médecins n'ont aucune idée par où commencer.

En ce sens, les injections de capitaux sans précédent effectuées par la Réserve fédérale et la Banque centrale européenne depuis le début du mois d'août 2007, qui ont permis de percer l'ampleur du problème, n'ont pas été excessives et, sans la force du sauvetage des banques centrales, il n'est pas exagéré de dire que les marchés financiers mondiaux d'aujourd'hui seraient en ruines.

Vous trouverez ci-dessous le calendrier de réinitialisation des prêts hypothécaires publié par le Credit Suisse. Les coordonnées horizontales correspondent au mois et le point de départ est 2007 L. Les coordonnées verticales correspondent à l'échelle de remise à zéro des dettes hypothécaires. Ce graphique montre clairement pourquoi le premier grand tremblement de terre du marché mondial du financement des entreprises s'est produit à la fin du mois de février 2007, et pourquoi le deuxième grand tremblement de terre s'est produit en août, tandis que le pic du troisième grand tremblement de terre a très probablement eu lieu à la fin de 2007, et que les répliques qui ont suivi vont se poursuivre pendant de nombreuses années.

L'avenir des marchés financiers mondiaux se présentera ainsi

Si les banquiers centraux ont temporairement endigué la crise, le graphique sous-jacent de l'implosion de la dette ne s'est pas atténué le moins du monde. Le problème de l'évaluation des actifs CDO à hauteur de 750 milliards de dollars dans le système bancaire américain n'a pas encore été révélé, tout comme la réinitialisation massive des taux d'intérêt hypothécaires qui se produira fin 2007 et en 2008. À ce moment-là, l'affirmation était un gros tremblement de terre. Il est peu probable que les consommateurs étrangers restent allègrement endettés après des séismes catastrophiques successifs.

L'essence du problème est que, à une époque où la monnaie d'emprunt est le moteur de l'économie mondiale, le remboursement ou la destruction de la dette signifie une contraction de la liquidité. Comme la demande de rendements élevés sur les marchés financiers est difficile à satisfaire pour la croissance de l'économie réelle, les marchés financiers ne peuvent même pas tolérer un ralentissement de la croissance des liquidités, et encore moins un arrêt et un déclin. Mais l'implosion de la dette hypothécaire à risque a déjà montré que la capacité de découvert des Américains pour l'avenir a été épuisée de son potentiel, et l'ampleur des produits dérivés de la dette basés sur celle-ci est encore plus grande lorsque les prêts immobiliers américains ont augmenté de 1 900 milliards de dollars en 2006. Si la performance de ce système massif d'instruments de dette décline, où cela laisse-t-il mon système de dette plus large ?

Pour remplacer la dette, les génies de Wall Street accélèrent le développement d'un nouveau produit appelé "obligation de la mort". Le cœur de l'"obligation de mort" est l'inversion des paiements d'assurance-vie après le décès d'une personne. Les banques d'investissement trouvent des personnes qui ont une assurance-vie et leur suggèrent que l'assurance-vie est destinée à être dépensée par quelqu'un d'autre après leur mort, alors pourquoi ne pas la prendre maintenant et l'utiliser de leur vivant ? La proposition était tentante pour tout le monde, et les banques d'investissement ont conditionné quelque 200 polices d'assurance-vie en obligations adossées à des actifs (ABS) pour les vendre aux investisseurs de Wall Street. Un particulier qui vend une police d'assurance-vie reçoit généralement 20 à 40% de la totalité de sa prestation en espèces, tandis que l'investisseur qui achète une obligation-décès paie ce montant et continue de verser l'assurance sur une base mensuelle jusqu'au décès de l'assureur, après quoi la totalité de la prestation revient à l'investisseur. Plus le décès de l'assureur est rapide, plus l'admission de l'investisseur est importante. L'investisseur appuie donc sur le chronomètre et attend le décès de l'assureur. La banque d'investissement prend une commission de 5 à 6% au milieu. Cela dit, ce marché est également loin de se substituer au crédit hypothécaire, et même à son niveau le plus élevé, il ne génère qu'environ 19 milliards de dollars par an en titres de créance, soit seulement 1/10 de la taille de la dette hypothécaire.

Une autre idée est d'allonger la maturité de la dette hypothécaire pour tout le monde, d'une durée ordinaire de 30 ans à 40-50 ans, ce qui peut également augmenter la taille de la dette de manière importante pour fournir des liquidités suffisantes au marché financier.

Sans un système d'endettement suffisamment important, qui augmente assez rapidement et qui fonctionne avec des mécanismes raisonnables pour remplacer les dettes hypothécaires temporairement paralysées, il n'y aura pas grand-chose pour arrêter le début d'une grave récession.

CHRONIQUE DES ÉVÉNEMENTS MAJEURS

La première banque moderne est née en 1694 lorsque le roi Guillaume Ier a accordé une charte royale à la Banque d'Angleterre.

En 1789, Hamilton a été nommé par le président Washington premier secrétaire américain au Trésor, et il a été l'un des principaux promoteurs du système bancaire central américain.

Le 25 février 1791, Washington signe un mandat pour la première banque centrale des États-Unis, valable 20 ans, pour recevoir de l'argent étranger à acheter. La première grande victoire des banquiers internationaux.

En 1800, les Rothschild sont devenus l'une des familles juives les plus riches de Francfort. Meyer reçoit le titre d'"agent impérial" de l'empereur du Saint Empire romain germanique.

En 1803, Meyer a fait un prêt au roi du Danemark au nom des Rothschild et est devenu célèbre, améliorant considérablement la réputation des Rothschild.

En 1811, la Banque d'Angleterre et Nathan Rothschild deviennent les principaux actionnaires de la First Bank of the United States, la banque centrale des États-Unis.

Le 3 mars 1811, la fermeture de la First Bank of the United States rend Nathan furieux de donner une leçon aux Américains. Quelques mois plus tard, la guerre de 1812 entre la Grande-Bretagne et les États-Unis éclate, endettant le gouvernement américain.

La **bataille de Waterloo**, le 18 juin 1815, a vu la Grande-Bretagne vaincre l'armée de Napoléon. Nathan Rothschild a été informé à l'avance de la guerre et a utilisé la dette publique britannique pour gagner 20 fois plus d'argent que lui, devenant ainsi le plus grand créancier du gouvernement britannique et dominant les futures émissions de dette publique britannique.

En 1816, la deuxième banque des États-Unis est née.

En novembre 1818, les Rothschild vendent simultanément des obligations françaises dans toute l'Europe, provoquant une grande panique sur les marchés et obligeant Louis XVIII à se tourner vers eux pour obtenir de l'aide, pour finalement prendre le contrôle total des finances françaises.

En 1818, Solomon et son frère Carl assistent tous deux à la conférence d'Aix-la-Chapelle pour discuter de l'avenir de l'Europe après la défaite de Napoléon, au cours de laquelle ils se lient d'amitié avec Metternich, et commencent ainsi à accorder fréquemment des prêts et des financements à la Couronne.

En 1822, la famille royale des Habsbourg a attribué le titre de Baron Rothschild 4 Frères.

En 1822, trois frères, Solomon, James et Carl, assistent à l'importante conférence de Vérone, à l'issue de laquelle la banque Rothschild reçoit des fonds pour le premier projet de chemin de fer d'Europe centrale.

Le 8 janvier 1835, le président Jackson a remboursé la dernière partie de la dette nationale, la seule fois dans l'histoire où le gouvernement américain a ramené la dette nationale à zéro et a également généré un excédent de 35 millions de dollars.

Le 30 janvier 1835, le président Jackson est assassiné, mais il a la chance d'en réchapper.

En 1837, la demande d'extension de la deuxième banque des États-Unis d'Amérique a été rejetée par le président Jackson, la famille Rothschild contrôlait le principal secteur bancaire européen en même temps que les banques américaines, les États-Unis sont tombés dans une grave "artificielle" de l'argent en circulation réduit considérablement la situation, a finalement déclenché la panique de 1837, l'économie a plongé dans la récession pour aussi longtemps que cinq ans, son pouvoir destructeur est aussi grand que la Grande Dépression en 1929.

Le 4 mars 1841, le président Harrison est frappé par un rhume qui devient de plus en plus sévère pendant son discours d'investiture et finit par mourir, certains historiens suggérant que le président a été empoisonné à l'arsenic.

En 1843, Solomon a acquis la Compagnie minière consolidée de Vitkovice et la Compagnie austro-hongroise de fonderie, qui figuraient parmi les dix plus grandes entreprises d'industrie lourde du monde de l'époque.

Le 9 juillet 1850, le président Taylor est mort d'une mystérieuse crise d'estomac.

Vers 1850, les Rothschild avaient amassé une richesse totale équivalente à 6 milliards de dollars.

En 1853, les capitaux étrangers, en particulier les capitaux britanniques, possédaient déjà 46% de la dette nationale fédérale des États-Unis, 58% des obligations d'État et 26% des obligations des chemins de fer américains, mettant ainsi une fois de plus l'économie américaine en cage.

En 1863, Lincoln doit se plier aux forces des banquiers au Congrès pour signer le National Bank Act of 1863 afin d'obtenir l'autorisation d'émettre le troisième billet vert pour gagner la guerre.

Le 14 avril 1865, Abraham Lincoln est assassiné. On pense généralement que cet assassinat est le résultat d'une vaste conspiration dans laquelle des membres du gouvernement et des forces financières ont pu être impliqués.

En 1869, J. P. Morgan rencontre les Rothschild à Londres, et la collaboration de la famille Morgan avec les Rothschild atteint un nouveau niveau.

En 1872, Ernest Sade est chargé par des banquiers internationaux d'obtenir par la corruption le Coinage Act de 1873, connu sous le nom de "Draconian Act of 1873", faisant de la frappe de l'or la seule monnaie dominante.

En 1879, les Rothschild sont devenus les plus grands créanciers des chemins de fer américains.

Le 1er mars 1881, l'allié de Lincoln, le tsar Alexandre II, meurt des mains d'un assassin.

Le 2 juillet 1881, James Garfield, le 20e président des États-Unis, est assassiné et meurt par la suite.

Le 5 février 1891, les Rothschild et un certain nombre d'autres banquiers britanniques ont formé l'organisation secrète "Round Table Group", et une organisation correspondante a été créée aux États-Unis, dirigée par la famille Morgan.

En 1912, Edward House publie le roman *Philip Dru : The Administrator*, dont les prédictions sur l'avenir des États-Unis correspondent aux attentes élevées des banquiers internationaux, et attire dès sa publication l'attention de la haute société américaine.

En 1913, la Federal Reserve Bank of the United States a été créée, marquant ainsi une victoire décisive pour les banquiers internationaux.

Le 23 décembre 1913, le Federal Reserve Act est adopté et les banquiers internationaux prennent le contrôle total de l'émission de la monnaie nationale aux États-Unis.

Le 16 novembre 1914, la Réserve fédérale a officiellement commencé ses opérations.

En septembre 1915, l'opération de prêt anglo-française de 500 millions de dollars est officiellement lancée.

Le 17 juin 1917, M. House a convoqué la Society for International Affairs à New York, qui a été réorganisée en 1921 sous le nom de Diplomatic Association, une organisation vouée au contrôle de la société américaine et de la politique mondiale.

Le 8 mai 1920, le Conseil des gouverneurs de la Réserve fédérale a tenu une réunion secrète qui a conduit directement à un resserrement du crédit et à une opération de "tonte" réussie contre l'agriculture.

En 1929, la baisse soudaine et brutale de l'offre de prêts pour investir dans des actions sur le marché monétaire de New York a provoqué la crise de 1929, qui était en fait une "tonte" calculée du public par les magnats internationaux de l'argent.

En 1930, la Banque des règlements internationaux a été créée. Il s'agit d'une banque de banquiers centraux, fonctionnant de manière totalement indépendante des gouvernements, totalement exempte de taxes en temps de guerre et de paix, et n'acceptant que les dépôts de leurs banques centrales.

En 1931, les banquiers de Wall Street se réunissent et décident de soutenir davantage Hitler.

En janvier 1934, Roosevelt fait passer le Gold Reserve Act, qui positionne le prix de l'or à 35 dollars l'once, mais le peuple américain n'a pas le droit de l'échanger.

En 1935, une commission spéciale dirigée par le sénateur Nye a publié un rapport de 1 400 pages détaillant les secrets de la participation américaine à la Première Guerre mondiale et les conspirations et méfaits des banquiers et des entreprises d'armement dans l'effort de guerre.

En 1954, le Bilderberg Club a été fondé, la "version internationale" de l'American Foreign Service Association, dans le but ultime d'établir un gouvernement mondial.

En novembre 1961, les États-Unis et sept grands pays européens ont créé le "Gold Mutual Fund", dont l'objectif principal était de supprimer le prix de l'or sur le marché de Londres.

Le 4 juin 1963, Kennedy a signé un décret présidentiel peu connu, le 1110, ordonnant au Trésor américain d'émettre des billets en argent, arrachant ainsi à la Réserve fédérale le droit d'émettre de la monnaie.

Le 22 novembre 1963, Kennedy est assassiné et tué.

En 1967, une équipe d'experts américains composée de 15 personnes a rédigé un rapport top secret examinant les défis auxquels les États-Unis seraient confrontés lorsque le monde entrerait dans une phase de "paix permanente", ainsi que leurs stratégies de réponse. La même année, le rapport Iron Mountain est publié, choquant tous les secteurs de la société américaine.

Le 17 mars 1968, le Golden Mutual Fund Scheme a pris fin.

Le 18 mars 1969, le Congrès américain a supprimé l'obligation pour les dollars émis par la Fed d'être adossés à 25% d'or, un acte qui a rompu la dernière relation légalement obligatoire entre l'or et l'émission de dollars.

Le 15 août 1971, Nixon a fermé la fenêtre d'échange de l'or, ce qui était la deuxième fois que les États-Unis étaient mauvais envers la communauté internationale, après la mauvaise dette de Roosevelt envers le peuple de son pays en 1933.

Le 16 octobre 1973, l'Iran, les Saoudiens et quatre pays arabes du Moyen-Orient ont déclenché leurs "armes pétrolières" et annoncé une augmentation de 70% des prix du pétrole, une décision qui a eu un impact profond sur la scène mondiale après les années 1970.

En janvier 1975, le Trésor américain a commencé à vendre de l'or aux enchères pour la première fois, mais il était difficile de résister à l'achat d'or.

En 1978, David Rockefeller propose à Jimmy Carter qu'un de ses hommes, Paul Volcker, devienne président de la Réserve fédérale.

En janvier 1981, Reagan a commencé son administration en demandant au Congrès d'établir une "Commission de l'or" pour étudier la faisabilité du rétablissement de l'étalon-or, une violation directe de la zone de non-droit pour les banquiers internationaux, et le 30 mars 1981, Reagan a été assassiné.

En septembre 1985, les ministres des finances des États-Unis, de la Grande-Bretagne, de la France, du Japon et de l'Allemagne signent l'"accord du Plaza" sur la place de New York, visant à une "dépréciation contrôlée" du dollar par rapport aux autres grandes monnaies, et la Banque du Japon est contrainte d'accepter une appréciation du yen.

En septembre 1987, la quatrième assemblée générale de la Commission mondiale pour la conservation de la vie sauvage s'est tenue aux États-Unis et la proposition d'une "banque mondiale de l'environnement", effectivement sous le contrôle de banquiers internationaux, a été présentée.

Le 29 décembre 1989, le marché boursier japonais a atteint un sommet historique lorsque le Nikkei s'est précipité à 38 915. Le Nikkei a plongé lorsqu'un grand nombre d'options de vente à découvert sur l'indice boursier ont commencé à se mettre en place.

En septembre 1999, les banquiers centraux européens sont parvenus à un "accord de Washington" visant à limiter la quantité totale d'or vendue ou louée par les pays au cours des cinq années suivantes, et l'on a appris que le taux de "location" de l'or avait bondi de 1% à 9% en quelques heures, et que les producteurs d'or et les spéculateurs à découvert avaient subi de lourdes pertes sur leurs produits financiers dérivés.

Le 14 avril 2004, les Rothschild ont brusquement annoncé leur retrait du système d'évaluation de l'or de Londres.

Autres titres

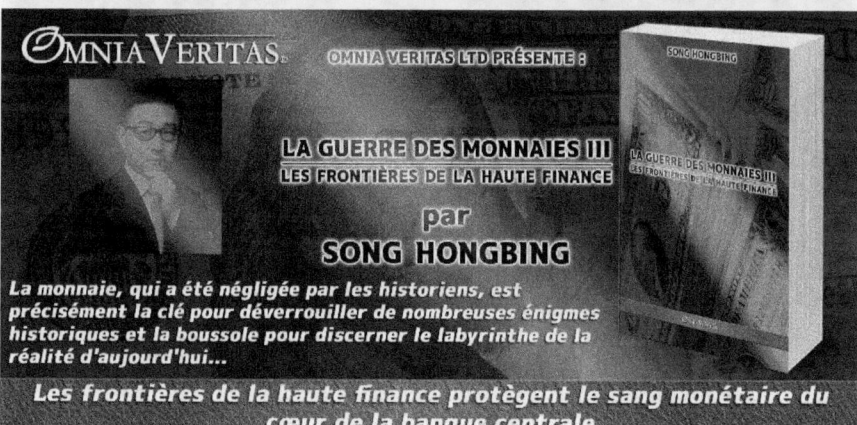

LA CONQUÊTE FINANCIÈRE

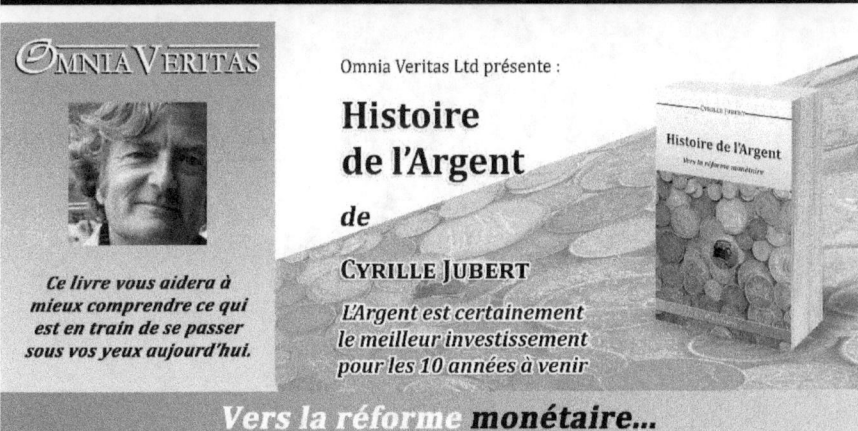

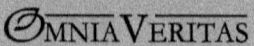